中南大学学科史系列丛书

中南大学冶金工程学科

——发展史——

(1952—2012)

中南大学文化建设办公室 组编

中南大学冶金科学与工程学院 撰稿

1952—2012

(1952—2012)

中南大学冶金工程学科发展史

组　编　中南大学文化建设办公室

撰　稿　中南大学冶金科学与工程学院

主　编　李　劼　滕明珺

副主编　刘荣义　王志兴

编　委　（按姓氏拼音排序）

柴立元　陈文汩　龚竹青　郭华军　霍广生

李洪桂　李建军　李运姣　刘志宏　龙远志

梅光贵　彭志宏　彭　兵　任鸿九　田庆华

王万林　肖　劲　杨　敏　杨天足　赵中伟

张贵清　张　凯

出版说明

学科的建设和发展是科学研究的成果，是社会进步的需求，是一代代学人智慧的结晶，学科的发展水平是一所大学水平的体现。记载学科发展的学科史是大学校史的重要组成部分，是校园文化建设的重要内容，对大学师生具有导向和凝聚、塑造与激励等多方面的功能，是青年学子在科学研究道路上健康成长的源泉。

中南大学 2000 年 4 月 29 日由原中南工业大学、湖南医科大学、长沙铁道学院合并组建而成，在各自悠长的办学历程中，学科建设成就突出，为今日中南大学深厚的学科实力奠定了基石。如何及时整理、真实反映各学科发展的历程和成就，是学校文化建设中的一项重要工作。

2012 年 11 月 1 日，原中南矿冶学院组建 60 周年，为进一步挖掘历史，弘扬中南文化，学校决定举办纪念活动并将矿冶各学科史的出版作为一项重要内容。这个决定得到了学院、师生和校友的广泛认同，很多校友在对学校的捐赠中特别提出了对学科史编写的资助。学科史的编辑和出版是一件意义重大、影响深远的大事，而且迫在眉睫。经过商议，以原中南矿冶学院有色金属学科群为重点，推出首批学科发展史丛书，本次编写完成了《中南大学地质资源与地质工程学科发展史（1952—2012）》和《中南大学冶金工程学科发展史（1952—2012）》。

学科史的编写必须尊重历史、实事求是，要尽最大努力呈现出学科发展的真实脉络，但因为时间的久远和学院的分分合合，很多历史资料已难找寻，很多史实的本来面目变得模糊，这些都给学科史的编撰工作带来了难度和挑战。在时间紧、任务重、要求高、资料少的情况下，承担学科史编写工作的各个学院高度重视编写工作，组织专门队伍，以严谨的态度、严格的标准推进各学科史的编写工作并取得了初步的成果。在编写过程中，学校档案馆给予了大力的支持，提供了大量第一手的资料。中南大学出版社做了大量细致的工作，为本书的出版提供了绿色通道，一并向他们致以真诚的谢意。

在此，还要特别感谢所有为学科建设付出智慧和汗水的历代中南人，是他们在无论何种社会状态下都坚持扎实严谨的研究，让后辈晚学得以站在前人的肩膀上开始新的科学征程，薪火相传，弦歌不绝。

科学的研究没有句号，学科史的编写也将是一个持续的过程。以丛书的方式推出系列学科发展史，在中南大学合并组建后是首次，我们希望藉此推动学校各学科史的编写和出版。当然，首批丛书在编写内容和方式上肯定有不少需要进一步探讨和完善的地方，希望广大师生、校友提出宝贵意见，以利这项工作的持续开展，真正发挥学科史文化在校园文化中的积极作用。

中南大学文化建设办公室

2012 年 10 月

编者的话

为了庆祝原中南矿冶学院组建 60 周年，我们特组织编撰了《中南大学冶金工程学科发展史（1952—2012）》一书，以求梳理中南大学冶金工程学科的发展过程，系统展现其前进的轨迹，并回顾总结六十年来所取得的成就与经验。众所周知，撰写学科史，既有利于历史文化积淀，便于研读查考，又能激励人们以史为鉴，励精图治，坚持传承与创新相结合，进一步推进冶金工程学科的科学发展。若如此，编者幸甚。

本书编写过程中，得到了学院内外许多老师和国内外很多校友的大力支持和帮助，特别是郭金荣、梁忠、邹振球、雷光前、杨重愚、傅晴初等老同志的回忆与帮助对资料的收集整理和内容编写帮助甚大，在此一并表示由衷的感谢！尽管我们竭尽全力，却无奈岁月沧桑，二（三）级学科几经变革，又是六十年来第一次撰写学科史，许多资料难以搜集，特别是"文化大革命"的冲击，使一些与学科史相关的珍贵资料、照片，甚至档案遗失严重，无从查考，因而使得本书中的有些信息资料不够精准、一些叙述难以完全达意；而且，也由于时间仓促，加之编者水平有限，其中遗漏、谬误之处在所难免，还望读者谅解与指正。好在还会有修编的机会，欢迎大家赐稿批评和提出建议，以期能真正达到修史之目的。

编　者
2012.10.15

目录

第 2 章　学科人物

第 3 章　名师风范

第 4 章　创新平台

第9章 岁月写真

目录

第 1 章　学科介绍

1.1　一级学科

1.1.1　冶金工程学科历史沿革

中南大学冶金工程学科设立于 1952 年，在当时全国高校院校调整中，由武汉大学、湖南大学、北京工业学院、广西大学、南昌大学五所院校的冶金系(科)合并进入原中南矿冶学院后组建而成，办学历史可追溯至 1906 年，其人才培养质量和科技成果驰誉神州，在国际上亦有重要影响。

学科组建之初，就站在全国同类学科的制高点，拥有陈新民(学部委员，即现在的中国科学院院士)、黄培云(中国工程院院士)、赵伯华、马恒儒、赵天从、周则岳、何福煦、李进隆、陈展猷 9 名老一辈本学科领域的国内外知名教授(当时全校教授为 27 名)，开始了四年制本科的人才培养，1953 年就有了第一批毕业生(当时并校时高年级学生一并转来)。经过不懈努力，冶金工程学科不断发展进步，成为了学校重要的骨干学科。其发展过程如表 1－1 所示。

表 1－1　冶金工程学科(专业)发展过程

年份	学科(专业)相关事件	学院(系、教研室)变迁及相关事件
1952—1953 年	获教育部批准，设立有色金属冶金专业，开始招收四年制本科生	1952 年，中南矿冶学院成立 学院设置有色金属冶金系，下设冶炼过程、金属学及金属冶炼三个教学组。有色金属冶金系承担有色金属冶金专业建设
1954 年	增设金属学及有色金属及其合金热处理专业，开始招生	专业归属有色金属冶金系
	培养有色金属冶金专业研究生(重金属冶金)	苏联专家担任导师

续表 1-1

年份	学科(专业)相关事件	学院(系、教研室)变迁及相关事件
1955 年	增设有色金属及其合金压力加工专业,从本年开始招生。有色金属冶金专业从三年级分重金属冶金、轻金属冶金及硬质合金三个专门化	专业归属有色金属冶金系
1956 年	增设钢铁冶金专业,从本年开始招生	专业归属有色金属冶金系
	首次招收有色金属冶金专业四年制副博士研究生	导师:黄培云、赵天从
1957 年	撤销钢铁冶金专业,学生转入本校有色金属冶金专业和东北工学院	
1958 年	有色金属冶金专业被拆分成重金属冶金、轻金属冶金、稀有金属冶金、粉末冶金四个专业	专业归属有色金属冶金系
	招收有色金属冶金、钢铁冶金等专业二年制专修科学生	
	调整金属学及有色金属及其合金热处理、有色金属及其合金压力加工两个专业的归属	成立金属工艺系,有色金属冶金系的两个专业及钢铁冶金专修科归入金属工艺系
1959 年		全院组织机构基本定型,有色金属冶金系下设重金属冶金、轻金属冶金、稀有金属冶金、粉末冶金、冶金炉等教研组
1960 年	设置冶金物理化学专业。开始招收冶金物理化学专业的研究生	成立理学系,冶金物理化学专业归属理学系
	开始招收有色金属冶金、稀有金属冶金的研究生	专业归属有色金属冶金系
1961 年	有色金属冶金专业开始招收 5 年制函授生	专业归属有色金属冶金系
		金属工艺系更名为特种冶金系
		12 月,冶金系与选矿等专业合并组建选冶系
1963 年	重金属冶金、轻金属冶金、稀有金属冶金及粉末冶金等专业被评定为学校 8 个重点专业中的 4 个	专业归属选冶系

续表 1 - 1

年份	学科(专业)相关事件	学院(系、教研室)变迁及相关事件
1964 年	有色金属冶金专业学制改为 5 年	专业归属选冶系
1971— 1977 年	1971 年,进行专业调整: 将专业调整为重金属冶金、轻金属冶金、稀有金属冶金、冶金物理化学、粉末冶金、炼钢及炼铁等	1971 年,学校进行机构调整,选冶系撤销,恢复有色金属冶金系 有色金属冶金系:下设重金属冶金专业连队、轻金属冶金专业连队、冶金物理化学专业连队、分析化学专业连队 钢铁冶金系:下设炼钢专业连队 特种冶金系:下设粉末冶金专业连队、稀有金属冶金专业连队等
	1971 年,开始试办试点班,至 1976 年共招收 6 届工农兵学员 1973 年,成立重金属冶金专业教育革命实践队,进行教育革命试点	专业归属有色金属冶金系
	1973 年进行专业调整:冶金工业分析专业改名为冶金分析化学专业	专业归属有色金属冶金系
1978— 1979 年	设置冶金化学专业,包括冶金物理化学等 3 个专门化	进行机构调整: 有色金属冶金系:下设重金属冶金、轻金属冶金、冶金炉教研室 特种冶金系:下设稀有金属冶金、粉末冶金等教研室 钢铁冶金系:下设团矿、炼铁、炼钢等教研室 正式成立化学系,下设冶金物理化学等教研室。冶金化学专业归属化学系
1980 年	全国进行专业调整: 原重金属冶金、轻金属冶金、稀有金属冶金 3 个专业合并为有色金属冶金专业; 原团矿专业改为专门化,并入有色金属冶金专业; 原冶金分析化学与冶金物理化学两专业合并为冶金化学专业; 炼钢、炼铁专业停办	学校进行机构调整: 撤销钢铁冶金系,炼铁专业的学生转入有色金属冶金系; 特种冶金系稀有金属冶金专业及学生全部转入有色金属冶金系,特种冶金系与金属材料系合并为金属材料系; 全校保留有色金属冶金系、化学系等 6 个系

续表 1-1

年份	学科(专业)相关事件	学院(系、教研室)变迁及相关事件
1981 年	经国务院批准,有色金属冶金专业成为博士、硕士学位授予专业	专业归属有色金属冶金系,第一位博士生导师为赵天从教授
	经国务院批准,冶金物理化学专业成为博士、硕士学位授予专业	专业归属化学系,第一位博士生导师为陈新民教授
1983 年	将冶金物理化学、冶金分析化学从冶金化学专业中分出并恢复原专业,冶金化学则更名为应用化学专业	专业归属化学系
	在冶金炉教研室基础上创办冶金热能工程专业	专业归属有色金属冶金系
1984 年		团矿专业从有色金属冶金系分离,与选矿专业共同组建矿物工程系化学系化工教研室成建制转有色金属冶金系
1985 年	招收第一届冶金热能工程专业本科生招收第一届化学工程专业炭素方向本科生	专业归属有色金属冶金系
		中南矿冶学院改名为中南工业大学
1986 年	正式创建化学工程专业	专业归属有色金属冶金系
1988 年	有色金属冶金学科成为国务院首批公布的国家重点学科	专业归属有色金属冶金系
1990 年	冶金热能工程专业从有色金属冶金系分离出来	专业归属物理与热能工程系
1992 年	设立冶金工程博士后科研流动站	归属有色金属冶金系
1993 年	化学工程专业转出有色金属冶金系	专业归属化学工程系
1994 年		冶金物理化学教研室从化学系分出并成立冶金物理化学与化学新材料研究所;冶金物理化学学科由化学系、冶金物理化学与化学新材料研究所共建
1998 年	冶金工程一级学科博士学位授权点获批(涵盖有色金属冶金、冶金物理化学、钢铁冶金 3 个二级学科)在本科专业中设置冶金环境工程方向	有色金属冶金系更名为冶金科学与工程系与矿物工程系共建钢铁冶金学科长沙高等工业专科学校并入中南工业大学,其冶化系有色金属冶金专业(11 名教职工)并入冶金科学与工程系

续表 1 - 1

年份	学科(专业)相关事件	学院(系、教研室)变迁及相关事件
1999 年	本科专业(有色金属冶金、冶金物理化学)按一级学科(冶金工程)设置	冶金物理化学与化学新材料研究所并入冶金科学与工程系。与化学系共建冶金物理化学学科
2000 年	依托冶金工程学科,新建环境工程专业,同年开始招收本科生,并获环境工程硕士学位授予权 冶金物理化学学科被评定为湖南省重点学科	专业(学科)归属冶金科学与工程系
		原中南工业大学、湖南医科大学及长沙铁道学院合并成为中南大学
2001 年	钢铁冶金学科被评定为湖南省重点学科	
2002 年		以冶金科学与工程系为基础,组建冶金科学与工程学院,从学术上设置有色金属冶金系、冶金物理化学系、环境工程系 3 个系,从行政上设置 7 个研究所,按照"虚系实所"运行
2003 年	"有色金属冶金"第 2 次获评为国家重点学科 在冶金工程一级学科下,自主设置冶金环境工程、电化学工程和材料冶金 3 个二级学科(均具有博士学位授予权),获教育部批准	
2005 年	冶金工程博士后科研流动站被评为"全国优秀博士后科研流动站"	
2007 年	在教育部学位中心的排名中,冶金工程一级学科全国排名第二、有色金属冶金二级学科全国排名第一 "有色金属冶金"第 3 次获评为国家重点学科	
2009 年	冶金工程本科专业被确定为国家级特色专业建设点 在教育部学位中心的排名中,冶金工程一级学科全国排名第二、有色金属冶金二级学科全国排名第一	

续表 1-1

年份	学科(专业)相关事件	学院(系、教研室)变迁及相关事件
2010 年	依托冶金工程学科,新创建新能源材料与器件本科专业,成为教育部首批批准设置的"战略性新兴产业所需专业",同年开始招收本科生 冶金工程博士后科研流动站被评为"全国优秀博士后科研流动站"	
2011 年	在湖南省首次进行的一级学科省重点学科评定中,冶金工程被评定为一级学科湖南省重点学科	
	新能源材料与器件本科专业被确定为国家级特色专业建设点	
2012 年	冶金工程本科专业被确定为国家级专业综合改革试点专业	
	获批自主设置具有博士、硕士学位授予权的新能源材料与器件二级学科	学科归属冶金科学与工程学院

1.1.2 冶金工程学科建设成就

经过 60 年几代人的不懈努力和不断的建设发展,特别是通过国家"211 工程"15 年建设和"985 工程"7 年建设,冶金工程学科取得了长足的进步。现在,学科在全国同类学科领先的地位不断巩固,在教育部 2007 年、2009 年的官方排名(以后再没有新的一轮排名发布)中,一级学科冶金工程居全国排名第二、二级学科,有色金属冶金居全国排名第一,已成为全国冶金类高级专门人才培养和科技创新的重要基地。

在本学科(冶金工程一级学科)设有 6 个二级学科(有色金属冶金、冶金物理化学、钢铁冶金、冶金环境工程、材料冶金、新能源材料与器件)、3 个国家级和 8 个省部级科技创新平台、1 个博士后科研流动站(冶金工程)、2 个本科专业(冶金工程、新能源材料与器件)。本学科自成立以来,在 60 年的发展历程中为中南大学孕育发展了多个学科和本科专业;目前与其孕育发展的、同属冶金科学与工程学院的本科专业——"环境工程"形成紧密结合、协同发展的良好态势。

1.1.2.1 人才培养

"冶金工程"、"新能源材料与器件"两个本科专业均成为了国家级特色专业建设点,其中冶金工程成为国家级专业综合改革试点专业及教育部"卓越工程师教育培养计划"的首批专业。已建有 2 个国家工程实践教育中心,获评 1 门国家级精品课程(冶金过程原理)和 1 门省级精品课程(冶金设备)。1985 年以来,获得 16 项省部级教学改革成果奖。1978 年以来,出版主编教材、专著及教学参考书 113 部,参编教材、专著 19 部。迄今,结合科研工作和科技创新平台建设,已培养各类毕业生 1.2 万多人,其中本(专)科生 1 万余人、硕士 1100 多人、博士 240 余人、博士后 60 多人,为我国冶金行业乃至其他相关行业输送了大量高级技术人才和管理人才,为有关高等院校和科研机构培养了一大批知名的专家学者,涌现出以 3 名中国工程院院士、1 名福布斯榜年度"中国首富"、数十名上市公司总裁、2 名省部级和上百名司局级官员为代表的杰出人才。特别是在有色金属冶金和镍氢与锂电行业,毕业于本学科的领军与骨干人才数量居全国高校之首。

1.1.2.2 创新平台

自 1995 年开始,冶金工程及其二级学科成为国家"211 工程"重点建设学科,并承担国家"985 工程"科技创新平台建设。在两大工程的支持下,学科及创新平台建设都取得了令人瞩目的成就。共建设了 3 个国家级及 8 个省部级科技创新平台。使本学科的创新能力得到显著提升,巩固了在同类学科中的国内领先地位,并达到了同类学科国际先进水平。

表 1-2　科技创新平台建设一览表

序号	名称	级别	批准部门	批准时间
1	难冶有色金属资源高效利用国家工程实验室	国家级	发改委	2008 年
2	国家重金属污染防治工程技术研究中心	国家级	科技部	2011 年
3	先进储能材料国家工程研究中心(与企业共建)	国家级	发改委	2009 年
4	国家环境保护有色金属工业污染控制工程技术中心	省部级	环保部	2004 年
5	水污染控制技术湖南省重点实验室	省部级	湖南省	2005 年
6	先进电池材料教育部工程研究中心	省部级	教育部	2006 年
7	湖南省铋工程技术研究中心	省部级	湖南省	2007 年
8	湖南省重金属污染综合治理工程技术研究中心	省部级	湖南省	2008 年
9	稀有金属冶金与材料制备湖南省重点实验室	省部级	湖南省	2008 年
10	中国有色金属行业冶金分离科学与工程重点实验室	省部级	中国有色金属工业协会	2011 年
11	中国有色金属行业重金属污染防治工程技术研究中心	省部级	中国有色金属工业协会	2011 年

1.1.2.3 科技创新与社会服务

本学科承担了国家 973、863、国家科技攻关计划(国家科技支撑计划)项目、国家技术创新项目、国家重点新产品项目、国家高技术产业化项目、国家自然科学基金等国家项目 200 余项、省部级项目 160 多项、横向科研项目 1000 余项。先后获国家科技成果奖 25 项,其中国家科学大会奖 4 项,科技"三大奖"21 项(其中一等奖 4 项)、省部级奖 120 项;获得授权发明专利 314 项;2000 年以来发表被 SCI 检索论文 591 篇、EI 检索论文 1072 篇。实践证明,强化产学研相结合,加速实现科技成果转化是本学科科研的一大特色,也是自 20 世纪 80 年代以来本学科申请和获得国家发明专利数量、获得国家"三大奖"数量位居全国同类学科和本校各大学科前列的重要原因。近 10 年来,在铝冶金强化与节能、有色金属(钨、铅、钴、镍)等资源深度开发与高效清洁利用、重金属污染防治、高性能锂离子电池及其关键材料制造等研究方向的特色与成果最为瞩目,有的以产生巨大节能减排效果或资源高效利用效果而著称,有的则以形成了国内外有影响的高科技产业而闻名。

本学科不仅致力于推动科学技术的进步,还积极从事与行业相关的社会活动,如本学科的专家学者历来是我国和湖南省有色金属行业及相关材料产业各个时期相关政策法规、五年发展规划、中长期科技或产业发展规划以及行业标准的主要决策咨询提供者之一,也是中国工程院等学术机构相关软课题的重要参与者之一。本学科还通过支持学生开展社会实践活动、支持教师履行其社会兼职等方式,在弘扬优秀文化、推进科学普及、服务社会大众等方面取得了显著成绩。多数教师是国内外相关一级学会的会员或理事,其中 8 名教师在相关一级学会下属的学术(专业)委员会中担任主任或副主任委员;12 名教师任国内外知名刊物(如 Hydrometallurgy 等)编委;1 人任美国 TMS 学会火法冶金学术委员会副主席;1 人任国际热分析与量热学联合会理事和中国国家代表;1 人任东亚资源再生技术国际会议中方主席;1 人任国家 863 资源环境技术领域主题专家;2 人任中国有色金属工业协会专家委员会委员并任湖南省战略性新兴产业专家委员会委员。

1.1.3 冶金工程学科现状

本学科是冶金科学与工程学院的主体学科。学院设有重(贵)金属冶金及材料、轻金属及工业电化学、碱法冶金、冶金物理化学与材料化学、环境工程、稀有金属冶金、钢铁冶金 7 个研究所,设有 6 个管理服务办公室。学院现有教职工 136 人,其中专任教师 103 人,管理与教辅人员及工人 33 人。专任教师中有教授(研究员)41 人(其中博士生导师 37 人,内有一级教授 1 人、二级教授 8 人、三级教授 8 人)、副教授 28 人、讲师 31 人。教师中有 88 人拥有博士学位,占专任教师的 85%;有中国工程院院士 1 人、国家"新世纪百千万人才工程"2 人、长江学者特聘教授 3 人、"国家杰出青年科学基金获得者" 1 人、教育部跨世纪 / 新世纪人才 10 人、"升华学者"特聘教授 1 人。学院现有全日制学生 1650 人，其中本科生 1100 人、硕士研究生 400 人、博士研究生 150 余人。

本学科十分注重学术交流和改善学缘结构，经常主办或承办国内和国际重要的学术会议，与美国、俄罗斯、德国、加拿大、澳大利亚、挪威、日本、韩国等国家的 40 多所大学保持友好学术交流并互派访问学者或合作科研或短期参观访问、讲学，支持青年教师去国外一流大学进修深造，选派本科生、硕士生或博士生去国外大学攻博或从事博士后科研。本学科具有值得骄傲的优良治学传统，学风淳朴、学术气氛浓郁、民主，倡导学科交叉融合、协调发展，求真务实、治学严谨蔚然成风，加之拥有实力强大的师资队伍和国内一流的教学、科研条件，是广大优秀青年学子求学修身的理想之地，是有利于最大程度发挥聪明才智和创造力的最佳场所。学科培养的各类毕业生因质量好、素质高受到用人单位的青睐而一直供不应求，特别是这几年"冶金工程"专业本科生的供需比一直保持在 1:5 ~ 1:6 之间。在跨入 21 世纪后，学科的发展更加蓬勃兴旺，综合实力显著增强，为冶金科学与工程学院的科学发展发挥了主导作用。自 2005 年以来，学院连续 7 年获评全校"年度综合考核先进单位"（综合考核业绩总分均排全校二级学院的前三名，特别是 2011、2012 年都排名全校第一），学院党委亦连续 3 次（每两年 1 次）获评学校"先进基层党组织"，还被评为湖南省高校 2008—2011 年度"先进基层党组织"和 2012 年"湖南省创新争优先进基层党组织"，使学院成为了中南大学一流的研究型二级学院。

1.2 二级（含三级）学科

1.2.1 有色金属冶金

1.2.1.1 重（贵）金属冶金

该学科是 1952 年中南矿冶学院成立时设立的有色金属冶金系的主要骨干学科之一。1954 年起单独分设重金属冶金教研室。1952 年开始招收本科生，1954 年与苏联专家一起共同培养研究生。1958 年设立重金属冶金专业，1963 年重金属冶金专业被确定为学校的 8 个重点专业之一。"文化大革命"开始后，停止招生。1971 年 8 月重金属冶金教研室撤销，成立专业连队。1971 年试办试点班，招收工人学员，学制为 3 年；1972 年恢复有色金属冶金科研室，并招收工农兵学员。1973 年学校成立重金属冶金专业教育革命实践队，进行教育革命试点。1977 年，恢复重金属冶金教研室建制，同年恢复高考后，招收重金属冶金专业本科生。1980 年重金属冶金专业合并到有色金属冶金专业。1988 年从事贵金属教学与科研的老师从重金属冶金教研室中分出与冶金科研室的老师共同组建贵金属冶金研究室。1995 年重金属冶金教研室更名为重金属冶金与材料研究所。1998 年长沙高等工业专科学校冶化系从事重金属冶金教学与科研的教师并入研究所。2000年贵金属冶金研究室合并回重金属冶金与材料研究所。

重(贵)金属冶金学科师资力量雄厚,20 世纪 50 年代通过与苏联专家联合培养研究生、从留学苏联的回国人员、从武汉大学、东北工学院等高等院校引进大批师资力量,形成了强大的重金属冶金学科队伍,其中的优秀代表有乐颂光、汪键、钟竹前、彭容秋、夏忠让、吕证华、王立川和卢宜源等教授。20 世纪 60 年代,在本专业的毕业生选留了十余人补充师资队伍,其中的优秀代表有梅光贵、张多默、郑蒂基、钟廷科、蔡传算、鲁君乐、宾万达、张训鹏等教授,同时为了加强实验室建设,从专科毕业生选留十余人充实实验室建设与管理队伍,对建立研究型大学起了重要作用,其中优秀代表有陈希鸿、陈庆邦、袁延胜、易申翰等高级实验师;1978 年国家恢复研究生培养,通过自我培养和出国进修等方式,补充一部分师资,弥补"人才断层",其中的优秀代表有唐谟堂、张传福等教授,他们起到了承上启下的作用;20 世纪 90 年代以来引进和选留的师资队伍中,杨天足、刘志宏、郭学益、杨声海等教授成为目前本学科的学术带头人。

重金属冶金与材料研究所(教研室)先后由赵天从(1954—1957 年)、吕证华(1957—1971 年)、钟廷科(1977—1984 年)、张多默(1985—1991 年)、梅光贵(1992—1997 年)、唐谟堂(1997—2009 年)、杨天足(2009—)担任研究所所长(教研室主任),其中,1981—1983 年钟廷科出国期间由张多默代理主任,1985—1986 年张多默出国期间由宾万达代理主任。1958 年成立重金属冶金教研室(研究所)党支部,先后由周惠恒(1958—1963 年)、王镇刚(1963—1971 年)、孙光祯(1977—1987 年)、鲁君乐(1988—1992 年)、曹彦(1993—1999 年)、杨天足(1999—2006 年)、楚广(2006—2009 年)、田庆华(2010—)担任书记。

1.2.1.2 轻金属冶金

轻金属冶金(简称轻冶)学科是 1952 年中南矿冶学院成立时设立的有色金属冶金系的主要骨干学科之一。1954 年冶金系正式成立了轻冶教研室,开始轻冶学科教学和人才培养工作。轻冶学科方向的创始人是陈展猷教授(首任教研室主任,后担任冶金系主任),他是留美学者、冶金学家、氧化铝专家,于 1952 年由湖南大学矿冶系调入,是中南矿冶学院成立初期的 27 名教授之一。轻冶教研室成立之初,受当时的条件限制,既无教材和实验场地,又无实践经验,陈展猷教授带领第一代教学团队编写了我国第一部涉及轻金属冶金(氧化铝、铝电解及镁冶金)的启蒙教材《轻金属冶金讲义》,1954 年,还翻译了俄文《轻金属冶金学》,为我国首部轻金属冶金专著,具有开创性意义。还培养出了我国第一批轻冶专业人才(1956 年),并于 1960 年开始培养我国第一批轻冶方向学历研究生,奠定了我国轻金属冶金高等教育的基础。1959 年由轻冶教研室署名，编写了我国第一部专业轻金属冶金学教材，作为国庆十周年献礼。其中《氧化铝生产》由陈展猷、杨重愚和龙远志共同编写，《电解铝生产》由刘业翔、恽顺芳等共同编写。1962 年龙远志和唐向琪老师调入专门组建的冶金科研室，从事轻冶方向的相关科研工作。

1954 年起，学习苏联，按苏联的教育方案开展了教学法工作，建立了四个基本实验室，进行了生产实习、毕业实习、课程设计、毕业设计和毕业答辩等一系列教学建设，并取得了显著成绩。

1965—1966 年，在中南矿冶学院唐楠屏院长的指导下，开展了教学改革试点工作，先后在抚顺铝厂和山东铝厂，以及后来的郑州铝厂进行，实施了较长时期的现场教学，迈出了教学科研与生产结合的第一步。

自 1960 年起，从专科毕业生中先后选留了唐贤柳、吴旦人、唐向琪(后为高级实验师)和张国华等，落实了实验室建设和管理工作。

1970 年后开始并培养了我国第一批学历教育研究生。与此同时，科研也逐步走上正轨，氧化铝方面，选择氧化铝工业生产急需的沉降分离絮凝剂开展科学研究，研究开发的以麦麸代替淀粉作为氧化铝生产絮凝剂，在极其困难的情况下为国家节省了宝贵的粮食，至今仍被工厂广泛采用；对钠硅渣在铝酸钠溶液中的溶解度进行了研究测定，为氧化铝工业提供了重要的基础理论数据；电解铝方面，开展了铝电解节能和提高电流效率的研究，在现场进行了电解槽电、热平衡的测定以及工艺的改进；电解镁方面，开展了菱镁矿煅烧、氯化及氯化镁电解生产技术改进，以及后来的热法炼镁生产技术改进。"文化大革命"后随着国家经济的恢复，轻冶教研室先后承担了国内众多氧化铝、电解铝和镁冶炼厂的技术改造和科研工作，并为山西铝厂、平果铝厂建设提供前期加工实验和相关基础研究工作，这些研究结果后来为设计和生产所采用。到 20 世纪 80 年代初期，轻冶教研室规模不断扩大，相继形成了铝电解、氧化铝、镁冶金、锂冶金等多个研究方向，涌现了刘业翔、杨重愚、龙远志、汪锡孝、徐日瑶等各研究方向的学术带头人和资深教师恽顺芳、钟侃如、王化章、张永键、黄永忠、陈谦德、吴若琼等。20 世纪 80 年代中期，轻冶教研室根据我国电解铝工业发展的需要，由教研室刘今和吴若琼两位教授为主组建成立了有色冶金系化工教研室，主要从事氧化铝化工单元操作及铝用炭素方向的教学和研究工作(该教研室于 90 年代中期从冶金系分离，单独成立了中南工业大学化工系，后来又与化学系合并，于 2002 年共同组建了中南大学化学化工学院)。20 世纪 90 年代以来，教研室科学研究工作获得了更好更快的发展，特别是电解铝方面，刘业翔主持的电催化炭阳极研究应用于锂盐阳极糊，该技术在铝电解领域节能显著，1992 年荣获国家科技进步一等奖。此后，李劼的铝电解槽计算机模拟仿真控制及槽控箱的研究获得成功，为日后全国大面积推广奠定了基础。通过引进和选留人才，形成了总人数约 30 人的老中青相结合的师资队伍。进入 21 世纪，逐步实现了新老交替，形成了以刘业翔、李劼、李小斌为主要学术带头人的师资队伍。

刘业翔教授 1997 年当选为中国工程院院士。

此外，从 20 世纪 90 年代中期开始，轻冶教研室刘业翔教授带领学术团队，充分利用传统学科基础来发展面向未来的新兴产业学科——新能源材料与器件，它涵盖了锂离子电池正负极材料及电解液、太阳能薄膜电池、超级电容电池等，并于 2010 年与冶金物理化学研究所联合组建了冶金学院的新型专业——新能源材料与器件专业。到 2002 年，轻冶教研室撤室建所，同时成立了轻金属及工业电化学研究所和氧化铝及陶瓷材料研究所，隶属于冶金学科与工程学院。2011 年氧化铝及陶瓷研究所更名为碱法冶金研究所。

1.2.1.3 稀有金属冶金

稀有金属冶金学科是 1952 年中南矿冶学院成立时设立的有色金属冶金系的主要骨干学科之一。1955 年，为满足我国国民经济和国防工业的高速发展对稀有金属冶金专业的高级技术人才的需求，高教部决定在中南矿冶学院建立稀有金属冶金专业，并以此为试点，为其他有关院校建立相关专业培养师资、积累经验。

1955 年 10 月，由佘思明、曾昭明、何福熙三人组成筹备小组建立我国第一个稀有金属冶金教研室，着手筹建我国第一个稀有金属冶金专业。佘思明任教研室主任，曾昭明任干事。教研室教师有陈洲溪、彭昌佑等。1956 年 9 月，李声海、刘松圃新增为教研室成员，李声海任稀冶教研室 - 粉冶教研室联合党支部书记，刘松圃负责实验室建设。教研室下设高熔点稀有金属冶金、稀散金属冶金、稀土金属冶金三个教学小组。教研室成立后得到了时任中南矿冶学院党委书记兼院长唐楠屏的大力支持与指导。

1957 年 10 月 4 日，苏联莫斯科有色金属及黄金学院稀有金属冶金学教授泽里克曼应聘到我院工作，全面指导稀冶专业建设，指导研究生 4 人。同时国内浙江大学、昆明工学院等单位派教师 10 余人来校共同向专家学习，为全国培训稀冶专业的骨干。

1958 年 1 月，根据国内对稀有金属冶金专业人才的迫切需求，学院决定从当时冶金四年级学生中选调 60 人成立稀冶特别班，正式开始稀冶专业人才的培养工作。1958 年 5 月，根据冶金部指令，稀冶教研室大部分成员及上述稀冶特别班学生共 60 余人开赴北京有色金属研究所进行 64 种金属冶金大会战，锻炼了队伍。

1960 年底至 1961 年初，冶金系的稀冶、粉冶专业并入金属工艺系并改名为特冶系。1962 年，李洪桂任稀冶教研室副主任，负责教研室全面工作；张启修任实验室主任，负责实验室建设。教研室在学院和系的领导下，贯彻落实《高校六十条》，整顿教学秩序。重新修订了教育计划，组织制定了全部专业课教学大纲，组织教师逐步开出了全部专业课程使教学过程走向正轨。1963 年稀有金属冶金专业被确定为学校的 8 个重点专业之一。

1966 年 6 月，因"文化大革命"，有关教学科研工作全部停止。1969 年，在当时党支部领导下，组织教师进行真空碳热还原法制取电容器级钽粉、熔盐电解法制取金属钛、稀土分离等方面的科研工作。1972 年开始招收第 1 届工农兵学员，连续招收 4 届。1977 年恢复高考，正式招收本科生 2 个班。

1979 年，教育部专业调整，稀有金属冶金不单独设立专业，从特冶系重新回到冶金系，合并为有色金属冶金专业，稀冶教研室保留。李洪桂为稀冶教研室主任。1984 年，张启修任教研室主任。

1987 年，冶金系机构调整，李洪桂、刘茂盛、孙培梅、李运姣、郑清远由稀冶教研室调出，与轻冶教研室和重冶教研室的部分教师共同组成"有色金属冶金"教研室；1995 年成立由李洪桂、刘茂盛、孙培梅、李运姣等人组成的无污染冶金及功能材料研究所；同年，钟海云、王如珍、吴辉云、岳忠等人由稀冶教研室调出成立真空冶金研究所，稀冶教研室同时改称为稀有金属冶金研究所（又称冶金分离科学与工程研究所）。

2006 年，从事稀有金属冶金研究的无污染冶金及功能材料研究所、真空冶金研究所与稀有金属冶金研究所（分离科学与工程研究所）重新合并成立新的稀有金属冶金研究所。

1.2.2　冶金物理化学

冶金物理化学是在著名的冶金学家和物理化学家、我国冶金物理化学学科的奠基人、中国科学院学部委员、原中南矿冶学院院长陈新民教授的倡导和主持下创办的，是我国首批冶金物理化学学科点。

1959 年，由陈新民牵头在中南矿冶学院理学系组建冶金物理化学专业并担任教研室主任，当年从化学、冶金、选矿等专业抽调一个班转入冶金物理化学专业，1960 年开始正式招收冶金物理化学专业本科生；1960 年开始招收研究生；1963 年，冶金物理化学专业转入选冶系；在 1971 年底，选冶系撤销，恢复有色冶金系后，冶金物理化学专业属有色金属冶金系；1979 年，冶金物理化学转入化学系；1981 年，经国务院批准，冶金物理化学专业成为首批博士、硕士学位授予专业。1993 年招收了应用电化学方向本科生；1994 年设立博士后科研流动站；1994 年，冶金物理化学教研室从化学系分出组建校直属研究所——冶金物理化学与化学新材料研究所；1999 年，冶金物理化学与化学新材料研究所并入冶金科学与工程系；冶金物理化学专业本科生招生到 1998 级，从 1999 年起本科专业按冶金工程一级学科招生；2000 年被评为湖南省重点学科；2006 年再次被评定为湖南省重点学科。

冶金物理化学教研室(研究所)先后由陈新民(1959—1963 年)、蒋汉瀛(1963—1972 年)、傅崇说(1972—1979 年)、赵瑞荣(1979—1991 年)、郭炳焜(1991—1993 年)、杨松青(1993—1994 年)、赵瑞荣(1994—1996 年)、李新海(1996—2000 年)、周雍茂(2000—2002 年)、陈文泗(2002—)担任教研室主任(研究所所长)。1959 年成立冶金物理化学教研室(研究所)党支部,先后由杨启荣(1959—1972 年)、陈光寿(1972—1979 年)、龚竹青(1979—1984 年)、郭炳焜(1984—2001 年)、陈白珍(2001—2006 年)、王志兴(2006—2010 年)、郭华军(2010—)担任支部书记。

陈新民、傅崇说、蒋汉瀛等老一辈冶金物理化学家为本学科点的建立和发展作出了卓越的贡献。1959 年冶金物理化学专业刚组建时,陈新民教授与教研室的同志克服了创办新专业的过程中遇到的很多困难,编写了近百万字的讲义;将报废的医用 X 光机改造成用于观察高温冶金熔体的 X 射线装置,开展了高水平的科研工作。他们将这个专业发展为火法冶金过程物理化学、湿法冶金过程物理化学、冶金电化学三个分支,为中国有色金属的开发与综合利用提供了理论依据,在冶金领域得到了广泛应用。

经过 50 多年的建设,冶金物理化学得到了长足的发展,目前的研究方向主要有冶金热力学与热化学、冶金动力学与过程强化、冶金电化学与电化学工程、材料物理化学与功能材料、有色金属资源高效分离与综合利用、新型化学电源与新能源材料等具有特色优势的研究方向。多项科研成果实现了产业化,取得了显著经济效益,有些项目与地方和企业合作,建立了研究院(所),以便共同协作进一步联合开发。

1.2.3 钢铁冶金

为适应我国钢铁工业发展的需要,1956 年根据原冶金工业部指示精神,在唐楠屏院长的大力支持和苏联专家的帮助下,原中南矿冶学院增设了国内第一个团矿专业,并于当年秋从选矿专业应届毕业生和在读大学生中,分别选调了 8 人和10 人攻读团矿专业硕士生和本科生,自此开创了我校培养钢铁冶金人才之先河。第一年招收学生后,1957 年撤销钢铁冶金专业,招生中断。

1970 年,在原冶金工业部与湖南省政府的大力支持下,从全国有关院校、钢铁企业、科研院所调入一批科技骨干,充实教师队伍,组建了含团矿、炼铁、炼钢、轧钢四个本科专业的钢铁冶金系,并于 1972 年恢复招生。

1980 年,随着我国钢铁生产和布局的调整,钢铁冶金系撤销,保留当时全国唯一的团矿、炼铁专业并划入有色冶金系。钢铁冶金系大部分骨干教师转入团矿教研室,继续从事钢铁冶金教学和科研工作,并在 1980 年招生中断。

1984 年,由选矿和团矿专业共同组建矿物工程系。在王淀佐校长及历届校领导的关心和支持下，团矿专业步入了快速发展的轨道。1997 年组建烧结球团与直接还原研究所，1998 年获钢铁冶金博士学位授予权，同年列为国家"211 工程"重点建设学科。1999 年本科生按照一级学科冶金工程招生，钢铁冶金学科由冶金科学与工程系（学院）与矿物工程系（资源加工与生物工程学院）共建。2000 年资生院成立钢铁冶金系；冶金院成立钢铁冶金教研室（2007 年教研室改为钢铁冶金研究所）。2001 年被评为湖南省唯一的钢铁冶金重点学科。

1.2.4 冶金环境工程

冶金环境工程学科是冶金科学与工程学院中一个学科交叉、发展迅速的新兴学科。1998 年，原有色金属冶金系系主任张传福教授提议在有色金属冶金专业基础上新设冶金环境工程专业方向，为解决日渐严峻的有色金属冶金行业环境问题培养专门的科技人才。同年，从日本名古屋大学留学深造回国的柴立元教授担任冶金环境工程学科的学科带头人，组建环境工程研究所。

1998 年，在有色金属冶金学科的基础上设立冶金环境工程方向，并招收了第一批环境工程方向本科生 30 人；2000 年，教育部批准中南大学设立环境工程专业，正式招收本科生 67 人，并批准设置环境工程硕士点；2003 年，获教育部批准自主设置冶金环境工程博士点，环境工程研究所正式开始培养冶金环境领域最高层次的专业人才；2010 年，教育部批准设立环境科学与工程一级学科硕士点。

本学科经过近几年的发展，在创新平台方面取得了一系列的成绩。2004 年，国家环境保护部批准组建国家环境保护有色金属工业污染控制工程技术中心；2005 年，湖南省环境保护厅批准组建水污染控制技术湖南省重点实验室；2008 年，湖南省环境保护厅批准组建湖南省重金属污染综合治理工程技术研究中心；2011 年，国家科学技术部批准建设国家重金属污染防治工程技术研究中心。

目前，冶金环境工程学科以国家重大需求为己任，重点关注重金属污染防治相关的科学研究和人才培养，下设五个研究方向："三废"污染控制资源化技术及其基础理论；环境材料；清洁生产；生态环境治理与修复；环境评价与规划。

1.2.5 新能源材料与器件

本学科主要由冶金物理化学学科的"电化学基础理论和电化学工程"及"材料物理化学与新型功能材料"、轻金属冶金学科的"电化学冶金过程节能新材料与新技术"等研究方向发展而成。20 世纪 90 年代初期，中南工业大学化学系冶金物理化学教研室的李新海、郭炳焜等教授针对我国二次电池技术落后的局面，在国内率先开展了镍-镉电池、镍-金属氢化物电池及其关键材料的科学研究与产业化技术开发。同时，为满足化学电源、新能源材料对高级工程技术人才的迫切需求，冶金物理化学教研室结合该教研室化学电源及新能源材料领域在教学与科研上的优势,于1993年创办了应用电化学专业,开始招收该专业首批本科生。1994年,在原冶金物理化学教研室的基础上成立了冶金物理化学与化学新材料研究所,应用电化学专业从化学系转到冶金物理化学与化学新材料研究所,并构筑起电化学冶金及化学电源材料与技术的学科领域。此外,20世纪90年代中期,中南工业大学有色金属冶金系轻金属冶金教研室刘业翔教授带领的学术团队在电化学冶金过程节能新材料与新技术研究的基础上,涉足新能源材料、化学电源的研究与开发,并进一步开创了我校太阳电池研究领域。1998年,在原轻金属冶金教研室的基础上成立了轻金属与工业电化学研究所;1999年,冶金物理化学与化学新材料研究所并入有色金属冶金系,从此新能源材料、化学电源等领域的科研与人才培养得到进一步加强,研究也向锂离子电池、燃料电池等领域拓展。在学科带头人刘业翔教授、李新海教授、李劼教授、郭学益教授、胡国荣教授等的带领下,2005年获教育部批准设置了"材料冶金"、"电化学工程"二级学科并开始招收研究生;2006年获教育部批准建设"先进电池材料教育部工程中心"(2010年验收通过);2009年获国家发改委批准建设"先进储能材料国家工程研究中心"(与企校共建)。这些科研和教学单位在新能源材料与器件领域开展了大量的教学和研究任务,培养了大批新能源材料与器件方向的本科生、硕士及博士,积累了丰富的科研与教学成果。在此基础上,2010年,成功申报并获教育部批准创办国家战略性新兴产业所需的首批专业——"新能源材料与器件",并于同年开始招收该专业本科生。2011年,新能源材料与器件专业成为国家级特色专业建设点;2012年获批自主设置培养该专业的博士、硕士等高层次人才的二级学科。

新能源材料与器件学科主要包括新型化学电源及其关键材料、太阳电池及其关键材料两大方向。重点开展高性能锂离子电池材料与器件、超级电容器关键材料与器件、镍氢电池关键材料与器件、太阳电池关键材料与器件、燃料电池关键材料、动力电池与新型电源系统、废弃电池无害化处理及其材料循环利用等领域的人才培养与科学研究。

1.3　二级(三级)学科建设成就

1.3.1　有色金属冶金

1.3.1.1　重(贵)金属冶金

1954年设立的重金属冶金教研室,在首任主任赵天从教授的领导下,参照苏联经验设计我国有色金属冶金专业的教学体系,组织制定教学计划,发动教师翻译编写教材,规划科研方向,鼓励教师多承担科研课题,很快培养出一支具有高学术水平的教师队伍,使青年人才脱颖而出,从1952年建校开始即招收有色

(重)金属冶金本科生。

1954 年，重金属冶金教研室与苏联列宁格勒矿冶学院有色金属冶金学副教授皮斯库诺夫等联合招收戴永年、吕证华、彭容秋、谭泪曾、张爱芹五人为有色(重)金属冶金专业研究生；1956 年赵天从教授为导师招收李洪桂为研究生；1960—1965 年赵天从教授为导师招收钟廷科、张多默、范乐顺、刘佑育及郭立人，傅崇说教授为导师招收郑蒂基、朱文、谭湘庭为研究生。1958 年起设立重金属冶金本科专业，1963 年重金属冶金专业被确定为学校的 8 个重点专业之一。1964 年学校决定以有色重金属冶金专业为试点，全面探索教学改革途径，应届毕业生到厂矿或科研院所进行毕业设计，其特点是结合生产实际，进行"真刀实枪"的设计工作。按照学校决定，1965 年 9 月，重冶 671 班及 672 班开赴东北，到 401 厂(葫芦岛锌厂)和沈阳冶炼厂进行半工半读教学改革试点，1966 年 5 月因"文化大革命"而终止。在完成教学工作的同时，重视和开展科研工作，取得了一些重要成果，如赵天从等 8 人至 1964 年完成的"贫汞矿沸腾焙烧试验"。"文化大革命"期间，学校的教学科研体系处于极度的混乱状况，重金属冶金教研室也不例外，1971 年学校各教研室撤销，成立专业连队。1973 年以后教学科研秩序逐渐好转，学校成立以原重金属冶金教研室老师为主体的重金属冶金专业教育革命实践队，吸纳基础课部等相关专业的老师参加，进行教育革命试点，课程教学体系由原来按金属提取流程(纵向)改成按单元过程(横向)编写教材，理论与实践相结合进行教学。同时，开展从各种复杂含钴物料回收钴的研究工作，并建立醋酸钴的生产线，成为学校面向生产实践的样板。1977 年恢复考试招生制度，重金属冶金专业招收"文化大革命"结束后首批本科生，1980 年重金属冶金专业与冶金工程学科的其他专业合并，调整成有色金属冶金专业。1978 年，我国建立学位制度后，有色金属冶金专业获我国首批硕士学位授予权，本学科的赵天从教授招收唐谟堂、吴筱锦、钟启愚，傅崇说教授招收李浩月为首批攻读硕士学位研究生。1981 年，经国务院学位委员会批准，学校有色金属冶金等五个专业获得我国首批博士学位授予权，本学科的赵天从教授成为有色冶金专业当时全国唯一的博士生导师，也是我校 6 名首批博士生导师之一；1984 年经国务院学位委员会批准，学校增补 2 位博士生导师，傅崇说教授名列其中。1982 年 4 月赵天从教授作为导师招收唐谟堂为首届攻读博士学位的研究生，1986 年 10 月唐谟堂通过博士学位论文答辩，成为我国有色金属冶金领域自己培养的第一位博士。随后重金属冶金与材料研究所中的教师张传福、张多默、唐谟堂、杨天足、郭学益、刘志宏、杨声海相继担任博士研究生指导老师。60 年来，重金属冶金与材料研究所(教研室)面向本科生先后开出"重金属冶金学"、"铜冶金"、"铅冶金"、"锌冶金"、"贵金属冶金学"等课程，面向研究生先后开出"重金属冶金专论"、"计算机模拟与控制"等课程。

在人才培养方面，重金属冶金专业自 1958 年设立以来，培养了大批本科生，同时在 50 年代即开始培养研究生。这些毕业生中有的已成为我国冶金领域的领军人物，大多数已成为有关单位和部门的管理或技术骨干，其中不乏知名学者和企业家。例如，戴永年、张文海当选为中国工程院院士，设计大师蒋继穆是开发底吹熔池熔炼炼铅法的主帅，唐谟堂 1991 年被国家教委和国务院学位委员会授予"做出突出贡献的中国博士学位获得者"的荣誉称号，翟玉春成为东北大学冶金物理化学学科的学术带头人和国内外知名学者，彭兵的博士学位论文在 2003 年获全国优秀博士论文提名。

在教材专著编写出版方面，20 世纪 50 年代，赵天从等主编了《重金属冶金学》、《有色冶金炉》、《重金属冶金工厂设计》等课程的讲义；傅崇说主编了《有色重金属冶金学》、《炼铅学》等；这些教材对建立我国有色金属冶金的教学体系、培养有色金属冶金学科的高级人才起到了至关重要的作用。1981 年，由赵天从任主编与国内有关冶金专业的教学科研人员合编出版了《重金属冶金学》（上、下册），成为国内冶金专业的统编教材。21 世纪初唐谟堂、李运姣、何静及曹刿等编写出版了"冶金设备"系列教材，是冶金工程专业课程体系的一大改革，较好地解决了原课程体系及教材所存在的问题，获得 2003 年湖南省教学改革三等奖、2008 年湖南省优秀教材奖。20 世纪 70 年代，赵天从以英、俄、德、日、法文献书目作依据，汇编的 50 万字《查阅外文冶金文献参考资料》成为有色金属冶金专业教学科研人员查阅外文文献的必备工具。1987 年赵天从集 50 多年生产、科研、教学经验编写的专著《锑》出版，在冶金领域引起了极大的反响，中国科学院学部委员、著名冶金学家魏寿昆作序，称："对国际上锑冶金领域的发展和提高起到积极的促进作用。"《锑》获得 1990 年中国第五届优秀科技图书一等奖。评委会认为，该书是"一部锑的小百科全书"，是"具有国际水平的图书之一"。与此同时，以《锑》的主体内容出版了英文版的 The Metallurgy of Antimony，被送到北京和德国法兰克福国际图书博览会参展，并被世界一些著名图书馆收藏。2011 年梅光贵等编著出版了 102.9 万字的《中国锰业技术》，成为国内外第一本全面系统的锰业技术专著，对我国锰业的可持续发展和技术进步具有重要作用。郭学益、田庆华编著了《有色金属资源循环理论与方法》，开拓性地将生态设计、材料及产品的生命周期评价、物质流分析、环境友好材料等引入有色金属领域，系统地提出了有色金属资源循环的基础理论和基本方法，该书列入国家"十一五"重点图书出版计划，并获得首届湖南政府出版奖。近 30 年来，重金属冶金及材料研究所及其前身的教师共出版专著 40 余部，在国内外学术会议及科技期刊发表论文千余篇，大部分被国外权威索引杂志引用，内容涉及重金属冶金及材料的各个领域，促进了本学科的学术交流，极大提高了本专业在国内外的知名度。

在科研工作方面，60 年以来重金属冶金及材料研究所（教研室）形成了冶金过程理论、清洁冶金新工艺、资源的高效利用、冶金过程材料化和精细冶金等研究方向。

冶金过程理论 发展和丰富了现代湿法冶金理论，傅崇说等于 20 世纪 60 年代着手研究 $E-pH$ 图的三元体系。80 年代初，提出了一个基于同时平衡原理及通过 ϕ 和 ψ 函数进行全面分析以绘制复杂体系电位—pH 图的新方法，钟竹前等提出 $X-Y$ 函数法。$\phi-\psi$ 函数法和 $X-Y$ 函数法扩充了前人关于金属-配合物的研究，比前人更准确、清楚地揭示有关实践问题，在国内外被同行广泛关注、引用和推广。与此同时，赵天从和唐谟堂等基于同时平衡原理和电中性原理提出了双平衡法，将传统的以配合物稳定常数表征的金属配合离子浓度与配体浓度的隐性关系，发展为以数学模型和热力学关系图表示的金属离子总浓度与配体总浓度的显性关系。

清洁冶金新工艺 早在 20 世纪 80 年代初期，赵天从作为我国有色金属冶金学科的创始人之一，以其深广的学术造诣和对学科发展的敏锐洞察力，预见到粗放的冶金方式的严重后果，高瞻远瞩地提出了"无污染冶金"这一战略性的学科方向。"无污染冶金"其实质是集清洁冶金工艺、"三废"治理及资源循环利用、冶金过程的节能降耗在内的一个范围极广的学科方向。

20 世纪 80 年代初，赵天从和唐谟堂等研究成功"氯化-水解法"制取锑白新工艺，其主要特征是以五氯化锑作氯化剂，直接由硫化锑矿或精矿制取锑白。该技术曾被推广应用，取得了显著的经济效益和社会效益，被誉为 1986 年湖南省 10 大科技成果之一，1987 年获得省部级一等奖，1988 年 10 月被授予专利权。

钟竹前教授带领科研团队相继研究成功了"黄钾铁矾法"、"针铁矿法"、"赤铁矿法"等除铁方法。在 20 世纪 80 年代，研究开发的亚硫酸锌还原-针铁矿法湿法炼锌新工艺获冶金工业部科研成果二等奖、湖南省科技进步二等奖、广西科技进步二等奖。研究成果在湖南省水口山四厂进行了半工业试验获得成功，并相继建成 2 万 t 针铁矿法湿法炼锌生产线。1981—1993 年钟竹前等研究了 Me（Cu、Ni、Zn、Mn）-MnO_2 同槽电解新工艺，其中 Zn-MnO_2 同槽电解获得工业应用，研究成果获省部级科技奖励，申请专利 6 项，有关的论文参加 1985 年国际东京锌提取冶金会议，受到好评。与此同时，进入"电解二氧化锰、电解金属锰与锰盐等锰产品研制"的研究领域，梅光贵教授全面深入地研究电解二氧化锰和电解金属锰等锰产品的生产工艺与技术，先后完成 30 余项科研项目，其中包括"乌克兰碳酸锰矿生产电解金属锰的试验研究"等 3 项涉外项目。在完成的国内项目中，有多项已成功地投入生产应用，如 2008 年投产成功的中信锦州铁合金有限公司所属电解金属锰厂。

1984 年宾万达教授等开始湿法处理铅阳极泥的工艺研究，并且在河南济源豫光金铅股份有限公司投入生产，为我国首家采用湿法工艺处理铅阳极泥的工厂，该工艺采用氯化物体系脱除铅阳极泥中的锑、铋、砷等杂质,使其中的锑、铋等有价金属得以回收,金银的回收周期大为缩短。研究成果获 1989 年国家黄金总局科技进步三等奖。

2005 年杨天足教授针对我国特有金锑资源中金锑不能有效分离,采用的分离工艺产生 HF 酸雾、氮氧化物、含硝酸根废水和含铅锑烟气和粉尘等污染物的难题,提出在氯化物体系中控制溶液电位,选择性将贵锑中铜、镍、锑及部分铅溶解进入溶液的方法,一步实现贵锑中锑、铜、镍与贵金属(金和银)彻底分离。开发的新技术成功应用于世界上最大的金锑精矿冶炼厂,用一道工序取代了原工艺中的三道工序,彻底消除了原有工艺的污染问题。研究成果获 2009 年度中国有色金属科技进步二等奖。

1997 年唐谟堂、杨声海等提出在氯化铵 - 氨 - 水体系中(简称 MACA 法)制备电锌,并开展了相关的研究工作,完成了 100 t 高纯锌/a 规模的半工业试验,生产质量符合制备无汞合金锌粉的要求的高纯锌。由于在这一领域开展的卓有成效的前期工作,MACA 法处理高碱性脉石型氧化锌矿制取电锌 2007 年被列为国家 973 项目的重要研究内容,对我国有色金属复杂和低品位资源的高效利用发挥了重要作用。

唐谟堂和唐朝波等提出"氧化铁还原固硫"的学术思想,成功开发"还原造锍熔炼"新工艺,并已成功地应用于工业生产,目前正在全面推广应用;提出的"低温熔盐冶金"的学术思想,获得了铅、锑、铋低温熔盐冶金三项发明专利授权。

资源的高效利用 郭学益、田庆华等深入研究了废旧铅酸蓄电池铅膏氧气底吹熔炼再生铅过程的基础理论,探索了铅膏与铅精矿氧气底吹熔炼交互作用机制,建立了双底吹全熔池直接炼铅、废板栅直接熔炼、废酸高效循环利用的技术原型,实现了板栅直接合金化和废酸直接回收利用,同时实现了高温清洁脱硫,达到了铅和硫同时循环回收利用的目的。已建立了年处理 18 万 t 废旧铅酸蓄电池、年产 10 万 t 再生铅示范生产线,并获得 2009 年度中国有色金属工业科学技术二等奖和 2011 年度国家科技进步二等奖。

郭学益等针对镍、钴二次废料特点,深入研究了废旧电池、废催化剂等典型镍、钴二次资源循环利用过程的转化机制和调控措施,开发了控制电位选择性溶出、多相逆流萃取分离富集、无氨草酸诱导沉淀等关键技术,形成了镍、钴二次废料循环利用及湿化学制备粉体材料新方法。已建成规模化的镍钴二次资源循环利用生产线,成为国家示范工程,获 2009 年度中国有色金属工业科学技术一等奖和 2010 年度国家科技进步二等奖。

冶金过程材料化和精细冶金 20 世纪 70 年代由乐颂光和鲁君乐等与 801 厂共同开发成功"P204 萃取法制取硬质合金用氧化钴",该工艺直接由钴矿或钴镍硫化物物料制取硬质合金用高纯氧化钴,并用于 801 厂的生产实践,取得显著效益，获 1978 年全国科技大会奖。

20 世纪 90 年代初，唐谟堂等提出"精细冶金"与"多元材料冶金"的学术思想，成功地开发"直接法制取锰锌铁氧体软磁粉料"、"低温氧化法制取氧化铋及系列铋品"和"连续逆流法制取四针状氧化锌晶须"新工艺；其中"直接法制取锰锌铁氧体软磁粉料"已建成一条 5000 t/a 规模的生产线，低温氧化法制取氧化铋及系列铋品"和"连续逆流法制取四针状氧化锌晶须"均已完成工业试验，正在推动其工业应用。唐谟堂与何静等将"直接法制取锰锌铁氧体软磁粉料"与"湿法炼锌"相结合，提出"无铁渣湿法炼锌提铟"的方法，将锌精矿中的铁制成软磁用氧化铁或铁、锌氧化物二元粉，获发明专利授权 3 项，得到"863"、重大支撑及自然基金等多项国家项目资金的资助。

张传福教授发明了纤维状纳米多孔金属及其氧化物粉末的制备方法，获得了 5 项授权发明专利。其中纤维状纳米多孔镍粉的制备新方法专利技术已在深圳市中金岭南有色金属公司实现了产业化，并于 2005 年获得中国有色金属工业科技发明一等奖。

20 世纪 90 年代初，张多默教授根据学科发展趋势，开辟了功能粉体材料制备与加工研究方向，致力于有色金属精深加工；其后，刘志宏教授拓宽了学科领域。研发的涂料锌粉、碱性锌锰无汞锌粉、多层陶瓷电容器端电极用铜粉等产品生产技术，得到工业应用，产品填补国内空白，研究工作先后获省部级科技奖励 4 项。

1.3.1.2 轻金属冶金

该学科在中南矿冶学院成立初期隶属于冶金系的有色金属冶炼教学组，学科创始人是陈展猷教授。1954 年轻冶教研室成立，主要从事轻金属冶金的教学工作。在 20 世纪 60 ~ 70 年代，轻冶教研室开展了相关科学研究工作，研究方向逐渐明确，包括氧化铝、电解铝、镁冶金和锂冶金，其中氧化铝研究方向的学术代表是杨重愚教授和龙远志教授，电解铝的学术代表是刘业翔教授、王化章教授以及杨济民副教授，镁冶金的学术代表是徐日瑶教授和张永健教授，锂冶金的学术代表是汪锡孝教授和黄际芬副教授。主要研究方向涉及从含铝矿物原料生产氧化铝的理论和实践、电解法和电热熔炼法生产金属铝和铝合金的理论与实践、电解法和热法炼镁的理论和实践、锂盐的开发与综合利用等。90 年代初，国家确定有色金属工业优先发展铝的重要方针，我国铝工业从此加快了发展的步伐，轻金属冶金学科的研究重点逐渐向电解铝和氧化铝集中，到 2001 年，轻冶学科同时组建了以电解铝研究为主体的轻金属及工业电化学研究所和以氧化铝研究为主体的氧化铝及陶瓷研究所(2011 年更名为碱法冶金研究所)，形成了包括氧化铝生产工艺与理论、电解铝生产工艺与控制、大型预焙铝电解槽物理场仿真与结构设计优化、工业电化学与功能电极材料、铝电解用电解质体系优化、镁冶炼新技术、新能源材料与器件等多个方向。

1）氧化铝方向

轻冶学科氧化铝方向经历了三个发展阶段，第一阶段（1952—1966）为始建阶段，学术带头人是陈展猷教授，是我国第一个氧化铝领域的教授，也是我国氧化铝领域人才培养的先驱；第二阶段（1966—1992）为艰难创业阶段，学术带头人是师从世界著名氧化铝专家、苏联 А. И. Лайнер 教授的杨重愚教授和龙远志教授；第三阶段（1992—）为发展壮大阶段，学术带头人是李小斌教授。

20 世纪 50 年代初，陈展猷教授带领第一代教学团队编写了我国第一部涉及轻金属冶金的启蒙教材《轻金属冶金讲义》，培养出我国第一批氧化铝专业人才（1956 年）和我国第一批氧化铝方向学历研究生（1960 年），奠定了我国轻金属冶金高等教育的基础。1959 年，由陈展猷、杨重愚和龙远志共同编写我国第一部氧化铝专著——《氧化铝生产》由冶金工业出版社正式出版发行，并作为国庆十周年献礼工程。20 世纪 60 年代末开始，杨重愚和龙远志率领学术团队开展了大量的氧化铝研究和教学工作，在极其困难的条件下，它们自行设计了我国最早的氧化铝研究用高压群釜实验装置和低压群釜实验装置，创建了氧化铝研究实验室；承担了为山西铝厂、平果铝厂设计建设所需的前期基础研究工作。高压群釜实验装置于 1983 年通过当时的国家地质部组织的成果鉴定，至今仍然是国内相关研究单位使用最广泛的实验装置。杨老师和龙老师在 1978 年我国恢复培养研究生制度后，成为了我国首批硕士生导师，在我国高校最早培养出第一批氧化铝专业领域的硕士和博士。1982 年，他们编写出版了最具行业影响力的著作《氧化铝生产工艺学》（冶金工业出版社出版），该书面世 30 多年经多次再版，至今仍然是我国本领域最权威的专著，1987 年该著作获中国有色金属工业总公司优秀教材二等奖。

自 20 世纪 80 年代末到 90 年代中期，学术团队顺利实现新老交替，并逐步有规划发展壮大了以李小斌教授为学术带头人的氧化铝方向第三代教学科研团队，建立了比较完备的选冶和化工领域科学研究的过程实验和分析检测系统，构建了优良的研究平台，在氧化铝及相关领域进行了卓有成效的理论创新和工艺研究工作。其中，学术团队以冶金节能、提产、简化工艺流程为目的，针对我国铝、钨、钒、铬等资源特点，研究多组分体系中组元的反应机理和相互间影响规律，继而开发过程强化技术和新工艺，获得的标志性成果有：氧化铝生产热力学数据计算方法及数据库、强化烧结法生产氧化铝新工艺、粗液两段常压脱硅技术、HCAC脱硅新工艺、拜耳法溶液草酸钠排除技术、铬铁矿无钙焙烧强氧化技术、铬酸钠溶液除钒技术等；以氧化铝种分工艺中组分从液相中析出过程为研究对象，研究溶液结构与调控，晶体的成核、附聚、长大机理和调控技术，获得的标志性成果有：铝酸钠溶液分解过程粒子行为、烧结法砂状氧化铝生产技术、铬酸钠碱性液中和除铝新工艺、铝酸钠溶液界面协同调控强化分解技术等；以冶金、化工过程中的固、气、液界面性质为研究对象，研究界面交互作用规律和调控方法，获得的标志性成果有：母液蒸发防垢节能技术、拜耳法增浓溶出液强化脱硅技术、拜耳法高浓度溶液制备高白阻燃用超细氢氧化铝粉、纳米（氢）氧化铝粉制备技术、高纯超细氢氧化铝粉制备技术、无溴阻燃电缆料制备技术等；以中低品位矿石资源和氧化铝、铬盐生产过程中的固体废物为主要研究对象，研究中低品位铝土矿资源的综合利用和赤泥、含铬废渣的资源化、无害化处理技术，获得的标志性成果有：高铁赤泥综合利用技术、铬渣资源化无害化处理技术、铬污染土壤和地下水的协同修复技术等。

经过长达 60 年的氧化铝生产领域教学与科学研究的发展历程，目前该学术团队已发展成为了我国高校氧化铝领域拥有最多工业应用技术、最多专利技术、最多学术论文的团队之一，其中有我国最早、至今唯一的氧化铝领域国家技术发明奖、世界知识产权组织颁发的中国专利金奖；最早、最系统提供支撑无废渣排放铬盐清洁生产的工业技术。这些创新性成果极大提高了我校及本学科在国内外氧化铝领域的知名度，被誉为世界三大氧化铝研发基地之一（美铝学者 Peter）。学术团队先后承担国家重点科技攻关项目、973 项目、国家自然科学基金、湖南省科技重大专项、国内外企业科研项目等 80 余项，发表论文 200 多篇，其中 EI、SCI 检索论文达 60 多篇，编写著作 4 部，授权发明专利 12 项，获国家发明二等奖 1 项、国家科技进步一等奖 1 项，省部级奖 5 项，中国发明金奖 1 项，近十项成果在工业上得到应用，在同行产业界和学术界具有相当的影响，并与国内外同行建立了良好的学术交流关系。根据冶金学科发展的需要，氧化铝学术团队于 2002 年组建了氧化铝及陶瓷研究所，隶属于冶金科学与工程学院，2011 年更名为碱法冶金研究所。

2）电解铝方向

20 世纪 80 年代及以前，我国铝电解工业远远落后于国际同行业水平，当时轻冶教研室的研究条件非常有限，从事电解铝研究的老师主要有刘业翔、王化章、杨济民、蔡祺凤、黄永忠、廖贤安等，研究内容主要是围绕自焙槽炼铝工艺技术的改进与优化。1982 年，刘业翔老师从挪威科技大学留学回国，他利用与国际著名铝电解专家、挪威科技大学 J. Thonstad 教授的合作经验，在王化章、黄永忠等老师的配合下，率先在国内开展了高温熔盐电解电催化技术的研究。为了降低自焙槽炼铝的能耗，刘业翔老师从阳极糊改性技术入手，采用往自焙槽的阳极糊料中添加活性物质的方法，通过长期反复的实验，成功开发了"锂盐阳极糊节能技术"，实现了铝电解炭阳极电催化以降低阳极过电压的效果，经过在国内 26 家铝厂的电解槽上应用，实现年节电 6000 万 kWh，该技术于 1992 获得国家科技进步一等奖；杨济民老师长期深入电解铝厂生产现场，开展了许多卓有成效的电解铝工艺技术优化工作，在当时的电解铝行业具有很大的影响力和知名度；由蔡祺凤老师领衔开发的降低预焙铝电解槽铁炭压降等技术在电解铝厂获得了很好的应用效果，该技术获得了省部级科技进步二等奖，并在铝电解槽"三场"测试方面与冶金热能工程梅炽教授学术团队紧密合作进行了大量富有成效的工作，曾获1996年度国家科技进步二等奖；由刘业翔、黄永忠和廖贤安等老师共同开发的铝电解槽硼化钛阴极涂层技术也在全国多家铝厂推广应用，取得了良好的节能降耗和延长电解槽使用寿命的效果；由王化章老师与刘业翔老师领衔研究的惰性阳极技术也在国际上取得了很大的反响，多次在 TMS 年会上宣读和发表论文，为该技术的后续深入研究和承担国家 863 科技攻关项目打下了坚实的基础。

从 20 世纪 80 年代中后期以来，轻冶教研室电解铝研究方向（即后来成立的轻金属及工业电化学研究所）在刘业翔教授的领导下不断引进、留用和培养青年教师，顺利完成了电解铝方向研究队伍的新老交替，逐步形成了以刘业翔院士和李劼教授为学术带头人的新一代学术团队，并将学术团队进行了科学合理的规划，组建了电解铝工艺与控制技术、铝电解槽结构设计与"三场"仿真技术、工业电化学与电极材料制备技术、惰性阳极技术、电解质体系优化技术等多个研究小组。该学术团队以铝电解节能减排为主攻方向之一，取得了系列成就，为铝电解工业科技进步、节能减排以及高层次人才培养做出了重大贡献。主要科研成就如下：

①率先开发出铝电解智能模糊控制系统，解决了我国大型铝电解槽开发应用的技术瓶颈，实现了全行业推广应用，为铝电解工业大幅度节能减排发挥了重要作用。现代大型铝电解槽(160～500 kA)是一种在强大的电、磁、热、流、力等多物理场交互作用下的复杂高温(930～960℃)电化学反应器。先进控制技术是电解槽迈向大型化和实现高效、低耗、低排放运行的一项关键技术，一直是国际铝业界重点保密的核心技术之一。在该学术团队开展本项研究之初，我国铝电解工业在控制技术领域仍是空白，这成为当时我国开发不了大型预焙铝电解槽技术的重要原因，也是当时我国铝电解技术经济指标显著落后于国外先进水平的主要原因。20 世纪 80 年代，我国引进第一套国外的(160 kA)预焙铝电解槽技术不久，刘业翔老师就带领他的研究生李劼与贵阳铝镁设计院和贵州铝厂等单位合作，承担中国有色金属工业总公司的科技攻关项目，率先对引进的 160 kA 预焙槽控制技术进行全面消化吸收并在此基础上创新，开发我国第一代大型铝电解槽控制技术——"铝电解自适应控制技术"。这个研究工作为学术团队后来在大型预焙槽上进行工艺和控制技术的深度开发打下了坚实的基础。20 世纪 90 年代初期，由李劼博士领衔的中南工业大学研究团队与青海铝厂共同承担了国家"八五"重点攻关项目——160 kA 预焙铝电解槽智能模糊控制技术开发与应用，在国际上率先将模糊控制等现代智能控制方法应用于复杂铝电解过程，发明了具有显著节能

减排效果的铝电解智能控制系统,使我国铝电解过程控制技术提升到国际领先水平。2000 年以来,通过创建学科性公司(湖南中大业翔科技有限公司)并与中国铝业公司(原中国有色金属工业总公司)所属单位开展产学研合作,实现了铝电解智能控制技术在我国铝行业的全面应用并应用于国外工程项目,为我国铝电解技术经济指标达到国际先进水平发挥了关键性作用,成果获 2003 年度国家重点新产品称号和 2004 年度国家科技进步二等奖。

②提出并研发了以"低电压"为特征的高效节能铝电解新技术,在现行结构铝电解槽上取得了当今世界最好的直流电耗指标,开辟了铝电解大幅度节能的新途径。铝业界传统上认为要获得高电流效率便必须保持高极距(因而必须保持高工作电压),所以多年来国内外均把铝电解节电的着眼点放在提高电流效率上,并已将电流效率提高到 94%～95.5%(接近理论极限),但是由于工作电压维持在 4.1～4.2 V 甚至更高,吨铝直流电耗一直难以减低到 12800 kWh 以下。该学术团队于 1999 年提出"铝电解设备、工艺与控制技术综合优化实现电解槽最佳运行"的学术思想,并先后获霍英东优秀青年教师基金、国家自然科学基金、国家高技术示范工程项目和国家科技支撑计划等项目资助,探索出了可使铝电解槽在低电压下高效稳定运行的工艺基础及实现方法,提出了铝电解槽"低电压高效节能临界状态"的新概念,率先将数据挖掘等现代信息技术应用于铝电解槽槽况分析,建立了临界状态智能解析方法。发现并建立起可使现行结构铝电解槽在低工作电压(3.7～3.9 V)下高效、低电耗、稳定运行的"五低三窄一高"新工艺(即低槽电压、低温、低过热度、低氧化铝浓度、低阳极效应系数、窄物料平衡工作区、窄热平衡工作区、窄磁流体稳定性调节区、高阳极电流密度),解决了"低工作电压"(低极距)与"高电流效率"之间的矛盾与冲突。在此基础上提出了"临界稳定控制"的新思想,开发出适应低电压高效节能新工艺要求的"智能多环协同优化与控制"技术,攻克了新工艺条件下关键工艺参数在临界状态附近的稳定控制问题,在我国多种类型的铝电解槽上推广应用取得了直流电耗 12000(新建槽)～12400 kWh(全系列平均)的能耗指标,成果获 2010 年度中国有色金属工业科学技术一等奖。同期,还作为主要发起人之一参与组建"全国高效节能铝电解产业技术创新战略联盟",与中孚实业、云南铝业、东北大学等共同申报承担国家科技支撑计划重点项目"低温低电压铝电解新技术",并主持项目课题"低电压铝电解新技术"的研究,使低电压铝电解节能技术实现了进一步的改进与提升。

③提出了低电压高效节能型预焙槽的结构优化设计理念,开发了多物理场耦合仿真与优化方法与技术,取得了许多工程化应用成果。在新型结构铝电解槽的研发方面,进行了一系列的研究探索,例如:75 kA 导流型铝电解槽(2001 年中国长城铝业公司委托项目、2003 年国家 863 计划);600 kA 特大型铝电解槽(2005 年,中国铝业郑州研究院);75～300 kA 曲面型阴极铝电解槽(2007 年,云南铝

业);300 kA 网状导流型阴极铝电解槽(2008 年,四川其亚铝业);400 kA 底部出电铝电解槽(2009 年,四川其亚铝业);200 kA 导气式阳极铝电解槽(2009 年,郑州龙祥铝业);520 kA 特大型铝电解槽(2010—2012 年,新疆其亚铝业等)。在铝电解槽优化设计方面,通过创建学术性公司(湖南中大冶金设计有限公司)和铝电解企业开展广泛合作,为我国多家铝电解企业铝电解槽及其物理场的优化设计提供了技术支持,并使 520 kA 特大型铝电解槽等研发成果实现了系列化应用。此外,针对低电压高效节能新工艺而提出的电解槽物理场设计改进方案对我国铝电解槽设计理念的进步产生了重要推动作用。

④以彻底变革铝电解工业为目标,开发出具有自主知识产权的惰性阳极(不消耗阳极)和基于惰性电极的铝电解新工艺,为攻克惰性电极铝电解槽这一世界性难题迈出了重要的一步。基于惰性电极的铝电解新工艺是一种全新的铝电解技术,因为惰性阳极替代现行的消耗性碳素阳极可以彻底消除温室气体排放,并且它与可湿润性阴极(替代现行炭素阴极)相结合可为变革电解槽结构实现更大幅度节能创造条件。美国能源部将其列为今后 20 年铝工业最优先发展的技术。该学术团队自1999 年以来,以多年的研发成果为基础,先后承担国家自然科学基金项目、国家973 课题和国家 863 计划重点项目,与本校粉末冶金研究院周科朝教授的学术团队和中国铝业公司等单位的研发团队进行联合攻关,取得了重要突破成果:全面揭示了金属陶瓷惰性阳极材料组成、结构、制备工艺及应用环境对性能的影响规律;发明了"深杯状功能梯度金属陶瓷惰性阳极",解决了大尺寸惰性阳极制备的主要技术难题;在中国铝业公司先后进行了国内首次 4 kA 级电解试验和 20 kA 级电解实验,使我国在这一领域的研究提升到国际先进水平。与此同时,学术团队在多年研发 TiB_2 涂层阴极的基础上开发性能更优的 TiB_2/C 复合阴极,并成功应用于新型结构铝电解槽中。惰性电极的研究成果被列入国家科技部"中国科学技术发展报告(2006 年)",并且包含上述成果的"中国铝业升级的重大创新技术与基础理论"和"铝资源高效利用与高性能铝材制备的理论与技术"分别获 2006 年度教育部中国高等学校十大科技进展和 2007 年度国家科技进步一等奖。

20 世纪 90 年代以来,该学术团队还开发了预焙阳极改性技术、沥青焦优先氧化抑制技术以及铝用炭阳极制备工艺综合优化技术等;同时,还开展了低分子比、低温电解质体系以及 Al_2O_3 溶解性能与分布技术的研究,取得了多项理论与技术成果。

20 多年来,电解铝研究方向先后承担了 40 多项国家 973 课题、国家 863 项目、国家科技支撑计划重点项目、国家技术创新项目、国家重点新产品项目、国家高技术产业化项目、国家自然科学基金项目等国家项目以及 100 多项横向研究课题,在国内、外知名刊物上发表 SCI、EI 论文 300 余篇,申报和授权发明专利100 余项;共获得了国家科技进步一等奖 2 项,二等奖 2 项,省部级一等奖 5 项,二等奖 10 多项,同时,先后培养了 250 多名博士和硕士研究生(包括工程硕士),其中多位毕业生成为了我国铝行业冶学的领军人物。

3)镁冶炼方向

20 世纪 50 年代初,在无教材、无实验条件、无实践经验的艰苦条件下,镁冶金方向的先驱们开展了大量的工作,为该方向的发展奠定了扎实的基础。1975年,该方向学术带头人徐日瑶教授带领其团队克服重重困难,设计了我国的第一台 7.5 kA 无隔板槽,该无隔板槽带导镁槽,且具有集镁室与电解室、旁插阴极与上插阳极,槽底向集镁槽倾斜,用隔墙将集镁室与电解室隔开;后来该团队所参与设计的第二台 7.5 kA 无隔板槽,大胆采用了带导镁槽的框式形状,从而使无隔板槽的各项性能指标大为改善;1976—1977 年,无隔板槽在上海第二冶炼厂镁车间进行了两年的工业生产试验,获得了无隔板槽在隔墙材质、隔墙插入深度、槽底斜度、导镁槽上翘角度、电解质的循环、镁的汇集、集镁室的温度以及氯气的浓度、镁的电流效率与电能效率等方面的一些重要参数,为我国 36 kA、62 ~ 64 kA 无隔板镁电解槽的设计与研究及工业试验提供了可靠的数据参考,也为我国镁工业从有隔板槽走向无隔板槽的生产铺平了道路,而且在工业上实现了110 ~ 120 kA 无隔槽镁电解的生产。1981 年,徐日瑶教授主编了我国第一本《镁冶金学》,从此我国轻金属冶金专业的镁冶金教学有了自己的教材;1992—2003 年,徐教授又相继编著了我国第一部镁冶金手册,即《有色金属提取冶金手册　镁》(第六卷)、《硅热法炼镁理论与实践》、《硅热法炼镁生产工艺学》以及《金属镁生产工艺学》。

从 2003 年起,该研究方向由周向阳老师具体负责。学术团队针对传统炼镁方法存在环境污染大、设备产能小、间歇式操作以及金属镁中杂质含量多等方面开展了大量工作,主要体现在:①对现有热法炼镁技术的改进研究。针对目前热法炼镁所存在的问题,该学术团队进行了大量的研究。2005 年,提出了一种综合利用热法炼镁工艺中所产生的废气和固体废弃物生产镁盐的方法,该方法已获国家发明专利;为了从根本上解决热法炼镁所固有的热效率低、单体设备产能小以及需要间歇式操作等问题,2007 年,该学术团队成功研制了一套低成本、高热能利用率、便于自动化操作的连续还原炼镁的装置并获得发明专利;2009 年,该学术团队又巧妙地设计了一套可实现机械化加料、排渣,还原时的镁蒸气能直接冷凝成液体镁,劳动强度小,环保条件好,单罐产量高,还原效率高,料镁比值低的外热竖罐炼镁装置,该装置也获国家发明专利。上述研究成果中的部分已经应用在实际生产中。②正在开展电解法炼镁方面的研究,这方面的工作主要包括六水氯化镁的脱水新工艺研究、新型电解槽的研究以及 200 kA 以上镁电解相关的技术研究。

通过近30 年的努力,轻冶学科镁冶炼方向取得了不菲的成绩,获得了包括国家科技支撑计划项目、国家自然科学基金以及湖南省科技计划项目在内的多项科研课题,在国内、外知名刊物上发表 SCI、EI 论文 30 余篇,申报发明专利 10 余项,获得了多项省部级奖励。

4)锂冶金方向

锂冶金的研究始于 20 世纪 70 年代,首先主要研究的是从宜春锂云母中提锂的工艺技术。在当时极其简陋的条件下,从事该方向研究的汪锡孝教授等人克服重重困难,先后研究了石灰乳苛性碱压煮法、氯化焙烧法、硫酸焙烧法、锂云母烧结法等多种工艺,在小型试验、放大试验、半工业试验的基础上,从锂云母提锂工艺于1985 年在江西 805 厂成功实现了工业生产,该项目获得了冶金部科技进步奖。

后来,该方向的研究者们还研究了从卤水中提锂工艺,提出了氨法联合提取镁锂的方案;所研究的母液石灰乳压煮焙烧锂云母工艺,获国家发明专利。自1976 年开始,该方向的研究者们还开始了医用碳酸锂的研制,所研制产品在湖南医学院附二医院、杭州市精神病院、浙江省精神病院等单位制成片剂临床试用后,于 1983 年取得了正式生产批文,到 1982 年,向各大医院提供了医用级碳酸锂 1 t 左右,该产品目前已列入中国药典。

锂冶金方面还取得了不少的理论研究成果,主要获得了 NaCl – KCl – LiCl – H_2O 系和 LiCl – Na_2Cl – Li_2CO_3 – H_2O 交互作用系常温下相图,NaOH – KOH – LiOH – H_2O 系 40℃下的相图研究等。

1.3.1.3 稀有金属冶金

稀有金属冶金研究所是一个以国家重点学科——有色金属冶金为依托集教学、科研、产业于一体的综合性教学研究机构,隶属于中南大学冶金科学与工程学院。建有"稀有金属冶金与材料制备"湖南省重点实验室和中国有色金属行业冶金分离科学与工程重点实验室,并且是难冶有色金属资源高效利用国家工程实验室的重要组成部分。

我校稀有金属冶金学科历史悠久,成立于 1955 年,负责开办了我国第一个稀有金属冶金专业。多年来,稀有金属冶金研究所(教研室)在教学和科研方面为我国稀有金属冶金事业作出了突出的贡献。教学方面,在我国从无到有建立了稀有金属冶金专业(先后合并为有色金属冶金专业、冶金工程专业);在国内首次制定并与日俱进地不断修改完善了稀冶专业的教育计划;在我国首次制定了稀冶专业课、专业基础课的教学大纲,制定了对相关技术基础课的基本要求;根据大纲的要求及学科的发展,多次编写了专业课和专业基础课(主要是冶金原理)的教材,其中多种已公开出版。这些教学计划、教学大纲及教材均为国内兄弟院校所借鉴。建立了完整的教学实验室和较高水平的实验课指导教师队伍,能完全满足专业课实践环节的要求。通过厂校合作,建立了多个现场实习基地,在实习过程中,既是学生学习的过程,同时通过多种方式对企业人员进行了培训。在此基础上培养的学生被公认为高质量人才，受到国内工厂及研究单位的欢迎。

几十年来，稀有金属冶金专业先后培养了一大批既具有高深的专业理论和宽广的专业知识、丰富的专业实践能力，又具有高的教学水平的师资队伍。目前，本所拥有全职的教学及科研人员 20 名，其中教授 7 名(教育部长江学者特聘教授 1 名)，副教授 5 名，讲师及工程师 6 名，实验师 2 名，另有兼职博士生导师 2 名，其中 1 人为中国工程院院士，1 人为教育部长江学者特聘教授。为我国有色、稀有金属冶金的人才培养和科学技术进步作出了重要贡献。至今为止，除培养一大批本科、专科人才外，还培养了一大批高层次的专业人才，其中博士研究生 40 人，硕士研究生 150 余人，所开出的课程中有一门国家精品课程和一门省级精品课程。

近 30 年来，承担了国家重点科技攻关项目、国家 973 项目、国家 863 项目、国家科技支撑计划、国家科技重大专项、国家自然科学基金、湖南省自然科学基金等几十个国家或省部级课题，以及来自厂矿企业的几十项合作项目，研究领域以稀有金属冶金为主，涉及整个有色金属冶金和材料制备，包括冶金废水处理。在上述领域，特别在钨、钼、钒、钽、铌、钛、镍等金属的高效清洁提取冶金和相关材料制备方面取得了一批在国际、国内领先的研究成果，为国内冶金企业创造了显著的经济效益。近 30 年来，先后获国家科技进步奖一等奖 2 项，国家发明二等奖 2 项，国家发明三等奖 1 项，国家科技进步三等奖 1 项，获国家冶金部、教育部、湖南省等省部级一、二、三等教学科研成果奖励 30 余次，获授权专利 76 项，出版教材与专著近 20 种，发表学术研究论文 900 余篇。在国内和国际冶金界拥有广泛的学术影响并享有很高的学术声誉，已成为国内稀有金属冶金理论和工艺研究以及高层次人才培养的重要基地。主要研究方向包括：①复杂钨矿的处理；②相似元素沉淀分离；③溶剂萃取与离子交换；④膜分离科学与工程；⑤真空冶金；⑥特种功能材料、粉体材料制备；⑦复杂低品位矿物和二次资源的清洁冶金。

1)复杂钨矿的处理

我国是一个钨业大国，也是钨资源强国。但由于多年的不断开采，优质钨精矿资源不断消耗，钨冶金企业面临钨矿品位下降、黑白钨混杂、且难选难冶的紧张局面。由于 NaOH 分解白钨的平衡常数很小(常温下，约 10^{-5})，国内外专家普遍认为用 NaOH 分解白钨是不可能的。长期以来，国内氢氧化钠分解工艺只适用于处理黑钨精矿，以至于钨选矿过程中为了保证黑钨精矿的质量，有 1/3 左右的钨资源被损失，至于占钨资源总量 70% 左右的白钨根本无法用氢氧化钠分解工艺处理。为了适应国内钨资源形势的转变及钨冶金流程的状况，李洪桂课题组于 20 世纪 80 年代初期在国内首次开展了机械活化(热球磨)碱(氢氧化钠)分解钨矿物原料的研究，并组织研究生等完成了一系列基础理论研究，包括：

(1)"白钨精矿碱分解的热力学和动力学"研究。研究发现,氢氧化钠分解白钨的浓度平衡常数随温度的升高而增加,随氢氧化钠浓度的增加急剧增大,表明在机械活化(热球磨)反应器中,提供适宜的高温和高碱浓度条件,实现白钨矿的氢氧化钠分解是完全有可能的。

(2)"钨酸钠的溶解平衡及其溶液性质"研究。通过研究查明了钨酸钠在 $NaOH-H_2O$ 系中的溶解度及其与 $NaOH$ 浓度的关系,为高浓度 $NaOH$ 分解钨矿物原料奠定了基础。

(3)"白钨矿碱分解过程杂质行为"研究。研究发现,在浸出过程中,原料中的钙可以有效地抑制杂质磷、砷、硅的浸出。并通过实践证明,氢氧化钠分解白钨精矿所得钨酸钠溶液的质量优于处理同水平杂质含量的黑钨矿等原料。

这些研究结果为白钨的碱分解奠定了良好的理论基础,为氢氧化钠分解白钨精矿指明了明确的工艺研究方向。

20 世纪 80 年代初期,课题组采用热球磨碱分解法处理黑白钨混合中矿取得小试成功,并获得国家发明专利授权。80 年代中期与广西珊瑚矿合作完成了大型化设备的研制,进入技术的产业化阶段。这段时期课题组与珊瑚矿等友好合作,完成了处理包括难选钨中矿、高钙黑钨精矿、白钨精矿等不同钨矿物原料的小试、中试和工业试验。然而,产业化的过程并不如想像的那么简单,工业试验也不那么顺利,当处理原料从黑白钨混合中矿过渡高钙黑钨精矿再到白钨精矿时,技术难度不断攀升。为了攻克技术难关,也为了充分调动大家的积极性,挖掘课题组每个成员的潜能,李洪桂教授组织大家讨论决定,采取既有分工又有合作的工作模式,进行逐个重点突破,以期该技术能迅速在国内全面推广并适应处理各种不同类型的钨矿物原料。通过大家的共同努力与艰苦奋战,80 年代末和90 年代初,热球磨碱分解高钙黑钨精矿、白钨精矿以及低品位钨细泥终于取得成功,并相继通过省部级科技成果鉴定,1993 年该技术获得国家发明二等奖。

80 年代末至 90 年代中期,该技术对外实施转让进入鼎盛时期。在产业化过程中,由于逆反应的存在,在反应器中已分解的钨在排料过程中又形成二次白钨重新进入渣中,导致白钨分解率严重下降,该技术的推广应用工作因该技术难题的存在曾一度陷入困境。后来,课题组采用添加抑制剂控制逆反应的关键技术,才有效地解决了逆反应的控制问题。之后,在不到十年的时间,该技术相继在广东韶关冶炼厂、南昌硬质合金厂、江西大余伟良钨业公司等国内二十余家钨冶金企业迅速推广。1997 年国家科技部将其列为"国家科技成果重点推广计划指南"项目,1999 年和 2001 年,该技术的理论研究成果和推广应用成果分别获得教育部科技进步二等奖。

该技术的研究成功,彻底纠正了国外专家认为氢氧化钠不能分解白钨的学术论断,突破了氢氧化钠分解白钨矿的理论壁垒,使我国钨矿分解技术跃迁至世界领先水平，为我国钨冶金工业技术水平的提升做出了重大贡献。

2）相似元素沉淀分离

随着我国钨资源的不断开发与利用，优质矿藏已消耗将尽，已有资源中大多伴生钼、锡等有价元素，难以选别，钨钼分离成为钨矿冶炼过程中亟待解决的技术难题。由于钨、钼同属元素周期表 VIB 族，其外层电子结构、离子半径及 WO_4^{2-}、MoO_4^{2-} 离子的几何构型等极为相似，犹如一对孪生兄弟，分离十分困难。长期以来，钨钼分离难题一直困扰着国内外钨业界。针对这一世界性技术难题，上述冶金过程强化研究团队在学科带头人李洪桂教授的领导下，于 20 世纪 90 年代初期开始进行相似元素钨钼的选择性沉淀分离研究。

在钨钼分离技术的小试研究过程中，李洪桂教授带领大家集思广益，提出了沉淀法除钼的关键技术构想，通过百折不挠的齐心努力，研究成功了高效沉淀剂，有效地实现了钨酸铵溶液中钨与钼、砷、锡、锑等杂质的选择性沉淀分离，并取得了小型试验的成功。在此基础上，根据钨湿法冶金流程的特点，先后进行了钨酸铵、钨酸钠和 APT 结晶母液等不同钨酸盐溶液的除钼研究，并相继开展了扩大试验和工业试验，逐级攻破技术难关。该技术在工程化的过程中曾遇到了除钼料液沉降速度慢、液固分离困难等工程技术难题，出现了产品颜色发暗，杂质含量明显超标的现象。后几经努力，课题组提出了深层过滤（离子交换柱）的精细液固分离方法，在现场试车人员的共同努力下，顺利解决了除钼料液深度液固分离的技术难题。从此，选择性沉淀法分离钨钼技术在国内得到迅速推广，其在国内钨冶金企业的应用面超过 80%，产生了显著的经济效益。

该技术具有钨钼分离效果好，流程简单，除杂成本低等特点，专家鉴定认为"属国内外首创"，"主要技术经济指标达世界领先水平"。2000 年获得湖南省科技进步一等奖，2001 年获得国家发明二等奖，国家科技部将其列为 2001 年度"国家科技成果重点推广计划指南"项目。

"选择性沉淀法从钨酸盐溶液中除钼、砷、锑、锡"新技术，解决了国内外长期未能解决的相似元素钨、钼深度分离并一次性除去多种杂质的技术难题，使我国钨冶金技术水平又一次提升至世界前列，为我国钨冶金工业的可持续性发展做出了重大贡献。

3）溶剂萃取与离子交换

萃取与离子交换是区别于传统沉淀、结晶等分离方法的现代湿法冶金高效富集、分离、纯化的方法。从 20 世纪 60 年代开始，以张启修教授为学术带头人的冶金分离科学与工程研究团队瞄准稀有金属资源品位低、相似元素共生的特点，开展稀有、有色金属的溶剂萃取科学研究，先后进行了稀土、钽铌、钨的溶剂萃取研究，取得了一系列创新成果。

20 世纪 70 年代与栗木锡矿合作研究的仲辛醇矿浆萃取钽铌新工艺在栗木锡

矿的钽铌提取中获得工业应用，该工艺一直沿用至今，到目前为止仍是钽铌提取冶金的重要工业生产方法之一。

钨的溶剂萃取是该研究团队长期坚持的一个重要方向。20 世纪 70～80 年代，系统地进行了在酸性介质中萃取钨的研究，开发了 N1923 萃取新体系，同时提出水相连续法进行钨的反萃结晶，使钨萃取工艺的适应性大为提高，该工艺在相关厂家获得工业应用。80 年代针对钨冶金磷砷渣的处理，提出钨的杂多酸萃取工艺，有效地解决了磷砷渣中钨的回收问题。

钨的碱性介质萃取是钨湿法冶金的重要发展方向，相对于酸性萃取工艺，钨的碱性萃取工艺不仅具有转型作用而且还能除去阴离子杂质 P、As、Si 等，更重要的是碱性萃取的萃余液能返回碱分解工序，实现碱的回收和废水零排放。自 20 世纪 90 年代中期开始，张贵清、张启修等瞄准钨碱性萃取工业化应用的关键问题进行坚持不懈的研究，解决了该体系分相速度慢、反萃液浓度低等一系列阻碍产业化应用的关键问题，形成了基于碱性萃取的钨湿法冶金清洁生产工艺，相对于现有的钨离子交换工艺，该工艺能实现碱的回收和废水零排放，减排效果显著。该新工艺 2010 年至今在河南洛阳栾川钼业集团进行长达 2 年的工业试验连续运转考察，获得了良好的结果。该研究目前获得 2 项发明专利。目前该新工艺的大规模生产线正在设计和建设。该工艺不仅受到了国内钨企业的广泛关注，也引起了国际钨业界的青睐，有多家国外企业来咨询和洽谈该技术的合作与转让。

钨钼的萃取分离是该研究团队长期坚持的一个重要课题。在 80 年代针对含钼较低的钨资源，龚柏凡、张启修等系统研究了硫代钼酸盐的季铵盐萃取法，并进行了工业试验。2010 年，针对高钼钨资源，张贵清等采用混合萃取剂双氧水络合萃取分离钨钼，解决了传统方法处理高钼钨资源钨损失大、操作环境差、钼产品附加值低和成本高的问题。该工艺能同时获得高纯度的钨产品和钼产品，而且过程无废水、废渣排出，目前已在河南洛阳栾川钼业集团通过了工业试验，有望近期获得工业应用。

选择性良好的萃取剂是高效萃取分离的保证。针对特殊分离过程，根据分子设计原理合成有特殊选择性的萃取剂是该研究团队的重要研究方向之一，自 20 世纪 90 年代后期开展萃取剂的合成研究，张启修、唐瑞仁等合成了对锌有特殊选择性的二硫代磷酰胺类萃取剂。近年来，曹佐英等合成了一种对铜、镍有特殊选择性的萃取剂，该萃取剂有望实现铜、镍与铁、铝、钙、镁、锰等元素的选择性分离，为短流程、低成本处理低品位镍资源提供了一种创新方法，该萃取剂目前已经实现合成的产业化，不久将实现萃取应用的产业化。

从 20 世纪 80 年代以来开展了离子交换在湿法冶金中的应用研究并取得了多项创新成果。其中离子交换分离钨钼是研究的重点之一。80 年代末期，陈洲溪开发了固定床离子交换吸附硫代钼酸根的钨钼分离方法，该方法获得了专利权并在 90 年代初期实现了工业应用。1993 年张启修等提出了离子交换一步分离磷、砷、硅、钼制取纯钨酸铵的工艺，该工艺在湖南柿竹园有色金属矿进行了工业试验，随后在张掖有色金属公司获得了工业应用。随后，肖连生、张启修等借鉴核工业离子交换经验，于 1998 年开发出密实移动床－流化床离子交换分离钨钼新工艺并在多家企业实现了工业应用，该方法进一步有效减少了钨的损失并解决了解吸发热问题。2008 年，肖连生、张启修等采用特种树脂密实移动床－流化床离子交换分离钨钼，实现了非氧化剂解吸钼，极大地延长了离子交换树脂寿命和解吸成本，成为新一代离子交换分离钨钼方法，目前该方法受到了国内、外钨业界的广泛关注并在多家企业获得产业化应用。另外，该研究团队开发的已经产业化应用的技术还有离子交换钼钨分离技术、离子交换钒钼分离技术和镍电解液连续离子交换工艺除微量铅锌技术，这些技术均实现了大规模的工业应用，为企业创造了显著的经济效益。

4）膜分离科学与工程

膜分离技术是一种新兴的化工分离技术，该技术在化工、水处理领域应用广泛，但在冶金中的应用很少。1987—1988 年，张启修教授在英国作访问学者期间接触到膜分离技术，敏锐地觉察到膜分离技术在冶金过程以及冶金废水处理中的应用前景。张启修教授回国后即领导冶金分离科学与工程研究团队开展了膜技术在湿法冶金和冶金废水处理中的应用研究，利用膜技术的优势解决冶金过程中的分离、纯化和浓缩问题，减少冶金过程中废水的排放，实现酸、碱、盐的回收、利用。该研究团队先后承担了国家科技攻关项目"离子交换膜在钨冶炼中的应用"、"赤泥堆场回水低浓度膜分离技术"、"攀钢硫酸法钛白工艺中膜技术处理废酸的研究"、"膜法处理低浓度碱水技术研究及经济评估"，国家自然科学基金项目"双极膜分床电去离子处理低浓度重金属废水的研究"以及校企合作项目"双极膜电渗析制取偏钨酸铵技术研究"、"膜电解氯化镍制备溶液优化"、"膜法电镀废水回用技术开发"、"膜电解氧化铈"、"扩散渗析膜法回收酸"、"膜法处理 APT 结晶母液"、"膜法浓缩分离低浓度离子型稀土矿浸出液"、"粗 $TiCl_4$ 的膜过滤"等，获得了一系列创新成果，形成一系列的产业化应用技术（如膜电解氯化镍制备技术、膜法电镀废水回用技术、纳滤膜法处理 APT 结晶母液和粗 $TiCl_4$ 的膜过滤技术等）和产业化应用技术原型（双极膜电渗析制取钨钼多酸及多酸盐技术、双极膜电去离子设备及技术等），在国内形成了较大的影响，成为在冶金中应用膜技术的重要研究基地。

为了满足冶金溶液对膜的苛刻要求，研究团队还开展了特种膜的制备研究，如膜萃取用金属－有机复合膜的制备、膜蒸馏用疏水微孔膜的制备研究等。

5）真空冶金

很多稀有金属的冶金过程均涉及真空冶金，真空冶金是稀有金属冶金学科的一个重要研究方向,从20世纪60年代开始,稀冶教研室就开始真空冶金的研究,主要的学术带头人为钟海云教授,研究主要涉及钽、铌的真空冶金基础理论及新工艺,对钽铌冶金过程的热力学条件、反应机理和动力学特征等理论进行了深入研究,对钽、铌粉末物理性能和电性能之间的相互关系、钽、铌粉末的可靠性机理以及供硬质合金、金属陶瓷专用的微细稀有金属碳、氮难熔化合物粉末材料制备技术等进行了全面、细致的探讨,获得了一系列创新成果,相关成果获国家发明奖三等奖1项,全国科学大会奖(1978年度)等省、部级以上科技成果奖16项。其中代表性的科研工作有碳还原—高温烧结法生产全系列电容器级钽粉新工艺。该工艺可稳定地制备用于125 V以下的固体钽电容器和160 V以下的液体钽电容器的各类钽粉,其比容范围为500~8000 $\mu F \cdot V/g$,并独创了CA<30>用钽粉系列生产的固体电容器用钽粉,具有纯度高和优良的理化性能及电性能,长期使用证明:用该固体电容器钽粉作63 V高压固体钽电容器(63 V、10 μF)产品合格率达94%,可靠性高,质量好,符合国际GB 3136—82的技术要求。用该工艺生产的钽粉制造的液体钽电容器(125 V、22 μF)亦有良好的质量水平,按国际电工委员会(IEC)的技术标准考核,性能优良,生产的高压高比重(63 V、2800 $\mu F \cdot V/g$)钽粉达到国外同类产品先进指标,该工艺流程简单、金属比率高、成本低、设备投资少、效益显著。该项目获得1988年国家发明三等奖,获奖人为:钟海云、王如珍、苏鹏抟、岳忠。

6)特种功能材料、粉体材料制备

该领域的研究包括由稀有金属氧化物制取稀有金属超细粉末等产品的研究,以及将稀有金属冶金与新能源材料学科相结合,由稀有金属冶金中间产品直接制取新能源材料的研究。

以陈绍衣教授为首的学术团队几十年来长期从事紫色氧化钨氢还原法生产超细钨粉的研究,先后完成了小试、扩大试验及工业化试验研究,所得产品的平均粒径、粒度分布、进一步深加工过程粒度的稳定性以及设备生产能力方面都远远超过当时国外通用的蓝色氧化物氢还原工艺,已在国内许多钨冶炼厂得到应用。此外,陈绍衣教授对蓝钨掺杂、钨粉酸洗及其装置等也进行了深入研究,并完成了小试、扩试及工业化条件下新设备的试车,显著提高了钨丝的质量,在国内实现了产业化,获1987年国家科技进步奖。该技术的研究成功使我国战略金属钨的冶金技术发生了重大变革。

曾昭明教授在超细钨粉研究领域提出"内爆破"原理,扩大了反应界面,可在较低温度下采用氢气还原制取细及超细金属钨粉,产品粒度可按需求控制。该方法可在常用工业设备中生产超细粉体,无需钝化后处理过程。通过进一步研究,对超细颗粒提出了贮存、运输、使用、防止自燃、爆炸的方法。该研究取代了国内细钨粉用顺氢落料装舟生产的能耗大、产率低的缺点,并克服了国外采用氯

(氟)气相还原法和冷冻—干燥法的投资大、设备要求特殊、工艺条件苛刻、工序多、产率低、成本高和只能生产单一粒级、粒度不具备调节余地等不足。该方法经在中南大学粉冶厂及株洲硬质合金厂进行了工业生产鉴定，鉴定认为，该研究在方法上有新的突破，是我国首先研究成功的新工艺，填补了国内细、超细钨粉生产的空白。

在稀有金属冶金中间产品直接制取新能源材料方面，以李运姣教授为首的学科组针对当前全球环境和能源危机不断加剧的严峻形势，在长期从事稀有金属冶金的基础上，从 20 世纪 90 年代末开始进行从钛冶金中间产品制取钛系新能源材料的研究，开创性地将传统稀有金属冶金及湿法冶金学科与新能源材料制备前沿学科交叉融合，将高附加值稀有金属冶金新产品的开发与新能源材料的制备过程相耦合，开辟了从稀有金属冶金中间产品直接制备新能源材料的新技术途径，在水溶液中采用原位相转化法开展了一系列高附加值稀有金属冶金新产品的开发及应用研究。首先，以钛冶金中间产品 $TiCl_4$ 为原料，在水溶液中采用控制中和水解－原位相转化法由 $TiCl_4$ 直接合成了锂离子电池负极材料 $Li_4Ti_5O_{12}$ 和聚变堆用固态氚增值剂 Li_2TiO_3，实现了通常需在高温下通过固相反应才能实现的合成反应。通过研究，查明了由 $TiCl_4 \rightarrow TiO_2 \rightarrow Li_4Ti_5O_{12}$ 或 Li_2TiO_3 的形成与演变规律，揭示水溶液中 $Li_4Ti_5O_{12}$ 或 Li_2TiO_3 的成核、附聚与生长机制，实现了产物的结构、形貌与粒度的灵活控制。该技术省去了纳米 TiO_2 的制备过程，使 $Li_4Ti_5O_{12}$ 和 Li_2TiO_3 的制备流程大为简化，其副产品为盐酸或氯化锂，当副产盐酸时，可返回钛铁矿盐酸分解主流程，形成盐酸的闭路循环，当产出氯化锂副产品时，可直接出售，实现了新产品制备过程的零排放。该技术思路进一步推广到锰冶金与新能源材料制备技术的结合，以 MnO_2 为锰源，在水溶液中制备锂离子电池正极材料 $LiMn_2O_4$ 也取得了成功。基于其在稀有金属冶金、湿法冶金与新能源材料等交叉领域研究的创新性、前瞻性和突出的研究进展，该领域的研究先后多次获得国家自然科学基金资助，以及教育部新世纪优秀人才支持计划、教育部骨干教师支持计划、湖南省学科带头人培养计划和广西区政府"八桂学者"计划的资助，2002 年，李运姣被教育部授予"全国高等学校优秀骨干教师"。该交叉领域的研究成果为稀有金属冶金、湿法冶金等传统学科与新能源材料及环境工程学科的交叉融合奠定了坚实的理论基础，为高附加值稀有金属冶金新产品及其他冶金新产品的开发开辟了新的技术途径，对稀有金属冶金、湿法冶金、新能源材料和环境工程等学科的交叉融合与发展具有重要的前瞻性意义。

7）复杂低品位矿物和二次资源的清洁冶金

钨钼为重要的战略资源，也是我国的优势资源。但其冶金过程存在有害废水排放量大、环境污染严重、钨钼高效分离和资源综合利用困难，以及有害杂质深度去除尚未解决等难题，导致钨钼高端产品缺乏。针对上述问题，以赵中伟教授为首的学科组开展了"难冶钨资源深度开发应用关键技术"和"钨钼清洁高效冶金关键技术"的研究。其中"难冶钨资源深度开发应用关键技术"建立了复杂钨矿碱浸出的新理论，研发了基于浸出/结晶耦合机理的浸出技术，为占我国钨资源78%的白钨矿开发提供了高效技术；调控钨离子形态由简单离子聚合成为同多酸根离子，以提高其对树脂的亲和性，并将原来的凝胶型树脂发展为利于大尺寸聚合钨离子迁移的大孔型树脂，发明了高浓度离子交换新技术，同时建立了重力作用下钨离子交换反应工程学理论，发明了高效能的串联式逆流交换法，解决了高浓度的高密度溶液吸附过程交换容量低的问题，使可处理溶液浓度提高了 10~15 倍，用水量和废水排放量减少了 80%~85%；揭示了各种杂质的钙盐在碱溶液中的溶解/沉淀规律，研究出添加钙剂深度脱除磷、砷、硅杂质的新技术，使得钨酸钠溶液的纯度可直接达到 APT 标准；提出了无机吸附剂中功能金属离子与阴离子配位作用的强弱判据，发明了铁基吸附剂深度除锡、钒技术，解决了华南高锡高杂钨原料的高效利用难题；揭示了钨、钼酸盐沉淀的调控规律，发明了锰酸盐选择性沉淀分离宏量钨、钼新技术，解决了占我国白钨资源中约 50% 的高钨高钼共生复杂矿的高效利用难题。

上述技术的研究成果分别获得 2011 年度国家科技进步一等奖和 2009 年度中国有色金属协会技术发明一等奖。

此外，在复杂低品位矿物资源的清洁生产方面，镍钼矿和石煤钒矿的综合清洁利用也是近年来稀有金属研究所的研究重点之一。镍钼矿是储量巨大的低品位难冶复杂资源，广泛存在于湖南、贵州、云南等地，该矿含有钼、镍、钒、钨、硒等有价元素，难以选矿富集，一般均是直接冶炼，原有空焙烧—平窑焙烧—碱浸—除杂—沉钼的提钼工艺污染大、收率低、产品质量低，资源浪费严重。肖连生、李青刚等根据镍钼矿的特点，提出了回转窑氧化焙烧—碱浸—离子交换富集转型—离子交换除钒钨—沉钼新工艺，该工艺解决了焙烧过程含二氧化硫、砷、硒尾气的无组织排放及废气处理问题，采用离子交换深度分离钼钒和钼钨，解决了钼产品为初级氧化钼附加值低的问题，首次实现了以镍钼矿为原料生产高等级钼酸铵和有价元素钒、钨的回收利用，同时开发了从烟道灰中回收硒、砷的技术，该技术于 2004 年开发成功并在山东林海化工公司实现了产业化，随后在贵州遵义世纪矿业公司等 4 家企业进行了产业化应用，成为国内镍钼矿提钼的主流生产工艺之一，为企业创造了明显的经济效益。含钒石煤是我国储量极大的一种低品位含钒资源，李青刚，肖连生，王学文等对石煤提钒进行了系统研究工作，研究内容涉及矿石分解，溶液的富集、净化，废水处理等单元过程和工艺的集成，针对不同特性的石煤钒矿提出了相应的清洁提取方法，相关技术目前已在 3 家企业推广应用，取得了良好的经济、社会和环保效益。

二次资源的清洁提取也是稀有金属冶金研究所的一个重要研究领域，肖连生、张贵清、李青刚等在该领域进行大量的研究，获得了一系列的研究成果，研究涉及的二次资源包括废旧硬质合金、废石油加氢催化剂、废弃的钨冶炼渣，其中开发的废硬质合金、钨渣、废催化剂的清洁提取技术分别在 5 家、2 家和 3 家企业中转让并实现产业化，为资源的循环利用和环境友好作出了应有的贡献。另外，王学文等开发了钛冶金过程中铜钒渣的处理新工艺，该方法不仅解决了环境污染问题，还实现了铜、钒有价元素的回收，该工艺已经在遵义钛业股份公司实现产业化应用，取得了明显的经济效益和环境效益。

1.3.2　冶金物理化学

该学科是我国首批冶金物理化学学科。经过 50 多年的建设，该学科综合应用现代物理、化学理论与研究方法，发展冶金物理化学新理论与新方法，构建复杂多金属体系提取与分离理论与技术、提升我国有色金属冶金技术水平，使冶金物理化学研究在微观上延伸到原子分子层次，宏观上拓展到冶金系统工程。到目前为止，已形成 5 个具有特色优势的稳定研究方向：

1）冶金热力学与热化学

有色金属冶金科学数据对有色金属资源及材料的开发与科学决策至关重要。陈新民教授、陈启元教授、方正教授、张平民教授等应用热力学和热化学研究方法，结合理论化学计算，针对复杂多元体系组成和结构特点，研究了金属氧化物、硫化物、氯化物、铝酸盐、钼酸盐、钨酸盐等复杂多元体系的热力学性质及相关冶金体系的反应热力学规律。对含铝化合物的热力学性质以及铝酸钠溶液热力学性质的研究，构成了 973 项目成果"中国铝业升级的重大创新技术与基础理论"的理论基础。本研究方向在国内具有鲜明的研究特色和非常重要的学术地位。

2）冶金动力学与过程强化

随着我国有色金属冶金所用矿产资源日益趋向低品位与难处理复杂矿，降低能源消耗、提高生产效率是我国冶金工业面临的重大难题。陈启元教授、黄克雄教授、李新海教授、陈文汨教授、尹周澜教授、李洁教授等针对多元多相体系界面交互作用及外场（超声波、高温辐射、机械活化等）强化过程，结合现代测试手段与多相反应动力学研究方法，研究冶金过程化学反应动力学规律和强化机制，为设计高效低耗的冶金新方法提供了理论基础。

3）冶金电化学基础理论及电化学工程

蒋汉瀛教授、方正教授、龚竹青教授、舒余德教授、陈白珍教授等围绕冶金过程节能降耗，研究高温熔盐电解电催化机理及过程模拟、控制与优化，为冶金电结晶过程提供了理论指导。针对我国有色金属矿产资源品位低、成分复杂和预处理难的特点，将发电浸出新工艺与微生物技术结合，并应用于硫化矿处理，为冶金发电浸出新工艺奠定了理论基础。本研究方向在国内开创性地开展了热电化学基础研究，首次建立了热电化学基本方程及绝对标度下电极反应熵变与电化学 Peltier 热的关系，获得绝对标度下标准氢电极反应的熵变值等，解决了国际上长期阻碍热电化学发展的关键问题。

4）材料物理化学与新型功能材料

有色金属功能材料是国际研究热点之一，已广泛应用于电子、通讯、能源等重要行业，成为国民经济的支柱产业。赵瑞荣教授、李晶教授、李新海教授等本研究方向将冶金物理化学的基础理论与研究方法应用于有色金属功能材料的制备，研究了材料的电子结构、缺陷、掺杂、晶粒尺寸分布及晶面取向与离子传输、电子传导以及晶体结构稳定性的关系，建立了功能材料组成和结构的分子设计以及可控制备技术的理论基础，在新型能源材料、储能器件以及光催化材料的设计和制备新技术上取得突出进展。

5）有色金属分离理论及应用

陈启元教授、张平民教授、郑雅杰教授、李新海教授、徐徽教授等针对我国有色金属资源多为多金属复杂矿的特点，研究了物理、化学环境对元素的行为和反应特性差异的影响，建立了元素深度分离体系及药剂的选用原则，提出了基于配体离子交换原理的深度净化用共沉淀体系设计理论，为实现复杂多金属矿中元素高效分离提供了重要理论指导。依据复杂体系中元素化学性质差异及化学环境的调节作用，解决了我国盐湖镁资源制取高纯镁砂产业化过程中多个关键性技术难题，在高纯镁砂中间体氢氧化镁制备研究等方面取得了重大创新。

专著：主编《物理化学》、《冶金热力学导论》、《火法冶金过程物理化学》、《湿法冶金过程物理化学》、《冶金电化学》、《冶金动力学》、《理论电化学导论》、《现代电化学》、《冶金物理化学研究方法》、《冶金电化学研究方法》、《医科大学化学》、《工科大学化学》、《物理化学实验》、《化学电源——电池原理及制造技术》、《锂离子电池》、《二氧化钛半导体光催化材料离子掺杂》、《锑冶金物理化学》、《有色金属基础理论研究——新方法与新进展》、《有色冶金原理》、《有色冶金应用基础研究》、《湿法冶金原理》、《冶金溶液热力学原理与计算》、《铜镍冶金实验》、《炼铅学》、《有色重金属冶金学》、《炼铜学》等教材与专著，其中《火法冶金过程物理化学》获中国有色金属工业总公司高校优秀教材一等奖。参编《湿法冶金手册》、《中国镍钴冶金》等教材与专著。

主要成果：该学科针对我国国民经济发展的重大需求，围绕冶金物理化学学科发展的前沿，积极承担国家重大科技任务，为推动冶金物理化学学科发展、提升有色冶金新技术、为国民经济发展做出了重要贡献。研究成果获省部级以上科技成果奖励 30 余项，其中国家科技进步奖 2 项，中国高校十大进展 1 项，省部级一等奖 2 项，获得国家发明专利授权 60 多项。公开发表学术论文共 800 余篇，其中在国际学术刊物 200 余篇；SCI、EI 和 ISTP 收录 600 余篇次，代表性成果主要有：李新海教授学术团队研发的"高能量密度、高安全性锂离子电池及其关键材料制造技术"突破了锂离子电池关键材料及电池的核心技术和大规模制造工艺，并相继实现了产业化，促进了我国锂离子电池及其材料产业的发展，提升了我国在该领域的国际竞争力，荣获 2008 年度国家科技进步二等奖；陈启元教授作为首席科学家承担的国家 973 计划项目"战略有色金属难处理资源高效分离提取的科学基础"，较好地解决了低品位有色金属氧化矿中有价矿物的高效富集、碱性提取过程的选择性清洁高效分离、由矿物短流程直接制备材料等关键技术问题，为我国难处理资源高效利用和国民经济可持续发展提供了重要保障，研究成果获评为 2010 年度"中国高校十大科技进展"；李新海教授学术团队研发成果"全氯循环法高效利用难处理氧化矿制备高性能镍钴材料"，针对矿物组成复杂、处理困难、资源量大的低品位镍红土矿、铜钴矿等，发明了全氯循环法高效利用难处理氧化矿的系列关键技术并实现集成创新，实现从难处理氧化矿中高效提取镍、钴直接制备镍钴材料，并综合利用铁、镁资源，水、酸全封闭循环，无废水排放，研究成果获评为 2011 年度湖南省技术发明一等奖。由徐徽教授等人承担的盐湖卤水联合提取硼、镁、锂产业化技术开发研究——盐湖资源循环经济的示范工程，通过开展盐湖镁资源氨法制取高纯镁砂技术和产业化研究，彻底解决了盐湖高镁锂比含硼卤水镁锂分离这一世界性难题，标志着我国在盐湖卤水资源综合开发利用方面取得了突破性进展。目前已建成年产 1500 t 高纯氢氧化镁生产线，成为发展盐湖资源循环经济的示范工程，为西部资源开发、西部经济发展、生态环境保护做出了重要贡献。

教学与人才培养：该学科获国家级教学成果奖 2 项，其中"面向 21 世纪工科化学系列课程体系改革的研究与实践"获 2001 年国家级教学成果一等奖；"面向 21 世纪工科(冶金、材料类)化学系列课程体系改革的研究与实践"获得 2001 年国家级教学成果二等奖；获省部级教学成果奖 4 项，其中一等奖 2 项；获国家精品课 1 门；获国家教学名师奖 1 人。本学科是我国冶金物理化学高层次人才培养重要基地。已培养本科生约 1500 名，研究生 400 余名。多年来，本学科为我国冶金科学研究与工程领域输送了大量优秀专业人才，许多毕业生已成为国内外冶金物理化学或相关学科的知名专家学者和工程技术骨干。如全球第三大电池企业比亚迪公司创始人、总裁王传福及该公司核心团队人员均为本学科毕业生，在全国电池行业形成了"中南大学"品牌效应。

条件建设：拥有一支实力雄厚、结构合理且富有创新精神的教学与科研队伍，目前共有专职教师及研究人员 33 人，包括教授及相应正高人员 21 人，副教授及相应职称人员 11 人。其中国家级教学名师 1 人，博士生导师 13 人，教育部新世纪优秀人才计划 3 人，湖南省科技领军人才 1 人。经"211 工程"、"985 工程"和"十五"湖南省重点学科建设，已成为我国冶金物理化学科学研究和高层次人才培养的重要基地。本学科是国际热分析与量热学联合会中国国家代表挂靠单位和中国有色金属学会冶金物理化学学术委员会挂靠单位。经过多年的建设积累，建成了冶金热力学与热化学实验室、冶金动力学与过程强化实验室、冶金电化学实验室、材料物理化学实验室、有色金属分离实验室，有量子化学工作站、高温熔体表面与界面性质实时测定装置、同步热分析仪和电化学工作站等大中型实验仪器 2000 余台(套)，具备开展高水平的科学研究和人才培养的基础条件。

1.3.3 钢铁冶金

自钢铁冶金学科恢复以来，该学科在球团、烧结等领域已完成国家自然科学基金等各类科研项目 40 余项。先后获国家技术发明二等奖 1 项、国家科技进步二等奖 1 项、省部级科技成果奖 10 项；获授权国家发明专利 19 项；出版 *Direct Reduction of Composite Binder Pellets and Use of DRI* 等专著和教材共 5 部；在国内外发表学术论文 300 多篇。

钢铁冶金学科在炼钢与连铸领域的发展是 2009 年 9 月王万林教授回国以后开始的。经过近 3 年的发展，目前钢铁冶金研究所已与国内外包括美国卡内基梅隆大学、日本东京大学等高等院校，以及美国钢铁公司、安塞尔米塔尔、宝钢等著名钢铁公司建立紧密的合作关系。拥有一支适应专业培养目标和教学改革需要的专兼职相结合的研究队伍，其中教授 2 名，讲师 3 名，包含 1 名国家千人计划学者。至今为止，除培养一大批本科人才外，正在和已培养了一大批高层次的专业人才，其中博士 3 名，硕士 12 人。近三年承担了多项国家及省部级项目，包括国际政府间合作项目 1 项、国家自然科学基金 2 项、湖南省重点项目 1 项等 8 项国家或省部级课题，以及来自厂矿企业的合作项目。已申请国家发明专利 5 项，并在国际权威、重要期刊或国际重要会议上发表论文 15 篇。在国内和国际冶金界拥有一定的学术影响和学术声誉，已成为国内钢铁冶金领域的新生力量。目前研究所致力于研究钢铁冶金生产过程中的新技术新工艺，在钢包精炼技术、夹杂物控制、中间包冶金、结晶器冶金、钢液在连铸过程中的流动行为优化，结晶器保护渣传热行为、二冷工艺优化、铸坯质量控制等方面在国内外处于领先地位。

钢铁冶金研究所主要研究目标为：一是通过冶金过程的优化和新技术开发最大限度地满足相关产业对高品质冶金材料的要求；二是最大限度地减少冶金生产的资源和能源消耗，减少对环境的污染。其主要研究方向为：钢铁冶金新工艺、新技术和新装备、优质高附加值钢铁产品品种开发与制备技术、现代钢铁冶金基础理论、钢铁冶金资源综合利用等。

1.3.4 冶金环境工程

冶金环境工程是中南大学重点学科，设立矿冶环境生物修复与评价、环境材料、有色金属工业废水污染控制及回用、工业固体废弃物污染控制及其资源化等四大研究方向。该学科经过 15 年的建设，已形成一支强有力的教学科研队伍：现有教师 23 人均具有博士学位，其中教授 12 人、博士生导师 4 人、长江学者特聘教授 1 人、国家杰出青年科学基金获得者 1 人、教育部新世纪优秀人才计划入选者 1 人。学科的良性发展作为承担国家重大科技项目的支撑，形成了针对冶金过程的环境问题研究特色的学科方向，在人才培养上创立了冶金环境工程专业本科—硕士—博士的系列格局。在师资力量、人才培养、创新能力等方面达到国内先进水平，并成为国内有色金属工业污染控制领域输送重要的高层次人才的培养基地，已培养在校博士生近 40 人、硕士生近 100 名，博士后 4 名，"十二五"将建成有中南大学特色的国内知名学科。

矿冶环境生物修复与评价研究方向立足于湖南省特殊的生态环境条件、频繁的有色金属矿冶活动，瞄准国家战略需求和国际土、水环境科学发展前沿，重点针对有色金属矿冶活动产生的酸性重金属选冶废水、难处理尾矿、有毒废渣以及渣场等严重污染环境，研发环境友好、高效的关键生物技术与矿业区污染环境的绿色生态恢复技术，阐明污染物尤其是重金属污染物的迁移特性与潜在生态风险，发展有色金属矿业区污染土壤、水资源的物理、化学、植物和微生物修复的机理以及应用技术，实现重金属废水治理与回用、固体废物高价值综合利用与无害化，为有色金属矿业区污染土壤、水资源的安全利用提供科学依据和技术指导，为区域可持续发展提供科学依据和综合管理信息平台，达到有色金属矿业区生态环境的可持续发展。

环境材料研究方向以学院在材料制备领域的传统优势为基础，开展了以改善环境质量，降低材料生产与利用中的环境污染，降低环境治理成本为目标的环境净化材料和环境功能材料的研究开发。针对室内空气污染，各种生活，医疗环境的微生物污染问题，利用冶金、化工、材料科学等领域的技术手段，进行了具有抗菌功能和光催化降解功能的 TiO_2 环境材料的研究。针对材料利用中的污染问题，进行了环境友好无铅焊接材料，无汞锌粉的研究。针对我国汽车拥有量急速上升的趋势，进行了经济实用的贱金属汽车尾气净化催化剂的研究。

有色金属工业废水污染控制及回用研究方向针对有色金属工业废水酸碱、重金属及氨氮等污染物浓度高，回收价值大的特点，以实现资源有效利用为重心，研究了各种有色金属工业废水回用与有价成分的综合回收新技术新工艺及其基础理论。以膜分离技术、生物技术为核心研究有色金属行业的酸碱废水、重金属废水处理新技术。以吸附与离子交换技术为核心研究了氨氮废水，稀有金属废水的处理与有机成分的回用。

工业固体废弃物污染控制及其资源化方向主要针对冶金工业复杂固体废物对环境的严重污染，开展固体废物中有价金属资源的回收与固体废物资源化技术开发。改进冶金工业技术，实现冶金工业清洁生产，从源头控制冶金过程的环境污染。

冶金环境工程学科拥有"国家重金属污染防治工程技术研究中心"，"国家环境保护有色金属工业污染控制技术工程中心"、"湖南省重金属污染综合治理工程技术中心"和"水污染控制技术湖南省重点实验室"等创新平台，承担了国家杰出青年基金、国家自然科学基金重点项目、国家科技支撑计划重点项目、国家863计划、中央环保专项和湖南省重大科技支撑计划课题等60余项，近三年总经费超过1亿元，拥有有色冶炼废水生物制剂法处理与回用、重金属固体废物高值化利用等多项实用技术，研究开发的技术投入工业应用取得巨大的成就，"基于微生物特异性的重金属废水深度净化新工艺"获国家技术发明二等奖、"重金属废水、废渣生物化处理与资源化新技术研究及应用"获中国有色金属工业科学技术一等奖、"载银纳米二氧化钛抗菌材料的研究与研发"获湖南省科技进步一等奖、"废旧物资(铜、塑料)高质化利用关键技术研究与应用"获湖南省科技进步一等奖、"电石渣处理及其在酸性废水治理中的应用技术"获中国有色工业技术发明一等奖、"生物制剂处理含铍废水新技术"获湖南省科学技术进步三等奖、"细菌解毒铬渣及其选择性回收铬的新技术"获教育部科学技术进步一等奖，近五年在国内、外重要刊物 *Journal of Materials Chemistry*、*Bioresource Technology*、*Langmuir*、*Polymer*、*Journal of Hazardous Materials*、*Corrosion Science*、*Science of the Total Environment*、*Chemosphere*、*Journal of Solid State Chemistry*、*Journal of Environmental Quality*、*Journal of Alloys and Compounds*、*Materials Letters*、《中国有色金属学报》、《中南大学学报》、《环境工程》、《材料导报》、《工业水处理》上发表研究论文503篇，其中SCI、EI收录275篇，获得授权专利近30件。

1.3.5　新能源材料与器件

本学科是冶金工程学科与中南大学的化学、化工及材料类学科交叉融合而逐步发展起来的，现已成为我国新能源材料与器件高层次人才培养的重要基地，曾培养出以比亚迪的王传福、科力远的钟发平等为代表的一大批活跃在该领域的上市公司创始人，在锂离子电池产业界我校被誉为人才培养的"黄埔军校"。

经过20多年的发展，已成长起一批在国内新能源领域的知名教授，引进了一批国内外名院的相关学者与人才，建成了一支知识结构合理、整体水平较高的新能源材料与工程一流教学科研团队。目前从事该领域的教学、科研人员有33名，其中教授16名，副教授10名，讲师7名。教师队伍中，拥有长江学者2人，教育部新世纪优秀人才计划入选者4人，中南大学升华学者3人，省级教学名师1人。

本学科拥有"先进电池材料教育部工程研究中心"、"先进储能材料国家工程研究中心"(与企业共建)等科技创新平台。建立了先进储能材料与技术实验室、电化学实验室、现代检测技术实验室、电化学分析实验室、光伏材料与技术实验室、贮氢材料与技术实验室、动力电池与系统实验室，综合化学实验室等专业实验室。拥有太阳电池光电性能综合测试系统、X 射线衍射仪、超高真空溅射与蒸发系统、扫描电镜、电化学扫描显微镜、电化学工作站、光电化学工作站、电化学分析系统、电池性能综合测试仪等一系列化学电源技术研究相关仪器设备。为该专业的建立与发展提供了良好的支撑环境与条件。

近年来，在新能源材料与器件领域取得各类成果 63 项，其中"高能量密度、高安全性锂离子电池及其关键材料制造技术"、"废弃钴镍材料的循环再造关键技术及产业化应用"分别获 2008 年度、2010 年度国家级科技进步奖，另获省部级科技奖励 13 项。获授权发明专利 70 余项，出版《现代电化学》、《化学电源——电池原理及制造技术》、《锂离子电池》等专著，发表专业论文 500 多篇，其中 SCI、EI、ISTP 等检索 200 多篇。

第 2 章 学科人物

2.1 学术带头人

陈新民(1912—1992 年) 男，汉族，安徽省望江县人，中国共产党党员，中国科学院学部委员(院士)，我国著名的冶金物理化学家、教育家和社会活动家。1935 年毕业于清华大学化学系，获理学学士学位，毕业后先后任唐山启新洋灰公司、南京江南水泥公司副化学师、甘肃省建设厅技士、省科学教育馆助理研究员、中央研究院昆明化学研究所助理研究员等职。1941—1945 年在美国麻省理工学院冶金所学习，获博士学位。此后一度在卡内基钢铁公司所属芝加哥南厂任冶金研究员，但此间身在海外却始终心系祖国，并于 1946 年毅然放弃美国优裕的工作和生活条件回国。回国后历任天津北洋大学教授、清华大学教授及校务委员会委员兼秘书长等职，1952 年受命负责筹建中南矿冶学院并担任首任院长，是新中国冶金高等教育的主要开拓者之一。

1959 年冬，他开始创设以有色冶金为特色的冶金物理化学新专业并担任了该专业教研室首任主任。在极其艰苦的环境中，他带领教研室的教师团队克服重重困难，开展了高水平的教学和科研工作，并亲自先后为学生讲授了物理化学、冶金热力学、普通冶金学、冶金计算、冶金分析、金属 X 射线、金属腐蚀与防护等课程，深受学生好评。他们将这个专业发展为火法冶金过程物理化学、湿法冶金过程物理化学、冶金电化学三个分支，并主攻了以下研究方向：①常见有色金属氧化物氯化过程平衡的研究；②有色金属主要矿物硫化物焙烧时气相平衡组成的研究；③冶金过程反应的动力学研究；④金属－氧系的热力学研究；⑤熔融法测定金属中气体的热力学分析的研究；⑥高温冶金熔体 X 射线装置及其应用的研究等。他主编的《物理化学》、《冶金热力学导论》、《火法冶金过程物理化学》等教材先后出版。其中《火法冶金过程物理化学》获原中国有色金属工业总公司高校优秀教材一等奖。他的论文多次在《金属学报》等刊物上发表，或在全国性的学术会议上宣读。其中，《氯化镁水合物热分解的综合研究》、《金属中气体分析的热力学基础》等论文获原冶金部和湖南省重大科技成果奖。特别是"金属－氧系热力学和动力学"、"高温熔体物化性质"等研究成果为中国有色金属的开发综合利用提供了理论依据。

他积极倡导和参与学术交流活动，曾当选为中国金属学会冶金物理化学分会副主任委员，中国有色金属学会第一届理事会常务理事兼冶金物理化学学术委员会主任委员。1981 年 3 月，他当选为中国科学院技术科学部委员。此外，还担任国务院学位委员会第一届冶金学科评议组副组长，湖南省教育系统高级职称评委会副主任，中国高等教育学会常务理事，湖南省第五、六、七届人大常委会副主任，湖南省政协常委、副主席，第五、六、七届全国政协委员，民盟中央常委和湖南省委主任委员等职。

黄培云(1917—2012 年)　男，汉族，福建省福州市人，中共党员。1938 年毕业于清华大学化学系，1945 年在美国麻省理工学院获科学博士学位。1952 年后历任中南矿冶学院教授、教务长、副院长；中南工业大学粉末冶金研究所所长、博士生导师。1994 年当选为中国工程院院士，1998 年起为中国工程院资深院士。长期致力于粉末冶金、冶金物理化学和金属材料等领域的教学和研究。

黄培云院士是世界著名的粉末冶金学家，是我国粉末冶金学科的奠基者和开拓者之一。他创立的粉末压型理论和烧结理论，进入了当代国际材料科学和高技术发展的前沿领域，引起了国际粉末冶金界的重视和高度评价。他还通过合作在合金相图计算、快速冷凝等诸多领域内取得了许多重大成果，对我国航空、航天、原子能和兵器工业的发展起到了重要作用，曾二次获国家自然科学奖，多次获省、部级奖励。

周则岳(1895—1964 年)　男，汉族，湖南益阳人，无党派人士。1916 年毕业于湖南工业专门学校，后赴美留学，1920 年在科罗拉多矿业学院矿冶专业获得矿业工程师学位。翌年回国，毕生致力于矿冶生产和教育事业。建国前先后任江西省建设厅技正，湖南省建设厅、中央实业部、中华矿产研究所工程师。1935 年曾任国民政府国防部资源委员会少将专员、研究员，并出任彭县炼铜厂厂长、铜矿主任等职，抗日战争期间克服重重困难，生产出军需急用之铜；领导叶渚沛(中国科学院化工冶金研究所首任所长)等率先在国内开发铜的电解精炼技术，是我国近代铜冶金事业的先行者。

周先生先后任湖南工业专门学校(湖南大学前身)、复旦大学、湖南大学、云南大学、武汉大学等校教授、学部主任、矿冶系主任。建国后任武汉大学教授、中南矿冶学院有色金属冶金教研室首任主任。并当选为湖南省人民政治协商委员会委员。

由于战乱及极左思潮的影响，周先生的著作及手迹大多流失。然而周先生不少事迹却在受业门生中广为传颂，例如，20世纪40年代，周先生咬破手指写血书支持学生运动，学生们也保护周先生躲过了宪兵的搜捕。周先生创造的"锍"字非常形象地表达了"有色金属冶炼过程中产生的各种金属硫化物的互熔体"的含义，至今已成为我国有色冶金文献中规范化的术语。20世纪20年代，留美归来的周先生并非知识陈旧的"老学究"，对国外新技术保持敏感，他及时指导青年教师翻译有关ISP（帝国熔炼法）的文献。《中南矿冶学院学报》创刊号破例刊登了周先生3万余字的关于中国古代冶金史的论文，文中颇多考古学家、历史学家少见的观点，如今"冶金史"已成为冶金工程的二级学科，更显出其水平和价值。令人难忘的是周先生晚年身患肺心病仍坚持为200余名五六届的学生开出"贵金属冶金学"课程。先生学识渊博、出口成章的演讲，深深地吸引了学生，期末又创新性地采取少有的开卷考试，调动了广大学生的学习积极性，学生们惊呼：周先生让我们了解了一个冶金学家怎样思考问题。

中南工业大学曾隆重举行周则岳教授诞辰一百周年纪念座谈会，以缅怀这位为我国矿冶事业作出了突出贡献的科学家和教育家。受业门生、著名书法家李祁望为周先生墓表撰铭并书曰：楚之鸿儒，巍巍德操，启迪后来，是则是效，麓山苍苍，湘水汤汤，佳城郁郁，共山水而留芳。

赵天从（1906—1995年） 男，汉族，河北赵县人，1933年毕业于北洋大学工学院采冶系，1937—1939年留学于英国伦敦帝国理工学院。1949年前在国民政府资源委员会所属矿业企业从事技术和管理工作。1949年前后任锡矿山工程处主任，矿务局副局长。1952年后历任北京工业学院教授、中南矿冶学院冶金系教授，有色重金属冶金教研室主任、冶金系副主任、博士生导师，兼中国科学院冶金陶瓷所长沙分所研究员，国家科委冶金学科组成员。享受国务院特殊津贴。第四、五届湖南省人民政治协商委员会常委。

在抗日战争期间，赵天从教授从伦敦帝国理工学院完成学业后，毅然回国，在偏僻的湖南山区，为抗日生产战略物资锑夜以继日地工作，1949年前后利用自己的特殊身份，掩护了中共地下党的工作，并在地下党的领导下，成立锡矿山锑矿护矿委员会，将整个矿山完整地交给人民政府接收。中华人民共和国成立后，他将全部心血用于社会主义建设事业，从不计较个人得失，即使在20世纪50—60年代，他受到了不公平的待遇，虽身处逆境，但矢志不渝、报效祖国的决心和奋发工作的精神不变，在 77 岁高龄时光荣地加入了中国共产党。

赵天从教授为我国的有色金属冶金事业的发展奋斗了 60 多年，在科研和高等教育方面取得了丰硕的成果，是我国有色金属冶金事业的先行者，著名的教育家、中国现代锑冶金工业的奠基者。在科研方面，抗日战争期间针对当时锑产品的质量不能满足军工等用户需要的形势，他发明了"吹碱氧化精炼炼锑法"，第一次在工业规模生产条件下将锑品位提高到当时国内外最高水平，即 99.8% 以上，此方法后为世界同行广为采用。20 世纪 70 年代，他前瞻性地提出了"无污染冶金"这一具有战略意义学术概念和科研方向，并带领科研团队进行大量艰苦细致的工作，取得一系列重大成果。其中"氯化－水解法直接制取锑白"、"氯化－水解法处理大厂脆硫铅矿精矿"都获国家发明专利，并在国内广为使用，为有色金属冶金技术的发展作出了重大贡献。在教学方面，20 世纪 50 年代初期，他担任了我国第一个有色重金属冶金教研室主任，领导教研室有关教师率先在国内开出了有色金属冶金专业的大部分专业课程，培养多名博士，是当之无愧的国内有色金属冶金学科教学的创始人。他多次主编和出版了全国统编的《重金属冶金学》教材，这些教材被视为当时的经典著作，为全国各高等学校相关专业所采用。

在科研和教学工作取得的丰硕成果基础上，赵天从教授编写了大量著作，除上述全国统编教材《重金属冶金学》外，1987 年出版的专著《锑》被矿冶界与出版界誉之为锑的小百科全书，获 1990 年第五届全国优秀科技图书一等奖，出版英文版的 *The Metallurgy of Antimony*，更是引起了国内外的普遍关注。此外，由他主编出版了 10 卷计 400 余万字的大型工具书《有色金属提取冶金手册》，作为学术顾问参加了《中国冶金百科全书·有色金属冶金卷》、《中国大百科全书·矿业卷》的撰写与编审工作，出版了专著《无污染有色冶金》。

由于他在有色金属冶金科研和教学作出的突出贡献，赵天从教授于 1993 年荣获湖南省教育界最高荣誉奖——徐特立教育奖。有关科研成果先后于 1987 年获中国有色金属工业总公司科技进步一等奖和 1987 年度湖南省科技进步二等奖。

陈展猷(1914—1968 年) 男，广西岑溪归义镇罗平村人，留美学者、冶金学家、氧化铝专家，中南矿冶学院建校元老之一。

1934 年毕业于国立广西大学冶金专修科后，先后任邕龙矿务局技士、云南广西采金局勘探队分队长、桂林科学实验馆冶金助理研究员、平桂矿务局营运处长、广西大学冶金系讲师等职。1948 年由前广西省政府公派赴美留学，在美国犹他州大学研究院学习；1950 年，获该校冶金学硕士学位。中华人民共和国建立后，中共中央动员在外国的留学生和学者回来共建祖国，他在中共党员留学生郭迁章的动员下，放弃攻读博士学位，回归祖国为新中国服务。经过几番周折，他才得以离开美国回到他出国以前所在的平桂矿务局。1951年年初，经过马恒儒老师的引荐，陈老师选择来湖南大学执教，任湖南大学矿冶系副教授，1952年调新组建的中南矿冶学院任冶金系教授。

学校成立初，陈展猷老师组织制定了轻冶专业教学大纲和教学日历，翻译编写了《轻金属冶金学》课程的教学讲义，并率先为学生讲授"轻金属冶金学"、"稀有金属冶金学"和"除尘及气体清洗"等多门专业课程。1954年起任有色金属冶金系轻冶教研室主任，并兼任中国科学院冶金陶瓷研究所长沙分所研究员。1957年起出任有色金属冶金系系主任，同时兼任轻冶和稀冶两个教研室的主任。"文革"期间，他遭受不公正待遇，含冤负屈，于1968年11月25日病逝。他是湖南省政协第三届委员会委员。翻译著作有《轻金属冶炼学(普通教程)》、《电解铝的物理化学过程》，合译著《铝镍冶金学》等。陈展猷教授是我国轻金属冶炼方向人才培养的先驱，他翻译的《轻金属冶金学》是我国第一次出版发行的轻金属冶炼方面的教科书。

何福煦(1918—1990年) 男，汉族，广西灌阳人。1942年毕业于交通大学唐山工学院矿冶系，1946年公费赴美留学，1948年于科罗拉多矿业学院获冶金工程硕士学位。1949年8月秉着"我是中国人，应将我学得的技术为祖国服务"的信念回到祖国，先后在桂林师范学院、广西大学和中南矿冶学院任教授、矿冶系主任、冶金系主任、稀贵金属冶金教研室主任。何福煦教授是中南矿冶学院建校元老、冶金系第一任系主任。1956年兼任中国科学院冶金陶瓷研究所长沙分所研究员、冶金室主任。

在教学方面：他率先开出"冶金原理"、"稀有金属冶金学"、"粉末冶金学"、"选矿学"、"炼钢学"等十五门课，指导培养了五届硕士研究生。

在科学研究方面：早年在美国从事过"含锡钨矿浮选研究"。在国内多年从事"复杂矿湿法冶金"领域的研究，取得"多金属复杂硫化矿的综合利用"、"含金锰土的综合利用"、"砷碱渣的综合利用"、"细菌冶金——从废电子元件中回收黄金"、"乙腈冶金"，以及"粉末冶金连续成材新工艺研究"等多项成果，有关学术论文公开在国内外相关刊物发表。

何福煦教授担任《有色金属提取冶金手册》编委会副主任及第一卷《有色金属总论》卷主编；《中国冶金百科全书·有色金属冶金卷》编委会编委及锑汞分支主编；参加编撰《英汉冶金工业辞典》、《英汉大辞海》等。

1947 年何福煦教授成为美国矿冶工程学会会员，1951 年任中国矿冶工程学会桂林分会理事长，曾为筹建中国金属学会及全国和湖南的多种学术会议作出了贡献。

何福煦教授谦虚谨慎、刚直不阿、毕生勤奋、忘我工作，为祖国富强、为冶金学科建设奉献了一生。

马恒儒(1919—1972 年) 男，河南内黄人。1946 年赴美国犹他大学矿冶系攻读硕士学位。历任湖南大学矿冶系教授、代理系主任、校务委员会秘书长等职。1952 年任中南矿冶学院冶金系教授，先后兼副系主任及热处理教研室主任，长期致力于有色金属及热处理的教学和研究工作，撰写了《晶体点缺陷与热处理》、《空位与热处理》、《铝的多次淬火》等论文。湖南省金属学会的创始人之一，中南矿冶学院的建校元老之一。

赵伯华(1898—1967 年) 湖北武汉人。早年留学美国，并任职于匹兹堡钢铁厂。回国后在汉冶萍煤铁厂矿公司汉阳铁厂任主任工程师，为我国为数不多的钢铁冶金专家；1948 年任湖南大学矿冶系教授，主讲《钢铁冶金》。1952 年任中南矿冶学院冶金系教授兼冶金炉教研室主任。开出新设课程，筹建实验室，倾注了大量的心血，是中南矿冶学院的建校元老之一。

傅崇说 1919 年 1 月 6 日出生，祖籍浙江省绍兴市。1938 年考入交通大学唐山工学院矿冶工程系学习，1942 年大学毕业。先后在重庆国民政府资源委员会昆明冶炼厂任工务员；在黎川江西省立临川中学和私立章贡中学任英文及化学教员；在江西省立萍乡高级工业学校任校长兼选矿教员。

1949 年 10 月，傅崇说受聘于南昌大学工学院，任副教授兼冶金教研组主任，开始承担为新中国培养高级专门人才的光荣任务。1952 年 10 月，高校院系调整，他携家来到中南矿冶学院，任冶金系副教授、教授，并先后担任冶金原理教研室和冶金物理化学教研室主任，是建院元老之一。

傅崇说教授是国务院学位委员会第二届学科评议组成员，博士研究生导师。他治学严谨，为使教学收到预期效果，他把大量的时间投入到教案的准备当中，对授课内容精心组织，对教学过程精心设计，他常对家人说："授课绝不是照本宣科,每讲一堂课,我都要在脑子里预演好多遍。"凡经他手的书稿,他总是再三斟酌,反复推敲,哪怕是一些简化字的标准写法,他也不厌其烦逐一核对。他鼓励学生学好本领,争取机会出国学习深造,但又反复叮嘱学成之后一定要回来报效祖国,他常给身在国外的学生写信,介绍中国改革开放取得的成就,同时殷切期望他们不要忘记自己是炎黄子孙,即使在病危期间,他也仍然坚持在病榻前给研究生授课。

傅崇说主要研究方向为有色金属冶金基础与工艺的开发,在此领域中开展了3个方面的工作:

①有色金属提取冶金基础研究;

②有色金属－配位体－水系及硫化矿物－配位体－水系平衡研究;

③各种高温冶金体系中一阶和二阶活度系数相互作用参数以及组元活度的计算和测定研究。

为了能及时查阅文献资料,了解世界上的最新研究动态,傅崇说挤时间自学了多门外语,年过40岁,他又开始自学俄、日、德文。令人惊叹的是,几年后,他熟练地掌握了这三种语言,并翻译了一大批著作。这一切,都源于他扎实的基础理论和过硬的外语功底,所以傅崇说也时常教诲学生从事科研一定要过好基础理论关和外语关。

"文化大革命"期间,傅崇说在家里继续他的研究工作。1980年,他发表论文《关于 $Cu-Cl-H_2O$ 系的热力学分析及电位－pH图》,提出了一个基于同时平衡原理及通过 φ 和 ψ 函数进行全面分析以绘制复杂体系电位－pH图的新方法,扩充了前人关于铜－氯络合物的研究,比前人更准确更清楚地揭示了诸如用金属铜或 SO_2 由浸出液中制取 $CuCl$(固)的理论和实践问题。此方法所包括的基本观点和计算步骤适用于一切有配位体存在的金属或矿物－水系,在国内外被同行广泛关注、引用和推广。欧美及大洋洲的一些学者纷纷来函索取论文资料。后来,他的学生应用 $Me-L-H_2O$ 系原理绘制出 $Hg-I-H_2O$ 系 $E-pH$ 图解决了从密闭鼓风炉烟气中回收汞的难题。这是傅崇说提出的计算和绘制平衡图的新方法首次在国内大规模工业生产中的成功应用。

在提取冶金中,溶液的热力学性质以及对有溶液参与的各种冶金反应随溶液成分和外界条件变化规律的研究、计算和应用,是冶金学科的重要课题。

20世纪60年代末,固体电解质定氧电池开始作为测定黑色和有色金属熔体中氧的活度及相互作用系数的良好手段。70年代黑色冶金的金属熔体及熔渣的活度数据已测出不少,但不完全,对有色金属,特别是对熔锍及熔盐等的活度数据则待做的工作更多。傅崇说于60年代开始研究硫化物组元的活度,经过多年的计算和研究,在前人基础上提出了一个组元的偏摩尔热力学性质计算体系及其余组元摩尔热力学性质的新方法,与前人相比,方法简明,精度更高,同时研究并提出了一种利用固体电解质测定数种熔锍中 FeS 活度的新方法，研究得出的 FeS – Cu$_2$S、FeS – Ni$_3$S$_2$ 和 FeS – Cu$_2$S – Ni$_3$S$_2$ 体系的热力学性质，丰富了有色金属冶金热力学的理论体系，对铜冶金及其过程有实际指导意义，对于建立铜精矿造锍熔炼或铜锍吹炼的热力学模型提供了理论依据，合理解决了国内外长期存在的熔锍体系中硫化物组元活度的难题，是冶金熔体实验研究方法上的一个突破。他生前参与开发的氧气底吹熔池熔炼技术，现已广泛应用于我国铅、铜的清洁生产。

傅崇说曾先后应邀作为访问教授赴美、澳、德等国进行学术交流和讲学。与澳大利亚墨尔本大学交换指导研究生，合作进行科研并取得多项成果，是该大学提取冶金中心学术顾问委员会海外通讯委员。由于傅崇说在教学、科研等方面的突出贡献，荣获 1981—1982 年度湖南省科技成果二等奖，1985 年荣获湖南省教育系统劳动模范称号；1989 年被评为全国优秀教师。

刘业翔　男，1930 年 9 月生于湖北省武汉市。1953 年毕业于中南矿冶学院，曾留学挪威科技大学，并去日本名古屋大学和挪威科技大学作高级访问学者。历任系主任、副校长、校党委书记及党委书记兼校长等职。现任中南大学教授，博士生导师，中国有色金属学会常务理事及轻金属学委会主任委员，美国 TMS 学会资深会员。1997 年当选中国工程院院士。

刘业翔院士在轻金属冶金、熔盐电化学、功能电极材料、新能源材料及冶金过程模拟、控制与优化等方面进行了许多开创性研究与"产 – 学 – 研"实践，取得了一系列科技成果，以相关成果为依托已孵化出多家高新技术企业，包括湖南中大业翔科技有限公司、湖南瑞翔新材料股份有限公司、湖南丰源业翔晶科新能源股份有限公司和湖南中大冶金设计有限公司等。

刘业翔院士在国际上率先研究了 1000℃下高温熔盐电解过程的电催化现象。他通过一系列的创新性方法，获得了在铝用炭阳极糊电催化机理研究和催化剂选择上的突破：发现了熔融氟化盐中掺杂电极上的电催化作用，并在此基础上开发出适用于铝电解炭素阳极的"锂盐阳极糊技术"，有效地降低了阳极过电压，为解决铝电解节能降耗中这一世界性难题作出了突出的贡献。该技术经过在国内 26 个铝厂的电解槽上应用，实现了年节电 6000 万 kWh。该研究成果在 1991 年获得有色金属总公司科技进步一等奖和国家教委科技进步一等奖，1992 年获得了国家科技进步一等奖。

刘业翔院士及其团队将电化学冶金理论、冶金工艺与现代控制理论、计算机仿真技术及智能控制技术等有机结合，创造性地提出了铝电解槽"电、磁、热、流、力"多物理场(多场)的耦合仿真新方法,成功地应用于现代铝电解槽结构、工艺与控制技术的优化升级和特大型(520 kA)预焙铝电解槽的开发设计;20 世纪 80 年代以来,他还率领学术团队与中国铝业公司等单位合作,开发铝电解过程智能控制模型、算法及软件,经过不断升级与完善,使我国在铝电解控制领域的研究与应用水平,从落后于国外 20 年达到国际领先水平。技术成果在全国铝电解行业全面推广应用并成功在国外电解铝厂应用,取得了显著的节能效果,为我国铝电解工业的现代化改造及成套技术走出国门提供了一项关键技术。经 2003 年中国有色金属工业协会对 88 家应用企业统计并组织成果鉴定,平均吨铝直流电耗从 13 800 ~ 14 000 kWh 降低到 13 200 ~ 13 500 kWh(同期国际先进水平),总计年节电 10.5 亿 kWh、年减排 PFC 约 1 470 t(等效 CO_2 减排 1 000 万 t)。该成果获 2004 年度国家科技进步二等奖和 2003 年度国家重点新产品称号。

刘业翔院士及其团队以彻底变革铝电解工业为目标,一直致力于铝电解惰性电极及电解新工艺的攻关,开发出具有自主知识产权的金属陶瓷惰性阳极和 TiB_2 惰性可湿润阴极,为攻克惰性电极铝电解槽这一世界性难题迈出了重要一步,使我国在此领域的研究提升到国际领先水平。20 世纪 90 年代以来,刘院士及其团队又与时俱进地进军新兴交叉学科,致力于新能源材料与器件研究,研发了锂离子电池正极材料、负极材料、动力电池、固体电解质、超级电容器材料与器件、太阳能电池材料与器件等。其中锂离子电池正极材料和动力电池技术已获产业化应用,产品质量达到世界领先水平。

刘业翔院士曾先后获得国家科技进步一等奖 1 项,省部级一等奖 2 项,二、三等奖多项,专利 20 余项。此外还获得全国光华科技奖、1996 年湖南省光召科技奖和 1997 年湖南省"科技之星"称号。在国内外发表论文 300 余篇,出版专著4 部。

张文海 教授级高级工程师,中国工程院院士,南昌有色冶金设计研究院总工程师,中南大学冶金学院兼职教授、中南大学博士生导师。1958.7—1959.7 在厦门大学化学系学习,1959.7—1963.7 在中南矿冶学院冶金系重冶专业学习、毕业。从事闪速冶金工程事业 40 年,编撰的《闪速熔炼文集》是我国该领域最早的专著。他任工艺负责人完成"常州万吨级闪速炉工业试验",解决多项关键技术问题,对闪速冶金在我国的应用有重要贡献。他编制软件,研究闪速炉热能体系,在国际上首先提出"冷风节能"观点,并解决了"冷风"工业应用问题。历任贵溪冶炼厂和金隆铜业工程总设计师。主持闪速炉立体冷却、连续流精矿计量、烟气动力波净化等关键技术攻关,为实现"冷风"闪速炉的连续稳定运行做出了创造性贡献，该成果获 2000 年国家科技进步一等奖（排名 1）。创造性地将"等比级数与迭代"数学方法用于定量描述冶金过程挥发性元素的积累，解决了"非 I–d 图解 SO$_2$ 烟气露点"等算法难题。提出"成分变更滞后"、"氧效率修正"等 11 项新的建模思想，为我国闪速冶金计算机在线控制水平居世界先进做出了重要贡献。他长期工作在第一线，有主持多项国家重大工程全过程实践经验，有解决关键技术业绩、重要创新和学术成就，获国家、省部级等奖 10 余项。目前在研 863 计划课题和主持多项大型工程设计项目。培养多名现任国内外重大工程的总设计师。是"国家工程设计大师"，2003 年当选为中国工程院院士。

高从堦　1942 年 11 月生，山东即墨人，化工分离专家，中国工程院院士，中南大学冶金学院兼职教授、名誉教授，博士生导师。杭州水处理技术研究开发中心研究员。

高从堦院士 1965 年 7 月毕业于山东海洋学院化学系；1965 年 8 月—1970 年 2 月在国家海洋局一所工作；1970 年 3 月—1982 年 1 月在国家海洋局二所工作；期间于 1967 年参加全国海水淡化会战；1982 年 2 月—1984 年 3 月赴加拿大滑铁卢大学进修；1984 年 4 月起到国家海洋局杭州水处理技术研发中心工作；1991 年为研究员，曾任水处理研究开发中心总工程师、副主任、科技委主任等职；自 1998 年起为中国海洋大学双聘院士、教授、博士生导师，兼任膜与水处理技术教育部工程研究中心主任。1993 年获国家有突出贡献中青年专家称号，1995 年当选为中国工程院院士。

高从堦院士主要从事功能膜及工程技术的研究和开发。在膜分离研究开发工作方面，先后参加、组织、承担并完成了国家、浙江省和国家海洋局重点项目十多项，包括国家和浙江省"七五"、"八五"科技攻关中关于不对称和复合膜与组器研制等四个专题项目、CTA 中空纤维膜的研制项目、两个关于复合膜用关键材料和成膜机理的国家自然科学基金资助项目、一项关于荷电膜及其性能研究的回国留学人员科技活动资助项目，多元合金膜的研究，以及纳滤膜的研制和工程技术开发等。1984 年主持了国家科技攻关项目"中盐度苦咸水淡化用反渗透膜及组器研究"，并于 1992 年与其他三题合并为"国家反渗透膜装置及工程技术开发"项目；承担国家回国人员科技活动资助项目"荷电膜及性能研究"；2002 年完成"关于有机物／有机物分离膜研究"国家自然科学基金重点项目，科技部关于海水淡化软课题项目及两项浙江省科研项目等；承担国家 973、863 及国家自然科学基金等项目，将膜分离与优先吸附和促进传递、膜与生化和催化、膜与水资源和环境、膜与清洁生产和绿色化学等方面的工作结合起来。研究成功 CTA 中空纤维反渗透膜和组器并产业化，效益显著；研制成功芳香族聚酰胺复合反渗透膜、荷电膜及多元合金膜等数种孔径和亲水性各异的新膜品种并推广应用；主持了国家自然科学基金关于 TMC 的合成和多胺在复合膜中功能两个项目的研究，促进国内功能膜用新单体和新功能开发；在国内最早开展纳滤的研究和开发，开发了数种纳滤膜，并成功地应用于某些工业的新工艺中。

高从堦院士研发的"国产反渗透装置及工程技术开发"获 1992 年国家科技进步奖一等奖。另获省部级科技进步一、二、三等奖十多项。发表论文和会议报告近 200 余篇，合译专业书刊 1 册，合编著专业书刊 4 册，其中两册为主编之一。任中国膜工业协会名誉理事长，中国膜工业协会专家委员会主任，全国分离膜标准化技术委员会主任，海水淡化和水再利用学会和浙江省膜学会的理事长，国际脱盐和水再利用杂志编委。

蒋汉瀛　男，1928 年 7 月 20 日生，汉族，海南省人，中共党员，冶金物理化学教授，博士生导师。先后担任中南矿冶学院冶金物理化学教研室主任、化学系主任、冶金物理化学研究所所长、文理学部副院长。并担任过广东省海南海口市第一届人民代表大会代表（1950—1955 年），中国有色金属学会常务理事兼冶金物理化学学术委员会主任，湖南省化学化工学会副理事长兼物理化学专业委员会主任，中国表面工程协会顾问，中国国际湿法冶金会议学术委员会第一、二、三届委员、副主任，《科学探索》、《中国冶金百科全书·基础》、《化工冶金》、《材料保护》等编委。

1953 年 9 月毕业于中山大学化学系，毕业后任教于中南矿冶学院。1963 年为中南矿冶学院理化系物理化学教研室副主任、实验室主任，1983 年晋升为教授且为中南工业大学化学系副主任，1986 年为中南工业大学化学系主任兼冶金物理化学研究所所长，1986 年 7 月至 8 月赴联邦德国克劳斯塔工业大学交流讲学，1990 年被聘为博士生导师，且为中南工业大学文理学部（学院）副院长。1997 年赴美国科技考察。

长期从事冶金物理化学、电化学、湿法冶金物理化学、冶金电化学领域的教学和科研工作。在湿法炼锑电化学方面进行了系统的、深入的理论探索，获五次国家自然科学基金和三项国家教委博士点专项科研资金资助，培养博士 30 余名，发表了《湿法炼锑的电化学》、《硫化碱溶液电积锑的阳极极化曲线》、《关于电积锑电能消耗的初步探讨》等论文；出版专著《冶金电化学》和《湿法冶金物理化学》两部；参编由陈家镛院士主编的《湿法冶金手册》，参编《中国镍钴冶金》；发表论文 200 余篇，获得 4 项省级以上成果奖和优秀论文奖，其中"湿法炼锑电化学基础理论"获 1987 年国家教委科技进步二等奖（排名第一），中国有色金属工业总公司科技进步三、四等奖各一项。组织过多次国内"冶金物理化学学术会议"及三次

"国际湿法冶金"会议。1991 年获得了国务院颁发的为高等教育事业做出突出贡献专家称号。

乐颂光(1927—1990 年)　　男，汉族，湖南省新田人。1949—1952 年于武汉大学矿冶系学习，1952 年从中南矿冶学院建校开始即在冶金系任助教，1956 年晋升为讲师，1978 年晋升为副教授，1986 年晋升为教授。1963—1964 年担任冶金系冶金研究室副主任。

乐颂光教授在中南工业大学工作期间，一直从事有色金属提取冶金的教学和科研工作，为本科生、研究生开设了"铜冶金"、"镍钴冶金"和"专业英语"等课程，并编写了《重金属的溶剂萃取》、《铜镍钴湿法冶金》、《重金属溶剂萃取的理论及实践基础》、《铜的溶剂萃取和电积》等教材，于 1989 年被评为校先进教育工作者。

乐颂光教授工作期间，承担并完成了多项国家重点科研任务，其中"P204 萃取 Ni、Co 新工艺"被用于生产实践，取得了显著的经济效益，为我国钴冶金生产作出了较大的贡献；承担了国家科委及有色金属总公司的重点攻关项目"大厂脆硫铅锑精矿湿法处理新工艺研究"，为我国利用复杂多金属矿开发了新的途径。1978 年获得了全国科学大会奖、全国工业学大庆会议奖及湖南省科学大会奖。

在多年的工作中，乐颂光教授编撰了多本有色金属冶金学著作，他主编了《钴冶金》(中南大学出版社)及《再生有色金属生产》(中南大学出版社)，与何名茂合作译著了俄文版的《炼锡学》(高等教育出版社)，与王立川合著了《有色金属冶金学》(冶金工业出版社)，为有色金属冶金学科的发展作出了重要的贡献。

陈文修(1927—2011 年)　　男，1927 年 4 月出生在江西省永新县。1950 年 7 月，毕业于南昌大学化工系，并留校任教。1952 年陈文修同志积极响应党和国家号召，调入新成立的中南矿冶学院，在冶金系冶金炉教研室从事教学科研工作。1983 年参与创建热能工程专业，1980 年晋升为副教授，1987 年晋升为教授。1991 年 9 月退休，先后为 6 个专业讲授过 11 门课程并指导硕士研究生。完成了 2 项国家自然科学基金研究课题并发表论文数十篇，编写专著、教材和译著共 8 本，曾担任湖南省首届工业炉学会理事长、湖南省机械工业学会理事。

杨重愚 1930年生，江西省吉安市泰和县人，中共党员，教授，冶金学家。长期从事轻金属冶金氧化铝方向教学和研究工作，培养了一大批轻金属冶金专门人才；主编了《轻金属冶金学》和《氧化铝生产工艺学》；为创建我国轻金属冶金教学体系，促进轻金属冶金高等教育发展和科技水平提高作出了重要贡献。

他1952年毕业于武汉大学，分配到刚刚组建的中南矿冶学院冶金系任教，1954—1956年被派往沈阳东北工学院攻读轻金属冶金硕士研究生，师从苏联著名轻金属冶金专家南涅尔，主攻氧化铝方向，他与冶金系的有识之士潜心学习轻金属冶炼技术，成为新中国第一批掌握轻金属冶炼专业知识的人才。毕业后一直在中南矿冶学院从事轻金属冶金氧化铝方向教学和科研工作，历任讲师、副教授、教授，先后担任轻金属冶金教研室副主任、主任等职，在人才培养、科学研究方面做出了杰出贡献。主讲本科生"轻金属冶金学"、研究生"轻金属冶金专论"等课程；主编了《轻金属冶金学》和《氧化铝生产工艺学》，参与翻译出版《碱法综合处理含铝原料的物理化学原理》，参加了中国有色金属工业总公司职工培训教材编写。其中《氧化铝生产工艺学》对于我国氧化铝生产工艺优化和工程技术人员培养起了巨大作用，至今仍然是指导氧化铝生产实践和教学用的经典教材，该书获中国有色金属工业总公司优秀教材二等奖；同时培养硕士研究生7名。在熟料烧结、粗液脱硅和晶种分解、多品种氧化铝生产等方面做了大量研究工作，发表论文17篇，获授权发明专利1项，科技成果鉴定1项，获中国有色总公司科技进步三等奖1项；同时参与了山西铝厂、平果铝厂建厂的工艺参数确定工作。

杨重愚教授为人师表，深得同事的尊敬和学生的赞誉。1993年被评为"享受国务院特殊津贴"的专家学者。

1991年退休，现居美国。

彭容秋(1930—2005年) 男，湖南省平江县人，20岁时考入湖南大学，攻读矿冶专业。在1952年全国高校院系调整时，转入中南矿冶学院有色金属冶金系继续深造，后师从苏联专家皮斯库洛夫及克里沃森科，主攻铅锌冶金，1956年研究生毕业，留校任教，先后任助教、讲师、副教授和教授，并多年担任教研室副主任和研究生导师，兼任湖南省有色金属冶金学会副主任。

在 40 年的教师生涯中，彭容秋教授一心扑在他热爱并擅长的教学上，先后为本科生、研究生、进修生开设过"冶金工艺导论"、"冶金原理"、"铅锌冶金学"、"锑冶金学"、"重金属冶金学"、"重金属冶金专论"、"冶金计算"、"有色冶金工厂设计基础"、"有色冶金实验"和"外文冶金文献检索"等十余门课程。他以从教为乐，诲人不倦，勤于教学和思考。他教学效果好，受历届学生的拥戴和喜欢，多次被学校评为优秀教师。

彭容秋教授呕心沥血，不遗余力地推进《重金属冶金学》(分上、中、下三册，计 120 万字)的审查和校核工作，在文化大革命期间，他三次编写修改《铅冶金》和《锌冶金》(讲义)，使其内容紧密联系生产实际，充分反映国内的新工艺，符合当时学员学习的要求。在 20 世纪 80 年代初，冶金工业出版社就重新组织编写出版《重金属冶金学》(赵天从主编，计 80 万字)。彭容秋编写铅锌冶金有关章节，他看到赵先生年事已高，身体不好，便主动承担了全书的删补和定稿工作，其中许多工作不是参编分内的事，但他从不计较，默默奉献。根据长期编写教材和讲课的体会，彭容秋教授认为本学科历年所用的教材都是按 10 种重金属编写，篇幅过大，学生在校的有限时间内，不可能把每个金属的具体生产知识学深学细。他锐意改革，大胆创新，在多年教学讲稿的基础上，决心按照新的思路和方法重编教材。他主编的 1991 年版的《重金属冶金学》(全书 41 万字)综合为主要的三篇：重金属造锍熔炼、重金属还原熔炼和重金属湿法冶金。该书的特点是以共性为主，详细阐述共性，适当照顾特性，精简教学内容，突出教学重点，使学生在掌握基本理论和基本知识的基础上，着重于提高其发现与分析问题的能力。由于该教材有鲜明的特色和创见，得到其他院校同行的充分肯定和高度评价，教学效果好。该书获 1996 年中国有色金属工业总公司优秀教材一等奖。

彭容秋教授专业知识渊博，能熟练地使用俄文、英文、日文查阅专业资料。在长期积累资料的基础上，他在 1992 年出版了《有色金属提取冶金手册·锌镉铅铋卷》一书，同期，还主编出版了《再生有色金属冶金》。2003 年，他主编出版了国内第一本《铅锌冶金学》专著(122 万字)。该书取材新颖，内容系统全面，对我国由铅锌资源大国和生产大国走向技术强国具有重要的意义。他受中国有色金属学会重金属冶金学术委员会的委托，于 2003 年开始组织编写全国性重有色金属冶金工厂技术培训教材(丛书)，并任主编。丛书共七册，包括《铜冶金》、《镍冶金》、《铅冶金》、《锌冶金》、《锡冶金》、《重金属冶金工厂原料的综合利用》和《重金属冶金工厂环境保护》，合计 247 万字。在编著过程中，他被查出身患癌症。在癌细胞已转移的最后几个月中，他将病魔置之度外，在病榻上继续修改书籍，用他生命的最后心血审定了全套丛书中最后待出版的两本书的大部分稿件。

汪锡孝 男，1929 年生，湖南醴陵人。1953 年于中南矿冶学院本科毕业，1956 年于东北工学院研究生毕业，1957 年起任教于中南矿冶学院冶金系。1963 年提升为讲师，1979 年提升为副教授，1986 年提升为教授。

曾任冶金系轻冶教研室副主任，1966 年前管教学工作，1974 年后管科研工作。1988 年曾被任命为冶金系检测室主任。曾任全国锂铷铯科技协会顾问。

长期从事轻金属冶金教学和科研工作，为大学生、研究生和研修生讲授过的课程有：轻金属冶金学、氧化铝生产设备计算、氧化铝生产、化工原理、运筹学、系统工程、试验研究方法等课程，此外承担指导生产实习、教学实验以及毕业设计(论文)工作。

科学试验研究方面有：1959 年帮助小厂改建氧化铝生产工艺技术；1960 年在 501 厂进行了多段添加石灰乳常压深化脱硅试验；1963 年在校内进行了铝酸钠溶液快速碳酸化试验；1964 年曾向 501 厂建议脱硅自蒸后追加石灰乳以提高硅量指数，实行快速碳酸化以提高氧化铝质量；1973 年起转向锂盐生产，主要研究从宜春锂云母中提锂的工艺。研究过石灰乳苛性碱压煮法、氯化焙烧法、硫酸焙烧法、锂云母烧结工艺；焙烧锂云母的硫酸浸出法、硫酸钠压煮法、氯化钠压煮法、石灰乳压煮法等。先后完成了小型试验、放大试验、半工业试验，1985 年应用于工业生产(江西 805 厂)，曾获得冶金部科技进步奖。

研究过卤水中提锂的方案，提出了氨法联合提取镁锂的方案。研究发明了母液石灰乳压煮焙烧锂云母工艺，获国家发明专利。发明了医用碳酸锂的生产方法，以后还主持了批量生产，拯救了许多青春型躁狂症患者，该药已列入中国药典。

理论研究方面有：$NaCl–KCl–LiCl–H_2O$ 系和 $LiCl–NaCl–Li_2CO_3–H_2O$ 交互作用系常温下相图，$NaOH–KOH–LiOH–H_2O$ 系 40℃下的相图研究等。

编著了《试验研究方法》一书，1989 年由湖南科技出版社出版。曾为中南工业大学、上海工业大学、江西冶金学院、广东矿冶学院等用作大学生和研究生教材。

1991 年退休。退休后曾任宜春钽铌矿、湘乡铝厂和青海师大微处理技术研究所等锂盐生产技术顾问，三环电源公司和金锂龙科技公司锂离子电池生产技术总监。

龙远志 1930 年生,湖南省醴陵市人,中共党员,教授,冶金学家。1950 年 9 月考入湖南大学矿冶系,1952 年 10 月随湖南大学矿冶系转入新成立的中南矿冶学院有色金属冶金系继续学习,1953 年 7 月毕业,同年 9 月考入东北工学院攻读硕士学位研究生,师从苏联著名学者南涅尔教授,1956 年获硕士学位,成为新中国第一批掌握轻金属冶炼专业知识的人才。1957 年 2 月分配至中南矿冶学院轻冶教研室任教,先后任助教、讲师、副教授、教授。长期从事轻金属冶金氧化铝方向教学和研究工作,在人才培养、科学研究方面做出了杰出贡献。主讲本科生轻金属冶金学、研究生轻金属冶金专论等课程;参编了《轻金属冶金学》和《氧化铝生产工艺学》;参与翻译出版《碱法综合处理含铝原料的物理化学原理》;参加了中国有色金属工业总公司职工培训教材编写。其中《氧化铝生产工艺学》对于我国氧化铝生产工艺优化和工程技术人员培养起了巨大作用,至今仍然是指导氧化铝生产实践和教学用的经典教材,该书获中国有色金属工业总公司优秀教材二等奖。同时培养硕士研究生 5 名。在科研方面做了大量研究工作,20 世纪 70 年代选择氧化铝工业生产急需的沉降分离絮凝剂开展科学研究,研究开发的以麦麸代替淀粉作为氧化铝生产絮凝剂,在极其困难的情况下为国家节省了宝贵的粮食,至今仍被工厂广泛采用;对钠硅渣在铝酸钠溶液中的溶解度进行了研究测定,为氧化铝工业提供了重要的基础理论数据;改革开放后随着国家经济的恢复,先后承担了为山西铝厂、平果铝厂建设提供前期加工实验和相关基础研究工作,这些研究结果后来被设计和生产所采用。发表论文 10 余篇,获授权发明专利 1 项,科技成果鉴定 1 项,获中国有色总公司科技进步二等奖 1 次。

龙远志教授为人师表,教书育人,深得同事的尊敬和学生的赞誉。

1991 年 10 月退休,继续返聘至 1996 年。

钟竹前 男,汉族,1932 年生于湖南省株洲县,1953 年毕业于中南矿冶学院,1956 年东北工学院研究生毕业。几十年来一直从事重金属冶金的教学和科研工作,曾主讲"重金属冶金学"、"有色湿法冶金原理"、"化学位图在湿法冶金中的应用"等九门课程。1983 年开始指导培养硕士研究生 12 人,协助指导博士研究生 1 人。多年来与梅光贵教授等合作,完成了"湿法炼锌新工艺"、"Me(Cu、Zn、Ni、Mn)-MnO_2 同时电解"及"废电池与镀锌渣综合回收"等科研项目,曾获得冶金部、中国有色金属工业总公司与湖南省科技成果二等奖 3 项,三等奖 3 项,申请专利 6 项,发表论文 80 余篇。编著专著 3 本。

　　1981 年作为冶金院校教育代表团成员赴美国考察；1985 年出席了日本东京国际锌提取冶金会议并宣读了论文。曾任湖南省金属学会有色金属委员会主任、《有色金属》编委、中南大学有色金属冶金系重金属冶金教研室副主任。他带领科研团队在国内率先对湿法炼锌针铁矿法除铁，进行了卓有成效的研究，相关成果在国内生产线中得到应用，1980 年分别获冶金工业部、湖南省与广西省科技进步二等奖。他 1981—1993 年与梅光贵等合作，对金属（Cu、Ni、Zn、Mn、）－MnO$_2$ 同槽电解新工艺进行了首创性研究，其中 Zn－MnO$_2$ 同槽电解在开封炼锌厂完成了工业生产试验。此技术处于世界领先地位，受到国内外好评。

　　徐日瑶　1932 年生，江苏苏州人，中共党员，教授，镁冶金学家。1950 年就读于武汉大学矿冶系，1953 年毕业于中南矿冶学院后留校任教。曾先后任中南矿冶学院轻金属冶金教研室实验室主任、有色金属学会轻金属学术委员会委员、镁冶金专业委员会主任、有色工业协会镁业分会专家、镁业分会咨询部顾问。

　　徐日瑶教授长期从事镁冶金方向的教学与科研工作，在含水氯化镁脱水、氧化镁与菱镁矿球团氯化、无水氯化镁电解炼镁与真空热还原法炼镁的理论与应用以及镁盐化工方面取得了较大成果，是我国无隔板镁电解槽的开拓者之一。通过对镁电解质物理化学性质的研究与电解时的阳极效应，两相混合流体动力学研究与微粒和分散性氧化镁在电解过程中的行为研究，解决了电解过程中电解质的沸腾与阴极钝化、阴极镁珠和阳极氯气的析出状态等问题，提高了电流效率，降低了能耗；确定了硅热法炼镁真空还原的反应机理为固－固相反应机理，提出了合理的配硅比、炉料配料比的数学计算式，以及炉料细磨时钢球的配比及合理的炉料细度等控制生产的技术条件来提高产量；在镁盐化工生产上，提出了采用二段加压碳化法从白云石中提取轻质碳酸镁、轻质氧化镁、轻质活性氧化镁与轻质含镁防水隔热粉的生产工艺，是新工艺的发明者，并用此新工艺在湖南、青海等省建立了六个镁盐化工厂，产品远销国外，取得了较大的经济效益。1981 年主编了我国的第一本《镁冶金学》，随后陆续编著了《有色金属提取冶金手册　镁》、《硅热法炼镁生产工艺学》与《金属镁生产工艺学》等镁冶金方面的专著近 10 种，撰写了近 100 篇镁冶金的理论及生产技术方面的科研论文，先后多次获省部级科学技术奖。

　　徐日瑶教授从教 40 年，为国家培养了数千名镁冶金方面的技术人才，为我国镁工业的发展和建设做出了杰出贡献。

李洪桂　中共党员，1934 年 6 月生，1956 年毕业于中南矿冶学院并选拔为副博士研究生。1986 年任教授，1994 年被聘为博士生导师。1962 年至"文化大革命"前担任稀冶教研室副主任(代主任)，1979—1984 年任稀冶教研室主任，1987—1990 年任有色金属冶金教研室主任，并兼任中国钨协钼协副主任，中国钨协顾问等社会工作。

长期从事稀冶领域的高等教育及科研工作，作出了重大贡献，主要如下：

(1)本科生及研究生教学：20 世纪 60 年代初期首次为稀冶专业学生开出了"稀有金属冶金专论"、"稀散金属及半导体材料"等课程，编写了相应的教材。作为国内研究生导师，首次为稀冶专业招收并培养研究生，先后培养硕士生 20 人，博士生 6 人，开出研究生课程 3 门。主编并公开出版了教材和专著《稀有金属冶金原理及工艺》(全国高校统编教材)、《钨冶金学》、《冶金原理》等共 7 种，其中《稀有金属冶金学》1996 年获有色总公司优秀教材一等奖。参编《稀有金属手册》《湿法冶金手册》等专著共四种。由于其在教学方面的贡献，1995 年被国家教委评为"全国优秀教师"，湖南省教委记一等功。此外，其担任教研室主任的有色冶金教研室由湖南省授予先进集体。

(2)科研：负责完成了多项国家自然科学基金、国家科技攻关项目以及 40 多项横向合作项目，取得了重大成果，产业化成效突出，作为第一、第二发明人获发明专利 16 项，为我国钨冶炼的总体技术水平跃居国际领先地位作出了关键性贡献。主要有：

①作为项目负责人，在全面完成了有关基础理论研究(含相关的热力学、动力学、杂质行为及抑制等)、建立了复杂钨矿碱分解的理论体系的基础上，发明了白钨矿及黑白钨混合矿 NaOH 分解技术，解决了占我国钨资源总量 70% 的白钨矿及复杂钨矿的碱分解问题，纠正了国内外学者关于工业条件下 NaOH 不可能分解白钨的论断，被国家科委列为"国家科技成果重点推广计划"项目，在国内 18 个工厂推广应用。获 1993 年度国家发明二等奖(排名第 1)，1992 年度广西壮族自治区科技进步二等奖(排名第 1)，其基础理论研究成果获教育部科技进步(基础类)二等奖(排名第 1)，推广应用成果获国家教委科技进步二等奖，相关专利获中国专利局中国专利优秀奖、湖南省专利推广十佳奖。

②发明了"选择性沉淀法从仲钨酸盐溶液中除钼、砷、锑、锡"新技术，解决了国内外长期未能解决的相似元素钨、钼深度分离并一次性除去多种杂质的技术难题。国家科技部列为"国家科技成果重点推广计划指南"项目，目前国内 80%

钨冶金企业都采用该技术。2000 年获湖南省科技进步一等奖，2001 年获国家技术发明二等奖（排名第 1）。

另外参加"难冶钨资源深度开发应用技术"的研发工作，于 2011 年获国家科技进步一等奖（排名第 15）。

由于上述贡献，1992 年开始享受国务院特殊津贴，1996 年湖南省科协授予"湖南科技之星"奖，2004 年由中共湖南省委、湖南省政府授予湖南光召科技奖。

任鸿九 1933 年 12 月生，江西丰城人。1956 年毕业于中南矿冶学院有色冶金专业，后留校任教，一直从事冶金原理、有色金属冶金和冶金反应工程学的教学与科研工作，历任教研室副主任、主任、冶金研究室主任等职，现任中南大学热工设备仿真与优化研究所学术顾问、教授。曾任中国金属学会理事、中国有色金属学会理事、中国有色金属学会重有色金属学术委员会委员、副主任委员等社会兼职。

任鸿九教授为国内有色冶金领域的知名学者，在《有色冶金反应工程学》领域作了一系列开创性工作，对工作极其认真负责，富有奉献精神。其主要学术成就为下：

（1）在系、校的安排下，作为《有色金属提取冶金手册》编委会的兼职秘书，以及其中铜镍卷的两主编之一，和卢宜源、江绍策协助编委会主任赵天从教授，历时 20 年组织编撰出书十卷 400 余万字；作为《中国冶金百科全书》有色金属冶金卷编委会两学术秘书之一，协助编委会主任刘业翔院士、刘余九教授，历时 6 年组织完成了这部 216 万字的大型专业工具书的编撰。其中协助刘今教授共同组织了《冶金百科全书》有色卷反应工程分支条题的编撰，该书在 1993 年冶金反应工程学年会上，被学术委员会曲英主任委员誉为"冶金反应工程学在中国的胜利"。上述两部著作共 616 万字，是我校冶金学科建设的重要组成部分。

（2）1996 年以来参加了热工设备仿真与优化研究所的工作，协助学科带头人梅炽教授在有色金属硫化矿冶炼的前沿领域进行研究。通过 1998—2012 年长期与铜陵金隆铜业有限公司的科研合作，与其他同志一道，应用过程优化的理论，强化了生产过程，使闪速炉的单位生产能力提高 1~2 倍。与贵溪冶炼厂及红透山冶炼厂在铜锍吹炼方面的科研合作，优化并解决了控制吹炼过程设备高产高寿的目标函数问题，在此基础上，由他主编了 30 万字的《有色金属熔池熔炼》技术专著，于 2001 年 12 月出版。在研究实践中他发现并提出了一种连吹炉总铜锍吹炼过程中造铜期终点判断的简便方法，该方法客观地反映了生产过程的实际进程，比常用的经验方法准确实用，及时解决了红透山冶炼厂生产中准确控制阳极铜质量的问题。

（3）在《铅锌冶金学》编委会主任梅炽教授及主编彭容秋教授的主持下，与张训鹏为副主编，共同参与《铅锌冶金学》的编撰，该书计121.7万字，于2003年由科学出版社出版。接着在2004—2006年三人继续合作完成了7种258余万字的重有色金属冶金工厂技术培训教材（包括铜、镍、铅、锌、锡冶金及重金属工厂的综合利用和环境保护）。

（4）主编出版了《有色金属清洁冶金》，这是国内选题很及时的教材。

（5）为了维护学校在铅锌冶金方面的学术地位，在赵中伟的参与下，历时5年经过反复研究、修改，编出《铅锌及其伴生元素物理化学性质手册》（该书将于2012年11月出版）。

（6）在教学方面作出了重大贡献，先后开出本科生及研究生课程5门，特别是其中的"有色冶金反应工程学"（含研究生层次和本科生层次），做出了许多创新性的贡献。先后指导硕士研究生11人，作为副导师指导博士生7人。

梅　炽　男，1934年生，1956年毕业于中南矿冶学院并留校任教，1985年晋升教授，1986—1995年任中南工业大学副校长，1994任博士生导师，美国化学工程师学会会员，中国金属学会理事，是我国有色金属炉窑热工理论的主要奠基人之一。曾获部级劳模、宝钢特等奖以及徐特立奖，是享受政府特殊津贴的专家。已培养硕士、博士与博士后共50余名。获国家级奖5次，省部级奖9次。

首次提出热工过程全息仿真理论，在有色工业炉窑研究与设计中率先发展了仿真优化技术，开辟了"数学模拟—全息仿真—整体优化"的技术开发路线，将我国热工设备的研究和设计由传统的经验类比法推进到数值化的新阶段，在很多方面达世界先进水平。将仿真技术应用于160 kA预焙铝电解槽的结构优化，提高电流效率3%，吨铝节电300~500 kWh，获得部级科技进步二等奖和国家科技进步二等奖，并已被铝电解工程界普遍采用；应用于铝电解槽的动态仿真，获部级科技进步三等奖。出版了《有色冶金炉的仿真与优化》（国家"九五"重点图书）、《有色冶金炉设计手册》以及《冶金传递过程原理》（被评为国家级优秀教材）等8部著作，发表论文100多篇，为研究热工过程的微观信息奠定了坚实的技术基础。

左文亮 男，1932 年 4 月 16 日生，湖南省邵阳市人。1952—1958 年在中南矿冶学院选矿专业完成本科、硕士研究生学习后留校，1962 年升任讲师及团矿教研室副主任，1964 年升任冶金系副系主任，1972 年担任教研室主任兼党支部组织委员，1980 年升任副教授，1984 年担任科研处副处长，1985 年升任为教务处长，并于 1987 年转为正教授，1988 年赴日本考察有关高等学校，1989 年任科研处处长。

自提升为副教授后主要从事科研工作，研究领域主要为：有用矿物的烧结、团矿研究。1981—1986 年间先后负责三项国家和冶金部重点科研任务，取得了一系列重大的研究成果。其中包括：攀枝花铁精矿氧化球团熔烧研究，研究成果通过冶金部鉴定并获冶金部 1980 年科技成果一等奖；包钢高碱度烧结矿工业试验通过冶金部鉴定获冶金部科技成果一等奖；宝钢进口铁矿烧结研究通过冶金部鉴定获冶金部 1982 年科技成果四等奖；宝钢进口赤铁矿添加张家洼磁铁精矿烧结研究通过冶金部鉴定获中南工业大学科技成果二等奖；冀东司家营铁矿球团矿研究通过冶金部鉴定获中南工业大学科技成果二等奖；湘钢含铁生泥综合利用研究通过湖南省冶金厅鉴定获中南工业大学科技成果三等奖。其发表的相关论文主要有《氧化过程对钛磁铁矿球团焙烧固结的影响》、《从岩、矿相研究看我国烧结矿质量》、《宝钢进口铁矿原料性能研究》、《宝钢赤铁矿粉添加张家洼磁铁精矿烧结矿显微结构研究》等。此外还参与冶金工业出版社的《铁球团矿》、《铁矿粉造块》两本书的编写工作。

除承担并完成国家及冶金部重点攻关项目外，左文亮教授还积极推进实验室建设，主要工作有：自主建成国内首创的链篦机 - 回转窑球团焙烧扩大试验装置，并在北京钢铁学院（现北京科技大学）、攀钢推广使用；自主建设国内首台 $\phi1800$ mm 模拟带式焙烧机扩大试验装置；建成包括低温还原粉化、还原性能、荷重软化性能等检测在内的烧结球团高温冶金性能检测实验室，并从德国引进自动结构分析仪。诸多先进的工作使实验室成为我国团矿领域最完善的实验室之一。

梅光贵 女，汉族，湖南省花垣县人。1958 年中南矿冶学院有色冶金专业本科毕业，1988 年晋升为教授。长期从事有色冶金与锰冶金的教学与科研工作，曾任中南工业大学冶金系重冶教研室主任、研究所所长、全国重冶情报网副网长、湖南省金属学会有色委员会主任、全国锰业技术委员会委员及《中国锰业》编委等职多年。现任《中国锰业》常务董事及编委。她多年来一直被湖南湘西花垣县强桦矿业有限公司聘请为高级技术顾问，同时被湖南省科技特派员工作协调小组聘请为湖南省科技特派员。

　　她担任过"湿法冶金原理"、"重金属冶金学"、"化学位图在湿法冶金中的应用"、"有色冶金技术经济分析"、"冶金计算"等多门课程的教学工作。科研方面获省部级科技进步二等奖 3 项，三等奖 3 项；申请专利 8 项，获授权专利 2 项；指导硕士研究生 16 人，协助指导博士生 1 人、博士后 1 人。她构思、组织与主编出版《中国锰业技术》等专著 6 种，编著本科生教材 2 本，发表论文 100 余篇。获教学成果优秀奖、优秀共产党员与校先进教育工作者多次，享受国务院政府特殊津贴。2012 年 5 月在广西南宁召开的全国锰业技术委员会成立 30 周年会上，被评为"全国锰业技术委员会优秀委员"。2012 年 7 月梅光贵教授在银川接受媒体采访，《宁夏日报》2012 年 7 月 26 日刊登了半身照片并报道了我校为中国锰业工作做出的贡献。

　　梅光贵教授 1985 年出席日本东京国际锌提取冶金会议并宣读论文。1990 年应邀赴香港技术考察。1999 年参加湖南省科技考查团赴欧洲八国考察。2003 年赴泰国参加锰业学术会议并宣读论文。

　　陈绍衣　1934 年 10 月生，1957 年 6 月毕业于中南矿冶学院有色金属冶金专业，1957 年 9 月—1959 年 9 月师从苏联专家 A·H·节里克曼攻读研究生，毕业后留校任助教，1995 年 9 月聘任为教授。

　　陈绍衣同志工作勇于创新，一丝不苟。在教学和科研方面为我国 20 世纪中期以来新建的专业——稀有金属冶金专业的建设作出了重要的贡献，主要有：

　　在教学方面先后开出了"稀散金属及半导体材料冶金学"、"钛冶金学"、"钨钼粉末冶金"、"钨冶金"等多门课程。其中许多系国内创新性首次开出。教学过程中条理清晰，富有启发性，深得学生爱戴。先后多次指导毕业设计和毕业论文，指导硕士研究生 3 人，作为副导师指导博士生 2 人，参编教材《稀有金属冶金学》。

　　在科研方面完成了多项重点科研课题。这些课题的共同特点是富有创新性，同时直接面向生产，大部分都实现了产业化，创造了巨大的经济效益和社会效益。其中主要成果为：

　　（1）用紫色氧化钨还原法生产超细钨粉。该工艺从小型试验、扩大试验及工业化试验均由陈绍衣同志负责完成。该工艺在产品的平均粒径、粒度分布、进一步深加工过程粒度的稳定性以及设备生产能力方面都远远超过当时国外通用的蓝色氧化物氢还原工艺的水平。现国内各钨冶炼厂全都用它取代传统工艺，使战略金属钨的冶金技术发生了重大变革。

　　（2）酸法处理钨精矿制取仲钨酸铵和三氧化钨。陈绍衣同志为该工艺小试和中试的主要技术骨干,所得成果为当时我国第二大钨冶炼厂——自贡硬质合金厂的建厂提供了技术依据。同时按该工艺正式投产后产品质量达到国际先进水平,获 1980 年国家质量金奖。

(3)蓝钨掺杂、钨粉酸洗及其装置。为主要技术负责人,主持小试、扩试及工业化条件下新设备的试车,撰写技术报告。该成果显著提高了钨丝质量,在国内实现了产业化。获 1987 年国家科技进步奖(排名第 3)。

此外,他还完成了许多其他科研课题,例如他作为主力之一完成的"100 V、125 V 钽电容器用钽粉制取"项目获得 1978 年国家科学大会奖;作为主力之一完成的"氯化钨氢还原制取超细钨粉"的项目获 1978 年冶金部科学大会奖;"绞合钨丝"、"蓝色氧化物"等新产品获国家经委奖励;"蓝钨丝新工艺研究"实现了产业化,获有色金属工业总公司四等奖;"从废催化剂中回收钨的研究"达到了产业化标准。结合科研教学工作发表论文 60 多篇。

陈绍衣同志工作勤勤恳恳,任劳任怨,细致踏实,从不计较个人得失。1978 年、1979 年、1993 年、1994 年多次被评为校先进工作者。

郑蒂基(1937—1993 年) 男,汉族,广东中山人,1960 年毕业于中南矿冶学院有色冶金专业,随后留校工作。历任教师、专题组组长、实验室和科研室主任、有色冶金系主任兼研究所所长、中南工业大学校务委员会委员、学位委员会委员、研究生院(筹)院长等职。1986 年晋升为教授,担任中国有色金属学会理事、中国有色金属学会稀有金属学术委员会副主任委员、《中国冶金百科全书》有色冶金编委、湿法冶金分支主编、《有色金属提取冶金》手册副主编。

郑蒂基教授从事高等教育三十多年,长期担任繁重的教学任务,先后为本科生、研究生开出《有色冶金原理》等重要的专业基础课和专业课,为国家培养出大批本科生、硕士生和博士生,为我国教育事业做出很大成绩。他多次获得"教学优秀奖"、"先进教师"、"先进科技工作者"等称号。1990 年还获得中国有色金属工业总公司"教书育人,服务育人"先进个人称号。他是享受政府特殊津贴的专家。

郑蒂基教授学识渊博,在有色冶金湿法冶金领域有系统和深入的研究,在学术上有很高的造诣。他先后五次出访英国、日本、澳大利亚等国进行学术交流,发表了高水平学术论文,并翻译出版了《提取冶金速率过程》一书,被公认为有助于推动我国冶金反应动力学及冶金反应工程学的教学与研究。1978 年郑蒂基教授主编出版近百万字的《氯化冶金》一书,是国内第一部该领域的专著。他还参与组织编辑出版了我国第一部近四百万字的《有色冶金提取冶金手册》和《中国冶金百科全书》。他先后主持重大科研项目,其中湿法冶金多相复杂体系平衡研究中的"铜－氯－水系热力学分析及电位－pH 图"的研究成果获得中南矿冶学院 1981 年度理论成果一等奖，1983 年获得湖南省重大科技成果二等奖，"氯化水解制锑白"研究被国家专利局批准为发明专利。该项科研成果的推广应用被誉为 1986 年度湖南省十大科技成果之一，并获得 1987 年中国有色金属工业总公司科技进步一等奖。

张多默 博士，中南大学教授（博士生导师）。1960 年毕业于中南矿冶学院。1964 年中南矿冶学院研究生毕业，1991 年在日本东北大学获工学博士学位。曾任中南工业大学冶金系重冶教研室主任、中南工业大学科技处处长，中南工业大学科技服务中心总经理，中南工业大学科学技术协会副主席，湖南省生产安全委员会专家等职。

张多默长期从事有色金属冶金教学科研工作及大学的科研管理工作。曾任"有色金属冶金"、"冶金专论"、"专业外语"等教学工作，并先后承担联合国科教文组织、伊朗矿山金属部组织的有色金属冶金专业培训的教授工作，以及国际锌协主办的锌大学的教授工作，曾任日本东北大学客座教授，美国矿物、冶金及材料学会（TMS）2003—2006 年国际有色金属冶金会议国际组织委员会顾问。曾参加金川、大厂等地的资源综合利用与黄铁矿烧渣综合利用等国家重点攻关项目。主持"复合粉体制备"、"化学法合成金属及金属陶瓷粉体成核动力学"、"醇－盐－水系相平衡的研究"、"锌精矿催化浸出"等多项国家自然科学基金项目以及"湿法制备镍钴粉体的形貌控制"、"储氢合金制备"、"高分子聚乙烯粉体材料成型"、"超细锌粉制备"、"无汞锌粉制备"、"电子浆料用超细粉的制备"等十余项省部级科研项目及企业新产品开发项目，在电解理论、相平衡、复杂矿的综合利用，以及特种粉体材料制备等方面做出了成绩。发表论文 100 余篇，获国家科委科技推广金桥奖及多项省部级科技进步奖，享受中华人民共和国国务院政府特殊津贴。

赵秦生 男，1934 年生，教授，博士生导师。1960 年 2 月毕业于苏联圣彼得堡工业大学物理冶金系，获硕士学位及冶金工程师称号，1981 年 8 月获联邦德国阿亨工业大学工学博士，因成绩优异获该校优秀博士奖——波尔歇尔斯奖，1985 年聘为教授，1990 年获博士生导师任职资格，是国务院特殊津贴获得者。赵教授曾是国际普兰西粉末冶金协会和德国矿冶工程师协会会员，曾任我国有色金属学会稀有金属专业委员会副主任委员。多年来一直从事有色金属冶金的研究工作，是我国在该领域的著名专家，在国外有一定的知名度。赵教授特别擅长于专业外语，能以五种外语阅读专业技术书刊，能用俄语、德语和英语作学术报告，曾多次应邀赴俄罗斯、德国、挪威和美国等国家讲学，与国际同行建立了良好的互动关系，是国际瓦纽科夫熔池熔炼学派在我国的代表人物。赵教授曾先后邀请国外专家65人次访问我国，出国讲学和访问37次，先后去过24个国家。赵教授邀请的国外专家常在校内开办讲习班，吸引了国内院校和冶金企业人员参与，国外专家对其他同行院校的顺访，推动了兄弟院校的对外交流，为使我学院成为国内有色冶金学术中心作出了贡献。赵教授善于与国内高等院校和工厂合作，是郑州大学和西安建筑科技大学的兼职教授，先后担任上十家工厂的技术顾问。在氧化钨氢还原的机制上，国际上占主导地位的看法是核收缩模型和气相输送机制。赵教授通过自己的实验，提出了在氧化钨氢还原过程中并不存在核收缩模型，而是活化中心还原外拓模型。同时还以实验证明，在还原机制上，提出除气相输送机制外，固体表面的扩散是氧化钨氢还原重要机制的理论，首次对氧化钨氢还原反应进行了动态扫描电镜观察。他在20世纪70年代研发成功军用纳米钨粉、钡钨阴极用钨粉及多种高熔点稀有金属的纳米粉，是为我国最先生产的金属纳米粉。经他改进的一水硫酸锰生产工艺在湖南省长沙市黄兴镇13家硫酸锰厂得到推广，其出口量占当时国际硫酸锰贸易量的70%以上。2002—2003年组织了多名俄罗斯专家在我国河南省新乡市开展了用瓦纽科夫炉冶炼铅精矿的工业试验，获得巨大成功。2005年在湖南省永兴县鑫泰银业有限责任公司完成了"多金属复杂渣料的综合处理工艺研究及运用"，该项目获郴州市2006年度科技进步一等奖。作为课题负责人2011年完成了国家科技部对外合作重点专项"复杂物料高效提取稀贵金属关键技术的引进与研究"，通过了相关的部级鉴定。获省部级科技进步奖2项，发表科技论文100余篇，专著6册，申请国家发明专利4项。赵秦生教授退休后至今已16年，一直活跃在有色冶炼厂的工艺改革和创新上，有多项新工艺获得省级鉴定和科技部鉴定。

赵瑞荣（1935—2012 年） 男，湖南省双峰人，教授，享受国务院特殊津贴专家。1956 年考入中南矿冶学院冶金系学习。1960 年毕业后留校任教，一直工作到 1997 年退休，其间于 1975 年加入中国共产党。赵瑞荣教授先后在物化教研室、冶化教研室、冶化所任助教、讲师、副教授、教授，历任冶金物理化学教研室副主任、主任，冶金物理化学研究所所长，中国有色金属学会冶金物理化学学术委员会秘书长等职务。

赵瑞荣教授教学认真负责，先后担任了普通物理、物理化学、冶金动力学、冶金电化学、腐蚀电化学原理等课程的教学，上课深入浅出，深受学生喜爱；管理工作细致、踏实，为人正直、谦逊，大公无私，事事从大局出发，善于团结同志合作共事，所在教研室多次被评为有色总公司教书育人先进集体、湖南省优秀教研室。

赵瑞荣教授是我国锑冶金及锑产品深加工领域的知名专家与学者。他先后主持和完成了八五、九五科技攻关项目、科学基金项目、有色金属总公司及冶金部资助项目、金川公司、大冶有色公司、江西铜业公司资助项目数十项，攻克了一系列锑、铜、镍、锡的湿法冶金与产品深加工技术难题，多项成果经有色金属总公司组织的科技成果鉴定，达到国内领先、国际先进水平；多次获得国家教委科技进步奖、有色金属工业总公司科技进步奖、湖南省教委高校科技进步奖等奖项；出版了专著《锑冶金物理化学》，合作编著《冶金电化学》、《中国镍钴冶金》等专著，为促进我国有色金属工业的发展作出了积极贡献。

黄克雄　男，汉族，湖南省长沙市人，共产党员。1937年10月9日出生，1955年考入中南矿冶学院冶金系有色金属冶炼专业，1960年9月毕业，同年攻读冶金物理化学专业硕士，师从陈新民教授，研究课题为"铜锍熔体热力学性质研究"。1964年4月毕业后在冶金物理化学教研室任教，1985年11月评为副教授，1988年12月评为教授、硕士研究生导师、博士研究生副导师。多次获得校"优秀教育工作者"、"先进教师"奖励。

1988年10月至1993年6月任化学系副主任，先后主管科研与研究生工作。曾任中南工业大学学术委员会委员及学位委员会委员，化学系学术委员会委员及学位委员会委员；湖南省有色金属学会理事、常务理事；冶金物理化学专业委员会主任委员；中国金属学会会员、中国有色金属学会会员、湖南省化学化工学会会员。1998年10月在冶金科学与工程学院冶金物理化学与化学新材料研究所退休。

先后主讲"物理化学"、"火法冶金过程物理化学"、"冶金物理化学研究方法"等本科生课程，主讲"冶金熔体"、"冶金物理化学研究方法"等研究生课程，参编教材《火法冶金过程物理化学》，该教材获"1988年省教委优秀教材　等奖"。主要研究方向为火法冶金物理化学、冶金熔体和化学新材料。主持国家五年计划重点攻关项目4项，国家自然科学基金1项，有色总公司重点项目2项，厂校合作项目2项。发表学术论文四十余篇，申请国家发明专利1项。

主要研究成果有：

• "高温冶金熔体 X – 射线透射实验技术与装置研究"，于1986年获"湖南省教委六五期间科研成果一等奖"；

- 参研"白银熔池富氧炼铜"，1989 年获"有色总公司科技进步一等奖"；
- "炼铜炉渣磁性氧化铁测定仪"研究，1989 年获有色总公司四等奖；
- "冶金物理化学课程教学改革研究"1995 年获省教委一等奖；
- 在 1992—1996 年期间主持校内 C_{60} 化学新材料制备、分离、分析及化合物合成与性质研究，1997 年获有色总公司三等奖；
- 所领导的"冶金熔体"科研组获校科研先进集体奖。

舒余德　男，汉族，1936 年出生，湖南省溆浦县人，中共党员，教授，博士生导师。

1960 年毕业于中南矿冶学院有色冶金专业，并留校任教。1983 年晋升为副教授，1994 年晋升为教授。1995 年遴选为博士生导师。主要研究方向为冶金电化学，环境电化学，电化学研究方法及工业废水与废气处理。

曾主持"七五"、"八五"及"九五"国家攻关项目 3 项，与甘肃金川有色金属公司签订横向科研项目 4 项，与江苏镇江索普集团有限公司签订横向科研项目 1 项，与广西三江县造纸厂签订横向科研项目 1 项，与湖南洪江竹胶板厂签订横向科研项目 2 项。

给本科生讲授"电化学"，"电化学研究方法"和"环境工程"等课程，给研究生讲授"电化学研究方法"课程。主编并公开出版《冶金电化学研究方法》教材一部，发表论文 100 余篇，获得国家科技进步二等奖 1 项，获得湖南省教委科技进步三等奖 1 项，获得中国有色金属总公司科技进步四等奖 2 项，培养硕士生 7 人，博士生 6 人。

张启修　男，1938 年 11 月出生，湖北武汉人，中共党员，中南大学教授，博士生导师。1961 年毕业于中南矿冶学院稀有金属冶金专业，1987—1988 年在英国 Warren spring lab. 作访问学者，历任中南大学冶金系稀有金属冶金实验室主任，教研室主任，有色金属工业总公司冶金分离科学与工程重点实验室主任，中国有色金属学会稀有金属委员会副主任兼钨钼专业委员会主任，中国钨协顾问，1996 年获国务院政府特殊津贴。张启修教授长期从事稀有金属冶金和冶金分离科学与工程等领域的教学、科研和人才培养工作，是冶金分离科学与工程学科的倡导者和开创者，是我国膜分离技术在冶金中应用的主要开拓者，是中国有色金属总公司"冶金分离科学与工程"重点实验室的主要创建者。他坚持教书育人，为本科生讲授"稀有金属冶金学"、"萃取冶金学"等课程，在国内首开研究生课程"冶金分离科学与工程",培养博士研究生 9 名,硕士研究生 15 人。在科学研究上勇于创新,先后主持国家科技攻关项目 7 项,国家自然科学基金项目 1 项,企业横向合作项目 20 余项,发表学术论文 150 余篇,获授权发明专利 14 项、获省部级科技进步三等奖 2 项。主编了《冶金分离科学与工程》、《钨钼冶金》2 本学术专著,参加编写了《中国冶金大百科全书》、《稀土冶金学》、《稀有金属冶金过程及工艺》、《湿法冶金》等学术专著,主持编辑出版《钨钼工业——现状、未来和建议》、《分离科学在稀有金属中的应用》、《中南矿冶学院学报——钨专辑(1994)》等学术论文集。在稀有金属冶金和冶金废水治理领域科研成就突出,多项成果被鉴定为国际领先和国际先进水平,其中钽铌矿浆萃取工艺、钨碱性萃取清洁生产工艺、连续离子交换钨钼分离新工艺、连续离子交换从镍电解液中除微量铅锌、镍钼矿清洁提取技术等科研成果在多家企业获得推广应用,离子交换膜在钨冶炼中的应用、赤泥堆场回水低浓度碱膜分离技术等科研成果开创了膜技术在冶金中的应用新思路。上述研究成果为我国稀有金属冶金和冶金废水处理的技术进步作出了重要贡献,在稀有金属冶金和冶金废水治理领域具有重大影响。

钟海云 男,1956 年考入中南矿冶学院,1961 年毕业于该院稀有金属冶金专业,1964 年研究生毕业并留校工作,1974 年加入中国共产党,1985 年被聘为副教授,1988 年被聘为教授,1989 年 8 月至 1990 年 8 月赴日本名古屋大学任客座教授 1 年,2005 年退休。退休前为中南大学冶金科学与工程学院教授、博士生导师,真空冶金研究所所长。长期从事有色金属冶金和真空冶金方面的教学和科研工作,曾经担任过稀冶教研室副主任、主任,真空冶金教研室主任等职务,为本科生和研究生讲授过"稀有金属冶金学"、"有色金属真空冶金学"、"新型粉末材料"等课程。先后指导硕士生 20 余人,博士生 10 余人。任职期间完成多项国家军工科研和军工新材料试制任务。结合国家军工科研任务,不仅对钽铌冶金过程的热力学条件、反应机理和动力学特征等理论进行了深入研究,而且对钽、铌粉末物理性能和电性能之间的相互关系、钽、铌粉末的可靠性机理以及供硬质合金、金属陶瓷专用的微细稀有金属碳、氮难熔化合物粉末材料制备技术等进行了全面、细致的探讨。共获发明专利 1 项,全国科学大会奖(1978 年度)等省、部级以上科技成果奖 16 项,其中国家发明三等奖 1 项(均排名第一)。合作著有《稀有金属冶金原理与工艺》、《有色金属真空冶金学》、《有色金属提取冶金手册》等教材和著作;在国内外发表论文 60 余篇。1985 年获国家有色金属工业总公司"先进工作者"、1990 年获中共湖南省委、省政府"优秀专业技术工作者"、1995 年获国家计委、国防科工委、国家科委、国家经贸委"国防军工协作配套先进工作者"称号，1992 年起享受政府特殊津贴。

宾万达 1939 年出生，1958 年考入中南矿冶学院。大学期间（1960 年 6 月—1961 年 8 月）奉调在湖南省委党校学习一年，1964 年毕业于中南矿冶学院有色冶金专业，并留校任教。历任：政治辅导员、有色冶金专业讲师、副教授、教授，先后兼任教研室副主任、主任 12 年、有色冶金系副主任 8 年。长期从事重金属冶金及贵金属冶金领域的教学、科研、工程设计及建设工作。发表对业内影响较大的论文多篇，著有《贵金属冶金学》（1989 年初版、2011 年再版）等著作。他带领贵冶师生开展铅阳极泥全湿法冶炼工艺，于 1986 年在豫光金铅公司成功投产，并获得国家黄金总局科技进步三等奖。该工艺曾广为应用，对阳极泥处理技术的进步起过重大作用。2000 年后，主要从事熔池熔炼技术的研究，主持了国内第一座氧气侧吹炼铅炉、第一台氧气侧吹炼铜工业炉的设计与生产实施。所开发的氧气侧吹炉生产指标达到国际先进水平，并获得国家专利及成果奖励。同时，还开发了氧气侧吹炉工艺的数学计算模型。经过十余年不断完善，该计算模型已能初步满足氧气侧吹炉的设计与生产的要求。如今，氧气侧吹炉冶炼工艺已成为我国有色冶炼工业现代化的成熟的主要工艺之一。

从 20 世纪 80 年代以来，曾担任豫光金铅等公司顾问，曾任中国有色金属学会贵金属冶炼组组长、中国黄金协会理事等社会职务。

龚竹青 男，汉族，1941 年 3 月生，湖南省汉寿县人，中共党员，1965 年 8 月毕业于中南矿冶学院冶金物理化学专业，并留校任教。1992 年 10 月晋升为教授，1993 年 10 月享受政府特殊津贴，1998 年 7 月评定为博士生导师。

1984 年 6 月任命为中共中南矿冶学院党委组织部副部长，1985 年 12 月任组织部部长，1989 年 7 月被评为湖南省优秀共产党员，1990 年 8 月任命为中共中南大学党委副书记，曾先后兼任过中南工业大学工会主席、中南工业大学纪委书记。2000 年 4 月三校合并组建中南大学后不再担任党务工作，全身心从事教学、科研工作，直到 2008 年 3 月退休。

长期从事湿法冶金、冶金电化学、环境保护等领域的研究，为冶金等相关企业解决了许多实际问题，发表论文 100 多篇，其中 EI 收录 44 篇，SCI 收录 13 篇，参加研究的"湿法炼锑电化学基础理论研究"获国家教委科技进步二等奖，"高冰镍电化学溶解与钝化机理研究"获中国有色金属工业总公司四等奖，获授权发明专利 2 项。

在教学上给本科生讲授"冶金电化学",给研究生讲授"理论电化学"、"现代电化学"等课程,主编了《理论电化学导论》和《现代电化学》,参编了《冶金电化学》等教材。参加了《二氧化钛半导体光催化材料离子掺杂》专著的部分工作。培养硕士研究生 6 名,博士研究生 11 名。

张传福 男,湖南常德人,1945 年 2 月出生。1965 年 7 月考入中南矿冶学院有色冶金系重金属冶金专业学习,1970 年 7 月毕业留校任教。1976 年 4 月被选派到北京语言学院外语系日语专业进修学习一年。1977 年 6 月—1979 年 6 月由教育部选派、由黄培云教授推荐进入日本东京大学研究生院工学研究科非铁冶金研究室留学,从师世界著名冶金学家后滕左吉教授。这是新中国成立后我国冶金专业领域派往日本的第一名科技留学生。1979 年 7 月归国,1980 年 3 月升任为有色冶金系讲师。由于他掌握了现代先进的专业知识并精通日语,除了教学和科研工作外还担任了冶金工业部赋予的中日铜闪速熔炼设计审查技术谈判全过程的翻译工作,为我国铜闪速熔炼技术的引进消化吸收工作做出了重要贡献。1985 年 5 月接受东京大学的资助再次回到东京大学继续深造。1988 年 4 月以全优的成绩获得日本东京大学工学博士学位。博士学位论文题目是《关于锌火法冶炼新方法的基础研究》,其研究成果解决了新方法要实现工业化存在的五大难题。1988 年 6 月学成归国,同年 12 月破格升为教授。1990 年 11 月被国家教委评为重点跟踪资助的优秀年轻教师。1993 年 10 月由于对发展我国高等教育事业做出了突出贡献而获得国务院政府特殊津贴。

曾任中南大学冶金科学与工程系系主任(1991.10—2002.4),日本名古屋大学客座教授(2001.11—2002.3),东京大学客座教授(2004.8—2004.3),湖南省第八、九届政协教育界政协委员。现任冶金科学与工程学院教授委员会委员、中国有色金属工业专家委员会重冶组委员、中国有色金属学会重金属冶金学术委员会副主任、日本资源·素材学会正会员。

主要从事有色金属冶金新方法、特种粉体材料及其新功能、材料制备过程的计算模拟、环境材料与环境工程等领域的研究。编著的《电化学数据手册》于 1985 年 4 月由湖南科学技术出版社出版、编著的《第 VA 族元素物理化学数据手册》于 1995 年 6 月由中南工业大学出版社出版。为了更新和拓宽本科学生的专业知识面,首次开设了必修课"计算机在有色冶金中的应用",并指导谭鹏夫博士主编了以该课程为书名的教材(1997 年 7 月由中南工业大学教材科印刷)。

擅长有色重金属硫化矿富氧强化熔炼过程多元多相多组分复杂体系的计算机模拟,模拟计算结果能预测熔炼过程中元素的分配行为,从而能为元素分配行为的优化控制提供决策依据。1997 年完成的"锌湿法冶金过程优化控制系统的研究——锌沸腾焙烧过程优化控制"获有色金属工业总公司科学技术三等奖。提出并论证了金川镍闪速熔炼过程需要采用上位机进行计算机控制,并研究测定了该过程控制必需的镍锍、炉渣的熔点、黏度以及呈多元函数关系的密度和热容。"镍闪速熔炼新工艺的研究"荣获了国家财政部、科技部、国家计委联合颁发的"八五"科技攻关重大科技成果证书。

根据我国有色金属工业冶金资源、新型冶金产品和材料需要大量进口,贸易逆差逐年增加的现状,提出了资源节约型冶金和多品种增值冶金的学科研究方向。1989 年在日本东京与日本早稻田大学原田种臣教授、韩国延世大学吴在贤教授和中国台湾成功大学蔡敏行教授等共同发起了每两年召开一届的东亚资源再生综合利用技术研讨会(英文略称为 EARTH),并担任国际组织委员会的中方主席。EARTH 研讨会已在有关国家和地区共成功主办过 11 届。与邹建辉、湛菁博士等发明了纤维状纳米多孔金属及其氧化物粉末的制备方法,获得了 5 项授权发明专利。其中纤维状纳米多孔镍粉的制备新方法专利技术已与深圳市中金岭南有色金属公司合作实现了产业化,并于 2005 年获得中国有色金属工业科技发明一等奖。首次研发成功的减压挥发氧化法制备高纯超细球状三氧化二铋粉末新方法也已在江西铜业公司获得工业应用。

在培养研究生方面,首先严格把住招生关和毕业关,做到"宁缺勿滥"。选题新颖,紧跟国际学术前沿,注重培养研究生良好的综合素质、严谨的学术态度和积极进取的工作精神。近年指导的博士论文中,有 2 篇被评为湖南省优秀博士论文,有 1 篇获得全国优秀博士学位论文提名奖。于 2011 年荣获湖南省"十一五"优秀研究生指导教师光荣称号。

唐谟堂 1942 年生,1967 年毕业于中南矿冶学院有色冶金专业,1968 年 10 月至 1978 年 9 月在南昌硬质合金厂当工人和技术员,1981 年获中南矿冶学院有色金属冶金工学硕士学位,1986 年获中南工业大学工学博士学位,成为我国自己培养的第一个有色金属冶金工学博士,1988 年破格晋升为教授,2007 年定为二级教授。曾任中国铋协会理事,国家自然科学基金委员会工程与材科科学部评审专家,973 项目组专家,湖南省金属学会有色冶金委员会主任,重金属研究所所长。他长期致力于有色金属冶金的教学和科研工作,擅长清洁冶金、精细冶金和非传统资源的有效利用。他发展和丰富了配合物冶金理论与技术,基于电荷平衡和质量平衡原理，首次提出"双平衡电算指数方程法"，用以完成多个复杂配合物体系的热力学计算和平衡图的绘制，开发成功"（新）氯化－水解法制取（高纯）锑白"、"氨（MACA）法制取电锌"和"湿氯化法从银锰矿中提取银"等正在被工业应用的新工艺，对有色金属复杂和低品位资源的有效利用将发挥重要作用。他发展和丰富了火法清洁冶金理论与技术，首次提出"氧化铁还原固硫"的学术思想，开发成功"还原造锍熔炼"新工艺，"还原造锍熔炼清洁处置重金属（铅）固废"已用于工业实践，正被全面推广；首次提出"低温熔盐冶金"的学术思想，将"低温碱性熔炼"推向一个崭新的阶段。他发展和丰富了材料冶金理论与技术，首次提出"多元材料冶金"的学术思想，开发成功"直接法制取锰锌铁氧体软磁粉料"、"低温氧化法制取氧化铋及系列铋品"和"连续逆流法制取四针状氧化锌晶须"新工艺，已经或即将工业应用。他将"直接法制取锰锌铁氧体软磁粉料"与"湿法炼锌"相结合，提出"无铁渣湿法炼锌提铟"的学术思想，将锌精矿中的铁制成软磁用氧化铁或铁、锌氧化物二元粉，对促进湿法炼锌和软磁材料制备的技术进步具有重要作用。

他为本科生开设和讲授"有色冶金化工"等课程，为研究生设和讲授"精细冶金"和长期讲授"重金属冶金专论"，均取得较好的教学效果。

他 1989 年起指导研究生，已培养研究生 56 人，其中博士 21 人，他们当中有10 人已获教授或教授级职称，4 人担任博士生导师，3 人为大型企业总经理或学术带头人；主持和完成国家项目 13 项，省部级项目 6 项，发表论文 280 余篇，其中被三大检索刊物收录 74 篇；著有《配合物冶金理论与技术》，主编《冶金设备基础》、《火法冶金设备》、《湿法冶金设备》和《无污染冶金——纪念赵天从教授诞辰 100 周年文集》，参著 5 本。申请发明专利 38 项，其中授权 26 项，获省部级科技进步一、二等奖各 1 项，省优秀教材奖和教学成果三等奖各 1 项。1991 年 1 月被国家教委和国务院学位委员会授予"做出突出贡献的中国博士学位获得者"的荣誉称号，受到江泽民等领导的接见；同年 10 月获政府特殊津贴。

陈启元　男，汉族，1948 年 6 月生，安徽望江人，工学博士，教授，博士研究生导师，国家级教学名师，973 项目首席科学家，国家级有突出贡献的中青年科技专家，国务院政府特殊津贴获得者，中国有色金属学会冶金物理化学学术委员会主任委员，湖南省有色金属学会副理事长，湖南省化学化工学会副理事长，中国化学会化学热力学与热分析专业委员会副主任委员，国务院学位委员会学科评议组成员，湖南省政协委员。

1968 年 12 月至 1973 年 9 月湖南省靖县铺口公社下乡知青；1973 年 9 月至 1976 年 8 月在湖南师范大学化学系学习；1976 年 8 月至 1978 年 10 月在湖南省靖县平察中学任教师；1982 年 3 月中南矿冶学院化学系硕士研究生毕业；1982 年 4 月至 1995 年 1 月在中南工业大学化学系任教师，1982 年 4 月至 1986 年 12 月中南工业大学化学系博士研究生毕业，1987 年 7 月晋升为副教授，1989 年 7 月至 1990 年 12 月在加拿大阿尔伯达大学化学系任客座教授，1991 年 12 月晋升为教授，1993 年 8 月任系副主任，1993 年评定为博士生导师；1995 年 2 月至 2000 年 4 月任中南工业大学党委委员、副校长；2000 年 4 月至 2010 年 4 月任中南大学党委常委、副校长，中国人民政治协商会议湖南省第七届、第八届、第九届委员会委员。

陈启元教授长期从事冶金物理化学领域的研究，在国家自然科学基金(重点)项目、高等学校博士点基金、国家教委优秀年轻教师基金、国家"九五"、"十五"科技攻关、国家 863、973 等计划项目的资助下，在冶金和材料有关的各体系的热力学性质测定、冶金化学平衡、冶金过程动力学与过程强化、冶金过程模拟与模型、材料结构与性能、功能材料设计与合成、资源回收利用等基础理论研究领域做出了大量的工作。对于基础理论数据的提供和积累，提高我国冶金领域基础研究水平，加强与国际学术界的联系，增加我国有色冶金科研工作的后劲，作出了突出贡献。

陈启元教授担任首席科学家主持完成了 973 计划项目"战略有色金属难处理资源高效分离提取的科学基础"(2007—2011)，该项目通过对铜锌镍钛难处理矿产资源类质同相、同金属多矿相、高碱性脉石的多金属共生氧化矿的问题进行基础研究，形成具有我国资源特点、支撑我国紧缺战略有色金属难处理矿产资源清洁高效利用的基础理论；针对铜锌镍钛等主要紧缺战略有色金属难处理矿产资源的共性问题，形成清洁高效的冶金新体系和新方法，提出适用于我国资源特点的冶金新技术原型，实现有色金属矿产资源的高效利用，为我国国民经济可持续发展和国家安全提供资源保证。

陈启元教授先后在国内外著名学术刊物发表学术论文 300 多篇，研究工作受到国内外同行的普遍重视和高度评价，出版专著 3 部，获得国家级、省部级科研及教学成果奖 10 余项，其中"中国铝业升级的重大创新技术与基础理论" 2006 年被评为中国高等学校十大科技进展，2007 年获得国家科技进步一等奖；由陈启元教授领衔完成的"难处理有色金属氧化矿清洁高效利用的基础理论与重大创新技术" 2010 年度被评为"中国高校十大科技进展"；指导的博士学位论文中有 3 篇被评为湖南省优秀博士学位论文，其中两篇获国家优秀博士学位论文奖提名；2006 年获得国家级教学名师奖。

方　正　男，汉族，1987 年获冶金物理化学博士学位，师从中科院院士、著名冶金物理化学家陈新民教授。1991 年任中南大学化学化工学院教授，国务院津贴获得者。1993 年去加拿大 Manitoba 大学合作科研，1995 年出任中南工业大学图书馆馆长至 2005 年。在中科院和国家自然科学基金资助下，一直从事化学热力学和溶液热力学研究，指导并完成多个相关课题。所发表文章被 SCI 和 EI 摘录 140 多篇次。2012 年汇集多年研究成果，出版专著 *Thermodynamics – How much are the Real Heats for Electrode Reaction* 献给陈新民先生诞生 100 周年。曾获 1988 年湖南十大科技成果奖，1993 年国家教委科技（甲类）成果奖。特别是在热电化学研究方面，取得国际上领先的成果。首次获得热电化学基本方程，获得热力学一、二、三定律在电极过程中的特殊表达形式，从理论上解决了一百多年来按现行热力学和电化学理论无法对电极过程真实热效应进行预测和计算的问题。2011 年 9 月出版专著 *Theory and Application of Thermoelectrochemistry*（IN TECH 出版社），现已被世界 90 多个国家和地区下载（不包括浏览）1700 多次，有着广泛的影响。

周子民　男，1948 年生，中南大学教授，博士生导师。1982 年 1 月毕业于中南工业大学有色冶金专业，1990 年 4 月获中南工业大学冶金学博士学位，1991 年破格晋升为教授。1993—1995 年在挪威科技大学作博士后，2000 年在瑞典皇家工学院、CHALMERS 大学任客座教授。1998 年任博士生导师，2007 年评为二级教授。1996—2009 年任应用物理与热能工程系主任、能源科学与工程学院院长等职。兼任中国金属学会有色能源与热工专业委员会主任委员、中国工程热物理学会理事、中国电力教育协会能源动力工程学科教学委员会常务委员、中国计量测试学会热物性专业委员会委员、全国高等工科院校热能与动力工程专业协作委员会委员，中国工程建设标准化协会工业炉砌筑委员会副主任委员、湖南省能源研究会与节能协会副理事长、湖南省工程热物理学会副理事长、湖南省动力学会副理事长、湖南省仪器仪表学会副理事长。长期致力于冶金过程能源利用与节能的研究，已培养博士和硕士研究生、博士后共 100 余名；主持和参与国家自然科学基金项目 7 项，主持博士点基金项目 1 项，省部级项目 10 余项，企业委托项目 120 余项；主编和参编专著及教材 9 本，发表论文 320 余篇，其中被国外权威索引杂志检索 100 余篇。申请专利 26 项，其中授权 8 项，获国家科技进步三等奖 1 项，省部级科技进步奖 9 项。1998 年获政府特殊津贴。

杨天足 1958 年出生，教授，博士生导师。1981 年 12 月毕业于中南矿冶学院化学专业，1984 年获中南工业大学应用化学硕士学位，1990 年获中南工业大学有色金属冶金博士学位。1991 年 12 月晋升为副教授，1995 年 10 月晋升为教授，2000 年起担任博士生导师。现任冶金科学与工程学院重金属冶金与材料研究所所长，中国有色金属学会贵金属学术委员会委员，湖南省有色金属学会冶金物理化学学术委员会委员，《贵金属》期刊编委。

杨天足教授致力于贵金属和重金属冶金的教学和科研工作，面向本科生讲授"贵金属冶金学"和"配位化学的冶金应用"课程，面向研究生讲授"湿法冶金配位化学"课程，1993 年起开始指导研究生，培养的研究生已毕业 33 人，其中硕士研究生 23 人，博士研究生 10 人。

杨天足教授对贵金属与贱金属的高效分离、难处理金矿的预处理、铂族金属的分离与提纯、重金属的熔池熔炼等方面有深入的研究。先后主持过国家"305"项目、973 课题等 6 项国家和省部级课题的研究工作，主持 20 余项与企业合作的课题，多项研究成果应用于生产实践中，科研成果获省部级科技二等奖 3 项；其中"选择性分离贵锑中贵贱金属的技术及产业化"针对我国特有金锑资源中金锑不能有效分离，提出在氯化物体系中控制溶液电位，选择性将贵锑中铜、镍、锑及部分铅溶解进入溶液的方法，一步实现贵锑中锑、铜、镍与贵金属(金和银)彻底分离；该研究成果已于 2005 年成功应用于世界上最大的金锑精矿冶炼厂，极大地缩短了分离贵锑富集贵金属的流程，选择性浸出一道工序取代了原工艺中的锑电解、阳极泥硝酸浸煮、坩埚炉熔炼三道工序，彻底消除了原有工艺的污染问题，研究成果获 2009 年度中国有色金属科技进步二等奖。发表学术论文 100 余篇；申请发明专利 23 项，已授权 12 项；著有《贵金属冶金及产品深加工》和《配合物冶金理论与技术》，参编专著 2 本。

李 劼 男，1963 年生于湖南省汨罗市，中共党员。1983 年毕业于中南矿冶学院冶金系有色冶金专业，获工学学士学位，同年被分配到湖北咸宁地区铝厂工作，期间担任生产技术部主任；1986 年考入中南工业大学相继攻读硕士、博士学位，至 1993 年 5 月获博士学位后进入冶金工程博士后流动站从事博士后科研工作并留校任教；曾在美国犹他大学作高级访问学者。1999 年 7 月至 2002 年 4 月任冶金科学与工程系副主任，2002 年 4 月任冶金科学与工程学院院长，

2008 年 9 月至今任中南大学校长助理兼冶金科学与工程学院院长。2009 年被聘为教育部"长江学者奖励计划"特聘教授。兼任：难冶有色金属资源高效利用国家工程实验室常务副主任、先进电池材料教育部工程研究中心主任，有色冶金自动化教育部工程研究中心副主任；美国 TMS 学会会员，中国有色金属工业协会专家委员会委员，中国有色金属学会轻金属学术委员会委员，全国铝电解专业委员会副主任委员，中国材料研究学会理事等。曾入选教育部跨世纪优秀人才、新世纪百千万国家级人选、湖南省 121 人才工程第一层次人才、国务院政府特殊津贴专家等；曾获第六届湖南十大杰出青年、第二届湖南省杰出青年科技创新奖、第五届中国优秀青年科技创新奖等。

作为刘业翔院士学术团队的主要骨干和学术带头人之一，主要从事铝冶金理论与工艺、计算机仿真与控制、新能源材料与器件等方面的研究。从 20 世纪 80 年代末期以来，在我国现代大型铝电解槽计算机控制技术方面进行了一系列开创性工作，在承担校企联合攻关项目中作为技术领头人开发出"全分布式铝电解智能控制系统"等系列成果并实现其在全行业推广应用；创新铝电解槽多物理场耦合仿真与优化方法，并成功应用于我国现有铝电解槽的优化设计和新一代特大型 (500 kA 级) 铝电解槽的开发；持续进行铝电解结构、工艺与控制的综合创新研发，取得了"铝电解高效节能新工艺与临界稳定控制技术"等新成果，并在推广应用中取得了当今世界最好的铝电解能耗指标；同时，在铝电解惰性电极这一前沿领域开展研究，在理论与技术上均取得重要突破。20 世纪 90 年代以来，还领导学术团队致力于新能源材料与器件研究，研发了锂离子电池、超级电容器、超级电容电池以及太阳能电池材料与器件，取得多项技术发明成果。同时，开展产学研相结合的高新技术成果产业化实践，发起创建了湖南中大业翔科技有限公司、湖南瑞翔新材料股份有限公司、湖南丰源业翔晶科新能源股份有限公司和湖南中大冶金设计有限公司等高科技企业，推进了高新技术成果的产业化应用，促进了冶金工程等学科的发展，并在产学研相结合的过程中培养了一批批深受用人单位青睐的高层次人才。

截至 2012 年 4 月，先后主持国家 973 课题、国家 863 项目、国家科技支撑计划重点项目、国家技术创新项目、国家重点新产品项目、国家高技术产业化项目、国家自然科学基金项目等国家项目二十余项；发表学术论文 160 余篇；申请国家发明专利 80 多项，其中获得授权 38 项；出版学术专著 2 部；先后获国家科技进步一等奖 1 项、国家科技进步二等奖 1 项，省部级科技进步一等奖 4 项、二等奖 5 项；先后主持 2 项湖南省教学成果改革项目，获湖南省教学成果二等奖 1 项；作为第一负责人获国家精品课程 1 项。

姜　涛　男，1963 年 10 月出生于安徽省，现为中南大学资源加工与生物工程学院教授、院长，教育部"长江学者奖励计划"特聘教授，国家杰出青年科学基金获得者。同时兼任中国金属学会炼铁学术委员会委员，美国矿物、金属与材料学会(TMS)火法冶金学术委员会主席。1983 本科毕业于中南大学(原中南矿冶学院)冶金系，1986 年、1990 年分获该校冶金工学硕士、博士学位。1991 年留校任教，1992 年被破格晋升为教授。2000 年 3 月至 2003 年 1 月任美国犹他大学冶金工程系访问教授，2003 年初回国任中南大学教授至今。2006 年入选"新世纪百千万人才工程"国家级人选，2007 年入选为国家杰出青年科学基金获得者，2008 年当选教育部长江学者计划特聘教授。

姜涛教授长期致力于矿物加工与提取冶金领域的科学研究和高级专门人才培养工作，在铁矿造块、直接还原和难处理金银矿分离提取方面完成国家自然科学基金等各类科研项目 40 余项。先后获国家技术发明二等奖 1 项、国家科技进步二等奖 1 项、省部级科技成果奖 10 项；获授权国家发明专利 19 项；出版《催化浸金电化学基础与技术》、《提金化学》、*Direct Reduction of Composite Binder Pellets and Use of DRI* 等专著和教材共 5 部；在国内外发表学术论文 310 篇；培养硕士、博士研究生 36 名。与美国学者共同发起 TMS 年会火法冶金学术会议，近五年连续参与或领衔组织 5 次国际学术会议，先后当选美国 TMS 学会火法冶金学术委员会副主席、主席；曾多次应邀赴美国、澳大利亚、印度尼西亚等国讲学和交流。

李小斌　男，1962 年生，博士，享受国务院政府津贴专家，中南大学教授、博士生导师，中国有色金属学会轻金属学术委员会委员、中国氧化铝专业委员会副主任、中铝中州分公司科技顾问。1983 年毕业于中南矿冶学院冶金系，1985 获有色冶金硕士学位，1997—1998 年在英国伯明翰大学材料多学科交叉研究中心(IRC)任高级研究员，2000 年获东北大学冶金物理化学博士学位。长期从事氧化铝生产技术与理论、工业结晶、冶金废渣金属资源化和冶金物理化学等领域的研究。先后承担了国家"八五"、"九五"重点科技攻关项目、国家 973 项目课题、国家自然科学基金项目以及中国铝业、ALCOA(美国铝业公司)等企业课题共 80 余项，取得了多项研究成果；公开发表学术论文 200 余篇，被 SCI、EI 等检索工具检索 60 余篇；申报国家发明专利 12 项，获授权发明专利 9 项，其中 6 项技术成功地应用在氧化铝生产企业，取得良好的经济和社会效益。主持的"强化烧结法生产氧化铝新工艺"获 2006 年度国家科技发明二等奖和 2003 年度国家发明专利金奖,作为主要骨干参与的"铝资源高效利用与高性能铝材制备的理论与技术"获 2007 年度国家科技进步一等奖。由于对氧化铝企业的突出贡献,2003 年获中国铝业公司首届科技大会科技合作奖。

李新海　男,1962 年 12 月生,湖南邵阳人,教授,博士生导师,享受政府特殊津贴专家,湖南省科技领军人才,湖南省优秀专家,教育部通用汽车中国高校汽车领域创新人才,江西省"赣鄱英才 555 工程"创新创业人才,"长沙市十佳科技创新青年","湖南青年科技创新十大杰出集体"团队带头人。中国有色金属学会冶金物理化学学术委员会主任委员、湖南省化学化工学会理事、中国锂电池行业协会理事、《电池》期刊编委。

1983 年毕业于中南工业大学有色冶金专业并获学士学位,1986 年毕业于中南工业大学冶金物理化学专业并获硕士学位,1990 年毕业于中南工业大学冶金物理化学专业并获博士学位。1986 年留校任校,1990 年被评聘为讲师,1993 年晋升为副教授,1994 年破格晋升为教授。先后担任化学系副主任、冶金物理化学研究所所长、冶金科学与工程学院副院长等职务。

李新海教授主要从事冶金、材料与电化学的研究,先后承担了国家 973 课题、国家科技支撑计划课题、国家自然科学基金、湖南省重大专项、省部委基金和科技计划、校企合作项目等 40 余项。在先进电池与储能材料,炭素材料,有色金属资源高效利用等领域取得了一系列突出的科研成果:①在先进电池与储能材料领域,提出了无基底全固态锂离子薄膜电池原型,揭示了与锂离子电池、镍氢电池相关的多种材料的合成与储能机理;成功开发了球形氢氧化镍、储氢合金、镍氢电池、锂离子电池、钴酸锂、锰酸锂、磷酸铁锂、炭负极、四氧化三钴、氧化锰、六氟磷锂等高新技术产品,先后有 9 项成果被鉴定为国际领先或国际先进水平,有力推动了我国先进电池及其材料产业的发展;②在炭素材料领域,李新海教授在炭纳米管、富勒烯及其化合物(如 C_{60} 超导材料)、双电层电容器中孔径炭、超级电容电池复合炭负极等特种功能炭材料研究取得重大突破,有力推动了我国在高温超导、单晶制备及纳米催化、超级电容电池等高科技领域的基础研究与技术进步;③在有色金属资源综合利用领域,提出了多元冶金新思路,建立了由多金属氧化矿直接制备新能源材料的多元材料化冶金技术原型;开发了"盐湖水氯镁石制取高纯镁砂的生产技术",成果被鉴定为国际领先水平,有效实现了盐湖资源的综合利用;开发了"全氯循环法高效利用难处理氧化矿制备高性能镍钴材料",

实现低品位红土镍矿、铜钴氧化矿的高效综合利用。④积极推进科技成果转化并取得巨大成功，以李新海教授的科研成果为核心技术创办了湖南杉杉新材料有限公司、湖南海纳新材料有限公司、深圳海盈科技有限公司等一批高新技术企业，创造经济效益上百亿元，为我国锂离子电池及其材料产业的发展作出了重大贡献。

李新海教授先后申请发明专利100余项，其中授权发明专利50多项，发表学术论文400余篇，出版专著《化学电源——电池原理及制造技术》一部。研究获省部级以上科技成果奖励11项，其中"高能量密度、高安全性锂离子电池及其关键材料制造技术"，获得国家科学技术进步二等奖(第1完成人)，"难处理有色金属氧化矿清洁高效利用的基础理论与重大创新技术"获2010年度中国高校科技十大进展，另获湖南省科技进步一等奖1项(第1完成人)，湖南省技术发明一等奖1项(第1完成人)，教育部技术发明二等奖1项，中国有色金属工业科技进步二等奖2项。

李运姣　女，1963年7月生，中共党员，中南大学博士，多伦多大学博士后。1987年硕士毕业后开始从教，1993年破格提升为副教授，1998年晋升为教授，2004年首聘为博士生导师。历任有色冶金教研室党支部书记、副主任，冶金系总支委员，无污染冶金及功能材料研究所党支部书记、副所长。现任中国有色学会冶金物理化学学委会委员，TMS学会会员，*Journal of Hazardous Material*"、"*Hydrometallurgy*和 *International Journal of Minerals*，*Metallurgy and Materials*等国际期刊特邀评审专家。2000年入选教育部"高等学校骨干教师资助计划"，2002年入选湖南省学科带头人培养对象，2004年入选教育部"新世纪优秀人才支持计划"，2011年被广西壮族自治区政府聘为"八桂学者"特聘教授。2004年以来，先后兼任加拿大McGill大学客座教授、多伦多大学副研究员、加拿大安大略省过程研究中心高级冶金学家。

擅长于"快乐中教，兴趣中学"的启发式教学模式。从教25年来，主讲冶金、热能、环境和新能源与器件等专业的"专业英语"、"冶金概论"、"有色冶金学"、"湿法冶金"等本科生和研究生课程12门，其中"湿法冶金过程与设备"、"冶金设备"、"传递过程原理"、"传热与传质"、"环境流体力学"、"材料及冶金基础"等课程为首次开出。主持了冶金设备课程体系的教学改革，2003年被列为湖南省重点建设课程，2007年被列为湖南省精品课程，其教改成果2002年获校级教学成果一等奖(第1)、湖南省教学成果三等奖(第1)；作为副主编之一编写并出版的

《冶金设备》系列教材(三册)2009 年被评为湖南省优秀教材。多次获学校优质课教师奖或教学质量优秀奖,被学生誉为最受欢迎的老师,被评为 1994 年中南大学首届"十佳青年教师"、2001 年陈新民奖励基金优秀年轻教师、2002 年中南大学首届"教学名师"和 2002 年教育部"全国高等学校优秀骨干教师"。

长期致力于湿法冶金、新能源材料及多学科交叉领域的研究,主持国内纵、横向课题 20 余项,主持或参与国际合作课题 10 余项。作为项目开发和推广应用研究的技术负责人之一,完成了机械活化碱分解钨矿技术和选择性沉淀法分离钨钼技术的研究、开发与产业化,解决了国内外长期未能解决的 NaOH 分解白钨和钨钼高效深度分离的技术难题,将国内钨冶金技术水平推到了世界前列,其技术成果在国内得到了广泛应用。1993 年和 2001 年两次获国家发明二等奖(第 7、3),2000 年获湖南省科技进步一等奖(第 3),1997 年和 1999 年两次获教育部科技进步二等奖(第 2、3),1999 年被评为湖南省知识产权保护先进工作者。

将传统的湿法冶金学科与新能源材料前沿学科交叉融合,创立了从湿法冶金中间产品直接制备新能源材料的技术途径,并成功地开发出了系列新能源材料产品,包括锂离子电池正极材料 $LiMn_2O_4$、负极材料 $Li_4Ti_5O_{12}$、纳米 TiO_2 和聚变堆用固态氚增值剂 Li_2TiO_3 等,为高附加值冶金新产品的开发和新能源材料的制备开辟了新的技术途径,有效地降低了生产成本。在该领域主持国家自然科学基金及教育部等纵、横向课题 10 余项,其中锰系新材料的研究获广西区政府"八桂学者"计划上千万元经费支持。

申请国家发明专利 16 项,已授权 12 项;应邀访问美国、加拿大等国家 10 余次,出席国际学术会议并宣读论文 6 次,在国内外公开发表学术研究论文 80 余篇。

柴立元 男,1966 年生,博士,中南大学教授、博士生导师、国家杰出青年基金获得者、国家 863 计划资源环境技术领域主题专家。中南大学冶金科学与工程学院副院长兼环境工程系主任,国家重金属污染防治工程技术研究中心主任,国家环境保护有色金属工业污染控制工程技术中心主任,湖南省重金属污染综合治理工程技术研究中心主任,东亚资源再生技术国际组委会中国方主席,应对联合国环境规划署汞问题政府间谈判专家组专家,名古屋大学访问学者,享受国务院政府特殊津贴专家。

研究方向主要涉及重金属污染物减排与资源循环等领域。近五年来,负责主持国家杰出青年基金、国家自然科学基金重点项目、水体污染控制与治理国家重大专项子课题、国家科技支撑计划重点项目、国家 863 重点项目、国家环保公益科研专项、教育部新世纪优秀人才基金、教育部科研重大项目、湖南省科技重大专项等科研课题 50 余项。多项技术研究成果实现产业化,研究成果"基于微生物特异性的重金属废水深度净化新工艺"实现广泛工业化推广应用,作为第一完成人获国家技术发明二等奖 1 项、省部级科技进步一等奖 5 项;发表论文 200 多篇,其中 SCI、EI 收录 120 多篇,5 篇论文获国内外学术论文奖;申请国家发明专利48 项,其中授权 18 项;出版教材专著 4 部、国际会议论文集 2 部,曾获第三届中国环境科学学会青年科技奖。

赵中伟 男,1966 年生,中共党员,博士,中南大学教授、博士生导师,教育部"长江学者奖励计划"特聘教授,现任中南大学冶金科学与工程学院副院长、无污染冶金研究所所长、中国金属学会冶金物理化学委员会委员、中国有色金属学会稀有金属专业委员会委员、中国有色金属钨及硬质合金创新联盟副理事长、湖南省稀有金属冶金与材料制备重点实验室主任。2005 年入选"教育部新世纪优秀人才支持计划"和"湖南省学科带头人培养对象",2009 年入选国家"新世纪百千万人才工程",2012 年获聘教育部"长江学者奖励计划"特聘教授。

讲授本科生专业基础课"冶金原理"、研究生专业课"稀有金属冶金专论",教学深入浅出,受到学生们的欢迎。2005 年被评为中南大学"我最喜爱的老师之最佳教学手段老师";2007 年被评为湖南省优秀教师,记二等功;2008 年被评为中南大学教学名师;2012 年荣获全国五一劳动奖章、湖南省先进工作者。

研究方向为稀有金属冶金、相似元素分离、冶金过程强化。承担和参与完成国家自然科学基金项目、国家 863 项目和国家 973 项目等 11 项;在国内外学术刊物上共发表论文 128 篇,其中 SCI 收录 33 篇,EI 收录 55 篇;获国家授权发明专利 27 项。

获国家科技进步一等奖 1 项(2011 年,排名第 1)、国家技术发明二等奖 1 项(2001 年,排名第 4)、省部级科技进步一等奖 2 项(2009 年,排名第 1;2000 年,排名第 4)、省部级科技进步二等奖 3 项。

科研团队以"难冶钨资源深度开发应用关键技术"项目获得"2011 年国家科技进步一等奖"。该项目包括白钨矿分解新工艺、高浓度离子交换、共生钨钼分离及短流程深度除杂等整套关键技术,成功地解决了我国难冶钨资源的高效利用与清洁生产问题,为我国钨资源使用提供了技术支撑;产品性能达到国际先进水平,满足了我国国民经济和国防军工的需求,为我国的冶金科学技术进步和国民经济建设作出了贡献。

郭学益　1966 年出生，籍贯湖南望城。工学博士，博士后，中南大学教授、博士生导师，中南大学资源循环与环境材料研究中心主任。美国 TMS 学会、日本金属学会、资源与素材学会会员，中国有色金属学会重金属学术委员会理事，中国材料研究学会环境材料分会理事。主要研究方向：难冶有色金属资源高效提取、有色金属资源循环利用及环境材料制备。

先后主持完成包括国家 863 计划、国家发改委高新技术产业化示范工程、国家重点科技攻关计划、国家自然科学基金、企业横向合作等 30 余项课题研究，在有色金属资源循环及先进电池材料、环境材料等方面拥有系列原创性成果。现已出版专著 4 部，在国内外学术刊物及国际会议上发表论文 200 余篇，其中 120 余篇次被 SCI、EI、ISTP 检索；已授权国家发明专利 18 项，实用新型专利 8 项，获国家科技进步奖 2 项，省部级科技进步奖 7 项。获湖南十大杰出青年科技创新奖、教育部新世纪优秀人才支持计划。

现承担本科专业课"冶金资源工程"、硕士专业课"高纯金属冶金"及博士课程"现代冶金发展动态"。先后指导学生获得全国"挑战杯"竞赛特等奖、湖南省优秀硕士学位论文、湖南省"挑战杯"竞赛一等奖、大学生创新创业启航行动、大学生创新性实验、米塔尔学生创新项目等荣誉及项目支持。

王万林　1976 年 7 月出生，中共党员，现为中南大学特聘教授，博士生导师，钢铁研究所所长，教育部"新世纪优秀人才海外计划"。2000 年毕业于中南大学冶金工程系，2001—2003 年就读于美国犹他大学冶金系，获得科学硕士学位，2003—2007 年就读于美国名校卡耐基梅隆大学材料科学与工程系，获博士学位。师从国际著名冶金材料专家、美国矿物、冶金、材料协会主席（AIME）、Alan Cramb 教授。2007—2009 年，任世界 500 强企业——利洁时（Reckitt Benckiser）北美研发中心高级研究科学家。2009 年被中南大学作为顶尖人才引进回国，组建钢铁研究所。

其研究领域主要涵盖：材料冶金高温过程、热动力学、电化学腐蚀等。近 2 年来主持或负责了包括：中日韩政府间合作、国家科技部、国家新世纪优秀人才基金、国家自然科学基金、湖南省重点科研等项目；在美国参与或主持了美国能源部、美国国家自然科学基金等多项重大课题。其在所从事的课题中对高温连铸过程中钢铁的初始凝固过程，结晶器内高温热动力学行为及保护渣体系结晶动力学进行了深入研究。已在国际材料冶金重要刊物(*Metallurgical Materials Transactions*，*ISIJ international*)等上发表45篇文章；申请专利5项。并18次应邀在材料冶金国际会议上作报告或作为分会主席；是国际权威期刊：*Metallurgical Materials Transactions*、*Steel Research International*、*Chemical Engineering Communications*、*Journal of Applied Electrochemistry*、*Colloids and Surfaces A*：*Physicochemical and Engineering Aspects* 与 *Materials Science & Technology* 等的编委。同时也是众多国际学术组织的会员：Member of ASM International、Member of NACE International、Member of TMS 及 Member of AIST 会员。

2.2 高层次人才及国家人才计划入选者

类　别	学　者(入选时间)		
中国工程院院士	刘业翔(1997年)		
长江学者特聘教授	李　劼(2009年)	柴立元(2012年)	赵中伟(2012年)
国家杰出青年基金获得者	柴立元(2009年)		
国家百千万人才工程	李　劼(2007年)	赵中伟(2009年)	
教育部跨/新世纪人才	李　劼(2002年)　郭学益(2006年)　王万林(2009年)　李启厚(2011年)	柴立元(2005年)　李运姣(2004年)　蒋兰英(2009年)	赵中伟(2005年)　赖延清(2009年)　闵小波(2011年)

2.3 出自本学科的历任校级领导

陈新民(1912.11—1992.12)　男，汉族，安徽省望江县人，中国共产党党员，中国科学院学部委员(院士)，我国著名的冶金物理化学家、教育家和社会活动家。1952年11月—1957年12月任中南矿冶学院首任院长，是新中国冶金高等教育的主要开拓者之一。(学术业绩见2.1学术带头人简介)

刘业翔 男，1930 年 9 月生于湖北省武汉市。1953 年毕业于中南矿冶学院有色金属冶金系，曾留学挪威科技大学，并去日本名古屋大学和挪威科技大学作高级访问学者。1985—1988 年任中南工业大学副校长、1988—1992 年任中南工业大学党委书记、1992—1994 年任中南工业大学党委书记兼校长，现任中南大学教授，博士生导师，1997 年当选中国工程院院士。（学术业绩见 2.1 学术带头人简介）

汪诗训 1938 年 4 月生于湖北省汉阳县。1956 年 9 月考入中南矿冶学院冶金系有色冶炼专业学习。1956 年 7 月加入中国共产党，1959 年 2 月参加工作，研究员。

1959 年 2 月至 1961 年 12 月，任中南矿冶学院冶金系团总支书记、学生党支部书记，党总支专职宣传委员；1961 年 12 月至 1964 年 8 月，任中南矿冶学院党委办公室秘书；1964 年 8 月至 1966 年 10 月，任共青团中南矿冶学院委员会副书记；1969 年 6 月至 1979 年 4 月，任中南矿冶学院党革委员会政工组秘书组组长；1979 年 4 月至 1981 年 1 月，任中南矿冶学院办公室副主任；1981 年 1 月至 1984 年 4 月，任中南矿冶学院后勤处处长；1984 年 4 月至 1984 年 5 月，任中南矿冶学院副院长；1984 年 5 月至 1994 年 1 月，任中南工业大学副校长；1994 年 1 月至 1998 年 5 月，任中共中南工业大学委员会书记；1998 年 10 月退休，同年获评为全国教育系统先进工作者。

周惠恒 1935 年 10 月出生于广西玉林县，1998 年 8 月去世。

1954 年 9 月考入中南矿冶学院冶金系，1955 年，光荣加入中国共产党。1958 年 7 月，被作为优秀大学生留校任教，先后担任中南矿冶学院冶金系副主任、系党总支书记、中南工业大学党委副书记等职务。1987 年晋升为副教授，1991 年晋升为教授。1990—1994 年，担任省高校工委、科教工委副书记、第六届省纪律检查委员会委员职务；1994 年 5 月，任省教委党组副书记、副主任、省高校工委副书记。1994 年 9 月，他兼任湘潭大学党委书记。

在做好大量思想政治和行政管理工作的同时，他还积极从事科学研究，发表了大量的科研论文，领导并参与撰写了六本思想政治教育方面的专著。

梅　炽　男，1934年生，1956年毕业于中南矿冶学院并留校任教，1985年晋升教授，1986年至1995年任中南工业大学副校长，1994任博士生导师，是美国化学工程师学会会员和中国金属学会理事，是我国有色金属炉窑热工理论的主要奠基人之一。(学术业绩见2.1学术带头人简介)

张保军　男，中共党员，教授，研究员。1945年12月出生于安徽省涡阳县，1964年考入中南矿冶学院稀有金属冶金专业，1969年毕业后留校任教。历任专职党支部书记、中南矿冶学院粉末冶金研究所党总支书记、中南工业大学校长助理、中南工业大学副校长等职务。1998年，任中南工业大学党委书记。2000年中南大学由中南工业大学、湖南医科大学、长沙铁道学院合并组建后，任中南大学第一任党委书记。2002年4月至2008年3月，任中国矿业大学(北京校区)党委书记。他长期从事高校党务和行政管理工作，工作期间，曾先后多次被评为"优秀教师"、"优秀教育工作者"、"湖南省直机关优秀共产党员"、"全心全意依靠教职工办学优秀党政领导干部"等荣誉称号。先后在国内外刊物发表论文30余篇，多篇获奖，在1992年12月，由他组织完成的"图 - 154M 飞机 GKT - 141E、153A 刹车副的研制"项目获中国有色金属工业总公司科技进步一等奖。

龚竹青　男，汉族，1941年3月生，湖南省汉寿县人，中共党员，1965年8月毕业于中南矿冶学院冶金物理化学专业，并留校任教，教授，博士生导师。1984年6月任命为中共中南矿冶学院党委组织部副部长，1985年12月任组织部部长，1990年8月至2000年4月任中共中南大学党委副书记，并曾先后兼任过中南工业大学工会主席、中南工业大学纪委书记。(学术业绩见2.1学术带头人简介)

时章明　男，江苏海安人，1946 年 2 月出生，中南大学教授、博士生导师、享受国务院特殊津贴专家。2006、2012 年被教育部聘请为全国高等学校设置评议委员会第五届、第六届专家。1970 年 7 月毕业于中南矿冶学院冶金专业，留校任教。1970 年 7 月至 1992 年，先后任冶金系主任助理、中南工业大学教务处副处长、处长、校长办公室主任；1992 年至 1998 年，任长沙工业高等专科学校校长；1998 年至 2000 年，任中南工业大学副校长；2000 年至 2003 年，任湘潭师范学院院长；2003 年至 2007 年，任湖南省高校工委副书记（正厅级）；2007 年回中南大学专门从事教学科研工作，2007 年参与创办湖南节能评价技术研究中心，担任主任。近年来主要从事资源综合利用、节能技术改造、合同能源管理、淘汰落后产能、节能评估及能源消耗的评价工作。曾先后主持或参与了省部级科研和企业委托项目 20 余项，发表论文 60 多篇。获首届国家级教学成果优秀奖 1 项。湖南省优秀教学成果奖一等奖 1 项。先后培养博士、硕士研究生数十人。

陈启元　男，汉族，1948 年 6 月生，安徽望江人，工学博士，教授，博士生导师，国家级教学名师，973 项目首席科学家，1995 年 2 月至 2000 年 4 月任中南工业大学党委委员、副校长；2000 年 4 月至 2010 年 4 月任中南大学党委常委、副校长。（学术业绩见 2.1 学术带头人简介）

2.4 冶金系(学院)历任负责人

表 2 - 1 历任行政负责人一览表

时间	系主任(院长)	系副主任(副院长)	备注
1952—1966	何福煦 陈展猷 郭金荣	赵天从、马恒儒、陈展猷、郭金荣、周忠尚、冷悦华、刘庆元、王九如、彭少平	1. 含选冶系(1961.12—1971.12) 2. 名单按任职先后排列(下同)
1970.4—1979.8	郭金荣	谭富华、周惠恒、康厚成、赵洪林、邹振球、李太忠	1. 含选冶系(1961.12—1971.12) 2. "文化大革命"中 1967—1969 年没有记载
1979.8—1984.6	傅崇说	梁忠、赵秦生、毛学海	
1984.7—1985.3	刘业翔	赵秦生、蔡传算、毛学海	
1985.4—1992.1	郑蒂基	蔡传算、郭遹、上官正、张传福	
1992.1—2002.4	张传福	宾万达(1992.1—1997.7)、李小斌(1992.1—1997.7)、康思琦(1992.1—1996.4)、刘志宏(1996.6—2000.4)、李劼(1999.7—2002.4)、李新海(1999.7—2002.4)	
2002.4—现在	李 劼	李新海(2002.4—2006.1)、柴立元(2002.4—)、秦毅红(2002.4—2010.7)、刘志宏(2006.1—)、赵中伟(2006.10—)、王志兴(2010.7—)	2002.4 由系组建学院

表 2－2　历任党组织负责人一览表

时间	党支(党委)书记	党支(党委副书记)	备注
1954.11—1956			1954.11.31 设立冶金系党支部,书记、副书记不详
1956—1966	杭雄文 黎守法	傅明仲、彭少平、许日林、周惠恒、邹振球	1.含选冶系(1961.12—1971.12) 2.名单按任职先后排列(下同)
1970.4—1979.8	邹培根 郭金荣	孙忠轩、谭富华、赵洪林、康厚成、周惠恒、邹振球、雷光前	1.含选冶系(1961.12—1971.12) 2."文化大革命"中 1967—1969 年没有记载
1979.9—1984.10	周惠恒	梁忠(中后期主持工作)、谭富华、王广忠、马志忠	周惠恒中期调任材料系总支书记
1984.10—1991.1	卢大森	谭富华、陈正甫、黄和平	
1991.1—2000.4	刘金龙	谭富华、黄和平、伍黎明、熊德明	
2000.4—2002.4		滕明珺(主持工作)、李景升	由于党员人数增多,学校党委下文,系党总支改为院党委
2002.4—至今	滕明珺	刘荣义	2002.4 由系组建学院,学院党组织正式称谓为学院党委

2.5　曾在冶金系(学院)任本学科高级职称人员名录

(按姓氏拼音先后顺序排列)

教　授：宾万达　蔡传算　蔡祺凤　陈白珍　陈绍衣　陈文修　陈新民

陈元鼎　陈展猷　傅崇说　何福煦　龚竹青　郭炳焜　郭　逵

黄培云　黄克雄　黄永忠　蒋汉瀛　康思琦　乐颂光　李洪桂

李　晶　李进隆　刘茂盛　龙远志　罗爱平　马恒儒　毛长松

梅　炽　梅光贵　梅显芝　孟伯庭　彭容秋　任鸿九　上官正

舒余德　孙铭良　孙培梅　汪锡孝　王化章　肖立新　谢　中

徐日瑶　杨建红　杨松青　姚维义　杨重愚　曾昭明　张多默

张启修　张训鹏　张永健　张壮浑　赵伯华　赵秦生　赵瑞荣

赵天从　郑蒂基　钟海云　钟廷科　钟竹前　周则岳(62 人)

研究员：龚柏凡　唐谟堂(2 人)

副教授：卜思珊　曹　列　陈谦德　陈洲溪　段学臣　黄际芬　黄蔚庄
赖传介　廖贤安　梁世芬　梁　忠　列醒泉　林世英　卢宜源
刘德溥　刘敬乾　刘远扬　刘肇华　鲁君乐　罗天开　莫鼎成
莫似浩　潘叶金　孙光祯　唐帛铭　唐云霞　汪　键　王立川
王如珍　夏忠让　杨济民　尹爱君　恽顺芳　郑　明　郑清远
钟侃如　周良益　朱汇帮(38 人)

高级工程师：陈慧光　陈庆邦　陈希鸿　戴朝嘉　何家成　贺青浦
黎茂梁(高级实验师)　李邦嫦　刘孔增　刘金龙　罗大楚
苏鹏抟　唐贤柳　唐向琪　王钧扬　王耀文　吴旦人　向大受
晏德生　姚晓笙　易申翰　袁延胜　钟积龙(23 人)

副研究员：艾　侃　曹　彦　黄芍英　李光鳌　卢大森　王容华　杨淑真
杨紫云　钟启愚　吴尔京(10 人)

2.6　冶金学院现行机构设置

本院目前设有七个研究所、六个管理服务办公室。

表 2-3　冶金学院机构设置

研究所	管理服务办公室
重(贵)金属冶金及材料研究所	学院办公室
轻金属及工业电化学研究所	党委办公室
碱法冶金研究所	科技管理办公室
冶金物理化学与材料化学研究所	学生工作办公室
环境工程研究所	研究生工作办公室
稀有金属冶金研究所	教学管理办公室
钢铁冶金研究所	

2.7　冶金学院在职人员名单

教　授(42 人)：

刘业翔、张传福、刘志宏、杨天足、李仕雄、郭学益、李启厚、李　劼、
胡国荣、李小斌、彭志宏、肖连生、钟　晖、李运姣、赵中伟、柴立元、
彭　兵、何哲祥、李新海、秦毅红、周雍茂、陈文汨、郑雅杰、王志兴、

刘桂华、赖延清、肖　劲、曹佐英、闵小波、彭长宏、徐　徽、周向阳、
杨志辉、王万林、蒋兰英、郭朝晖、郭华军、刘　晋、杨声海、王学文、
薛生国、周秋生

副教授(27 人)：

戴　曦、何　静、彭　及、叶绍龙、邹　忠、杜　柯、彭忠东、张贵清、
李青刚、霍广生、何德文、石西昌、彭文杰、唐朝波、王云燕、邬建辉、
张云河、杨喜云、杨建广、刘久清、张治安、王明玉、田忠良、陈爱良、
王海鹰、张红亮、湛　菁

讲　师(32 人)：

黎昌俊、伍上元、戴艳阳、方　静、肖细元、田庆华、王　辉、吕晓军、
陈　亚、杨　英、杨卫春、陈永明、何汉兵、马范军、陈星宇、杨　娟、
刘　恢、曹雁冰、黄道远、刘旭恒、郑俊超、齐天贵、刘芳洋、刘伟锋、
唐崇俭、王庆伟、陈　霖、李青竹、贾　明、吴　川、李玉虎、曾　理

研究员(3 人)： 周康根、滕明珺、楚　广

副研究员(3 人)： 刘荣义、李建军、张宝

助理研究员(1 人)： 张　凯

高级工程师/高级实验师(4 人)： 刘宏专、丁凤其、胡启阳、马雅琳

工程师/实验师(6 人)： 王金明、彭　可、赵　柯、孙召明、黄　虹、杨　敏

其他中级(4 人)： 李　利、周园园、夏　明、侯晓华

助　教(1 人)： 罗赣虹

未　定(7 人)： 罗　丹、李　育、张　健、宗传鑫、蒋良兴、廖　骐、陈书浩

助理实验师(1 人)： 冷小玲

工　人(5 人)： 林素芳、危　晓、陈大跃、乐小宪、杨　立

合计： 132 人

第 3 章　名师风范

3.1　陈新民

陈新民——中国有色金属冶金教育事业的开拓者

陈新民(1912.11—1992.12),男,汉族,安徽省望江县人,中共党员,国家一级教授。陈新民先生 1935 年毕业于清华大学化学系,1945 年在美国麻省理工学院获科学博士学位,是我国著名的冶金物理化学家、教育家和社会活动家。他曾任天津北洋大学、清华大学教授,1952 年受命筹建中南矿冶学院并担任首任院长,是中国冶金高等教育的开拓者之一。他长期从事冶金物理化学理论、热力学和动力学方面的科研和教学,在国内外发表几十篇重要科学论文以及《火法冶金物理化学》等专著。他把物理化学应用于冶金、材料等学科,形成了有中国特色的冶金物理化学专业。他曾任中南工业大学名誉校长、博士生导师,1980 年当选为中国科学院学部委员(后称为科学院院士)。他担任过的主要社会兼职有:全国政协委员、湖南省政协副主席、湖南省人大常委会副主任、民盟中央常委、民盟湖南省主任委员。

一、精忠报国

陈新民先生一生追求真理,追求进步,为祖国的富强和人民的幸福贡献了毕生的精力。

1925 年,在英国人创办的天津新学书院读书,积极参加反英的"五卅运动"。"九一八"事变时,正在清华大学读书的陈新民"除参加罢课运动外,为了表示决心,剃去头发,参加学生会组织的军事训练,准备为抗日而战"。

陈新民先生与当时许多爱国知识分子一样,怀着"科学救国、工业救国"的抱负,投身科学,投身工业,出国学习冶金。1945 年在美国获得冶金科学博士学位后，决定到钢铁厂参加一年实际生产工作，以便回国后能为振兴祖国冶金事业作出贡献。他是这样描述当时的心情的："留在美国，可以有较优裕的生活和较好的工作条件，但这是为他人做事，甚至也许是为虎作伥，损害自己的国家。经过激烈的思想斗争，我终于决心贯彻初志，为祖国的振兴，不应考虑个人得失。"这样陈新民先生毅然返国，准备参加祖国的建设。

1946 年 12 月，陈新民先生回到祖国，先后任北洋大学、清华大学教授，并参加了当时地下党组织的读书会，学习毛泽东的《新民主主义论》等著作，认识到救国不是无门，而是应该在共产党的领导下贡献自己的力量，去实现国家独立和民族富强。

1950 年 3 月，陈新民先生担任清华大学校务委员会委员和秘书长，为中国共产党接管清华大学各项工作及稳定学校秩序做了大量的工作。

1952 年 3 月，陈新民先生奉中央教育部命令到长沙，筹建中南矿冶学院。当时，陈新民先生在北京工作多年，情况熟悉，在生活、工作上有许多便利条件，而长沙人生地疏，在既无干部又无校舍、既无师资又缺设备的条件下组建一所新大学的工作千头万绪，任重路艰。但他并未退缩，义无反顾地挑起重担，以只争朝夕的精神进行各项筹备工作，短短的 7 个月时间内，建立了集中约 1500 名师生的中南矿冶学院，受到了中央教育部的表彰。他回忆说："当时考虑到合并的几个大学的师生，除黄培云同志为留美同学外，其他均不认识，深感力不胜任，困难重重。""踌躇再三，祖国的需要，就是自己的前途，只要努力依靠组织，团结群众，没有克服不了的困难。至于个人的利益得失，根本不应考虑，也不必考虑。"在 1953 年，他第一次向党组织提出了入党申请，决心以共产党员的标准要求自己，争取为共产主义而奋斗终身。

1957 年，陈新民先生被错划为右派，被撤销了院长职务，下放到教研室参加劳动和教学工作。他并没有因此消沉，而是积极承担起繁重的教学任务。他在日记中写道："作为共产党的追随者，共产主义的忠实信徒，就应该为党的事业奋斗终生，就应该把自己见到的、想到的、对社会主义有利的、对党的事业有益的想法尽量提供出来，畏首畏尾、考虑自己的成败荣辱、不敢把自己的真实思想暴露出来，或者唯唯诺诺、没有自己思想的人，不可能是真正的马列主义者。""一边上课，一边编写讲义，决心要以自己的行动挽回党和群众对我的误解，要以共产党员的条件要求自己，下定决心为社会主义而献身。"

"文化大革命"开始后，一场浩劫降临了人间，陈新民当然也在劫难逃。经历了大字报、大批判、抄家、隔离、强制劳动、剃半边头、画花脸、关牛棚、听训话、整夜罚跪、挂牌游街、侮辱人格等。就在这样困厄的日子里，他仍然坚持一个信念，不论是遇到什么厄运，共产主义一定会实现。他还积极参加了物理实验室的科学研究工作。"由于对社会主义的坚定信念，对横逆之来，我处之泰然，在这艰难的时刻，只要能为社会主义做出一鳞半爪的贡献，也是愉快的。"

1979 年，陈新民先生得到平反，出任中南矿冶学院副院长，主管教学和科研工作。他认为："能有这个机会为国家多出点力，是党和国家对我的信任，只要能为社会主义出力，就不应该为自己个人的一切而损害集体的事业。"他之后相继担任湖南省政协副主席和人大常委会副主任、中南矿冶学院名誉院长、中南工业大学名誉校长，为党和国家的事业一直工作到生命的最后一息。

二、绩著矿冶

"1952 年，在世界冶金和选矿界发生了一件最重要的事情，那就是在中国长沙成立了中南矿冶学院。"（美国国家工程院院士、著名冶金、材料学家 Milton E. Wadsworth 语）

中南矿冶学院筹备处主任、首任院长陈新民先生遵照中央教育部提出的"以革命的精神，革命的办法，艰苦奋斗，团结建校"的口号，带领全体师生员工以原清华大学南迁长沙的校址为基础，日以继夜，艰苦奋斗，在短短 7 个月内完成了 2000 余师生开学所需生活与教学设施的全部准备工作。

1952 年 11 月 1 日，中南矿冶学院成立大会隆重举行，一所为发展中国有色金属工业服务的社会主义新型大学应运而生。"在华北、在华东、在西南、在西北、在中南，还没有另外的学校，像这样地在培育着有色金属工业的干部，中南矿冶学院就是在担负着这样的伟大的光荣的任务。"（陈新民在《中南矿冶学院成立大会上的讲话》）

陈新民先生认真贯彻中共中央提出的"要学习苏联的先进经验"的指示精神。学校成立伊始，即学习苏联经验，进行教学改革，制定教学计划与教学大纲；翻译苏联教材；组织俄语速成学习班；建立教学组织——教研组；积极开展教学法研究工作，并于 1954 年 11 月开始聘请苏联专家来校工作，开始培养研究生。中南矿冶学院成了中南地区聘请苏联专家最早的高等学校。

陈新民先生精心规划和亲自领导学院建设，规划与实施校园基建、专业设置、学科建设、师资配备和科学研究等工作；他坚持从严治校、励精图治，带领全体师生员工艰苦奋斗，使一所具有鲜明学科专业特色的大学得以蓬勃发展。

中南矿冶学院组建之时，全院校舍面积 22983 平方米，图书 27845 册，教学仪器 1900 台（件），价值 92.16 万元，条件十分艰苦。"我们的物质条件是仅有的两座大楼，总面积不到 2 万平方公尺，我们的礼堂有六用，我们没有食堂，随地吃饭，没有实验室，我们缺乏宿舍，教授不论家庭人口多少，曾经每户分配宿舍一间，其他员工更不待言。"（摘自陈新民院长在《学院四周年庆典上的讲话》）

到 1957 年，学院校舍面积达到 94400 平方米，图书馆藏书 172174 册，在校教职工 1015 人，学生 3829 人，全院设备价值累计 334.95 万元。全校已经设立普查、地勘、物探、采矿、矿山机电、矿山测量、选矿、有色冶金、钢铁冶金、金属学、有色金属及其合金热处理等 11 个本科专业，矿冶类专业已配套齐全。这些成绩的取得，凝聚着陈新民先生不可磨灭的功勋，为学院 1960 年进入全国重点高校行列和以后的长足发展打下了坚实的基础。

陈新民先生利用自己在冶金及化学等学科领域的高深造诣和在国外的研究经验，坚持以理为主、理工渗透、"理工兼收、远源杂交"的指导思想，创建了冶金物理化学学科，成为我国冶金物理化学学科的奠基人之一。在专业设置上，他多次在国家教育部召开的会议上提出，专业面不宜过窄，应将重金属冶金、轻金属冶金和稀有金属冶金合并为有色金属冶金专业。学生必须要具有广泛的知识基础，才有可能具有较强的创造才能。

1979 年，陈新民先生恢复名誉出任中南矿冶学院副院长后，为恢复教学秩序，改善教学条件，开展科学研究和建立研究生的培养制度和方法，作出了有目共睹的贡献。1984 年，陈新民先生担任中南矿冶学院名誉院长、1985 年担任中南工业大学名誉校长，继续在学校的建设和发展中发挥重要的作用。

三、一代宗师

陈新民先生作为中国有色金属工业高等教育的开拓者，被誉为"有色之师"。他长期致力于冶金物理化学理论的教学和科研，是我国金属学会和有色金属学会冶金物理化学学术委员会的创始人之一。他先后担任国务院学科评议组成员、中国科学院矿冶研究所学术委员会委员、国家科委冶金学学科组成员、《有色金属》编辑委员会委员、冶金部有色研究总院冶金物理化学科学技术顾问、中国科学院技术科学部委员会冶金学科分组成员、湖南省科学技术咨询中心顾问、中国有色金属学会冶金物理化学学术委员会主任委员、湖南省高等学校教师学术委员会化学化工非金属材料学科评委。

陈新民先生克服建校初期的经费和设备困难，开创性地走出了一条高校科研与生产厂家相结合的科研之路。"凡是生产中提出来的研究课题，都是有价值的"。到 1956 年，学院完成的科研项目达到 89 个，取得成果 43 项。1957 年，他组织了中南矿冶学院的第一次科学报告会，这次会上本校教师报告了 80 多篇论文。

在冶金物理化学领域，陈新民先生最早在国内开始了熔锍热力学及硫化物焙烧热力学研究，相继开展了"硫化物焙烧气体在不同温度

下的平衡组成"、"铜的硫化物焙烧状态图"、"铅的硫化物焙烧状态图"、"硫化亚铜热力学性质的测定"等课题研究工作，为有色金属硫化矿火法冶金奠定了理论基础。

陈新民先生撰写并在国内外发表了几十篇重要科学论文，他的博士论文研究工作"关于铬的测定"被麻省理工学院同行称为是"经典性的工作"，有关内容刊载于1946年12月《美国金属学会学报》。他出版了《火法冶金物理化学》、《冶金热力学导论》和《物理化学》等专著。

1980年11月，陈新民先生当选为中国科学院学部委员。

四、桃李芬芳

1957年被错划为右派后，陈新民先生承担了《金属腐蚀与防护》和《X射线学》课程的教学任务，他一边上课、一边编写讲义，最大限度地满足了教学要求。他担任61级冶金及金属热处理两个专业8个班的物理化学教学任务，花大量时间备课，参考各国参考书，每周用2~3个晚上的时间到学生宿舍答疑，为学习上比较困难的学生补课。

1959年底摘去右派帽子后，陈新民先生除承担《物理化学》和《冶金物理化学》课程的教学任务外，他还兼任物理化学和冶金物理化学两个教研室主任，"更加决心在自己平凡的岗位上，做出自己应该做的事情"。"文化大革命"开始后，他顶住一切困难和压力，积极参加物理化学实验室的科学研究工作。"为了做出结果，常常日以继夜，轮番苦战。有次，雷雨中突然停电，为了避免意外，不得不在大雨中来到实验室凭借微弱的手电光处理有关工作。"

陈新民先生平易近人，在建校初期艰苦的办学条件下，坚持与师生员工同吃同住同劳动。采矿55级校友高革新回忆道："有一次排队在学校买午餐，我发现陈院长排在我身后，请他上前，他笑着说'一样一样，别客气！'当时我很感动。"52级校友刘庆林在1952年9月29日的日记中写道："这两天，我们也看到院筹建处

陈新民(右一)在指导博士生

主任陈新民教授吃饭和我们在一起，洗碗都在一个大木槽内。他脚穿一双旧黄皮鞋，都磨成了枣白色，说话慢条斯理。我原以为教授都西装革履，没想到陈教授是这样的朴素。"陈新民先生针对当时学生怕井下压死、怕药剂中毒、怕高温烧烤

等不安心专业学习的畏难情绪，用朴素的道理和生动的故事来教育学生热爱专业。高革新回忆说："他讲的'天下无安全处'的故事引得课堂一片欢笑，不安心专业学习的思想也随之飞散。"

作为教师，教书育人是首要任务。陈新民先生以他清晰的思维、严谨的推理和精辟的分析使学生们能尽快领悟所学的知识。他对自己的要求是："做到前后照应，举一反三，使学生充分消化。"冶化 641 班同学回忆说："陈老师讲课一般不重复，语言非常简洁。每当作结论时，他惯用'因此所以'来提醒注意，然后在黑板上的结论下面轻轻画一道红线，起到画龙点睛的作用。""他的教学，达到了炉火纯青的程度。如奏一曲阳春白雪，高音上得去，低音下得来，清新高雅，叫人流连忘返。"

陈新民先生讲授物理化学课久负盛名，两院院士王淀佐回忆说："陈老师讲课轻声慢语，娓娓道来，好似山溪的潺潺流水和润物无声的春雨。特别是于艰险处能深入浅出并且严谨准确，使听者有攀登高峰如履坦途、化险为夷、豁然开朗、如沐春风的感觉，听这门难懂的课竟成为一种享受。""每当陈先生讲课，教室里总是坐满学生，许多校内校外的老师也愿意来听课。"

陈新民先生一贯重视对研究生的培养和教育。定期听取所指导研究生的汇报、及时解答他们提出的各种问题。他的第一位研究生黄克雄回忆说："有一次，我按计划去他家，他正生病卧床，我准备改期再谈，陈老师坚持要我汇报，我只好坐在他床边汇报。"

1980 年以后，他指导的研究生比较多，有不同年级的博士、硕士研究生。这时，他采用"研讨会"的方法对研究生进行培养和指导，从不轻易缺席，即使是在省里参加重要的会议，每次研讨会活动的晚上都按时赶回来参加。

陈新民先生关心学生的成长和进步，"学生胜过先生，是对先生的最大安慰。事业后继有人，是我最大的心愿。"他以自己的心血为学生铺平道路。凡是与学生合作的论文，自己出力再多，也是学生的名字放在前面。获得的奖金和荣誉证书，概由学生领收。他在给学生黄天笑的信中写道："关于稿费，我起的作用很小，自应由你全部收下。关于人事关系问题，希望你能善于处理，对别人还是一句老话，'谦受益，满招损'。"

陈新民先生是我国第一批博士生指导老师，为湖南省培养了第一批博士生和第一名博士学位获得者。从 1978 年起先后招收和培养了 20 多位研究生，他们现在已经成为国内外教学、科研单位和大型企业的骨干力量。

五、人民公仆

陈新民先生曾任全国政协委员、湖南省政协副主席、湖南省人大常委会副主任、民盟中央常委、民盟湖南省委主任委员、湖南省社会科学院名誉院长等职。他是湖南省民主党派上层知名人士，与中国共产党真诚合作，参政议政，为社会主义民主政治建设作出了积极贡献。

陈新民先生对基础教育十分关注。他针对20世纪80年代初各省、市、县普遍办重点学校的现象，在各级会议多种场合提出：教育的目的应是提高全民族的素质，而不是仅仅培养准备升学的少数学生。片面追求升学率，只能使大多数学生悲观失望，没有学的积极性；使一般学校自以为打入另册，没有教的积极性；使学生只重视升学考试，对其他课程偏废，甚至不讲社会主义理想，不讲公民道德。每次参加全国政协会议，陈新民先生都要就教育、科技事业提出议案和建议。1986年，他建议在《义务教育法》中增加"培养四有新人"的内容，被全国人大常委会正式采纳。

陈新民先生组织和带领全省盟员及其联系的知识分子，认真学习贯彻党的路线、方针、政策，为改革开放和社会主义经济建设献计献策，为维护安定团结的政治局面服务，为发展社会主义民主、健全社会主义法制服务。

陈新民先生认为，要发挥民盟作为参政党的作用，首先要多做调查研究。1986年，他邀请并陪同时任民盟中央主席的费孝通考察洞庭湖地区，倡议召开了两次"长江荆江段和洞庭湖地区综合治理学术研讨会"，促进了湖南、湖北两省水利部门在综合治理上的团结协作，为有关部门提供了决策依据。在民盟湖南省委高教体制改革座谈会上，他针对高等教育存在"大锅饭"、"平均主义"、"统招统分"等问题，提出要进行高教体制改革，将学校办社会转变为社会办学校，毕业生分配要"产销见面"，高校可以在法律许可范围内灵活办学等。这些真知灼见在后来的实践中都得到了充分体现。

1991年，八十高龄的陈新民先生作为湖南省人大常委会副主任率领视察组赴株洲地区考察农民负担过重的问题。在汇报会上，他提出的切实减轻农民负担问题的建议得到省政府高度重视。同年，他陪同费孝通在湘西考察，促成了湖南民盟省委与当地联合成立了"湘西科技开发人才培训中心"，推动各级民盟组织发挥智力优势，为振兴湘西作出贡献。

陈新民先生积劳成疾，晚年左眼几乎失明，仍然孜孜不倦地工作。1992年12月23日，他在北京参加中国民主同盟第七次代表大会期间，因心脏病突发，不幸逝世。同年12月25日，中共湖南省委根据他生前的一贯要求，追认陈新民先生为中国共产党党员。

（选自《陈新民文集》，杨亚辉撰写）

3.2　赵天从

赵天从先生与我国有色金属冶金

赵天从（1906—1995），河北赵县人，冶金学家、有色金属冶金教育家、中国现代锑冶金工业的奠基者。他先后任原中南工业大学教授、博士生导师、重有色金属冶金教研室主任、冶金系副主任，兼原中国科学院长沙矿冶研究所研究员，国家科委冶金学科组成员。1933 年毕业于北洋大学工学院矿冶系，后留学伦敦帝国大学理工学院，终身致力于我国有色金属冶金的教学和科学研究，是我国锑冶金工业的创始人之一。20 世纪 40 年代初，研制了"碱性空气氧化法精炼纯锑工艺"和"间接法制取锑白工艺"；20 世纪 80 年代中期，首创了"氯化—水解法制取锑白工艺"，为我国的锑冶金保持国际领先水平做出了巨大贡献。1992 年荣获湖南省首届徐特立教育奖。他发表学术论文 100 余篇，出版著作或教材 11 部。在出版的著作中有以英、俄、德、日、法文版书目作依据汇编的 50 万字《查阅外文冶金文献参考资料》、62 万字的《锑》及英文版的 *The Metallurgy of Antimony*。其中《锑》和 *The Metallurgy of Antimony* 被国外同行誉为关于锑的小百科全书。而后他又穷尽 10 余年的精力，主编了一套约 350 万字的《有色金属提取冶金手册》和约 80 万字的《重金属冶金学》。真实地记录了有色金属冶金事业的发展全过程，建立了中国有色金属冶金的丰碑，更为后人留下了一笔巨大的精神财富。

一、成长经历

赵天从出生于 1906 年 12 月 16 日，一个硝烟战火不断、中华民族备受侵略、血与火的年代。这就注定了他坎坷却又不平凡的一生。

赵天从成长在河北省赵县一个家道中落的乡绅家庭，受父亲的影响，他从小就酷爱读书。家里的书都读完了，就想方设法地四处去借书来读，常常捧着书本一呆就是一整天。由于家里条件不好，生活很艰苦，"大自然"便成了赵天从童年最忠实的伙伴和最好的"玩具"。这使得他对自然科学产生了浓厚的兴趣，并且善于观察生活。

天资聪颖的赵天从 16 岁时考入河北省立第十五中学。这时候正逢"五四"运动爆发，民主和科学之思想在赵天从的心里日渐扎下根来。他满怀着满腔热血和希望走上科学救国的道路，立志为中华之崛起而读书，于是更加发奋图强，20 岁时考入天津北洋大学工学院矿冶系,从此与冶金事业结下了不解之缘。

1933 年,他以优异的成绩毕业后,经工学院院长李书田推荐,于同年 6 月到南京国民政府资源委员会矿业调查处供职。随后,他跟随我国冶金界著名学者王宠佑先生到湖南考察锑矿资源,足迹遍及三湘大地。在考察过程中,他能吃苦,不怕累,虚心向先生请教学习,做什么事都一定要亲身实践才得以满足,这一次的考察让他得到了很多宝贵的经验。

1937 年初,他由南京国民政府经济部资源委员会派遣赴英国留学,在伦敦帝国大学理工学院专攻锑冶金。这个难得的机会让赵天从兴奋不已,因为当时英国的炼锑技术位居世界领先地位。在英国学习期间,他如饥似渴地学习新知识和新技术。他常利用课余时间去工厂考察实践,将其设备和工艺都默默记在心里,画在纸上,下定决心要改变我国锑冶金工业落后的面貌。

1939 年夏,欧战即将爆发,社会处于动乱之中。赵天从提前返回祖国,当他看到外国人不断地运走我国的地下宝藏锑——世界最重要的战略资源之一时,总是痛心疾首。而后,他毅然赶赴地处抗日前方的湖南,先后担任纯锑精炼厂厂长兼工程师、湖南锡矿山工程处主任、国民政府中央特派员,负责恢复和发展锑的生产。从此,他情系有色金属之乡——湖南,并且留了下来。于是,湖南便成为他在事业上毕生奋斗的地方。

中华人民共和国成立后,他先后任锡矿山矿务局副局长、中央财经委员会计划局重工业处工程师。1952 年春,中央财经委员会计划局改组,他被聘为北京工业学院冶金系教授,开始了他的有色金属冶金教育的生涯。1952 年 10 月,中国高校进行院系调整后,他回到湖南,参与筹建中南矿冶学院,担任中南矿冶学院(今中南大学)教授,重有色金属冶金教研室主任、冶金系副主任,兼原中国长沙矿冶研究所研究员,国家科委冶金学科组成员。

晚年的赵天从,每天黎明即起,辛勤笔耕,只为把多年积累的知识和经验奉献给祖国,流传给后人,让中国的冶金事业持续发展,再创高峰。

二、主要研究领域和成就

1.我国锑冶金工业的奠基者

中国的锑资源居世界首位,而中国的锑资源又主要集中在湖南的锡矿山,在锡矿山 22.5 平方公里的土地上,其锑的储量约占世界总储量的近百分之五十,这样特大型的锑矿在世界上非常罕见,称为世界锑都一点也不为过。1908 年华昌公司从法国引进具有当时世界先进水平的"锑精矿直井炉挥发法焙烧法",利用锑易氧化挥发的特性将其与锑精矿中的脉石分离,产出锑氧粉再进行还原熔炼生产精锑,但一直只能炼出品位为 99% 的锑产品。而国外需要的纯锑要求含量在99.6%以上,因此,我国生产的锑产品出口后,国外还要再次精炼,中国不得不在价格方面蒙受很大损失。赵天从根据金属锑产品存在的问题，经过认真的分析与研究，提出采用碱性精炼法提高金属锑的纯度，为此制订了详细的技术方案。他的建议得到国民政府的重视和批准，1940 年他被任命为新建的纯锑精炼厂厂长兼工程师，负责实施锑的精炼项目。在战乱频繁的情况下，他因陋就简，克服重重困难，进行了各种规模的实验百余次，亲自绘制各种工业试验的自制设备草图，最终研究出一套独具特色的"碱性空气氧化法精炼纯锑工艺"。采用这种方法不但减少了污染和资源损失，而且第一次把中国金属锑产品的品位提高到 99.8%，达到当时国际上的最高水平，中国生产的锑锭成为免检的出口产品。随后，国内各炼锑厂也先后依此进行了技术改造。在近七十年来，这项碱性精炼锑的技术虽然在工况制度和设备上几经改进，但其核心技术在国内一直沿用至今，人们称之为"赵氏炼锑法"。

　　第二次世界大战爆发后，日本侵略者的铁蹄踏遍东南亚，中国与东南亚国家联系的通道——中缅公路被截断。国内生产的纯锑无法外运，工厂开工不足，工人面临失业的境地。在这期间，赵天从在苦苦思索，如何将锑这一战略资源进行深度开发，为国家提供战略储备。他根据锑的氧化物（锑白）具有重要用途的特点，下决心开发由金属锑制备锑白的先进工艺，经过多种方案和设备的对比，他提出采用特种反射炉（现称为锑白炉）进行锑的自热氧化，大幅度地降低锑白制备过程的能耗。他不顾日机轰炸的危险，带领工人紧张施工，将纯锑精炼厂改建为锑品制造厂，推出了中国第一炉采用"间接法制取锑白工艺"生产的锑白。这项工艺，不但提高了锑产品的附加值，而且扩展了锑的用途。此后，国内各锑品制造厂普遍采用间接法生产锑白，并沿用至今。

　　赵天从研究开发的"碱性空气氧化法精炼纯锑工艺"和"间接法制取锑白工艺"，奠定了我国现代锑冶金工业的基础，为我国锑冶金工业居国际领先水平做出了巨大的贡献，赵天从的名字与我国锑冶金紧密地联系在一起！

　　1949 年 4 月，中国人民解放军横渡长江，锑都锡矿山在战火的冲击波中震荡。赵天从作为一个正直的知识分子，在共产党地下组织的领导下，利用他的锡矿山工程处主任这一特殊身份，出面组织护矿。他集中矿工，推选代表，成立护矿委员会，抵制国民党军队撤退前的抢劫和破坏。

　　受战争影响，矿上的 1000 多名职工领不到津贴，不少家庭处于断炊状况。赵天从与地下党商议后，以急需现金作锑锭运费为借口，带着两名助手直奔广州。南京国民政府刚刚迁到广州，乱作一团，不会轻易给他一笔巨款。他据理力争，坦陈锡矿山库存几百吨锑，若有运费即可运到广州，最终国民政府拨出 6 万元金圆券，赵天从把这些钱兑换成 5 万银元，空运回湖南，再历经千难万险运回锡矿山发放给矿工，从而使矿工家家升起了炊烟。锡矿山喜迎解放，赵天从将整个矿山完整地交给人民政府接收。他在历史的转折关头，做出了正确的选择，向中华人民共和国献上了一份厚礼。

2. 在综合利用和控制污染方面再攀高峰

1950 年初，赵天从被任命为锡矿山矿务局副局长。他与翁徐文局长密切合作，带领全矿职工投入了恢复生产的斗争。他重新规划了矿山的采掘和冶炼计划，使锑的生产很快恢复到战前最好水平。不久，他被调中央财经委员会计划局重工业处任工程师。1952 年春，中央计划局改组，他被聘为北京工业学院冶金系教授，开始了教学生涯。

1952 年 10 月，中国高校进行院系调整后，他回到湖南，参与筹建中南矿冶学院，任冶金系教授、教研室主任、系副主任，并兼中国科学院长沙矿冶研究所研究员。赵天从决心在中国有色冶金工业的研究基地发挥专业特长，为祖国的繁荣富强贡献后半生。

20 世纪 60 年代初期，他与教研室的同志一起，在有色金属冶炼的综合利用方面，作了很多探索。他非常注重研究冶炼工艺流程，回收伴生的有价金属，实现矿产资源的高效利用，并解决冶炼产生的废水、废气、废渣问题。冶金过程工艺流程最优方案的选择，一般是工艺流程越短越好。他组织大家一方面把国内外的最新研究成果引入教学，编写了 10 余本反映有色冶金新技术、新方法的小册子作为补充教材，开拓师生视野；另一方面开展科学研究，先后进行了沸腾焙烧、高压冶金、溶剂萃取、氯化冶金等试验。在国内首先利用贫汞矿和选汞尾矿作原料，采用沸腾焙烧法提取汞，以及对硫铁矿烧渣采用氯化焙烧法提取金获得成功，并用于工业生产，为处理低品位矿料和工业弃渣找到了新途径。接着，他又提出采用汞齐冶金法提取高纯金属的大胆构想。他看到当时的火法冶金技术一般均产生较大的污染，提出采用湿法冶金的方法来控制和减少污染，为此开展了湿法炼铅、残渣浸取黄金和脆硫铅锑矿的综合利用等一系列研究，均有进展。他与冶金系的教师对许多矿物原料采用溶剂萃取、氯盐浸出等湿法冶金方法，并在离子交换、熔盐电解等方面作了一系列试验。在湿法炼锑上，研究成功"氯化－水解法"制取锑白新工艺，比由他首创的"间接法"制取锑白，又有新的突破。这项技术在湘、桂、黔等省的炼锑厂推广应用后，取得了显著的经济效益和社会效益，被誉为 1986 年湖南省 10 大科技成果之一，1987 年获得省部级一等奖，1988 年 10 月被授予专利权。

3. 笔耕不止，著作终生

赵天从执教以来，结合教学、科研的实践，写下了数百万字的讲义、教材、专著和论文。在 20 世纪 50 年代，他供职的中南矿冶学院建院伊始，一切均百废待兴，为了尽快为祖国培养有色金属冶金学科的高级人才，他编写重金属冶金学、有色冶金炉、重金属冶金工厂设计等课程的讲义。进入 20 世纪 80 年代后，赵天从虽年事已高，但他仍辛勤耕耘，为了把多年积累的知识和经验奉献给祖国，留传给后人，他每天黎明即起直到深夜，辛勤笔耕——进入他人生中著书立说的又一高峰，出版著作及教材 11 部。主要有：以英、俄、德、日、法文版书目作依据汇编的 50 万字《查阅外文冶金文献参考资料》、62 万字的《锑》和英文版 *The Metallurgy of Antimony*。他以 10 余年精力，主编了一套约 350 万字的《有色金属提取冶金手册》和约 80 万字的《重金属冶金学》。此外，他还参加了《中国大百科全书·矿冶卷》的编审工作，并为该卷撰写了部分条目。数百万字的巨著，渗透着老先生的心血。而其成就最大者首推锑冶金。他那集 50 多年生产、科研、教学经验于一书的《锑》专著，自 1987 年在冶金工业出版社问世后，畅销全中国。中国科学院学部委员、著名冶金学家魏寿昆在序言中说："早在清末，天津北洋大学首届毕业生王宠佑撰写了国际上第一部锑冶金专著 *ANTIMONY*，并于 1909 年由英国 Charles Griffin 有限出版公司出版"。"赵天从教授在前辈王宠佑的国际名著之后，总结了新中国 30 多年来锑的采、选、冶和工业锑品制取等方面的新技术、新成就，编写了这本《锑》并付诸出版，实是中国冶金界的一件大喜事，深堪祝贺！""赵天从教授从事冶金技术工作逾 50 年，早在本世纪 30 年代即开始从事锑冶金工作，他的研究成果一部分已在王宠佑所著 *ANTIMONY* 的第三版内引用。本书的问世，不仅显示作为锑大国的中国锑生产的悠久历史及辉煌成果"，同时也"对国际上锑冶金领域的发展和提高起到积极的促进作用。"这本书获得了国家新闻出版总署颁发的 1990 年中国第五届优秀科技图书一等奖。评委会认为，该书对炼锑历史、锑的理化性质、地质及矿床、采矿与选矿、工业锑品制取和环境保护等，作了全面的反映，"内容丰富，论述扼要"，是"一部锑的小百科全书"，是"具有国际水平的图书之一"。与此同时，以《锑》的主体内容并由赵天从翻译、校阅的英文版的 *The Metallurgy of Antimony*，由中南工业大学出版社出版后，被送到北京和德国法兰克福国际图书博览会参展，并被世界一些著名图书馆收藏。

　　赵天从一生谦虚谨慎，从不计较个人得失，处处甘当人梯。著书立说，他尽量吸收中青年教师参加，大家都说："和赵老师一起编书，是最实际的锻炼，对专业知识、教学方法、外语水平和写作能力，都有全面的提高。"做实验，他走在别人前面，准备仪器，打扫卫生样样都干。他这样做是几十年的习惯，即使再苦再累也出自一片真心。他德高望重，慕名向他求教的人络绎不绝，他都热情解答，一时解决不了的难题，待查到资料后再回信答复。他审查稿件十分认真负责，连标点符号的错误也不放过。他在数百件作品上付出过艰巨劳动，但从不许别人署上"赵天从"三个字。别人感谢他，他说："从你们花费的劳动中，我又学到了新知识。"大家为他的美德所感动，盛赞他具有"点燃自己，照亮别人"的精神。

　　4. 学术思想及影响

　　有色金属是支撑国民经济发展的重要基础产业，但有色金属冶金工艺流程复杂，原材料多种多样，并富含有毒(害)元素，特别是许多有色金属原料本身就是有毒(害)元素的载体。因此,有色金属产业在能耗、"三废"排放等方面远比其他产业严重,是排放铅、镉、汞等有毒重金属及砷、铍等有毒元素和放射性废物的大户,其排放的 SO_2 量也居各行业的前列。

在 20 世纪 80 年代初期,赵天从作为我国有色金属冶金学科的创始人之一,以其深广的学术造诣和对学科发展的敏锐洞察力,以及对社会的高度责任感,预见到粗放的冶金方式的严重后果,高瞻远瞩地提出了"无污染冶金"这一战略性的学科方向。他提出的"无污染冶金"有着深广的学术含义,它首先意味着冶金过程中应改进生产工艺,不排放(或少排放)对人类健康及生态环境有害的气态、固态、液态废物,即要研究与开发清洁生产工艺,从源头上解决"三废"问题,在生产过程中应保护环境;同时考虑到冶金过程中所投入的物质,除进入产品及副产品的部分以外,其他都以各种废料的形式产出的实际情况,为减少废料的产出,其根本办法是降低消耗,并将资源中的有价物质循环利用,即在生产中应最大限度地节约资源,贯彻循环经济的原则;降低消耗更应降低能耗,能耗大小不仅涉及能源问题,同时也涉及到温室气体及废渣的排放;此外无污染冶金还涉及到冶金过程中已产生的"三废"的无害化处理,即"末端"治理。因此,"无污染冶金"是一个集清洁冶金工艺、"三废"治理及资源循环利用,冶金过程的节能降耗在内的一个范围极广的学科方向。

随着我国经济的高速发展,我国的有色金属工业取得举世瞩目的成就,有色金属的总产量已连续多年稳居世界第一,环境与资源的矛盾日益突出,包含在"无污染冶金"学科方向内的保护环境和节约资源已成为我国的基本国策。建设资源节约型、环境友好型社会已成为我国社会经济实现可持续发展的必然选择,我国高度重视资源节约和环境保护工作,将"两型社会"作为现代化建设的重要任务,为此先后于 1989 年 12 月、2002 年 6 月和 2008 年 8 月颁布了《中华人民共和国环境保护法》、《中华人民共和国清洁生产促进法》和《中华人民共和国循环经济法》,国家制定的这些法律法规无不体现了"无污染冶金"学术思想的贡献。

5. 构建我校有色金属冶金学科教育体系

赵天从在 20 世纪 50 年代后,开始其在高等学校的执教生涯,肩负起为祖国培养有色金属冶金人才的重任,把他的大半生都奉献给了祖国的有色金属冶金教育事业。1952 年由武汉大学、中山大学、北京工业学院、广西大学、湖南大学、南昌大学 6 所院校的地质、矿冶系(科)聚合,组建了中南矿冶学院。这是我国第一所以有色金属为主的矿冶类高校,有色金属冶金是其骨干学科,有色金属冶金学科建立后首先遇到的最大困难是整个教学体系的建立。赵天从参照苏联经验设计我国有色金属冶金专业的教学体系,组织制定教学计划,发动教师翻译编写教材,他规划科研方向,鼓励教师多承担科研课题,言传身教,很快地培养出一支具有较高学术水平的教师队伍,使青年人才脱颖而出。

在 20 世纪 50 年代后期即开始培养、指导研究生，是我国建立学位制度后的首批博士生导师，培养了我国有色金属冶金领域的第一位博士，共培养硕士 10 人、博士 21 人。赵天从在执教的生涯中，以其渊博的学识、高尚的品德哺育着岳麓山下"有色金属摇篮"——中南大学一代又一代的有色冶金工作者，将自己的学生带到本学科发展的前沿。他是中国有色金属冶金界的一位德高望重的老前辈，不仅学识功底深厚，更有着高尚的师德和独特的人格魅力，有着矿冶园的"第一圣贤"之称。他严以律己、宽以待人、言传身教，带出一批又一批一心忘我工作的事业家，他的学生遍布国内外，尤其在我国有色金属冶金生产、科研、文化教育等各条战线，他的学生均成为各个部门的骨干与栋梁，纷纷在各自的领域及岗位上为中国的科学事业奉献自己的力量。赵天从就像蜡烛一般，默默燃烧，照亮他人，他的这种孜孜不倦、一丝不苟的精神和与人为善的生活态度更是影响了几代人。就像亨利·亚当斯说的那样，"教师追求的是永恒，他的影响也将永无止境。"

在日常的教学生活中，赵天从从不在乎名利，与人为善，诲人不倦。许多人慕名求教，他总是热情作答，从不含糊；常常与学生交流，并拿出自己不多的工资去资助那些家里贫困又非常上进的学生，对学生总是十分关爱；每每有人去他家拜访，临走之时，他都一定要将客人送下楼去，目送客人离开；在编书审稿的过程中，更是连标点符号的错误都绝不放过。

纵使在先生过世多年以后的今天，他的学生们每每提到赵老师，仍禁不住肃然起敬。他们都说，"赵天从"这个名字本身，就是一本教科书，是一门值得人们去研究的课程。

（杨天足供稿）

3.3　陈展猷

怀念陈展猷老师

陈展猷老师逝世已经 44 年了，大家依然怀念他。我也经常想念他，想着他对我们的教导和帮助，他的为人，他在教学和科研的贡献等。尤其想到他生前受到的不公正待遇和摧残，更是为之感怆、愤慨，不能自己。

我们学校是在 1952 年由武汉大学、湖南大学、中山大学、广西大学、南昌大学和北京工业学院六所院校的地质矿冶科、系合并组建而成的。始建之初，学校教学设施薄弱、图书仪器严重缺乏。用以作为校舍的只有清华大学于抗日战争之前在长沙岳麓山下建成的四栋楼房，就是这几栋楼房也饱经战争破坏，破损不堪。要在这样的基础上，于短期内建成一所新型的工科院校，自然是千头万绪，非常艰难。六所院校和新调入的约 800 名师生员工在当年 9 月间才陆续集中到长沙。同时又从中南各省招收了约 800 名新同学，其中不少是从干部中抽调的。大家一到学校便在学院领导下积极投入建校工作，校区面貌一天一个样。仅仅两个月，便在 11 月 1 日如期开学，按新定教学计划开课。

那时真是个激情燃烧的革命年代，大家都热情高涨，全力以赴。所有师生员工包括家属不分年龄、级别，全都分开住在男、女宿舍，生活几近军事化，不遗余力的投入教学和建设。

陈老师是从湖南大学过来的，一开学便负责"轻金属冶金学"和"除尘及气体清洗"两门课程的讲授。我当年从武汉大学分配到学校，先是参加图书馆的筹备工作，年底才到有色金属冶金教研室做助教。第一次见到陈老师是在教研室的一次会议上，那时他才 38 岁，风华正茂，但头发已经谢顶，戴着眼镜，身材不高，举止稳重，在厚厚的冬装下，很有些巍巍然，给人以学识渊博、笃实厚重的感觉。他知道我还有些行政工作要做，便只让我跟班听课学习，将同学们的学习情况和意见向他禀报。

学校成立伊始，采用苏联学制，先是五年制，1955 年起改为四年制。有色金属冶炼是一个专业学科，其下再划分为轻、重、稀、贵四种金属冶炼的专门化，专业课的学时数大幅度增加，由原来仅 72 学时左右的"有色金属冶金学"激增到 300~400 学时的四个专门化课程。实验课、设计课和下厂实习的时间也大量增加。最后一个学期全部用来进行毕业实习和毕业设计（论文）及答辩。在专业课中还设置了课程设计和专门化实验，这些都是前所未有的。老师们都感到任务繁重，困难很大。迎面而来的难题便是教材没有着落，原先使用的旧教材不适用了，须要采用俄文教材。当时教师们大都没有学过俄文，掌握俄文便成了当务之急。

陈老师、马恒儒老师是我们系最先掌握俄文的几位老师。陈老师讲授的"轻金属冶金学"和"除尘及气体清洗"率先选用了苏联教材，由他亲自翻译，编写成讲义，赶在讲课之前印发给同学。无论他多么忙碌，都应对自如。他的讲课受到同学们的极大欢迎。

1953 年上学期，他又担任了"稀有金属冶金学"的讲授任务，教材也是他重新编写的。与此同时，他还与赵天从老师、傅崇说老师、黄培云老师合作翻译了俄文的《铜镍冶金学》，并且指导冶金部编译室来校进修的同志翻译了一批俄文资料，亲自审核校阅，使之达到出版要求。他翻译的《轻金属冶金学》也是在这一年完稿交付出版的。他一直是孜孜不倦、满负荷地工作，而且效率极高。不论是翻译还是撰稿，几乎都是一气呵成，一次成稿，稿面书写工整，清晰整洁，极少有涂抹修改的地方。

值得一提的是陈老师擅长书法，尤其是一笔魏碑楷书，端庄大气、圆润挺拔，常常赢得大家的喜爱和赞赏。

1954 年 3 月，我和徐日瑶同志去山东铝厂实习，6 月又同去沈阳冶炼厂实习并为 56 级同学去该厂的生产实习做准备。9 月下旬回到学校后又被派往东北工学院学习，到 1956 年 12 月末结束回校。前后与陈老师离别将近三年。

1954 年起有好几位苏联有色金属冶金方面的专家应聘来我校和东北工学院讲学。如轻金属冶炼方面的南涅尔、别略耶夫，铅锌冶炼方面的波斯库托夫、克里沃森科，铜冶金方面的胡嘉科夫、瓦纽科夫，稀有金属冶金方面的泽利克曼，粉末冶金方面的基巴里索夫等。这时我校的有色金属冶炼教研室已分设为轻冶、重冶、稀冶及粉末冶金四个教研室。陈老师担任轻冶教研室主任。教研室工作蓬蓬勃勃地开展，为 56 级同学专业课程的教学积极准备。他翻译的《轻金属冶金学》也由冶金工业出版社出版发行，这是我国第一次出版发行的轻金属冶炼方面的教科书。

在东北工学院讲学的南涅尔教授的讲稿和他带来的一批教学设计资料及时地传到我们学校。陈老师总是赶忙将这些资料翻译出来印发给同学们参考，使我们专业第一次毕业设计得以顺利完成。其速度之快有时甚至赶在东北工学院的前面。这也反映了陈老师一心扑在工作上的满腔热诚和极高的工作效率。

实验室工作一直是教学中最薄弱的环节，陈老师对此给予了极大的关注。他迎难而上，亲力亲为。1955 年轻冶实验室已经初具规模，基本上建成了包括高压溶出、炉料烧成等过程在内的实验设备，保证了 56 级同学专门化实验课如期开出，也为后来的科研工作创造了条件。当时教研室总共才六、七位同志，一年之中完成了这么多的工作，是非常难能可贵的。

在教学法方面，教研室也做了许多工作。陈老师曾多次参加轻冶专业教学计划的制定工作，亲自编写了《轻金属冶金学》专业课程的教学大纲和教学日历，对年轻教师掌握专业课的教学作出了有力的指导。在徐日瑶、周秋敏两位同志的努力下还绘制两百来幅大型教学挂图。为了适应专业课实行口试的需要，陈老师专门制定了 100 份口试试题，这些试题很多是他亲自书写的。

那几年一切工作都很顺利，大家也都心情舒畅。然而在 1955 年暑期开展的肃反运动中，陈老师受到了突如其来的冲击。后来一位参加过审查工作的同志告诉我，这件事完全是一项巧合造成的误会所引起的。陈老师是 1948 年由前广西省政府公派赴美留学的。新中国成立后，1950 年中南地区也已解放，陈老师在美国的学习也已经告一段落，便决定回国效力。经过几番周折，他才得以离开美国回到他出国以前所在的平桂矿务局。大约是在 1951 年年初，经过马恒儒老师的引荐，陈老师选择来湖南大学执教。就在他离开桂林来长沙的火车上，平桂矿务局突然发生锅炉爆炸的重大事故。办案人员认为他有涉案嫌疑，马上急电拦住火车，以其他借口对整个车厢乘客进行搜查。虽然没有得到任何证据，由于此案未破，陈老师一直被怀疑。肃反运动一开始，他便成为了审查重点。

暴风骤雨般的群众运动，让他在各种会议上遭到诘难，甚至还被抄过一次家。虽然相对于后来发生的"文化大革命"来说，这不过是小巫见大巫而已。抄家时也曾出示公安部门的搜查证。但陈老师一家因为事出意外，在精神上自然受到了很大的伤害。抄家没有得到任何罪证，对他的怀疑依然没有消除。好在运动告一段落后，随即组织进行了大量的外调。外调结果使各种疑点都得到了澄清，证明陈老师是清清白白的。这当然是坏事变成了好事。在向陈老师宣布结论时，对事情的原委做了详细的解释，一切怀疑误会全都冰释。他放下了思想包袱，心情舒畅了。从此他对组织更加信任，萌发了追求进步、靠拢组织的要求。他对运动中出现过的种种不快，也再未有过不满和怨艾，表现出一种真挚的豁达和坦诚。

过去不让他去的工厂现在都能去了。1957年春天他第一次来到山东、抚顺等地的工厂参观访问，满足了多年的渴望，他受到厂方和校友们的热情欢迎。他目睹了我国建设事业的巨大成就，看到了轻金属冶金工业的飞速发展以及校友在自己岗位作出的成绩，心情十分愉快和激动。他的著作在工厂有广大的读者。我国第一座氧化铝厂在创建和投产时，国内还没有系统的专业教材，恰好分配到厂的校友带去了他编写的讲义，解决了燃眉之急。他这次去厂，在一些座谈会上还为生产提出了一些建议，对工厂同志多有启发。例如他推荐德国水泥工业在湿法回转窑上使用大型旋风换热器的经验，工厂采用后，成效显著。不仅解决了长期存在的泥浆结圈难题，而且使窑的产能和热效率大幅度提高。他此行更为增进厂校联系，促进教学为生产服务取得了经验。

1957年的下学期，陈老师出任有色金属冶金系系主任，并兼任轻冶和稀冶两个教研室的主任，工作繁忙，但他胜任愉快，教学工作也丝毫没有放松。

上世纪50年代，学校老一辈教师很少，大部分都是刚毕业留校的年轻教师。陈老师对年轻教师的成长极其关心，为每一个人确定了专业发展方向，热情地给予指导，并且耐心地指导大家学习外语。我们翻译的文献资料，送请他审阅时，他都放下自己的工作不厌其烦地认真修改，使我们获益良多。他对于校外同志也是满怀热情地给予帮助。记得在1959年初，湘乡铝厂的一位工程师利用业余时间翻译了一本德文的氧化铝生产专著，他担心有些段落翻译有误，托我恳请陈老师指导审定。德文并非陈老师所擅长，平日也不常应用，但他都不辞劳累，细加推敲，对所提出的问题书面地做了详尽解答。这位工程师十分感激，称谢不已。

那时教研室同志团结友爱，很是亲切。有两位同志因患肝炎在学校医务所住院治疗，陈老师每次都在家里炖好一大锅鸡汤，带领大家前去探望，使他们感到十分亲切温暖。1957年初春，全教研室还一同登岳麓山春游并野餐。陈老师带上他的小女儿参加,一路上谈笑风生,亲如一家,尽兴而归。教研室开会也都畅所欲言,各抒己见,毫无拘束。休息时,大家还不时请陈老师为大家表演吐烟卷的游戏。他便深深地吸上一口香烟,轻轻地吸一口气,便吐出一个圆圆的烟卷,袅袅升起并徐徐扩大。他接着将烟卷一个接一个地吐出来,一连七八个从上到下,从大到小连成一串,向上升腾,非常有趣。有时他还在最后以比较快的速度吐出一个小的烟卷,穿过前面那一串烟卷,冲到最高处,蔚为壮观,更是令人叫绝。

陈老师很早便是中国民主同盟盟员,后来又担任湖南省政协委员。1958 年广西壮族自治区人民政府成立时,还被特别邀请赴南宁参加成立大会的各种活动。回校后还向大家畅谈了大会盛况以及广西壮乡飞速发展进步的见闻,十分喜悦愉快。

1958 年全国掀起了大跃进高潮。在学校先是同学们纷纷进入实验室大搞科研,随后又大办各种工厂,轻冶同学则是在冶金楼后面的小山坡(后来推平了)上兴办土法生产氧化铝的小厂,希望用竖窑烧制铝土矿苏打石灰石炉料,制取工业氧化铝。竖窑高度不到三米,其他设备也都是用废旧材料拼凑而成的。这样简陋的装备很难保证必要的工艺要求,但是为了支持群众的热情,他总是按分配参加小氧化铝厂的生产劳动。长沙的冬季,阴雨缠绵,寒风彻骨,他依然在狭窄的操作台上,艰难地坚持劳动。

在 1959 年开展的"插红旗、拔白旗"运动中,老一辈的教师许多不免被看成是资产阶级教育思想的代表被批判。有些大字报也有失偏颇,使他的心情感到沉重。后来他向大家谈到他的求学经过,他是抗日战争开始时从广西大学毕业的。那时办学条件很差,师资严重不足,加之时局动荡,在学校不可能学到多少知识。毕业后在广西的地质矿冶部门工作将近十年,1948 年得到公派留美学习的机会,才在美国学习了两年取得硕士学位。这时解放战争胜利,新中国成立,他受到极大的鼓舞,决心回国效力。他深感自己的不足和旧教育中脱离实际、轻视劳动的许多弊病,一定要在教育革命中努力学习,跟上时代。他讲得诚挚感人。实际上陈老师非常重视学习,在工作之余总是坚持不懈地自习。所以他的基础很踏实,知识面广阔。在工作中始终坚持自学,仅此便足以使人敬佩。

陈老师知识渊博,功底深厚,大家都深有印象。记得有一次谈到在相图中当某一成分成为固相析出时,余下液相的组成点总是沿着这一固相组成点与原始液相组成点的连线改变时,大家都想对其原理作出说明却又未得出办法。陈老师随后不久便利用解析几何中推导两点连成的直线方程式作出了证明,使大家有了茅塞顿开之感。1964 年他和同志们进行《氧化硅在铝酸钠溶液中性状》的研究。当时学校的 X - 光机只能提供试样的 X - 光衍射图,样品的物质成分还须根据衍射谱线推算确定。陈老师便亲自担任这一工作,使这一课题顺利完成。这类事例很多,无不使大家折服。

1960—1962 年暂时困难时期国家实行生养休息政策，大家都比较轻松。1963 年陈老师主要是为 64 级同学讲授专业课，其中《氧化铝生产》部分便多达 180 多个学时，为历年之最，因此他并不轻松，为讲课付出了很多心血。

1965 年春我跟陈老师一起去山东铝厂参加 65 级同学的毕业实习。那时正推行"鞍钢宪法"、"工业学大庆"，实行"三同"、"三老四严"。他五十多岁，也和大家一起睡大通铺，整队上下班，跟班劳动。当时厂里住房紧张，我们全队只有一间约 60 平方米的平房作为住处。室内搭了两排很长的大统铺，其中一排是双层的。陈老师的床位在单层统铺的最里端。我的床位紧靠着他。陈老师的身体不是很好，体质弱，呼吸系统经常发炎，常常咳嗽不止，呼吸迫促，脸涨得彤红。初春时刻，春寒料峭，夜间依然寒冷。当他憋不住要咳嗽时，为了不影响同学们休息，总是悄悄地起床，披着衣服到门外去咳。等到稍稍缓解一些才回到床位上躺下休息，一个夜里常常要起来多次，很是辛苦，实际上睡眠时间很少。第二天一早，仍然照常整队上班劳动。大家也都想使他的条件有所改善，却无能为力。为了指导同学们深入实践，收集毕业设计所需要的资料数据，他总是身体力行，率先示范。氧化铝生产流程长，循环物料多，全流程的物料衡算比较繁琐复杂。他作了多种方法的衡算以帮助大家更好地掌握。那时没有计算器，全靠一支计算尺拉来拉去手算，很费力气。他常常是夜以继日，一丝不苟地进行。在昏暗的灯光下，他盘腿坐在自己的床位上，专心致志地拉着计算尺，就像是在燃烧自己的生命来照亮着后人。大家看着都肃然起敬，深为感动。这些至今还在我的脑海中留下难以忘怀的印象。

老一辈的知识分子在旧社会大多都经历过国家分裂、贫穷落后，饱遭列强欺凌、国土沦丧、逃难流亡的痛苦，内心蕴藏着强烈的爱国心，渴望祖国繁荣昌盛，民族复兴。新中国成立以后，工农业生产迅速恢复，国家统一，民族团结。特别是对外力挫强敌，国际声望空前提高，尤其使他们受到鼓舞，改造自己，追求进步的决心不断加强。即使在一些运动中受到冲击，在运动后得到昭雪平反，赔礼道歉，他们都能不加计较，正确对待。在国家出现暂时困难的时候，他们也和党同心同德，勤勤恳恳，做好工作，毫不动摇。这些可贵的品德，是我们这些晚辈应该努力学习和发扬的。他们本来是一支可以信赖、可以依靠的力量。但是在极"左"的挑动下，频频而来的各种运动，对他们一次又一次的打击和摧残，他们的满腔热诚受到重重的挫伤。这些教训实在应该深刻总结，永志不忘的。

1965 年下半年我去农村参加"四清"运动。回学校过春节后，由于生病，改派去以轻冶专业为重点的教改工作队。全队 40 多人先在郑州铝厂进行生产劳动和教改调查。陈老师和 66 级同学已经早我们两周到厂做毕业结业。虽然同在一个工厂，见面的机会却很少。不久文化大革命开始，我们两个队都在六月初调回学校参加运动。我们未到学校便被打成"牛鬼蛇神"、"黑帮分子"，成天接受批判或检讨交代，劳动改造，彼此处境艰难，忧心忡忡，不敢接近。后来工作队撤走，转向批判"走资派"，接着又是各种"造反派"与"保皇派"的冲突，"文攻武卫"的规模不断扩大。大家心境茫然不知所从，很长时间没有接触。

我再次见到陈老师是在 1967 年的深秋了。他从外地探亲回来，在校园里偶然碰上了。他经过一段比较轻松的时间，心身都好像有所恢复。他向我打听学校的情形，我把自己知道的全部相告。他还问到他要不要参加群众组织的活动，我认为既然没有这方面的规定，那就不如在家多多休息，等有了规定再说。他也许是默认了这种想法，后来便一直在家休息。想不到这竟是我和陈老师最后的一次交谈。

1968 年大约是在 9 月中下旬，"毛泽东思想工人宣传队"进驻学校。那是一天晚上，工宣队乘十多辆敞篷卡车直驶图书馆大楼前下车，开始大量抓人"清理阶级队伍"。第一批被抓的据说有 180 多人，先集中在图书馆，然后在学院办公大楼成立所谓"牛棚"关押。学院领导和老一辈的教师多在其列，陈老师也未能幸免。他们在"牛棚"中备受虐待，谁也不敢议论。有一次陈老师被押到教研室来交代问题，追问的仍然是在肃反运动中已经反复调查清楚的那些内容。会议由进驻教研室的学生主持。他们不明真相，自以为立场坚定，态度粗暴。陈老师匍匐在地下，令人不忍目睹。不久我也被拘入另一"牛棚"关在图书馆。由于封锁消息，我甚至不知道陈老师离世的情况。

大约过了一个月，发表了"要扩大教育面，缩小打击面"的最高指示，"牛棚"解散了，我才回到只剩下我一个人的家。临近春节，本来应该是很热闹的时候，但大批同学和教职下放去了湘西，校园一下子变得非常空旷，加之岁末严寒草木凋零，更呈现一片肃杀景象。前路茫茫，令人心情沉重。这时我才知道陈老师已经离开了我们，还有地质系系主任七十多岁的吴树基教授也在拘押中骤然去世的消息，更是悲怆不已。

陈老师逝世的情况，我是在很多年以后才从与他同拘于一处的一位老师口中得知的。1968 年冬天寒流频发，陈老师无端被关押两个多月后，几经折磨，身心俱毁，体质极度衰弱，引致感冒连连发生。他经常发烧，不断咳嗽气喘，饮食难以下咽。他不愿有损自己的风骨，病情严重也不肯告人。直到 11 月 24 日同室的人发现他高烧不退，情况危急，才急忙向看守报告，要求赶紧急救。当局仍麻木不仁，漠视不理，又经反复催促才同意送医院诊治。此时他已无法起立行动，当局又不准派车送诊。万般无奈，才从同被关押的难友中找了四位较年轻一点的人用担架运送去四医院。这几个人经过几个月的"牛棚"拘禁，体力也十分不济，加之寒风苦雨，道路泥泞滑溜，一路上抬抬歇歇，从下午三时许出发，将近七点才到达四医院。病人在担架上也饱受折磨。在当时的政治环境下，医院也漫不经心，不作认真抢救。陈老师终于在 11 月 25 日凌晨离世了。那天晚上还停电，只有陈师母守在身边，一切都分外凄凉。

陈老师被送去医院时，陈师母闻讯即赶去护理。见他多日未曾进食，匆忙中做了碗蛋汤喂他。这时他已处于弥留状态，无法进食了。陈老师去世后，竟然还有人污蔑陈师母是以进毒灭口来推诿草菅人命的罪责。这自然引起群众的莫大义愤。由于这种说理极其背离常理，又毫无证据，终于不了了之。但可以想见，当时颠倒是非，信口雌黄，陷人入罪竟是到了何种程度。

陈老师逝世时才 54 岁。如果不是这场"文化大革命"，他断不至于被非法拘禁。在拘禁期间，如果不受虐待凌辱，也决不至于陷入重疴。病中如果得到革命的人道主义救治，也不至于因这点常见疾病而死亡。以他的学识、经验、人品、作风而言，如果能活到今日肯定能为国家、为人民作出更多的贡献。他的死实在是一个重大的损失。

陈老师有三子一女。"文化大革命"开始时，移天、移山两位师兄已经学成参加工作，移风师兄其时还在初中学习，移光小妹还在读小学。他们惨遭如此变故，肝胆俱裂。哀痛之余，他们都秉持家教，在艰难的条件下，顽强学习。高考恢复那年，移光便考入我校材料系学习。移风更是直接报考我校自动化系研究生，以优异成绩破格录取，毕业留校任教后，又被选派出国深造。陈老师后继有人，大家闻悉莫不称道。老人家地下有知，当为之欣慰。

陈老师逝世 44 周年了。"四人帮"早已覆灭，国家拨乱反正，执行改革开放方针，走上了小康的道路。国内生产总值已跃居世界第二，许多工农品的产量已跃居世界第一。他所钟情的轻金属产品如铝锭、氧化铝、镁的产量都占世界总产量的 60% 以上。我们学校也和兄弟院校合并组成中南大学，在国内享有一定的声望。全国面貌日新月异，前途无比辉煌。这些都是他生前所期待的。特此奉告陈老师，您安息吧！

（杨重愚 2012 年 8 月写于美国）

3.4 周则岳

<h2 align="center">周则岳教授生平事迹</h2>

周则岳，字坦生，生于 1895 年 7 月 19 日，殁于 1964 年 11 月 29 日，湖南益阳人，无党派人士。1916 年毕业于湖南工业专门学校，后赴美留学，1920 年科罗拉多矿业学院矿冶专业获得矿业工程师学位。翌年回国，毕生致力于矿冶生产和教育事业。1929 年出任江西省建设厅技正（相当于总工程师），兼任探测团团长，为时两年。1930—1931 年回湖南省建设厅工作，1932 年调当时的中央实业部任

探矿工程师，而后在中华矿产研究所任工程师。1935 年简任国民政府国防部资源委员会少将专员、研究员，并出任彭县炼铜厂厂长、铜矿主任等职，直至 1942 年，历时八年，对我国矿产资源的勘探、开发利用进行了许多规划设计工作，并亲临现场直接参与和指导，特别是抗日战争期间克服重重困难，生产出军需急用之铜；领导叶渚沛（中国科学院化工冶金研究所首任所长）等率先在国内开发铜的电解精炼技术，乃我国近代铜冶金事业的先行者。1943 年，他决心再度回到教育界，先后任湖南工业专门学校（湖南大学前身）、复旦大学、湖南大学、云南大学、武汉大学等校教授、学部主任、矿冶系主任。建国后任武汉大学教授、中南矿冶学院有色金属冶金教研室首任主任。并被选为湖南省人民政治协商委员会委员。

由于战乱及极左思潮的影响，周先生的著作及手迹大多流失。然而周先生不少事迹却在受业门生中广为传颂。周先生在地质探矿、采矿、选矿和金属冶炼方面有着渊博的知识和广泛而深入的实践，善于将理论与实践联系，应用自如。他长期主持建厂建矿工作，在这些方面有着丰富的经验，有关经营管理、交通运输、建筑结构他都有良好的造诣。对于贵金属的综合回收、试金分析和环境保护技术更是精通。他器识恢宏、思维精细，发表的意见都能切中要害，提出的措施都能符合实际。所以他是当年矿业界的知名专家，享有很高的声望，深为学生所爱戴。

周先生在武汉大学、湖南大学等校任教时，致力于培育人才，寄希望于未来。他教学态度严谨，一心想把自己的学识和经验传于后来人。当年教材缺乏，师资不足，周先生几乎讲授过旧矿冶系除物理和制图以外的全部课程。为了教学需要，他总是全力以赴，从不计较个人得失，而且都是自编讲义印发给学生学习。

1952 年，中南矿冶学院成立，他担任有色金属冶炼教研室第一任主任，与赵天从、陈展猷、何福煦、傅崇说等教授精心策划，建设实验室，组织编写教材，大力进行教学改革。他创造了古汉语字典没有的"锍"字，非常形象地表示了有色金属硫化矿冶炼过程中的中间产物——各种金属硫化物的互熔体（俗称"冰铜"的产物），"锍"字至今已成为我国有色冶金文献中规范化的术语。1955 年他身患严重的肺心病仍坚持为 200 余名 56 届的学生最后一次系统生动地讲授贵金属冶金学，详尽地介绍和比较了不同原料和冶炼方法的特点，以及在不同情况所宜采取的措施，从理论高度把自己的经验传授给了学生，一番苦心使全体师生深受感动。期末他还特意采取当时少有的开卷考试方法，让大家独立思考，灵活应用所学知识，各自完成一份从阳极泥回收金银的课程作业，同学们感到很有收获。很多人说：周先生让我们了解了中国冶金学家的思维方式，引导我们成为一个冶金技术工作者。

周先生晚年还致力于研究我国古代冶金史。1956 年《中南矿冶学院学报》创刊号醒目地刊登了他长达 37000 余字的论文《试论中国古代冶金史的几个问题》。周先生参阅了大量文献，结合冶金理论和自己的渊博知识，考证了古字体的发源和含义，并从这些古体字推测当时的冶金状况。他深入剖析了各方面作者的论据和结论中的问题，提出了关于"连"是铜锌合金而不是单一的金属，而且"连"在北方的出现是南北开始沟通的结果。他还考证了铁的最初产品，并且指出对于中国古代铁的冶金技术应该分开从熟铁和生铁两个方面来研究。文中颇多考古学家、历史学家少见的观点，如今"冶金史"已成为冶金工程的二级学科，更显出其水平和价值。周先生认为，了解我国的冶金史还将增进我国冶金工作者的民族自尊心和自信心，促进他们深入实践，推动技术创新。

周先生热爱祖国，热爱矿冶事业。他的夫人和子女一直住在上海，他本人却长年在湖南、江西、广西各地为矿冶事业奔走忙碌。抗日战争时期，他置个人家庭于不顾，远到四川建厂炼铜。太平洋战争前夕，上海的租界行将陷落，周先生说服夫人带着五个子女去南洋，而只身留在国内。抗战胜利后，他给子女的一封长信中说明他"要是不到彭县炼铜，没有铜就不能制造枪弹，没有枪弹怎能打倒日本鬼子呢？"后来他还去信要他的儿子去武汉学农。凡此种种，充分反映他的拳拳爱国之心。

周先生正直无私，嫉恶如仇，主持正义，不畏权贵。1944 年他在湖南大学任教时，先生咬破手指写血书支持进步学生反抗学校当局腐败的学生运动，立场鲜明，与进步学生同呼吸共命运，直至被学校解聘而不顾。1947 年国民党当局调动军警对武汉大学进步学生进行镇压，造成震惊国内外的"六一惨案"，他也是站在进步学生一边，义无反顾地参与罢教罢课，与恶势力周旋。

周先生 1952 年回到湖南后，一直担任湖南省人民政治协商委员会委员。他以十分愉快地心情参政议政，他热爱党、信赖党，毫无保留地反映意见，提出建议，积极投身祖国的建设事业，直到 1964 年 11 月 29 日逝世。

中南工业大学曾隆重举行周则岳教授诞辰一百周年纪念座谈会，以缅怀这位为我国矿冶事业作出了突出贡献的科学家和教育家。受业门生、著名书法家、诗人（1998 年《谭嗣同》中华诗词大赛冠军、教授级高工）李祁望为周公墓表撰铭并书曰：楚之鸿儒，巍巍德操，启迪后来，是则是效，麓山苍苍，湘水汤汤，佳城郁郁，共山水而留芳。

（杨重愚、任鸿九提供素材，田庆华整理）

3.5 刘业翔

探索冶金节能与绿色能源的先行者
—— 记中国工程院资深院士刘业翔

刘业翔（1930—），男，汉族，湖北省武汉市人，中共党员。1953 年毕业于中南矿冶学院，1979—1982 年留学挪威工业大学，其后分别在挪威工业大学、日本名古屋大学和挪威科技大学作高级访问学者。曾先后担任中南工业大学党委书记、书记兼校长、国家自然基金委学科评审组成员，国家教委科技委员会地、矿、冶学科组成员，国务院学位委员会学科评议组成员，国家人事部博士后管委会专家组专家和湖南省人民政府参事。现任中南大学教授，博士生导师，中国有色金属学会常务理事及轻金属学委会主任委员、美国 TMS 学会资深会员等。1997 年当选为中国工程院院士。刘业翔教授是我国有色金属冶金学科领域的学术带头人之一，他长期从事有色金属冶金，特别是轻金属冶金及电化学冶金领域节能技术研究与应用，在高温熔盐电催化、功能电极材料及冶金过程模拟、控制与优化等方面进行了许多开创性的研究与实践，取得了一系列杰出的成就。1992 年获国家科技进步一等奖 1 项，还先后获得省部级科技进步一等奖 2 项、二等奖 3 项、中国优秀专利奖、湖南省光召科技奖和全国光华科技奖等荣誉。在国内外发表论文 300 余篇，专著 4 部，获授权专利 32 项，并培养博士和硕士研究生 60 余名。

一、成长经历

1. 早年经历

1930 年秋天，刘业翔出生于湖北省武汉市一个富裕商人大家庭（1950 年曾定为民族资产阶级）。老四房的父亲刘逸行为他取名业翔，殷切期望这个小儿子将来能在事业上如雄鹰般展翅翱翔。他家这一分支有姐弟四人，大姐业芳早年远嫁重庆，二哥业箐是国民党空军航校学员，1946 年在飞行训练时因飞机失事而罹难；小哥业昶 1949 年参军，抗美援朝时作为中国人民志愿军入朝作战，他在战场上表现勇敢，就在板门店停战协定签订前夕，不幸中弹牺牲，后被追认为烈士。1 岁的时候，刘业翔的父母双亡，姐弟四人由伯父伯母抚养长大。伯母张慎仪是一位农家妇人，虽然目不识丁，却对刘业翔影响极大，不管是面对抗日战争逃难生活，还是后来伯父过世后的清贫困苦，这位朴实的农家妇人任劳任怨地扛起了抚养他们的责任，用她的勤劳能干艰难地维持着一大家子的生计。正是因为伯母的言传身教，刘业翔从小就养成了吃苦耐劳，正义诚实，宽厚待人的品德。

抗日战争时期，1937 年武汉沦陷前，刘业翔跟随伯父母逃难去了重庆，为了躲避日本人的疯狂轰炸，全家搬去了重庆北碚乡间，这一住就是八年。质朴的民风，清贫辛劳的生活都深深地影响着年幼的他。因为条件艰苦，刘业翔直到十岁才进乡间国民小学读书。山道弯弯，崎岖不平，风雨路滑，挡不住他求学奋进的心。十二岁他转去重庆歌乐山广益小学住读，两年后考入北碚兼善中学。期间同学沈君山后来成为中国台湾"四大才子"之一，曾任中国台湾清华大学校长，五十多年后再次相聚，忆及幼年趣事不甚欢欣。此后刘业翔转学到重庆清华中学求学。1946—1949 年刘业翔又分别在汉口和重庆两地上中学，直至 1950 年在汉口上智中学高中毕业。

早年辗转各地的求学和生活经历对刘业翔的一生有着非常重要的影响。那段贫困一度失学愁苦的日子，让他比同龄人更早体会到了生活的艰辛，特殊的环境让他深知求学不易，使他更加珍惜机会，热爱学习，同时也让他对新事物充满了好奇与欣喜。

2. 风华正茂

步入青年时期的刘业翔理科及文史成绩都非常优异，1950 年顺利地考入武汉大学。当时全国刚刚解放，百废待兴，金属冶炼，特别是炼钢炼铁前景辉煌，刘业翔与众多同学一起，毅然选择进入矿冶系就读。武汉大学作为一所多领域多学科的全国著名的综合性大学，学科专业体系完备，师资力量雄厚，图书资料也非常丰富，学术氛围浓厚。刘业翔进大学首先是感觉新奇，继而眼界开阔，思想随之活跃，一年级他就到校广播台作新闻编辑，晚餐后参加系里合唱团练歌，学生生活丰富多彩。

由于是特定的历史时期，武大与全国一样，1950 年起展开了一系列政治运动，校园内政治空气浓厚，思想教育广泛深入，刘业翔受到了深刻的教育，特别是要不要参军，能不能赴朝作战为国捐躯？自己有过激烈的思想斗争，开始了认识自己，认识家庭，认识国家和认识共产党。整个大学求学期间，受教育及影响大者是人生观世界观，为人民服务和向共产党员水平前进三个方面。此后，他对自己严格要求，积极追求进步，但由于家庭出身不好和社会关系复杂的问题，从写入党申请到被组织批准历时八年，直至 1956 年才加入了中国共产党。

1952 年，国家根据"培养工业建设人才和师资为重点、发展专门学院、整顿和加强综合大学"的方针，在全国范围内进行了高等学校的院系调整工作。同年，由武汉大学、中山大学、湖南大学、广西大学、南昌大学和北京工业学院的矿冶系科合并，在湖南长沙组建中南矿冶学院，刘业翔也从武汉大学转至长沙学习。

1953 年刘业翔毕业了，他放弃了对投身热火朝天工业建设前线的向往，服从了国家需要，走上了教书育人和科学研究的人生道路。

3. 早期工作经历

大学毕业后 9 年的助教生涯，刘业翔一直都是兢兢业业，工作同时没有放松学习。他从助课开始，认真向主讲老师学习，钻研教材，精读专著，研究教学方法，积极带领生产实习，过教学关。当时我国的铝工业尚处于起步阶段，炼铝基础和专业知识十分贫乏，没有相关的专业书刊及资料，他就啃读苏联教材，但由于语言上的差异，对于某些知识他总觉得似懂非懂。为了让自己彻底的融会贯通，刘业翔很重视向实践学习，通过下厂实习，参加劳动，从实践中来体会和深化书本知识。60 年代教育部非常重视学生工程实践，把实习列为工程教育中的重要内容。刘业翔为了带好实习，经常跑到近千度高温的铝电解槽旁倒班劳动，熟悉生产。这样，通过理论联系实际地学习，为他的专业知识打下了扎实的基础。平时，他也喜欢上图书馆，注意搜寻那里储藏不多的英文资料，良好的英文功底也得益于这种长期的积累。1957 年刘业翔被下放劳动锻炼，分配到一家土法炼锌厂当炉工，劳动条件十分艰苦，他勤于思考，在工余还坚持读俄文《铅锌冶金学》，坚持理论联系实际，为生产提合理化建议。后来，即使是"文化大革命"的非常时期，他也抓住空闲时间偷着学，还自学了德文。正是由于青年时期的这一段磨练，使他获得知识的能力有了显著提高，他在以后的治学之路走得更加稳健。

4. 留学，一次登高望远

"文化大革命"结束后，1976 年刘业翔有幸获得了我国首批留学生的资格，由于年龄大（时年 46 岁），被作为访问学者派出，访学地点选定了北欧的挪威。那时外语培训班的同学 90% 选择美国和加拿大，他也向往美国，但与来华美国冶金代表团的美国铝业公司代表交流后，了解到美国大学里不设铝冶金专业。考虑到自己的年龄较大，改新专业难，但有铝电解专业知识的优势，选择挪威更合适。当时 400 万人口的挪威，其铝产量却为我国的 1.3 倍，更有国际知名的熔盐电化学家 Jomar Thonstad 教授，他从文献上读过 Thonstad 的多篇铝电解基础研究方面的论著，于是选定 Thonstad 为导师。1979 年刘业翔被该大学接收，同年 11 月离别长沙，乘火车途经俄罗斯西北利亚、芬兰和瑞典，长途跋涉 14 天，来到了挪威，年底进入挪威工业大学工业电化学研究所。这所世界级的研究所与国际学术和企业界有着广泛的联系，日常学术活动多，学术报告内容丰富新颖。刘业翔除了准备研究课题和平日查阅铝冶金资料之外，还深入自学了电化学、熔盐物理化学、电化工、材料化学等基础知识和有关的实验技术等。他在短短两年多的工作时间里完成了三个课题，那是每天工作 8～10 小时，每周 6 天半，节假日不休息的结果。最重要的是，研究工作时间集中充裕，没有干扰，心无旁骛，可以专心致志地实验，思考；另外，科研条件优越，挪威工业大学是当时西方熔盐电化学研究水平最高的机构，挪威政府也提供了很优厚的奖学金，电化学研究所设备很新很齐全，这些优越的条件与他本人怀有的强烈探索兴趣相结合，促成了系列科研成果的取得。刘业翔后来回顾说，这两年极大地享受到了全身心投入科学研究的乐趣和取得丰硕成果的快乐。

1980 年刘业翔首次访美，出席 AIME 年会，作为我国封闭三十年后第一个在此国际讲坛上宣读论文的冶金学者，受到了与会者的热烈欢迎。

5. 终身奉献给有色金属冶金事业

1982 年，刘业翔毅然放弃了国外优越的条件而选择回国。自此，刘业翔一直工作在有色金属冶金科研与教学的第一线。

由于担任系主任表现突出，1985 年刘业翔开始担任校级行政职务。首先任中南工业大学副校长，后升任党委书记，后来又担任党委书记兼校长。作为"双肩挑"干部，他要求自己既要做好工作，一丝不苟、对国家负责；又要不丢专业，继续前进。他科学地安排时间，突出研究重点，充分发挥研究生的作用，真正做到行政教学"两不误"。他心系学校发展，带领校党委班子提出了"抓质量，上水平，创一流"的建校口号，精心规划学校建设和发展，坚持从严治校、励精图治；团结全校师生员工艰苦奋斗，使学校在教学质量、科研水平、学科建设和学校声望等方面跃上了新台阶，在全省及全国高等教育界产生了良好的影响。同时他还十分重视对外交流与合作，积极参加国内外重要学术活动。长期担任中国有色金属学会常务理事及轻金属学术委员会主任委员，是美国 TMS 学会资深会员、欧洲 ISE 会员，多次应邀到日本、美国、加拿大、英国、挪威、德国、比利时、法国等国家和地区进行访问与讲学，并与国内外许多大学和科研机构建立了良好的合作研究关系。

二、博学约取，厚积薄发

刘业翔自幼爱幻想，特别是对于新的事物总能引发他的思绪翩翩。当他钻研一个问题时总是念念不忘，有空时就拿出来琢磨，凡遇关联的事都引发联想，有启发有益的则加以吸收。多年来他专注于铝电解的研究，一直追求着铝电解向更完美的方面发展——高效、低耗和清洁。只要能联系到铝电解高效和节能的讯息和资料都会引起他的注意，因此在学习和工作中常有启发，受益不小。

作为改革开放后第一批出国留学人员，刘业翔一直都感叹自己是何其的幸运，毕竟那时的他已经年过半百了。他在感慨机遇难得的同时也自然而然嘱咐自己要加倍的努力。1979 年冬起至 1982 年初，他在这两年多时间内就完成了三个难度相当大的课题。这三个课题是"熔融铝—熔融电解质界面上薄层氧化铝的作用"、"铝电解惰性电极上的电催化功能"和"低极距下铝电解的电流效率"。这些课题都是在 1000℃ 高温下腐蚀性极强的熔融氟化盐中进行的电化学研究，实验难度大，测试技术要求高，通常一个课题就须时一年以上。

第一个课题获得了很大的国际影响，论文在美国 1980 年 AIME 年会上宣读，会后被美国铝业公司和加拿大铝业公司专门邀请做学术交流，访问他们的实验室。这个报告从理论到实验揭示了熔融铝界面引起铝损失的重要作用，短时段小批量地加入粉状氧化铝，能有效形成熔融铝表面上薄层的阻挡层，减少了铝在电解质中的再溶解。随着氧化铝的溶解，新的一批薄层又随加料而形成，这样就能减缓铝的二次损失，这从机理上解释了点式下料技术的高产作用（实验室的数据表明电流效率能提高 2%）。后来先进铝电解槽都以点式下料技术为特色装备，事实证明，工业上采用点式下料技术以后，普遍都能获得较高的电流效率。

第二个课题的核心技术是电极的电催化作用。最初引起他兴趣和思索的是氯碱工业中正在兴起的电解节能技术，即应用 DSA（形稳阳极）的电催化作用可以大大地降低涂层阳极上的析氯过电压。联想到熔盐铝电解炭阳极上同样也有很高的析氧过电压，它是铝电解引起高能耗的重要原因之一。怎样利用电催化作用来解决这个问题呢，他作了深入的学习和思考。须知，铝电解炭阳极上很高的过电压一直是该领域中束手无策的问题，这是因为：第一，形成阳极过电压的理论缺乏，若干假说根据不足；第二，高温熔盐体系至今没有标准参考电极，而且高温强腐蚀环境尚没有任何材料能够制作通用的参比电极；第三，没有测量过电压的可靠技术。他在研究工作中，在铝电解条件下采用了不消耗的 SnO_2 惰性阳极，由于阳极不消耗，附着在上面的微量掺杂电催化剂不会损失，因此可以进行电化学实验和测量。研究结果得出了在该种条件下可用催化剂掺杂元素的顺序，指出降低铝电解阳极过电压最有效的电催化剂是含有钌（Ru）的化合物（阳极过电压比不加时降低 85%）。这篇论文在 *Electrochimica Acta* 发表后受到广泛的关注。

"低极距下铝电解的电流效率"是在回国前完成了实验工作回国后写成论文的。在阳极侧部开沟后，极距降低至 2.4 cm 仍可保持高的电流效率。须知，极距降低 1 mm，每吨铝就可节电 100 kWh，是铝电解节能的重要方向，这一点在此后 30 年的我国铝电解工业实践中得到了证明。

三、报效祖国，硕果累累

刘业翔从挪威回国的时候，国内的科研条件很差，既缺经费又缺乏基本的实验测试设备，资料欠缺滞后。经过起步期的艰苦努力和探索，特别是在国家自然科学基金多次资助下，刘业翔对电解过程电极上的电催化作用进行了深入系统的研究。

1. 湿法冶金中电积金属用形稳阳极（DSA）和节能阳极开发

在能源和资源日趋紧张的背景下，工业生产过程节能是当务之急。电催化科学研究恰好可在节能方面找到广阔的应用。电催化是使电极与电解质界面上的电荷转移反应得以加速的一种催化作用,刘业翔关注电催化研究,是着眼于如何加速电极上的电化学反应、降低电极电位为目标,直接与节能降耗密切相关的,特别是在大能量强电流电解过程中的节能,采用电催化功能电极更会起巨大的作用。

有色金属冶炼电积工艺中,阳极析氧造成了能耗、阳极材料腐蚀产物在阴极的共沉积造成了对产品纯度的影响,而且阳极的费用又与阳极材料的选择密切相关。因此,使用电催化析氧性能好、寿命长、成本低的阳极材料对有色冶金工业具有重要的经济意义。随着湿法冶炼工业的发展,对功能优异的阳极材料的需要更为迫切。金属氧化物涂层阳极,也称形稳阳极,即 DSA(Dimensionally Stable Anode)是一种非常重要的电催化功能电极,它的表层材料大致可分为复合涂层、电镀层和热分解涂层三大类,其中热分解成型的钛基金属涂层阳极以其优良的电催化性能,在氯碱工业中获得了广泛的应用,使电解槽的能耗显著降低。金属涂层阳极在工业上成功应用,有力地刺激了这方面研究的发展。1983 年起,刘业翔率先在国内开展了对各种类型 DSA 的研究,以找到可用于金属电积的阳极材料,在高酸条件下其表面能存在稳定的电催化剂,并要求在经济上能被工业界接受。在普遍调研了各种催化剂的作用,他做了大量的实验工作,摸索了不同的基体材料作为电极的可能性,除了 Ti 以外,还试验了石墨和陶瓷的电极材料。研究结果表明,经过表面涂层处理后的石墨和陶瓷电极,析氧过电位从铅银阳极的 0.8 V 降低到 0.2 V 和 0.1 V。采用新型 DSA 代替现行的 Pb – Ag 阳极,节电最低可达 9.6%,最高则接近20%,可见节电潜力巨大。研究结果在 1985 年美国 TMS 年会上报告并收录于《金属电积过程节能》专辑,引起了广泛关注。直到现在,全世界范围内还有科研团队在进行此类的科研与开发工作。

2. 高温熔盐电解电催化炭阳极

从 1952 年我国第一家电解铝厂抚顺铝厂开工建设至今,我国电解铝工业经历了 50 多年的发展,已逐步由电解铝的纯进口国变为世界第一大产铝国,电解铝工业在世界上已经具有了举足轻重的地位。但是,令人担忧的是,铝电解是一个高耗能的产业,电解铝生产能耗占整个有色金属工业能耗的80%,电解铝工业总用电量接近全国电力总消费量的5%,电解铝工业的持续发展与国家节能减排政策的矛盾日渐突出。

因此长期以来,铝电解的节能一直很受重视,意义也非常重大。其中,降低铝电解过程槽电压是一个有效的手段。在保证电解过程稳定的基础上降低槽电压需要综合考虑各方面的因素,是一个非常复杂的系统工程,现在工业电解槽上都是以 mV 为量级来进行槽电压下降节能的考评。现有的技术成熟的铝电解槽槽电压为 4.0~4.2 V,其中阳极过电压为 0.6~0.7 V,占总能耗的 16%~17%。造成能耗数值巨大，但就是这一项，业内科技与工程人员长期以来不敢去碰它。为什么？因为铝电解过程炭素阳极上过电压问题一直搞不清，自然无有效办法解决。究其原因，一是理论上不清楚，多种学说莫衷一是，又得不到验证；二是测量方法不成熟，材料经不起熔融氟化盐的腐蚀，也没有合适的测量装置；三是测量难度大，例如，要在近 1000℃ 高温下熔融氟化盐电解质中，在强大直流电场下，把探头接触红热的阳极表面，测定其对参比电极的电位变化等。

刘业翔在挪威做过的惰性电极电催化的研究，引导了解决这一问题的思路。对于炭素阳极来讲，可能的降低过电位的方法就是往阳极材料中添加活性物质，实现电催化的效果。而炭素阳极的电催化可不可行，一直存有疑问，因为阳极在电解过程中是消耗性的，电极中的催化剂会进入电解质中，比铝更正电性的杂质会污染产品铝。而惰性阳极与炭素阳极不一样，它本身是没有消耗的。所以炭素阳极电催化的研究，需要有全新的对策和方法。

刘业翔克服了当时面临的很多的困难，采取了一系列的创新性的解决办法，构建了高温炉、高纯刚玉管、铝参比电极、电化学综合测试仪、高速记录仪等装置。最关键的是解决催化剂的选择问题。首先，催化剂必须是由比铝更负电性元素组成的化合物，高温下不分解，且化合物催化剂本身又必须是导电的。同时，催化剂的加入必须能在电极表面形成电化学反应的活性中心，这样才能保证在电流密度比较大的情况下，有更多的带电含氧离子在活性中心上放电。相反，在没有添加剂的情况下电极表面的反应活性中心不够，含氧离子只能在非活性的位置上放电，这就需要额外的能量，从而产生过电位。因此，催化剂的筛选，需要长期的探索和研究。

经过不断地努力探索，刘业翔在电催化机理研究和催化剂选择上取得了重大的突破，实验室研究表明合适的催化剂对降低阳极过电位效果非常明显。但要实现工业化的应用，特别是怎么实现催化剂在工业电解槽的阳极中的加入，又成为摆在他面前的一个突出问题。考虑到当时工业电解槽采用的都是自焙阳极，刘业翔和他的学生结合自焙阳极本身的生产工艺，巧妙的通过试验，在阳极糊混料时，把微量的碳酸锂 ($2 \sim 3$ kg/t – Al) 加入到石油焦里面，制成"锂盐阳极糊"。试验结果证明，这种添加方法简单，电极上的电催化效果良好，很好地解决了催化剂工业化应用的问题。

1986 年，刘业翔和他指导的第一个研究生肖海明，在西安全国物理化学年会上介绍了他们的炭素阳极电催化研究工作，引起了铝电解工业部门的高度重视。同年受兰州连城铝厂的邀请，以肖海明为主的研究组在铝电解槽现场进行了工业试验，通过往阳极糊中掺入锂盐，即"锂盐阳极糊"，使得阳极过电位降低 200 mV，试验进行了三个月，取得了非常好的节能效果，引起了当时的中国有色金属总公司重视。在有色总公司的支持下，1989 年"锂盐阳极糊"技术开始在全国电

解铝系统内推广应用。经过在 26 个铝厂的电解槽上应用，实现年节电 6000
万 kWh。"锂盐阳极糊"研究成果在 1991 年获得有色总公司科技进步一等奖和国
家教委科技进步一等奖，1992 年被评为国家科技进步一等奖。

刘业翔在回国的很长一段时间内，以节能降耗为目标，进行了以开发新型功
能电极材料为中心的一系列研究工作，围绕这些方面做了很多的国家级项目和企
业项目，连续多次获得国家自然科学基金的资助。1996 年，他对过去的工作进行
了一次总结归纳，出版了专著《功能电极材料及其应用》，为功能电极材料领域的
研究与开发提供了很好的基础参考用书。

3. 铝电解控制系统的开发与产业化

旧中国根本没有"铝工业"。直到新中国成立后的 1954 年，我国在苏联 156
项建设项目的帮助下，建起了山东铝厂（生产氧化铝）和抚顺铝厂（生产电解铝），
这才有了"铝工业"。可那个"工业"离"现代"两个字实在差得太远了，耗电量大、
污染严重不说，产量还低得很——当时最大铝电解槽的容量才 45 kA，1960 年后
我国发展到 60 kA、80 kA，就再也上不去了，而当时（1965 年）国外已经到了 160
kA 甚至 200 kA 了。为什么我国大容量铝电解槽上不去？主要原因是，在电解过
程中铝电解槽内有非常强的磁场，直流电流越大，引起的磁场影响越大，当年电
流才 45 kA 时刘业翔在铝电解槽旁实习时，铝饭盒里的铁勺子都是立着的，工人
干活用的铁锹常被粘在槽沿钢板上。而且槽中的熔融铝液跟着磁场有规律地旋转
波动。直流电要上到 160 kA，"磁场"问题不解决，不仅能耗高，而且铝的再氧化
损失大，就不能达到提高产量和降低能耗的目的。除了磁场外，还有"温度场"、
"流体场"等一系列技术关键我国没有掌握。买国外的技术吧，人家是天价，开口
就要几千万美金。但是，再贵也得买啊。20 世纪 80 年代初期，国家花 2 亿美元
从日本引进了一套 160 kA 的铝电解槽系列。随后，在消化日本的技术时，遇到了
难题，其他的硬件较好解决，就是电解槽的自动控制软件看不懂。学冶金的技术
人员不懂计算机，学计算机的人员又不懂铝电解，因此，这些控制软件被认为是
"天书"一部，相当长时间没法解决。

为了解决技术自主开发的问题，刘业翔同他的博士研究生李劼进行了艰苦的
科研攻关。那是 1986 年，23 岁的李劼考回母校，师从刘业翔教授，第一年基础课
上完后，李劼就按导师的指引，一头扎进了国家"七五"攻关项目"大型预焙铝电
解槽自适应控制技术的开发应用"，这一干就是 20 年。

研究期间，刘业翔和李劼发现，要消化日本的技术，关键是吃透电解槽的控
制系统和软件。李劼在导师指导下自学了计算机和程序语言等系列知识，这对于
本来一直从事轻金属冶金专业的他来说，是要克服很大困难的。经过三年的努
力，到硕士毕业的时候，终于掌握了日本的控制系统和软件，并在刘业翔指导下
继续攻读博士学位，继续攻克先进的控制技术。在刘业翔指导和支持下，李劼在

获得博士学位前后，还往控制系统的相关的硬件发展，他组织了行业内的工程技术人员，开始了电解槽控制机的研究和开发工作。并以刘业翔的名字命名，发起组成了湖南中大业翔科技有限公司，主要从事铝电解技术和自控技术的研发、设计、制造和推广应用，并开发出新型的电解槽自控技术和装备。

经过多年的努力，业翔公司研发的铝电解槽槽控机技术和设备已广泛应用于国内外 60 余家电解铝企业，为我国近年来铝电解工业实现大幅节能减排并促进我国大型槽炼铝成套技术走出国门发挥了重要作用。同时，刘业翔和李劼团队还承担了铝电解节能国家重大项目和课题的研究，取得了丰硕的成果。如针对大型铝电解槽寿命较低的问题，创造性地提出了铝电解槽"电、磁、热、流、力"多物理场（多场）的耦合仿真新方法，开发出铝电解新型电极材料等。之后，又趁热打铁开发出铝电解智能控制技术，使我国在这一领域的研究与应用水平，从落后于国外 20 年到目前达到国际领先水平。该项成果获得了 2004 年度国家科技进步二等奖和 2003 年度国家重点新产品称号。

4. 新能源材料的开发与产业化

锂离子电池不仅是目前手机、笔记本电脑等现代数码产品中应用最广泛的电池，而且大容量、大功率的锂离子电池也是目前最具有发展前景的动力电池，它是新材料、新能源和新能源汽车中的重要项目，在我国战略性新兴产业中具有重要的地位。

刘业翔学术团队自 1996 年就开始了锂离子电池正极材料的研发。最开始的时候主要是研究锰酸锂材料，但一次偶然的机会，改变了整个团队的研究方向和后续的发展轨迹。那是在 1998 年，刘业翔团队成员胡国荣博士后参加武汉一家公司举办的关于锂电池的技术交流报告会。与会者大部分是一些企业家。会议间隙，作为会场唯一的博士，他被众多企业家围了起来。一位广州的老板问他在研究什么，胡国荣说自己在研究锰酸锂电池材料，对方问他为什么不研究钴酸锂。"当时日本已经在批量生产钴酸锂电池材料，已经八九年了，从大学研究与创新的角度，就不愿做钴酸锂。"胡国荣刚说完，就被那位老板批评了一通。他说"大学尽搞一些闭门造车的东西，研究锰酸锂，谁知道多少年以后才能用？现在我们很多企业都在等米下锅，国内买不到钴酸锂，要买日本的，一吨上百万，实际成本只有三四十万"。那时锂电池很贵，1200 元一块，一部手机几万块，国内做电池的企业很想做锂电，但目前只能从日本进口。

那位广州老板语重心长的话使胡国荣深受刺激。他回去向导师刘业翔讲了自己的想法，刘业翔欣然同意他研究钴酸锂，并说"为什么不研究钴酸锂？这是核心材料，钴酸锂本身就不成熟，我们应该赶快研究，解决国民经济的急需"。半年的时间，胡国荣就拿出一个样品。跟日本的样品做了对比，发现比较接近，大家都很兴奋，就对外发布信息。因为这个是很新的项目，很多企业找上门来。在那之前，教授们参与企业，更多的是技术转让模式。学校拿到的技术服务费很少。而以技术入股办企业结果就不一样。1990年代末期，高校以技术入股办企业蔚然成风。刘业翔和胡国荣最后选定了上海一家投资公司，最后经过深入的洽谈，成立了湖南瑞翔新材料有限公司，协定中刘业翔和胡国荣团队的技术占25%的股份，投资公司占75%，中南大学也持有其中很小一部分股份。胡国荣作为技术负责人，出任公司副总裁，专管技术。

可是，"实验室小杯子做出的东西，到了生产层面，如何控制质量，谈何容易"。七八个月之后，初期1500万元的投资耗尽了，产品仍然不能达到要求。但刘业翔觉得当时的研究思路应该没有问题，一直鼓励胡国荣坚定信念。最后，胡国荣在一次去云南出差的时候，在宾馆里冷静思考了一个星期，拿出两套方案。按照新方案生产的产品拿到检测机构检验，半个月后，接到了检测机构的电话。对方质疑这是否是直接买的日本的样品，根本不可能是国内公司研制出来的。前两个月检测的时候还是垃圾，现在怎么这么好呀。胡国荣心里一阵狂喜，技术攻克后，瑞翔的市场一下子就打开了。

从2001年10月份开始，由于市场需求太大，瑞翔生产能力已经严重不足，它们开始大力拓展生产线。当时日本的原材料120万/t，在瑞翔产品出来后，不得不降到了80万，后来瑞翔批量生产，价格降到了49万，价格上比日本便宜35%。2008年，瑞翔销售额达到了6.8亿元。美国、日本、韩国和国内天津力神等国际国内非常重要的电池生产厂家都成为了瑞翔的客户，而瑞翔的产品也受到了用户的高度评价。

为了更好的把科学研究和国家需求相结合，便于技术的转移，以"先进电池材料教育部工程中心"为依托，2009年刘业翔团队又成立了"业翔先进电池技术转移中心"，作为学校和市场沟通的桥梁，既进行前沿的基础研究和技术开发，同时又注重高端人才的培养。校内研究团队、技术转移中心和校外学科性公司的良性互动，使得研究成果可以很快由样品变为小批量的产品，然后再转向大规模工业生产，刘业翔及其研究团队正在探索这样一条科学的高效的产学研结合的道路。

除此之外，刘业翔团队在新能源材料的研究与开发中，还平行进行着铝电解惰性阳极，CIGS（铜铟镓硒）薄膜太阳电池、新型动力电池、超级电池与超级电容器，有色金属电积用新型铅合金阳极及铅蓄电池轻型板栅材料的研发。

五、还想讲的话

刘业翔从教58年，弹指一挥间，回顾自己的学术生涯，他还想讲几点自己的体会与希望：

1.人生箴言

1）要培养坚强的意志。完成伟大的事业不仅在于志向和体力，还在于坚忍不拔的毅力。一个人必须百折不挠的经过一番刻苦奋斗，才会在向往的目标上有所成就，挫折是人生的财富。要培养坚强、执著不服输的精神，学会勇敢地面对生活中的各种打击和挫折，锲而不舍、百折不挠地朝着自己的人生理想奋进。

2）终生学习，与时俱进。"吾生有涯，而知无涯"，何况现在是"知识爆炸"的时代，知识老化加速，社会变化急剧，任何人都不可能一劳永逸地拥有足够的知识，所以需要终身学习与时俱进。同时有了好想法，更需要努力去实现。

3）对国家对人民有高度的责任感。饮水思源，知恩图报，这既是良好的品德，也是支持自己努力工作的动力和鞭策。

2.寄语青年

①要有求识的渴望。善于获取知识，具有较宽广的知识面；②要有提出问题、发现问题和解决问题的能力，特别是要有实践能力，能把好的想法转化成现实的能力；③搞科研除了要有从事科学研究的基本素质外，还要有创新激情，要有幻想、梦想和联想，多想出智慧；④一定脚踏实地、实事求是、不畏艰难、勇于攀登；⑤要有善于团结、合作、沟通、利他的团队精神。

3.寄望未来，为节能减排、开发新能源再作贡献

1）惰性阳极取得成功

惰性阳极，是指那些在目前通用的冰晶石－氧化铝熔盐电解中不消耗或微量消耗的阳极，它是铝业界的梦想。半个多世纪以来，惰性阳极的研究和开发工作时断时续，是全球铝行业及相关领域科技人员一直努力实现的目标。

用惰性阳极取代炭素阳极有以下主要优点：一是省去了数量巨大的优质炭的消耗（一吨铝需要 0.4 t 炭阳极，同时减少了大量的二氧化碳排放），除去了污染较重的炭阳极生产制造工厂。二是铝电解生产排放的是氧气，而不是二氧化碳，因此可以实现清洁生产。三是由于免除了炭阳极周期性更换（平均每天换一到二块，属高温作业），避免电解槽槽罩的频繁开启造成热损失，保持电解槽生产平稳和热平衡的稳定，便于完全自控。采用惰性阳极的电解槽还可以进一步地节能。有人怀疑，阳极析氧和阳极析出二氧化碳电位前者高于后者将近 1 V，是否能实现节能。这可以通过精确的减少和保持极距解决，由于阳极是不消耗的，其形状

能保持稳定,可以控制较低的极距,这方面的节能可以比常规的电解槽降低20%左右。

目前还没有应用惰性阳极的铝厂,其生产成本尚为未知数。但是从这几个主要方面推算,铝生产成本大致与采用预焙阳极的相当,甚或稍低,投资费用也会降低,加上环境因素,采用惰性阳极的革命性意义不言自明。正因为如此,刘业翔和同事们数十年来对惰性阳极的研究从没有终止过。在国家863计划的大力支持下,刘业翔课题组联合中国铝业公司研究院,惰性阳极研究已经由实验室研究开始走向工程化试验,电解持续时间已经超过美国报道的同类试验时间,目前试验已初现曙光。

2)薄膜CIGS太阳电池的广泛应用

与第一代的硅材料太阳电池相比,第二代的CIGS(铜铟镓硒)薄膜太阳电池成本更低,柔性耐久,能与建筑材料很好的结合,正成为目前研究的热点。刘业翔学术团队较早开始了可再生能源领域的研究,发挥冶金学科所擅长的知识基础和技术手段,特别是电化学科学技术。采用非真空的电沉积为主的方法进行了CIGS薄膜太阳电池的制备、结构与性能的研究。在理论基础和工艺技术两方面都取得了重要进展,同时还着手薄膜电池器件的制作,进一步提高转化率,降低成本,简化制备流程,为产业化作准备。在国家发展可再生能源政策的支持下,目前正与若干科研院所和高科技企业联合承担863项目,开展产业研合作,希望在3~5年内能研制和试用成功并得到广泛应用。

3)新型动力电池(超级电池)电动车广泛通行

超级电池就是把铅酸电池和超级电容器相关电极耦合在一起,产生出具有新功能的动力电池。它同时具备铅酸电池和超级电容器的功能,产生的功率大、使用寿命长、充电时间短、制造成本低,是今后的高品质动力电池之一。

对铅酸电池的功过应当重新评价,人们较多的关注铅的污染及引起的环境危害。在当前的技术和政策的指引下,其危害性是可以控制的并可把它降至最小。而铅酸电池的优点是技术成熟,生产成本低,安全可靠。经过技术改造,例如,改进板栅的结构提高其性能,减轻其重量,增大其功率密度并升级为超级电池,可以为低成本的动力电池开辟一条新的途径。

超级电池的研究和开发成功,能使古老的铅酸电池重新焕发青春,意义重大。刘业翔及其课题组成员正在研发新型的板栅材料,力争先期制成的新型铅酸电池能符合当前国家对电动自行车用电池的要求(电池组的重量低于十千克),使占市场份额百分之九十的铅酸电池自行车能继续奔驰。

4)科技新才苗壮成长,创新团队在竞争中崭露头角

几十年的科研和教学工作经验使他明白,培养优秀的科技人员是事业成功的核心问题。特别是近些年来国家对拥有大批创新人才的殷切期望,刘业翔希望自

己的团队在教学和科研发展中不断壮大，做到：①注意挑选优秀的学生早期（例如大三学生）进入团队，及早参与科研课题，从实践中得到科研团队的培养和锻炼，及早感受科研团队积极努力向上的氛围，并在科研实践中受到初步训练；②强化以研究生为主体的学术活动，激发大家的创新意识和博采众长的良好习惯；③尽可能创造条件让学生参与国内和国际的重要学术活动，使他们尽早获得开阔的视野，多向国内外优秀的团队学习；④定期进行总结和考核，多给予鼓励、启发与奋发向上的动力。此前，已有众多本团队的学生在事业上取得了显著的成绩，为国家做出了重要贡献，这样的培养道路，希望继续坚持和发扬光大。

（贾明、赖延清供稿）

第4章 创新平台

4.1 难冶有色金属资源高效利用国家工程实验室

难冶有色金属资源高效利用国家工程实验室于 2008 年 11 月由国家发改委批复立项建设，中南大学作为法人单位联合我国有色金属冶金龙头企业中国铝业公司、金川集团有限公司、湖南有色金属控股集团有限公司共同筹建，主管部门为国家教育部。

实验室依托中南大学有色金属冶金等国家重点学科，充分发挥选矿、冶金、能源、化工、环境、材料、控制等交叉学科的人才、技术和信息资源优势，立足难冶有色金属资源高效利用技术的国际前沿，以我国铝、铜、铅、锌、镍、钛、锑、铋、钨等占有色金属总产量 90% 以上的大宗和战略有色金属的重大需求为导向，重点针对一水硬铝石、低品位氧化锌矿和复杂钨矿等低品位氧化矿，复杂铜铅锌硫化矿、铜镍硫化矿、脆硫铅锑矿和钼铋硫化矿等多金属复杂硫化矿，赤泥、冶金粉尘、重金属冶炼渣以及褐铁矿型镍红土矿、攀西钒钛磁铁矿等伴生铁含量大的难冶资源高效利用工程技术瓶颈问题，开展新工艺、新技术与新装备的研发与产业化技术孵化。建立我国难冶有色金属资源高效利用技术工程实验平台和高水平工程技术创新人才培养基地，促进我国有色金属工业产业升级和可持续发展，为提升我国有色金属企业核心竞争力提供人才和技术支撑。

实验室主要由难冶低品位氧化矿碱法冶金、多金属复杂硫化矿直接熔炼、冶金废弃物及伴生铁资源直接还原、高效冶金反应器四个研发平台构成，已建成一批先进的难冶有色金属资源加工、处理与实验设备，以及现代化的分析、表征与性能检测设备。实验室技术团队由学术带头人及技术委员会成员、主要学术骨干、实验技术人员组成。拥有中国工程院院士 1 名，长江学者特聘教授 4 名，国家杰出青年基金获得者 2 名，百千万人才工程国家级人选 5 名，新世纪优秀人才 10 名。

实验室建设期间共承担国家与省部级纵向科研项目 60 余项，总经费 1.2 亿，其中，包括国家 973 首席项目 1 项，863 重点项目 2 项，国家科技支撑重点项目 3 项，国家自然科学基金 30 项，其中重点项目 2 项，国家 863 项目 5 项，省部级项目 20 项，与相关企业合作项目数十项。实验室共有 14 项科研成果获得奖励，其中国家科技进步一等奖 1 项、二等奖 3 项；省部级一等奖 6 项，省部级科技二等奖 4 项，获国家授权发明专利 120 项。

4.2 国家重金属污染防治工程技术研究中心

根据科技部《关于 2011 年度国家工程技术研究中心立项的通知》（国科发计 [2011]685 号）精神，依托中南大学组建的国家重金属污染防治工程技术研究中心获得科技部立项支持，这是依托中南大学组建的第一个国家工程技术研究中心，也是我国首个重金属污染防治国家级科技创新平台。该中心主要依托冶金科学与工程学院，同时联合资源加工与生物工程学院、能源科学与工程学院等有关学科共同建设。

近年来，我国重金属污染事故频频发生，严重危及居民身心健康和社会稳定。国家先后出台了《重金属污染综合防治十二五规划》、《湘江流域重金属污染治理实施方案》，重金属污染防治已经成为我国的一项长期国策，重金属污染防治的技术研究是科学研究的一大迫切又艰巨的任务。中南大学冶金科学与工程学院以柴立元教授为学术带头人的冶金环境工程和研究团队，凭借长期以来在该领域的深厚积累，紧紧抓住这一有利契机，积极整合学校在重金属污染防治技术领域已有研究基础和优势资源。

该中心的组建对促进环境工程学科发展、推动我国重金属污染防治技术整体水平的显著提升具有重要意义，对湘江流域乃至我国重金属污染治理将发挥重要作用。

中心的建设将紧紧围绕国家中长期科技发展规划纲要及国家重金属污染防治重大战略需求，以重金属清洁生产减污、重金属"三废"污染物治理与利用、重金属重污染场地修复等创新为核心，开展关键共性技术、工艺和装备的研发，聚集、培养国内外高层次专业人才，加速创新成果的孵化和转化，制定与完善相关行业技术政策、标准和规范，为我国重金属污染防治技术体系的发展奠定坚实的科学基础和技术支撑。

4.3 先进储能材料国家工程研究中心（与企业共建）

先进储能材料国家工程研究中心 由湖南科力远新能源股份有限公司牵头，联合中南大学、国家纳米科学中心等多家先进储能材料领域的高水平大学、科研院所及优秀企业，经国家发改委批准（发改办高技[2009]2520 号），于 2009 年在长沙、深圳两地成立，以独立法人企业运行。主要从事微网分布式新能源储能系统、先进储能材料及应用器件工程化技术的研究与开发，是我国在先进储能技术及关键储能材料领域唯一的国家级工程中心，代表我国在先进储能技术及储能材料领域工程化技术的最高水平。经过近三年的建设，该工程研究中心汇集了该行业国内外高科技研发和运营管理的精英人才，并初步形成了"长沙以先进储能材料及应用器件为主、深圳以新能源储能系统为主"的研究方向与产业布局。

先进储能材料国家工程研究中心的主要目标和任务是针对电动汽车、电动工具、太阳能、风能、兆瓦级蓄电站等对新型储能材料和能源转换器件的迫切要求，以先进储能材料的高能量密度和高功率密度研究、宽环境适应性研究、长使用寿命研究、高安全性研究为重点，建立新型储能材料的系统集成的研发平台、工程化验证平台和产业化平台，开展包括镍氢电池、锂离子电池、液流电池及超级电容器等关键器件及其材料的关键共性技术研究和工程实践研究。主要研究领域包括：生产工艺开发、关键生产设备和检测设备的开发、行业标准的制定、知识产权保护、环境保护及清洁生产技术、检验检测和质量评价、对外科技交流等。重点突破其应用领域存在的大功率或超大功率的技术瓶颈并提供整体技术解决方案，为完善和优化我国先进储能材料及应用的产业链提供强大的技术支撑，提高我国在该领域的国际竞争力。

4.4 国家环境保护有色金属工业污染控制工程技术中心

国家环境保护有色金属工业污染控制工程技术中心(以下简称中心)，是国家环境保护部 2004 年批准依托中南大学和湖南省环境保护科学研究院建立的有色金属工业污染控制领域内高新技术研究、相关成套设备开发、成果转化以及高层次人才培养、国际交流的重要基地。2008 年中心通过验收，2009 年 2 月正式授牌成立。

中心依托于中南大学和湖南省环境保护科学研究院，以有色金属工业的清洁生产、污染控制技术为研究开发的主要任务，提供集成、配套的工程化成果，已成为了行业污染控制共性技术的研发基地。形成了稳定的三大特色研究方向，即：①有色金属冶金清洁生产；②有色金属工业污染物控制及资源化；③有色金属矿区土壤污染与生态修复。中心充分利用依托单位中南大学在有色金属工业地、采、选、冶等领域的学科与技术优势，已奠定了在有色金属工业污染控制领域中稳固的地位。

中心先后承担了包括国家科技重大专项课题、国家"973"、国家"863"、国家科技支撑计划、国家自然科学基金重点项目等重大科研项目 63 项；取得各类科技成果 63 项，其中国家级科技奖励 2 项，省部级科技奖励 13 项，授权发明专利 46 项；实现成果转化与技术工程化建设 10 多项，拥有技术创新和自主开发能力。"重金属废水废渣生物处理与资源化新技术"等多项工程技术已达到国际先进水平。关键技术的工程化和推广应用进一步深入，推广规模和范围显著扩大，为行业年创效益近 20 亿元；完成了包括国家环保部、有色金属工业协会等下达的各类技术服务项目 17 项，完成国家标准制订与发展规划编制 6 项，其他地方、企业的咨询近 100 项。

4.5 先进电池材料教育部工程研究中心

先进电池材料教育部工程研究中心（以下简称"中心"）2006 年经教育部批复立项建设（教技函[2006]30 号文件），依托单位为中南大学，2011 年通过了教育部组织的专家验收，建筑面积共计 4600 m^2；按功能可划分为 6 个研究室（锂离子电池材料研究室、镍氢电池材料研究室、超级电容器与超级电容电池材料研究室、燃料电池材料研究室、太阳能电池材料研究室、电池材料循环利用研究室）、1 个中试车间和 1 个综合管理办公室。中心的产业化试验基地主要依托共建单位进行建设。

先进电池材料教育部工程研究中心主要围绕先进离子电池材料、先进镍氢电池材料、先进超级电容电池材料、先进燃料电池材料、先进太阳能电池材料、电池材料循环利用等六个方向开展研究和进行工程化技术开发，其研究方向明确、重点突出、建设措施得力、发展势头良好。中心在建设期内，共投入资金 1500 万元，完成了离子电池材料研究室、镍氢电池材料研究室、超级电容电池材料研究室、燃料电池材料研究室、太阳能电池材料研究室、电池材料循环利用研究室和中试车间、产业化试验基地的硬件建设；形成了先进、完备的电池材料工程化技术研究、人才培养、社会服务和学术交流平台；取得了一大批国际先进的科技成果，中心已成为我国先进电池材料领域的工程化技术研究与人才培养基地。该中心是国内大学中率先建立的从事先进电池材料的工程研究中心，在先进电池材料科学研究和工程化技术开发等方面起到了学科带头和行业引领的作用。

中心建设以来承担了一批国家级和省部级科研项目，累计项目经费达 5600 余万元；获国家科技进步二等奖 2 项，省部级科技进步一、二等奖 5 项；在国内外刊物发表论文 500 多篇，其中被 SCI、EI 等著名检索刊物检索的论文 200 多篇；出版专著 3 部；申请和获得授权发明专利 50 多项；在队伍建设方面，中心通过引进与培养相结合的原则，形成了一支稳定的、高水平的学术队伍，有 1 人入选长江学者，有 2 人入选"教育部新世纪优秀人才计划"，有 1 人入选"新世纪百千万人才工程"；在人才培养方面，中心培养了一大批先进电池材料领域的博士、硕士、学士和工程技术人员，形成了有层次、有规模的人才培养体系；在学科建设方面，充分发展现有学科的优势，并新增了"新能源材料与器件"本科专业。

4.6 中国有色金属行业冶金分离科学与工程重点实验室

中国有色金属行业冶金分离科学与工程重点实验室的前身是1996年成立的中国有色金属工业总公司的重点实验室"冶金分离科学与工程实验室",2011年经中国有色金属行业认定为"中国有色金属行业冶金分离科学与工程重点实验室"。该实验室的创始人为张启修教授。目前实验室拥有全职研究人员7人,其中教授3人,副教授2人,学术带头人为肖连生教授。

实验室致力于应用各种现代分离技术创造新的冶金单元过程,组合高效、节能、无污染的冶金新工艺,为复杂共生资源的高效清洁冶金、相似元素深度分离以及冶金废水的治理服务。实验室的研究重点为含有金属离子的溶液分离技术,核心的分离技术手段为溶剂萃取、离子交换与色层分离和膜分离技术。研究工作主要涉及稀有难熔金属、稀土金属、有色重金属等冶金领域的分离纯化、富集回收及废水处理。

多年来实验室承担了国家重点科技攻关项目9项、国家自然科学基金2项、国家863重点项目1项,国家科技重大专项1项等国家或省部级课题,以及来自厂矿企业的几十项合作项目,研究领域以稀有金属冶金为主,涉及整个有色金属冶金和冶金废水处理,在上述领域,特别在钨、钼、钒、镍等金属的高效清洁提取冶金和钨/钼、钼/钨、钼/钒等相似元素分离和冶金废水治理方面取得了一批在国际、国内领先的研究成果,申请专利30项,获授权专利18项,发表科技论文近200篇,获部级科技奖2项,开发的多项研究成果在国内近30家企业获得了大面积的推广应用,为国内冶金企业创造了良好的经济效益。代表性的科研成果有"基于碱性萃取的钨湿法冶金清洁生产工艺","镍钼矿提取的清洁生产工艺","密实移动床–流化床离子交换钨钼分离技术","连续离子交换净化镍电解液技术","离子交换钼钒分离技术","离子交换钼钨分离技术","双氧水络合萃取分离钨钼技术","镍钴高选择性萃取剂的合成"等。实验室的研究工作在国内和国际冶金界拥有广泛的学术影响并享有一定的学术声誉。

实验室在进行科学研究的同时还培养了大量的本专业高层次专业人才,其中获得博士学位的15人,获得硕士学位的45人。

实验室还与国外建立了广泛的联系与合作,先后与俄罗斯、英国、日本、德国、加拿大、澳大利亚、意大利、匈牙利等国专家、教授进行了广泛的双边学术交流和研究合作。

4.7 稀有金属冶金与材料制备湖南省重点实验室

稀有金属冶金与材料制备湖南省重点实验室于 2008 年由湖南省科技厅批准成立，是整合我校冶金院、材料院和化学院的相关资源组建的实验室。成立以来实验室共承担了 40 多项国家、省部级及横向项目，科研经费近 3600 万元；获得了国家科技进步一等奖 1 项，省部级奖励 3 项；申请了 37 项国家发明专利，其中授权 11 项；在国内外刊物发表论文 81 篇，其中 SCI/EI 收录 49 篇。实验室通过人才引进与培养相结合的模式，形成了一支稳定的、结构合理的学术队伍，有 1 人入选"长江学者特聘教授计划"，2 人入选"教育部新世纪优秀人才计划"，1 人入选"新世纪百千万人才工程"。

该实验室针对我省及国家在稀有金属及其相关产业中的重大需求与重大关键技术问题，主要围绕稀有金属冶金物理化学、矿物加工与冶金高效分离、真空冶金与高纯金属制备、高性能材料制备四个研究方向开展基础研究与应用基础研究，学校依托此平台积极开展产学研合作，并产生了很好的经济社会效益，目前，该实验室已成为我省稀有金属冶金领域科学研究与人才培养的重要基地。

4.8 水污染控制技术湖南省重点实验室

水污染控制技术湖南省重点实验室前身水污染治理工程技术湖南省重点实验室 1996 年由湖南省科技厅和湖南省环保厅批准依托湖南省环境保护科学研究院建立。2005 年湖南省环境保护科学研究院与中南大学冶金学院达成协议共建该重点实验室并更为现名。双方在重点实验室建设中充分进行资源共享、技术开放、人员交流与合作。重点实验室的研究方向是以水污染控制技术为主线，贯彻污染的源头控制与预防、强化污染过程的控制和污染的末端治理相结合的理念，根据我省面临的突出环境问题及全国的环境污染现状，重点针对中小城镇生活污水、高浓度难降解有机废水及有色重金属废水的污染控制及回用等三大领域开展创新性研究。

重点实验室建立后，在环境科研、环境工程设计、环境咨询等方面开展了大量的工作，取得了可喜的成绩。共承担了 1000 余项纵横向研究课题，其中国家级、省级、市级和社会各界等科研治理工程项目 60 余项，取得成果 38 项，获省部级以上科技进步奖 4 项、省级环保科技进步奖 11 项，取得发明专利 3 项，出版专著 4 本、发表论文 60 余篇，实现成果与技术转化 12 项，成果转化效益近 400 万元，为环境技术的进步和环境保护工作的开展作出了一定的贡献。

4.9　湖南省重金属污染综合防治工程技术中心

湖南省重金属污染综合防治工程技术中心是湖南省科技厅 2008 年批准依托中南大学组建的重金属污染综合治理技术领域研究开发、成果转化的重要基地。目前已形成了重金属废水处理与回用技术、重金属固体废物高效利用与无害化、重金属污染环境风险评价与重金属污染土壤生态修复等 3 个特色研究方向。新建了重金属废水生物法深度处理与回用、重金属废渣的稳定化与重金属回收、重金属污染场地修复等 3 个中试实验室。

工程技术中心自组建以来，承担了包括国家水体污染控制与治理科技重大专项课题、国家科技支撑计划项目、国家 863 计划重点项目、国家自然科学杰出青年基金、国家自然科学基金重点项目及面上项目、湖南省重大科技专项各类科研课题近 40 项，科研经费达 6892 万元。在重金属污染防治及其相关研究领域取得了一系列研究成果，获国家科技进步二等奖 1 项，省部级科技进步一等奖 4 项、二等奖 1 项。

中心建设期内申请专利 76 项，其中授权专利 23 项，发表科研论文 125 篇，其中 SCI、EI、ISTP 收录论文 96 篇，出版学术著作 2 部。研究开发 8 项关键技术；完成 8 项关键技术的中试，为重金属污染综合治理提供了新工艺、新技术；推广 3 项重金属污染防治技术，总体技术水平居国内领先、国际先进水平。

组建了一支由 32 名固定研究人员和 30 名流动人员组成的研究队伍，聘请 5 名国内外知名专家作为中心兼职教授或客座教授；从国内外高水平大学引进各类高层次人才 7 人，其中"中南大学猎鹰计划"1 人。培养长江学者 1 人、国家杰出青年 1 人，培养博士后 12 人。

第 5 章 人才培养

自学科组建以来，共培养了 57 届毕业生，计有本(专)科毕业生 1 万余人、工程硕士 100 余人、硕士 1100 人、博士 258 人、博士后 121 人。

5.1 硕士、博士和博士后培养

硕士和博士培养详情见表 5-1，博士后培养详情见表 5-2。

表 5-1 冶金工程专业历年博士和硕士学位授予名单

	博　士	研究生班					
1956		张爱芹	谭泊曾	夏忠让	彭容秋	戴永年	吕证华
		王立川					
1959		陈绍衣	郭以军	吴炳乾	陈日新		
1963		罗声远	杨淑真	周良益	姜运银	马绍援	范乐顺
		刘佑瑜	朱　文	冷悦华	张多默	黄克雄	王化章
		钟侃如					
1964		赵秦生	龚伯凡	钟海云	黄永忠	杨济民	郭立人
1965		谭湘庭	陈万坤	黄际芬			
1966		庄裕美	颜尚华	邓焯贤	钟廷科		
1967		王学发					
1968		贺庆元	莫万坤	杜　启	李顺生	郑　瑛	谢继祥
	博　士	硕　士					
1981		孙培梅	李皓月	张邦安	钟启愚	唐谟堂	
1982		陈文如	吴筱锦	王庆祥	上官正	王　荣	
1983		彭铁辉					
1984	骆如铁	李红世	许晓明	李　军	康思琦	童艾安	邱先彩
		龙炳清	陈小川				

续表 5-1

	博　士	硕　士					
1985		张武城 朱继民	汤洪清 周子民	季金星	李小斌	肖海明	周雍茂
1986	裘晓滨　唐谟堂　陈启元 黄慧明	丁振翔 李新海 何英和	薛生辉 王继民	陈少纯 姜　涛	侯拥和 汪　涓	黄　刚 易　坚	唐杰雄 林奋生
1987	殷群生　方　正	陈　斌 邓家飞	李学军 袁京城	李运姣 廖贤安	王洪标 陈晓洪	孙　儒 胡保平	许晓曙 陈肖虎
1988	翟玉春　龙炳清　康思琦 张武诚　李　晶	朱玉华 刘志立 陆业大 李军旗 刘定富	卢普涛 凌克奇 张拥军 吴其山	徐成勇 陈　维 徐盛明 王　辉	梁　杰 许开华 邹　波 黎　嫚	严大洲 闵　德 李明建 钟发平	彭　兵 吴乐谋 刘志宏 徐光清
1989	孙伟安	张望兴 银　瑰 舒方华 周辉放 李　劼 刘　彬	邢卫国 陈庭贵 胡福成 张农科 曹修运 高贵超	张宏春 曾令成 罗　春 赵恒勤 张发饶 谢　中	王前普 何　峰 赵艳兰 陈力均 封家纯	黄柱成 李建湘 袁洪波 万春生 胡鹏飞	刘旭东 童华中 黄家明 李秀根 王　云
1990	周子民　杨天足　段学臣 陈晓洪　李新海	利镇友 邹学功 张才明 常乐文 陈文汩	陈海清 孙晓白 姚珍刚 傅　健	蒋训雄 曾　晖 楚　广 唐春莲	王先锋 储志强 刘小银 汪友元	彭志宏 李清湘 李庆奎 欧阳顺山	朱协滨 李文广 胡宏杰 薛　雄
1991	邓日章　张衡中　陈振方	陈应友 刘光伟 吴扬雄	刘义德 陈建雄 罗亮明	戴良成 钟　晖 周　萍	莫晓华 顾　珩	刘航博 沈洪远	邬建辉 颜太山
1992	张拥军　张永柱　满瑞林 袁京城　葛荣德　谭爱民 杨建红　姚汝信	柴立元 郑国渠 李作刚	赵中伟 毛京湘 胡文忠	宋成荣 曾德文 罗电宏	蔡　晖 罗兰萍	郭学益 王惠林	唐明成 吴宝林
1993	李　劼　袁　泉　彭志宏	肖　劲 谭鹏夫 唐华雄 诸天柏	董起俊 任洪岩 张群欣 冯　琳	周继红 刘雪凡 张贵清 黄永忠	周　俊 肖逢春 胡垚沁 刘飞龙	刘激杨 王庆伟 何立新	简弃非 欧阳民 戴　曦

续表 5-1

	博士	硕士
1994	余忠清　王湘闽　胡文彬 尹周澜　贺跃辉　曾文明 吴文健	谭翎燕　陈为亮　周海龙　周赛平　陈滨　申慧 廖春发　黄小忠　马永国　夏金兰
1995	赵中伟　郭学益　武坤	周金云　李春旺　钟大龙　段瑞文　王勇　陈进中 李斌　聂晓军　严晓辉　江名喜　汤啸　钟云波
1996	谭鹏夫　叶少军　郑国渠 徐盛明　曾水平　石西昌 王先友　尹爱君	谷建军　周俊
1997	游旺　柴立元　钟庆东 银董红　邹忠　李维 陈忠　瞿龙　肖松文 廖波	赖琼林　水承静　霍广生　袁赛前　王玲　曾庆学 苗建国　黄涌波　郑诗礼　陈进忠　张宝　王蔚玲 杨富国　岳伟　蔡艳荣　刘常青
1998	杨家红　刘桂华　王成刚 谢中　彭小奇　徐福仓 李中军　罗爱平　刘建华 陈建勋　汤义武　王志兴 易清风　周红	王智　王玮　陈晓春　陈忠泰　申勇峰　李启厚 黎昌俊　李建波　周秋生　梁建宇　张云河　徐宏亮 王少芬　罗方承
1999	刘海霞　李添宝　杨占红 张昭　涂抚洲　刘士军 杨春明	刘志强　唐朝波　席晓丽　李跃丰　李锋　刘朝辉 唐建军　黄凯　杨声海　潘朝群　何智慧　王红强 杨子运　王云燕　郭淑玲　蒋利民
2000	李民军　彭兵　陈为亮 陈磊　杨卫宏	李继洲　刘中清　佘旭　李青刚　王先黔　陈松 刘红东　李荐　程华月　陈金清　文颖频
2001	闵小波　阳卫军　肖劲 郭睿倩　谢勤　周秋生 陈建军　陈晓春　唐瑞仁 赖延清　霍广生　郭华军 金胜明	邓凌峰　吴琳琳　李潜　赵庭凯　万新华　高泂 湛菁　邹俭鹏　刘会基　金立业　张邦胜　何则强 唐安平　娄战荒　安然　胡传跃　刘丽英　周诗国 王文祥　张保平　谢武明　李永芳 工程硕士： 白猛　林升叨　龙子平　李贻煌
2002	李启厚　符德学　彭文杰 王云燕　李运姣　郑雅杰 李庆奎　周向阳　唐建军	王晨生　苟中入　郭永兴　唐忠阳　刘久清　张伟宁 胡拥军　吴军　徐晓玲　于霞　王之平 工程硕士：甘雪萍　廖利波

续表 5－1

	博　士			硕　士					
2003	彭忠东　唐朝波　许名飞 黄　凯　陈振兴　保积庆 邓姝皓　魏琦峰　邬建辉 杨声海　张贵清　孙德栋 陈　松　吴显明　邱运仁 李　荐			李义兵　王　赛　熊　伟　范卫东　阳征会　艾　娟 徐　劼　魏岱金　韦顺文　周益文　彭　可　张亚莉 李　青　李晓东　边友康　程迎军 工程硕士： 曹　辉　胡建辉　郝向东　张斯科　师树英					
2004	陈湘涛　侯朝辉　何则强 陈艺锋　李庆余　王红强 李相鹏　刘祥民　刘恩辉 刘吉波　张保平　秦庆伟 刘立华　邓凌峰			彭春丽　成琼文　蒋英刚　王　煊　邓新荣　陈　滨 万押平　孙召明　肖政伟　常建卫　吴智明　邓星球 侯桃丽　孟　芸　汤瑞湖　叶军乔　夏志华　刘　恢 周新林　郑顺德　刘可鑫　李　彬　肖国华　尹朝晖 方　静　胡俊杰　徐克华　刘红卫　张　刚　赵永金 戴小平　陈兴龙　徐晓辉　王　平　张　平　张新龙 朱永松 工程硕士： 徐　毅　刘明海　张伟健　李　琛　杨林平　郑时路 吴斌秀　李裕后　杨立新　韩　翌　谢大元　张登凯 李冬云　童长钿　林宏义　潘泽强　文　剑　吴　涛 赖复兴　左新田　许定胜　梁　峰　钟　勇　黎伟文 陈飞宇　陈　旭					
2005	杨建文　李旺兴　张　宝 张　利　禹筱元　杨建广 张云河			于延芬　王振堂　贺　强　潘　军　王建强　段华南 杨　平　孙小刚　唐　宁　夏志美　阮金良　汤家明 苏维丰　吕卫君　刘志山　方海升　宋海琛　叶　波 王　元　黄　昂　龙腾发　刘志坚　王喜春　宁建文 庄明龙　胡宇杰　陈　亚　郭晓燕　苑　春　慕思国 宋文杰　杨光辉　刘　铭　赵　卓　杨喜云　孙志宏 常晓燕　何显达　胡传跃　党建平　齐　申　唐时建 王识博　王建军　李若愚　王　宇　李　波　郑金旺 侯立松　高旭光　杨　宇　邵雄奇　肖发新　范伟东 黄彦强　王金融　孙锡良　汪劲松　陈永明　龙红卫 罗文斌　王剑锋　张钦菘　梁慧强　伍上元　朱华丽 潘　竹　袁志庆 工程硕士： 黄　庄　范红喜　解正业　柳世红　肖　康　梁大伟 彭怀文　葛中民　田红献　吴长河　权　昆　陈宝民 刘　伟　赵东峰					

续表 5-1

	博　士		硕　士				
2006	彭长宏　江名喜　郑　粟 于　霞　湛　菁　巨少华 周宁波　李义兵　田忠良 陈爱良　罗北平　罗胜联 李仕庆　钟胜奎		邓小梅　田文增　谭显艳　黄　毅　曹四海　钟志强 石迪辉　赵海玉　王晓琼　许利剑　赵　浩　丁燕鸿 周春仙　陈梦君　洪良仕　马　鸣　李改变　樊友奇 刘旭恒　张世荣　文士美　任万能　郭持皓　廉迎泽 刘云建　董成勇　曾雷英　张　淳　邹伟红　刘云峰 刘伟锋　沈能斌　胡晓珊　卢江波　李玉虎　方振升 黄草明　朱炳权　唐红辉　曾　理　何汉兵　徐华军 李铁晶　陈小开　江　兵　冯港涛　李　平　向雪松 刘红召　苏元智　吕晓军　陈一恒　谭海翔　李诚国 罗　艳　姜文英　彭小琦　谭培龙　邓　荣　欧阳丽伟 蔡　勇　吕　莹　李晓波　李　雄　张　明　李新征 程明明　张晓飞　颜恒维　龙　波　陈瑞英　盛灿文 刘战伟　孙　放　朱国平 工程硕士： 　张扩军　张永德　林运驯　刘吉殷　李正东　胡凌哲 　赵合琴　胡少伟　黄　昂　梁小伟				
2007	刘志宏　楚　广　马玉天 杜作娟　彭　及　阳征会 习小明　胡拥军　张钦发 夏文堂		卿　波　李　国　宋海申　金　艳　刘晓剑　邓　华 伍玉云　常　皓　朱勇军　王中溪　刘　杰　白本帅 刘智勇　刘继波　陈科云　王岳俊　袁　艳　万文治 王红军　杨晓光　吴晓华　高君丽　徐　刚　符丽纯 丁淑荣　刘海涵　张　勇　黄良辉　李春霞　王　明 刘希泉　方　艳　皮关华　窦爱春　王　昊　王崇国 卢　海　彭　明　袁　林　彭自胜　郭　伟　张　鹏 王　璞　王雪峰　杨　波　刘艳君　王　佳　吕士忠 万　烨　童　汇　赵　堃　华桂林　田庆华　何方勇 宋丹娜　范旷生　史海燕　陈星宇　赵　婷　邴　桔 季　勇　马尚德　彭振华　龚　胜　李昌林　石　谦 工程硕士： 　许　卫　简洪生　李春华　刘　勇　黄异龄　周英明 　阳益军				

续表 5 - 1

	博　士		硕　士					
2008	胡敏艺　邓新荣　周友元 刘　伟　陈　滨　李　晶 张红亮　肖政伟　朱文杰 王家伟　韦顺文　陈　亚 张　刚　肖发新　刘代飞 慕思国		刘　琨　向小艳　陈燕彬　李景芬　曹才放　郭金权 周邵云　游　芳　刘鲁平　申美玲　秦　琪　高慧妹 曹金艳　宋　瑜　张　明　罗　园　黄子石　段　炼 陈学刚　张力萍　张杜超　陈　萃　尚保卫　梁彦杰 向楷雄　曹　鹏　何　峰　陈　飞　李江涛　牛　磊 黄礼峰　唐泽亚　张　凯　郭玉刚　王亦男　梁月娥 章小康　胡　雷　江剑兵　马登峰　薛　平　杨志宽 夏　星　吴保安　李　栋　赵攀峰　赵宝平　李俊丽 刘万宇　许　良　胡　健　刘能生　刘会平　周玉琳 张　立　徐　双　孙　强　杨亚男　李海波　肖　伟 陈　燕　梁如福　解　伟　尚广浩　李祥元　罗振勇 隋利军　戴　劲　张　妮　王　辉　王　娜　戴文娟 李鸿飞　成定波　毛爱丽　周小淞　黄伟光　杨　勇 刘昭成　刘振楠　付伟岸　孙乾铭　肖海娟　宋志鹏 杨　鑫　闫　琨　刘燕庭　毕丹丹　周　敏　张　建 李　旭 工程硕士：陈志刚　王　平　王世海　王荣铸　王　民 高校教师：符金开					
2009	李景升　徐　锐　王志刚 马泽民　黄顺红　高旭光 王瑞祥　肖　骁　余会成 陈云嫩　衷水平　刘智敏 刘云建　陈永明		李治海　邓永春　颜群轩　王伟良　李慧君　黄海波 张学政　叶　晟　胡　正　刘有源　谭群英　尤翔宇 肖　湘　王红彬　王　雄　曹　艳　杨慧兰　李学强 刘生长　陈丽鹃　冯庆明　曹　璇　马　辉　汪　蓓 关文娟　陈盼盼　张　华　许友泽　贾希俊　李　钧 张志强　刘云超　李凡群　李　莉　张　鹏　彭小玉 刘万里　廖姿敏　高宇波　秦　艳　栾欣宁　刘大学 吴　玲　汪　莉　马　飞　邱文顺　吴免利　文艳芬 彭殿军　谢巧玲　伊继光　周理程　孙晓峰　闫剑锋 陈跃辉　李许玲　王浩宇　杨安享　程　义　彭　超 王　娟　张淑英　范小江　晏　佳　王新刚　周　峰 刘立强　张　程　符芳铭　彭佳乐　张银亮　王　飞 宋　杰　朱　薇　王姣丽 工程硕士：蔡练兵　王　阚　李荣庭　吕重安					

续表 5 - 1

博　士	硕　士
	满伯乾　梁永宣　黄亚军　程晓苏　陈耿涛　邓松云 石　岩　曾　娟　崔　沐　李　斌　彭秋燕　李二平 李琼芳　杨思蔚　胡　芳　苗旭锋　张家靓　李　轶 梁　莎　宋　丹　洪　波　钟菊芽　刘　晶　蒋志刚 何文英　陈龙义　刘　艳　田守祥　刘　恺　石玉臣 吴希桃　陈润华　李　倩　杨　跷　姜　波　裴　斐 徐宇杰　龙　艳　郝　新　蒋国民　滕　浩　李建圃 覃　静　钟振宇　周乐君　赵思佳　肖露萍　苏长青 任　晋　王志国　胡一平　万　斯　骆　婷　方　杰 张海宝　王　兵　张秀峰　李黎明　成宝海　李　瑾 马小波　欧阳紫靛　刘珍珍　周　菲　余亮良　柯昌春 何天明　彭映林　晋帅勇　雷存茂　张丽芬　张金龙 卢阶主　刘婉蓉　郑　磊　黄少波　李　斌　周伟瑛 潘凤开　周　存　龙　双　蒋伟燕　姜　科　肖　超 洪　波　吴胜男　陈带军 工程硕士： 朱宾权　万黎明　李有国　金贵忠　李诚星　薛国辉 方　奇　覃宝桂　王　敏　蒋光佑　宋　阜　傅永良 陈学文 高校教师：杜新玲
王　勇　杨　平　李青刚 刘凤琴　苏　鹏　樊友奇 郭永兴　吕晓军　汪金良 冯宁川　李金辉　高宏权 田庆华　刘　维　刘　伟 曹雁冰　黄有国　赵　卓 刘旭恒　杨　娟　张　明 胡启阳　罗文斌　刘　萍 刘建文　温俊杰　郑俊超 郭秋松　刘民忠　杨　志 黄　坚　陈星宇　张　刚	

2010

| 李贵奇　王庆伟　马立文
杨　亮　谢兆凤　李青
竹　刘芳洋　陈胜利　彭
春丽　刘伟锋　侯晓川
贾　明　刘战伟　张有新
刘昭成　蒋良兴　刘
伟　石文堂　王振兴　徐
文彬　尚　伟　蒋庆来
方　静　李玉虎　王新宇
杨海平　胡小莲　李
栋　方钊　李灵均　曾
理　李昌林　伍　凌
齐天贵 | 肖　峰　丁瑞锋　周文科　王慧敏　曹志阁　胡根火
王俊娥　张　强　刘诗华　魏欣欣　屈学理　张　莹
张　浩　陈彦虎　娄世菊　余　芳　肖彩梅　喻晓剑
崔喜凤　朱　云　刘　楠　高　健　赵军峰　赵　静
张琏鑫　谭　令　匡三双　杨　杰　朱　明　肖彩霞
刘　军　沈　超　马婷婷　彭　俊　唐代春　王　钧
欧　惠　施丽华　张太康　周晓花　冷学坤　阳伦庄
李　菲　李航彬　吴　展　王　英　伍　斌　廖映平
易　宇　肖朝龙　谢　昊　彭丽婧　屈文超　陈胜龙
章　宣　李程文　黄　玲　高　亮　王小娟　汪海涛
王亲猛　郭　欢　魏琛娟　李　渊　涂松柏　杨　星
吴　宇　黄根红　陈绪杰　侯国锋　苏艳蓉　王　博
胥　建　王　安　张理源　蔡　勇　侯金龙　文剑锋
张　珑　韩　硕　杨际幸　王凤永　段　冉　刘洁群
杜　璐　廖宇龙　高利利　梁定民　覃东棉　徐　冬
刘　恒　张玉锋　许晓阳　杨少辉
工程硕士：刘银元　高富娥　郑永龙　夏训松　贾新武 |

2011

续表 5-1

	博 士	硕 士
2012	向仁军　王多冬　曹才放 王丹琴　欧阳全胜 梁　勇　李江涛　刘智勇 霍登伟　窦爱春　孙召明 黄　潮　梁学民　张亚莉 谢科予　陈进中　张杜超 王岳俊	邓　松　王会兴　孔莲莲　熊　珊　胡宝磊　叶普洪 伍　茜　王纪明　陈核章　刘前明　李云峰　蒋凯琦 赖静远　牛　飞　何利华　雷　杰　胡　琴　杨秋菊 田千秋　马亚梦　赖　浚　赵玉先　王　明　赵　娜 任春燕　周定方　刘见华　李　倩　石剑锋　辛鹏飞 张翩辉　尹一男　吴江华　崔　涛　张志兵　杨　森 刘卫平　廖春华　张晓萍　苗　雨　陈　端　纪宏巍 牛莎莎　张海静　安　娟　严　浩　乐红春　蒋　彬 刘　青　陈昆昆　郭志红　杨　文　岳建峰　胡燕清 吴胜辉　李　静　郭　超　吴　城　郑　洁　陈　威 王　勇　张永康　陈欢欢　王惟嘉　李晓静　王小能 周欢年　刘小文　叶龙刚　柯兆华　张　欢　姚　标 郝明明　蔡守珂　李康康　周兆安　吴　旭　古可专 杨有才　罗　超　黄　霞　曾成威　夏晓梅　曹雪娇 伊跃军　胡元娟　刘淑芬　郝科涛　韦小颖　张罗虎 王　涛　蒋　雷　宋　超　田　侣　桑培伦 工程硕士：刘战生　孔令坤　武岩鹏　王进良

表 5-2　冶金工程专业历年博士后研究人员名单

进站时间	博士后
1992	谭爱民　张永柱
1993	李　劼
1995	杜伟坊
1996	赵中伟　郭学益　钟子宜　谭鹏夫
1997	邱克强　陈文泗　龚光彩
1998	胡国荣　徐洪辉
1999	刘　咏
2000	陈为亮　潘青林　尹邦跃　曹佐英　钱　东　杨春朋
2001	李松林　李小斌　张国范
2002	何德文　周秋生　王雅林　李启厚　周向阳　李海普
2003	李　洁　张福勤　李　周　陈建华　廖寄乔　龚伟平　胡慧萍　肖　劲
2004	黄　锐　龙永珍　张文山　姜　锋　汤中华　张　立　于　澍
2005	程建奕　张治安　李勇刚　陈腾飞　张　宝　刘小鹤　蒋新宇
2006	彭长宏　王云燕　陶　颖　黄劲松　王国祥

续表 5 - 2

进站时间	博士后							
2007	何新快	陶辉锦	李慧中	刘小良	齐卫宏	何燕飞		
2008	朱建裕	彭红建	刘 彬	肖剑荣	张明瑜			
2009	徐志峰	张晓泳	赵艳敏	周昌荣	彭勇宜	夏乐先	夏姣云	陈 灿
2010	童海霞 张 伟	谭小平 孙 威	戴娇燕	梁 波	夏向阳	颜爱国	田庆华	王世良
2011	易小艺 彭 亮 杨 鑫	马范军 许利剑 唐崇俭	吴 宏 李 兵	谭彦妮 吴 层	刘延斌 伍永田	曹阿林 吕晓军	马家玉 刘怀菲	王小锋 刘润清
2012	王跃明 黄道远 张 真	卢清华 王小锋	王瑞祥 魏秋平	银锐明 张雁生	曾晓希 刘 锋	朱红求 廖 骐	毛先柏 陈书浩	邹 滨 陈 畅

5.2 杰出校友代表[①]

刘振元 江西萍乡人。1955 年毕业于中南矿冶学院有色金属冶金专业，次年加入中国共产党。1960 年获苏联科学院巴依科夫冶金研究所技术科学副博士学位，回国后，历任上海冶金研究所副研究员、科技处处长、副所长，上海市副市长。

戴永年 1929 年出生于昆明。昆明理工大学教授、博士生导师，中国工程院院士。

1951 年 7 月，戴永年从云南大学矿冶系毕业后留校任教。1954 年到中南矿冶学院有色冶金系读研究生，1956 年研究生毕业后到昆明工学院任教，先后任冶金系教研室秘书、教研室主任、系主任。1957 年，开始从事真空冶金研究。1958 年，组建了中国第一个真空冶金试验小组。1979

---

① 按在本学科首个学历毕业时间排序、部分杰出校友已列入学科人物。

年,日处理 2 t 的真空冶金炉研究成功,经云南省冶金局鉴定后成功地应用于工业生产,取代了传统流程,该项新技术获得 1979 年冶金工业部科技进步四等奖,相应设备"内热式多级连续蒸馏真空炉"取得国家发明专利,并获 1987 年国家发明四等奖,现已有 30 余台真空炉应用于云南、广西、湖南、湖北、安徽、广东、辽宁、甘肃、江西等省的 20 多个企业及玻利维亚、巴西等国,创造的经济价值以亿元计。

1989 年,主持建立的"真空冶金研究室"更名为"真空冶金及材料研究所",他带领同事们创造性地自行研究、设计,建造大、中、小型真空炉 15 套,供学校教学和科研。

1992 年,开始从事无污染新能源材料锂的真空提炼技术的研究。经过 3 年多的实验,取得了成功,获得国家发明专利,解决了一系列生产中的难题,并在有色金属行业推广应用。研究成功的"锂的真空冶炼新工艺及配套设备"改革了锂冶金的传统生产技术。

由他发明和研制的真空设备与技术在国内外(中国、巴西、玻利维亚等)40 多个厂家使用,共计 65 台(套),部分改革了锡、铅、锌冶金传统生产技术,取得了显著的经济与社会效益。

戴永年是中国著名的真空冶金学专家,有色金属冶金国家级重点学科和云南省真空冶金重点学科带头人。先后培养了博士、硕士研究生 40 余名,提出了金属真空精炼及合金真空分离过程的基本理论,发表科研学术论文 100 余篇,其中被 SCI、EI、ISTP 等收录 30 篇。撰写出版学术专著 7 部,其中《有色金属材料的真空冶金》被列为国家科学技术著作出版基金项目,《真空冶金》获全国优秀科技图书二等奖。获得国家和省部级的各种奖励共计 28 项,其中,国家技术发明奖二等奖 1 项、国家科技进步二等奖 1 项、国家发明四等奖 1 项。已获授权发明专利和实用新型专利共计 20 项。

先后荣获"全国五一劳动奖章"、全国"高校先进科技工作者"、"云南省劳动模范"、"云南省有突出贡献优秀科技人才"、"省模范共产党员"等荣誉称号以及中国真空学会"1994 科技成就奖(HAYASHI AWARD)",享受国务院政府特殊津贴,所在研究所于 1999 年被授予"中华全国总工会职业道德建设百佳班组",并于 1999 年被评选为中国工程院院士,2003 年被授予"云南省科学技术突出贡献奖"。

陈祖训 教授级高工，出生于 1931 年。1956 年毕业于中南矿冶学院有色金属冶金专业。先在共青团湖南省委工作，曾任团省委副书记。1973 年调长沙矿冶研究院工作，曾任党委书记、院长，后任湖南省人大常委。1997 年退休。

陈祖训在长沙矿冶研究院担任领导工作长达 20 年，20 年中长沙矿冶研究院在各方面都有很大的提升，到 1993 年该院已发展成为我国矿产资源开发与综合利用方面的重要科研基地。在全国 300 多所自然科学领域研究与开发机构中，其综合科技实力和运行绩效分别排列第 11 位和第 17 位，研究技术居全国领先地位。他感受最深的体会有三条：

坚定地执行改革开放、尊重知识、尊重人才的政策。把出人才、充分发挥科技人员的积极性和创新精神放在工作的第一位。请有真才实学的优秀科技人员承担国家重大科研项目，让他们自主工作。

坚定地执行国家关于科技体制改革的决定，坚持科研与生产相结合。认识到出成果不是目的，只有成果能转化为生产力，能为企业的技术进步带来实实在在的效益才是国家和生产企业所需要的成果。这种科技成果才是应用型科研单位生命力所在。

作为科研单位的领导人必须不断学习提高，踏实做事，尽职尽责，同科技人员交朋友，无私奉献，坦荡做人。

罗雪欧 男，生于 1935 年，湖南湘潭人，1949 年参加中国人民解放军四野 12 兵团军干校，先后在湖南军区、独立 18 团、零陵军分区司令部任干事和侦察参谋，1952 年经部队推荐进入中南矿冶学院冶金系有色重金属专业学习。1956 年毕业分配到北京大学物理研究所，曾接受彭恒武、朱光亚、卢合夫老师的指导，学习核物理、反应堆工程、反应堆控制三门课的学习和实验。1958 年在浙江重工业厅以及基层厂矿从事钢铁及有色金属工业生产。1963 年调入浙江冶金工业设计院，曾担任技术员、高级工程师、研究室主任等职务。从事过冶金工艺、有色、黑色、半导体、高纯金属、磁性材料的研究和生产。1978 年曾获冶金部重大科研成果奖。1983—1995 年先后在浙江省冶金局、地矿厅、省重点工程领导小组、省科协等单位担任行政技术领导工作。在浙江省科协担任副主席期间负责咨询和国际学术交流。在省重点工程领导小组曾参与核安全应急计划制定。1994 年国家委派调任境外华欧公司担任总经理和董事长。后回国，现已离休在家。

王钖禧 高级工程师,生于 1929 年,江西吉安人。1956 年中南矿冶学院有色冶金专业毕业,分配在锡矿山矿务局工作。

1958 年锡矿山实现了锑矿浮选工业生产,产出品位 50% 以上的硫化锑精矿,而该精矿不适于在原有的赫氏炉中处理,1962 年 2 月王钖禧接手负责鼓风炉试验,在分析过程机理及合理选择渣型的基础上,选择低料柱作业,逐步放大炉子尺寸,在 $\phi620$ mm 炉内试验,连续运行 160 h 处理团矿 28.187 t。1963 年 2~3 月继续进行四次试验,获得成功。同年 4 月召开的锑冶炼专业会议评价认为:鼓风炉挥发熔炼优越性较大,可作为冶炼厂改造的方案。会上我国锑冶金的鼻祖赵天从教授对鼓风炉挥发熔炼的成功表示祝贺。

经过半个世纪的实践证明,王钖禧率先成功研发的"浮选硫化锑精矿鼓风炉挥发熔炼"工艺适应性强、回收率高、处理量大、易于建设、加工费用低。已成为我国炼锑厂的主要工艺,为我国丰产元素锑的生产做出了突出贡献。

赵德铮 中南矿冶学院有色金属冶金专业 1956 年毕业生,分配到株洲冶炼厂工作,先后任厂技术员,科技处长,厂总工程师,1984 年加入中国共产党,1990 年退休。工作情况简述:

参加株洲冶炼厂的筹建,从湿法炼锌小型试验到铜、铅、锌的试工业生产,到规模生产,产品产量和质量均很快达设计要求,成为我国的大型铅锌冶炼企业,国际知名企业。

致力于工厂的"三废"(气、水、渣)处理,并综合回收了稀贵金属和硫酸,对环境污染减至最小。

被"锌——1985 国际学术会"邀请到日本东京出席会议,论文刊载在该会的文集上。多次出国考察交流,到过日本饭岛炼锌厂、秋田炼锌厂、加拿大的特列尔炼锌厂和澳大利亚的里斯顿冶炼厂进行技术交流,取长补短,提高我国铅锌冶炼的技术水平。

1985 年当选为湖南省金属学会常务理事及湖南省有色金属学会理事长。参与母校组织的《有色金属科技手册》的撰审工作(铅部分)。

邓定寰 男，1933 年出生于广东省五华县。1950 年上半年加入中国共产党，后调中共五华县委任宣传干事。1952 年夏被选送中南矿冶学院有色金属冶金系学习。1956 年夏毕业后分配到北京有色金属研究院工作，曾从事稀有轻金属（锂）、稀有高熔点金属（锆、铪）等科研试制和生产工艺的试验研究。1961 年初下调至四川省冶金厅机关工作。历任技术员、工程师、副处长、副厅长等职。1985 年负责筹备中国有色金属工业成都公司和四川省有色金属工业公司。先后任副经理、党组副书记、经理兼党组书记至 1998 年退休。

在川担任领导职务期间，曾兼任四川省有色金属学会第一、二届理事长、省科协第二、三届委员；省政府科技顾问团第一、二届顾问。1993 年被选为中国人民政治协商四川省委员第七届常务委员。

在几十年经历中，根据工作需要和体会，曾撰写《隔膜电解法生产零号镍》、《发展四川有色金属工业的辩证思考》、《发展攀西地区有色金属工业之管见》等多篇论文在《中国有色金属》、《四川有色金属》期刊及《中国有色金属报》等发表。

张荆门 1934 年生于湖北省荆门县沙泽镇。1956 年毕业于中南矿冶学院有色金属冶炼系硬质合金专门化，同年被分配到株洲硬质合金厂（简称株硬）工作。先后任技术员、车间实验室主任兼车间技术组组长、车间副主任、厂工艺科科长、副总工程师兼工艺科科长、副总工程师兼研究所所长、总工程师、总工程师兼技术改造指挥部指挥长。组织实施了国家科委"六五"科研项目攻关以及株硬的"六五"技术引进改造。发表了《起皮废品的研究》、《细晶合金的研究》等学术论文以及编写或参编了《硬质合金的生产》、《粉末冶金手册》等著作。

龙 跃 1935 年出生，湖南汨罗人，曾任山西铝厂第一任总工程师，教授级高工，我国杰出的氧化铝专家。

1951 年，考入中南第五工业学校冶金科学习，1952 年毕业，分配到水口山矿务局工作；1954 年考入中南矿冶学院冶金系学习，1958 年留校在冶金系轻金属教研室协助工作；1960 年分配到河南焦作铝厂；1962 年调入郑州铝厂氧化铝分厂任技术员，1978 年后任技术科副科长、科长等职；1983 年，调入山西铝厂，任副总工程师、总工程师等职；1993 年，因超负荷工作积劳成疾，请辞，退二线，1998 年 11 月 2 日病逝于北京。

在郑州铝厂期间，龙跃同志长期在氧化铝烧结法大窑车间担任技术工作，多次荣获技术革新奖，曾主持开发设计了回转窑警报系统，大大减少工人的劳动强度，保证了设备安全运行。

山西铝厂是我国改革开放后自主建设的亚洲最大的氧化铝厂。基建过程中，龙跃同志主持国外设备的引进工作。在北京谈判期间，他克服了重重困难，在引进德方焙烧炉过程中，针对德方在合同中的问题，龙跃同志据理力争，为国家索赔157万马克。

在山西铝厂设计方案确定过程中，龙跃同志以超强的业务能力和勇气力主氧化铝烧结法主体设备——回转窑长度应控制在百米以内，并撰写论文进行全面阐述，为其他新建氧化铝厂回转窑尺寸设计提供了依据，避免了问题。

山西铝厂投产后，龙跃同志主持多项技术改造工作，1988年，获得中国有色金属工业总公司科学技术进步一等奖，1993年和1994年分别获得中国有色金属工业总公司科学技术进步二等奖，1996年获得国家科学技术进步奖。

龙跃同志注重对年轻技术人员的培养和扶持，在工作中严格要求，言传身教，当年他所培养的技术人员已经成长为我国氧化铝行业的中坚技术力量。

龙跃同志为人乐观，正直，不唯上、不唯书，勤于学习、钻研技术，年轻时因言受难，中年时因改革开放受到重用，抱负得以施展，其经历是我国普通知识分子，特别是第一代中南矿冶学院毕业生的典型人生境遇。

何焕华 1961年毕业于中南矿冶学院冶金系轻冶专业，毕业后分配到金川有色金属公司工作至1999年退休。历任车间主任、科技部主任、公司副总工程师、公司副经理兼技术中心主任等职。1977年晋升工程师，1985晋升高级工程师，1989年晋升教授级高级工程师。

1964年起从事贵金属提取冶金的研究与生产，1965年提取出了铂钯和金银，1968年首次从我国资源中提取出了铑、铱、锇和钌，填补了我国的空白。1969—1970年开发出了505产品(电解镍粉)，并设计建成了年产10 t的工业试验厂和年产量100 t的生产厂，解决了当时军工的急需。

1973年起组织和参与贵金属提取新工艺的研究，1979年该成果被用于建设新车间并于1980年9月投产，使贵金属的回收率大幅度提高。1984年起主持并参与镍闪速熔炼的设计、建设和投产的全过程，使号称亚洲第一炉的镍闪速熔炼炉于1992年顺利投产。1993年起主持并参与铜自热熔炼炉的设计、建设和投产的工作，1995年顺利投产。

1985 年获国家科技进步一等奖(贵金属新工艺,排第 1),1989 年获国家科技进步特等奖(金川资源综合利用,排第 4),获有色金属总公司多项科技进步奖(其中特等 1 项,一等 2 项,二等、三等各 3 项),并有发明专利 1 项(2003 年授权)。

蒋继穆 男,1938 年出生,中共党员,1962 年毕业于中南矿冶学院有色冶金专业。曾任中国有色工程设计研究总院(原北京有色冶金设计研究总院)副院长兼总工程师、院技术委员会主任、中国有色金属学会常务理事、中国硫酸协会副理事长、中国钨业协会理事、《中国有色金属学报》编委、中国国际工程咨询公司和中国工程咨询协会专家委员会委员等职。教授级高级工程师,全国设计大师,政府特殊津贴获得者。他曾经先后获得部级优秀工程设计一等奖五项、全国优秀工程设计金奖、银奖、铜奖各一项,全国优秀工程设计特等奖一项,获部级科技进步一等奖两项、二等奖三项,国家科技进步一等奖和二等奖各一项。主持并研究成功了氧气底吹炼铅新工艺,并且获国家专利局优秀专利奖,该工艺属国际首创,从根本上解决了硫对环境的污染和危害。该成果 2004 年获得了国家科技进步二等奖。主持设计的金川大型镍闪速熔炼厂于 1992 年建成,与其他技术相比,生产能力大,产出的镍锍品位高,节能 20% 以上,脱硫率高,有效地避免二氧化硫污染,获得国家"八五"攻关重大科技成果奖和部级科技进步一等奖。

张文海 教授级高级工程师,中国工程院院士,南昌有色冶金设计研究院总工程师,中南大学博士生导师。1958.7—1959.7 在厦门大学化学系学习,1959.7—1963.7 在中南矿冶学院冶金系重冶专业学习。从事闪速冶金工程事业 40 年,编撰《闪速熔炼文集》。任工艺负责人完成常州万吨级闪速炉工业试验,解决多项关键技术,对闪速冶金在我国的应用有重要贡献。编制软件,研究闪速炉热能体系,在国际上首先提出"冷风节能"观点,并解决了"冷风"工业应用问题。历任贵溪冶炼厂和金隆铜业工程总设计师。主持闪速炉立体冷却、连续硫精矿计量、烟气动力波净化等关键技术攻关,为实现"冷风"闪速炉的连续稳定运行做出了创造性贡献,成果获 2000 年国家科技进步一等奖(排名 1)。创造性的将"等比级数与迭代"数学方法用于定量描述冶金过程挥发性元素的积累,解决了"非 I－d 图解 SO_2 烟气露点"等算法难题。提出"成分变更滞后"、"氧效率修正"

等 11 项新的建模思想，为我国闪速冶金计算机在线控制水平居世界先进做出了重要贡献。长期工作在第一线，有主持多项国家重大工程全过程实践经验，有解决关键技术业绩、重要创新和学术成就，获国家、省部级等奖 10 余项。目前在研 863 计划课题和主持多项大型工程设计项目。培养多名现任国内外重大工程的总设计师。是"国家工程设计大师"，2003 年当选为中国工程院院士。

罗 安 男，1940 年 9 月生，湖南益阳人，中共党员，教授级高工。1964 年 7 月毕业于中南矿冶学院冶金系，分配到山东铝业公司工作。历任车间技术员、副主任、氧化铝厂副厂长、厂长，山东铝业公司副经理、总工程师，企业技术中心主任、公司科协主席等。兼任中国有色金属学会理事会理事、全国轻冶学术委员会副主任、氧化铝专业委员会主任、山东省金属学会副理事长等。山东省七届和八届人大代表、淄博市十一届人大常委、中国科协五届全委会委员，中南大学和东北大学兼职教授。享受政府特殊津贴的技术专家。

近四十年来一直从事铝冶炼的生产、技术、科研和管理工作。先后负责和主持了公司氧化铝、电解铝、水泥和阳极糊等产品的近 30 项重大研发、科技成果工程化和产业化、引进设备的国产化和技改项目，取得了显著的技术、经济、环保和社会效益，获省、部级二等以上奖数项，累计撰写科学技术和企业管理方面论文 15 篇。先后被评为山东省优秀质量厂长、山东省安全生产先进个人、全国技术保密先进工作者、中国有色金属工业总公司质量和环保优秀管理者、山东省优秀离退休科技工作者、淄博市优秀知识分子和淄博市优秀共产党员等。2001 年退休。

康 义 男，汉族，1940 年出生于河北省永年县。1965 年 8 月毕业于中南矿冶学院有色金属冶金专业。1981 年 3 月加入中国共产党，教授级高级工程师。

1965 年 8 月分配到青铜峡铝厂工作，历任技术员、生产管理室副主任；1979 年 11 月兼任青铜峡县人大常委会副主任；1982 年 4 月任青铜峡铝厂厂长；1990 年 2 月任宁夏回族自治区经委主任、党组书记；1990 年 12 月任宁夏回族自治区党委组织部部长、自治区党委常委；1993 年 4 月任宁夏回族自治区党委副书记兼组织部部长；1997 年 7 月任中国有色金属工业总公司副总经理、党组副书记，1998 年 4 月任国家有色金属工业局副局长、党组成员；2001 年 4 月起任中国有色金属工业协会会长、党委书记；2011 年至今担任中国有色金属学会理事长。

　　中国共产党第十三、十四、十五次全国代表大会代表；全国政协第十届委员会委员；中国科协第六、七、八届全国委员会委员。1987 年获全国"五一"劳动奖章，1989 年获全国劳动模范。

　　王康海　1965 年 7 月毕业于中南矿冶学院特冶系稀有金属冶金专业。中国共产党党员，教授级高工，享受国务院政府特殊津贴，曾担任冶金部长沙矿冶研究院党委副书记、国家金属矿产资源综合利用工程技术研究中心副主任等职。

　　毕业后 30 多年，一直从事冶金研究工作，参加和领导了国家急需的多项重大攻关课题，涉及硅、钛、铬、锰等多个元素及其化合物的制备、加工及其矿产资源的综合利用的开发研究，如攀枝花钛铁矿流态化法制取优质人造金红石等，取得一批高技术成果，编写十余篇学术论文，获得部级二等奖 1 项、三等奖 2 项，授权的发明专利 3 项，培养硕士研究生 3 名。利用自己开发的成果，设计建设了数条生产线，生产出低耗、环保的高性能的产品，为下游生产厂家提供了廉价优质的原料。例如人造金红石和回转窑还原钛铁矿，都受到电焊条、搪瓷、涂料等行业的欢迎；四氧化三锰简化了软磁行业的生产工艺，既节能稳定又提高了产品质量。这几条生产线成为了标准的工业技术，在多处参照建厂。

　　李盛芳　男，汉族，1941 年 9 月生，广东省怀集县人，1960—1965 年在中南矿冶学院冶金系轻金属冶炼专业学习，1965 年 7 月分配到三〇二厂（后改名贵州铝厂）工作。历任技术员、车间主任、分厂副厂长、党委书记、厂长、总厂技术处副处长、开发公司副总经理、总厂党委常委、工会主席等职务，在 1994 年 8 月至 2002 年 2 月，任贵州铝厂副厂级（副厅级）领导干部。

　　在 20 世纪 60 年代，他负责研究开发的"高、精、尖"产品高纯铝（纯度达99.999%以上）取得成功，为解决当时我国军工、航空、电子急需的重要原材料作出了贡献。1981 年以后，在我国第一套引进国外先进装备和技术建成的电解铝厂，他直接组织、指挥管理人员、工程技术人员和工人，消化、吸收、创新技术，并在翻版设计的同类电解铝厂中，采用现代化管理手段，不断优化主要经济技术指标，使贵州铝厂电解铝技术名列全国榜首，一跃跨进了世界先进行列。1994 年 8 月以后，他与总厂领导班子其他成员一道，带领全厂两万多名职工，实现管理创新，技术创新，为推动贵州铝厂成为全国质量型，效益型先进企业发挥了重要作用。多年来，贵州铝厂工业总产值、利润、税收等名列全国 500 强前茅，是全国乃至世界的知名企业，他本人在 1975 年、1978 年、1983 年连续三届当选为第四、第五、第六届全国人民代表大会代表。1998 年又当选为中国工会第十三次代表大会代表。多次受到党和国家领导人的接见。先后荣获"贵州省五一劳动奖章"和"全国五一劳动奖章"等荣誉称号。

陈　彪　男，汉族，湖南宁乡人，中共党员，高级工程师，原贵州省有色金属工业管理局副局长、中国有色金属总公司贵阳公司副经理，1965 年毕业于中南矿冶学院冶金系，1965—1986 年在贵州铝厂工作，历任技术员、厂房主任、车间副主任、主任，电解铝厂副厂长、党委书记，1986—1999 年在中国有色金属总公司贵阳总公司（原贵州省有色金属工业管理局）工作至退休，历任生产处长、办公室主任、贵州公司副经理、省有色局副局长。

易建新　1943 年 10 月生，1967 年 7 月毕业于中南矿冶学院有色冶金系。1968 年 7 月被分配到水口山矿局工作，先后担任技术员、工程师、高级工程师、第四冶厂生产科长及矿务局副局长和局长等职务；退休后，曾担任浙江长丰贵金属有限公司总工程师，从事贵金属冶炼及特种银粉的研发工作 7 年。

作为一名大型企业的高级管理者，开创了水口山矿务局大发展大繁荣的新局面，新建康家湾铅锌矿，实现锌冶炼由火法改湿法的技术改造以及铅、铜冶炼的扩产改建，使水口山这座古老的矿山焕发青春，成为现代化的有色金属矿冶联合企业，进入中国 500 强；开展了"水口山法"炼铅炼铜的前期研究，为"底吹炉熔池熔炼法"广泛推广应用打下了坚实基础。

对平罐炼锌、竖罐炼锌及湿法炼锌均有独特见解，对烟尘制粒、团矿粘结剂的选配及锌蒸气冷凝效率的提高作过专门研究，发表相关论文多篇；作为企业技术骨干参与"热酸浸出－针铁矿法除铁"全湿法炼锌新工艺研究，获得有色金属总公司二等奖，开发的锌基合金制备新工艺获衡阳市科技成果一等奖。担任浙江长丰贵金属有限公司总工程师期间，与中南大学合作研发特种银粉，在该校冶金学院重冶所提供"超细银粉制备实验室小型试验报告"的基础上，对超细银粉制备工艺进行放大和产业化研究，开发成功超细银粉的粒度、形貌控制技术和改性技术，继而开发成功电子浆料用片状银粉制备技术，其市场占有率为国产片状银粉的 60%，从而使浙江长丰贵金属有限公司成为国内著名的生产技术领先、产量最大的贵金属粉体生产企业。

吴伟成　男，1945 年 4 月生，湖南省涟源市人。

1963.9—1968.12，在中南矿冶学院冶金专业学习并毕业。

1969.1—1991.9，在贵州铝厂先后任技术员，第二电解铝厂车间主任、副厂长、厂长；大型试验厂厂长。

1983 年被评为贵州省冶金系统劳动模范，晋升为工程师，1989 年晋升为高级工程师。

1991.10—1995.12，任甘肃白银铝厂厂长，白银有色公司副总经理。

1994 年和 1997 年分别获中国有色总公司科技进步二等奖、科技进步荣誉证书。

1995 年、1996 年、2000 年，先后被中南工业大学、东北大学聘为兼职教授、"提高铝材质量基础研究"项目顾问。

1996.1—1999.8，任青海铝厂常务副厂长、厂长兼党委副书记；1997 年至 1999 年，分别被评为青海省"九五"建功立业先进个人、劳动模范、"十佳企业家"。

1984 年、1992 年、1997 年分别当选贵阳市白云区、白银市白银区、青海省人民代表，并当选青海省人大常委。

1999.8—2000.7，任中国铝业集团公司副总经理、党组成员。2000.8—2005.12，任中国铝业公司筹备组成员、副总经理、党组成员。2006.1—2010.3，任中国铝业公司专家咨询委员会副主任。

杜远明　1969 年毕业于中南矿业学院冶金系轻冶专业，1995 年 9 月任长沙市委副书记，1998 年 1 月—1999 年 10 月任市委副书记、市长；1999 年 10 月任湖南省政府农委办主任(正厅级)直至退休。

李　晶　1954 年出生。1974—1977 年就读于中南矿冶学院有色金属冶金系重金属冶金专业，大学毕业；1979—1981 年就读于中南矿冶学院化学系冶金物理化学专业，获硕士学位；1983—1988 年就读于中南工业大学冶金物理化学专业，获博士学位。

1977—1979 年，于中南矿冶学院粉末冶金研究所从事稀土永磁材料研究；1981—1983 年，于中南矿冶学院化学系任助教，从事铜冶金物理化学等研究工作；1984—1988 年，于中南工业大学化学系任讲师，从事铜、铝冶金界面现象、冶金数据库等研究工作；1988年，破格由讲师晋升为教授；1988—1991年，从事耐火材料界面腐蚀、超导体制备等研究工作；1991—1994年，在日本东京大学任客座教授，从事高温超导体单晶、C60及其单晶和化合物合成等研究工作；1994回国在中南工业大学冶金物理化学与材料化学研究所从事富勒烯的制备、分离和化合物的合成等研究工作，期间应邀赴东京大学进行科研合作；2000年后，在加拿大 Ballard Power Systems、Automotive Fuel Cell Cooperation Corp. 等公司任高级研究员，从事燃料电池的研究。

李晶教授在冶金熔体、富勒烯等研究方面取得重大成果。在冶金熔体性质方面，成功地研制出国内第一台高温冶金熔体 X – 射线影视仪，形成了独具特色的高温冶金熔体实验技术，1987年被授予湖南省教委"六五"期间高校科技成果一等奖；在熔体界面张力研究中，对座滴法图像求解界面张力的计算方法进行了革新，为坐滴图像求解界面张力计算机化及提高计算精度作出了贡献；系统地研究了造锍熔炼过程中隔膜层的形成与金属在渣中的损失机理，对我国"白银熔池富氧炼铜"、"金川资源的综合利用"等重大攻关实验具有指导作用。作为参加者获国家科技进步一等奖。在富勒烯方面，完成了半连续式进料电弧等离子体炉，提高了生产效率，降低了生产成本。该技术获得国家专利授权；采用"结晶温度梯度下降法"生长出当时世界上最大尺寸的 C_{60} 单晶，该技术处于国际先进水平；首次对 C_{60} 晶体的机械硬度进行了测定，同时测定了 C_{60} 晶体的光电导、比热等物理性质，这些数据被国内外众多研究者所引用；首次在碱性溶液中用催化法合成了水溶性化合物 $C_{60}(OH)_n$，并对化合物的性质和应用作了研究，被认为是当时 C_{60} 研究工作的前沿。

李晶教授先后承担国家科技攻关、自然科学基金、博士点基金等多个项目，在国内外知名刊物上发表众多学术论文，获省、部级以上科技成果5项。1988年获中国科学技术协会首届青年科技奖，1991年获湖南省首届青年科技奖，并授予湖南省优秀青年科技工作称号，1994年获 IET 教育基金青年教师奖。

王新培 男，1954年1月生，汉族，上海人，经济学硕士。现任上海市商务委员会副主任。

1971年上山下乡，1975年进入机械部设计院工作，1977年考入中南矿冶学院有色金属冶金专业，1982年毕业，后在对外经济贸易大学获得经济学硕士学位。

历任：国家进出口委员会进出口局干部，经贸部进出口司副处长，经贸部进出口司综合处处长，外经贸部发展司经营资格审定处处长，外经贸部经贸政策和发展司副司长，云南省外经贸厅党组书记、厅长，外经贸部西亚非洲司司长，外经贸部国际电子商务司司长，商务部信息化司司长、商务部新闻办主任、新闻发言人，市外经贸委副主任。

李本强　博士，现任美国密西根大学终身教授、密西根大学迪尔本分校机械工程系系主任；1982 年获中南矿冶学院工学学士学位，1984 获美国科罗拉多矿业学院硕士，1989 年获美国加州大学伯克利分校博士学位，其后任麻省理工学院研究员；2004 年被授予美国机械工程师学会院士（ASME Fellow）。

李本强教授是国际著名期刊"ASME Journal of Heat Transfer"和"Metallurgical and Materials Transactions"副主编。曾任美国 ASME 和 TMS 材料加工与制造系统学科主席。在国际著名刊物和会议上发表 SCI/EI 检索论文 220 篇；出版科学专著 4 部（独立撰写 1 部）。先后获得 TMS 学会授予的最佳博士学位论文奖、ASME 传热学期刊最佳论文奖、TMS 金属与材料期刊最佳论文奖。多次应邀在重要国际会议上作主题发言。

李本强教授的研究方向包括：电动流体、光电传热、纳米储能，微纳制造、传质传热，数学物理模型，纳米粒子量子点合成，冶金精炼和材料加工。

刘祥民　男，汉族，1962 年生于湖南祁东，中共党员。1978 年就读于中南矿冶学院冶金系，1982 年毕业后分配到郑州铝厂氧化铝分厂工作，任车间技术员、车间主任。1994 年在中南工业大学商学院管理工程专业（工商管理方向）硕士班学习，2005 年获中南大学有色金属冶金专业博士学位。1991 年从郑州铝厂调往中州铝厂工作，历任中州铝厂氧化铝分厂副厂长、厂长、中州铝厂副厂长、党委委员。2001 年起担任中国铝业股份有限公司中州分公司总经理、党委委员。2004 年调中铝北京总部，历任中国铝业股份有限公司副总裁、执行董事，现任中国铝业公司党组成员、中国铝业股份有限公司执行董事、高级副总裁，兼任中国安全生产协会副会长、中国有色金属工业协会铝业分会理事长。先后荣获河南省优秀青年企业家、河南省五一劳动奖章、河南省劳动模范、中国有色金属行业（首届）有影响力人物奖、国家发明专利金奖、国家科技进步一等奖、国家技术发明二等奖、中国企业管理现代化成果一等奖、"全国企业创新文化优秀案例"奖等荣誉。现为教授级高级工程师，国家 863 计划资源环境专家组专家，享受国务院政府特殊津贴。

刘祥民同志长期工作在氧化铝生产第一线，致力于氧化铝提取冶金的生产、开发及管理工作，进行了大量卓有成效的开创性工作。在烧结法生产氧化铝工艺方面，针对我国传统烧结法能耗高、生产效率低等问题，和中南大学一起开展了创新性的研究工作，提出了强化烧结法生产氧化铝新工艺，并成功实现了产业化应用，使烧结法的能耗和生产效率得到了大幅度的提高，显著改善了企业的经济效益，被业界称为"烧结法技术的一场革命"，该技术先后荣获 2006 年度国家技术发明二等奖和第八届中国发明专利金奖；2007 年，他作为项目负责人之一参与的"铝资源高效利用与高性能铝材制备的理论与技术"课题获得国家科技进步一等奖，该项目发明的选矿—拜耳法生产氧化铝工艺，可经济利用占我国铝土矿储量 80% 的中低品位铝土矿，缓解了当前铝资源无法满足工业发展需求的矛盾。他还积极倡导铝工业走绿色发展之路，多方支持和促进铝的循环经济、节能减排、矿山生态修复和新一代绿色资源技术等方面的研发与实践。结合工作实践，他先后发表了《强化烧结法生产氧化铝新工艺的研究与实践》等十多篇专业论文。

李旺兴 男，汉族，1962 年 8 月出生，湖南邵东人，中共党员，工学博士，教授级高级工程师，享受政府特殊津贴专家，"新世纪百千万人才工程"国家级人选。1982 年毕业于中南矿冶学院，现任中国铝业郑州研究院院长，国家铝冶炼工程技术研究中心主任，中国铝业公司首席工程师，国际铝土矿与铝业学术委员会高级副主席，中国有色金属学会轻金属冶金学术委员会副主任兼氧化铝专业委员会主任，中南大学博士生导师。

李旺兴是知名有色金属冶炼专家，先后主持多项国家重点科技计划课题，开发和转化了一批铝工业重大技术成果，提高了整体技术和装备水平，取得了很好的经济和社会效益，为铝工业科技进步做出了突出贡献。获国家科技进步一等奖 1 项，二等奖 4 项，省部级一等奖 12 项；获专利授权 21 项、专利金奖 1 项，全国杰出专利工程技术奖 1 项。在国内外期刊和学术会议发表论文 60 余篇，编著的《氧化铝生产理论与工艺》一书列为有色金属理论与技术前沿丛书，获国家出版基金项目支持。获"九五"国家重点科技攻关计划先进个人、第七届中国青年科技奖、第四届光华工程科技奖青年奖、全国"五一"劳动奖章。

王再云 男,汉族,1962 年 6 月生,湖南永顺人,中共党员。1982 年毕业于中南矿冶学院有色冶金系,获天津大学 MBA 硕士学位,是成绩优异的高级工程师。任中国有色金属学会第六届理事会理事、全国青年联合会委员、中共淄博市委委员、淄博市人大常委。先后在《轻金属》、《山东冶金》、《软件世界》等刊物发表论文近 20 篇,被中国有色金属工业总公司选拔为"全国有色系统跨世纪学术和技术带头人",获国家科委颁发的"全国重大科技成果推广做出突出贡献"荣誉证书,先后获得有色金属行业有影响力人物、富民兴鲁劳动奖章、中央企业劳动模范、低碳山东十大领军人物、中国有色金属工业集团优秀企业家等荣誉,多次被评为淄博市明星企业家、功勋企业家。1985 年起,先后任山东铝业公司电解铝厂生产技术科副科长、科长、厂长助理、副厂长、厂长兼党委书记等,1999 年 6 月任山东铝业股份有限公司总经理,2005 年 1 月任山东铝业公司经理,2010 年 6 月至今任山东铝业公司、中国铝业山东分公司总经理。

周松林 男,汉族,安徽人,中共党员,1961 年生,1982 年中南矿冶学院有色冶金专业毕业,1998 年晋升教授级高工,2001 年享受国务院政府特殊津贴。现任山东祥光铜业集团公司副总裁。兼任中国有色金属学会常务理事、重金属冶金学委会委员、中国硫酸工业协会副理事长、中国标准化重冶标委会委员、中南大学兼职教授等职务。

1982 年至 2006 年,在铜陵有色集团公司和金隆铜业有限公司从事生产、技术、管理工作,历任车间主任、部长、处长、工程指挥长等职,主持了国家八五重点工程金隆铜业闪速熔炼工程的建设和管理。2006 年至今,在山东祥光铜业集团公司任副总裁,主持了中国第一座特大型双闪铜冶炼厂的工程建设和生产运营。

长期从事冶炼、制酸、稀贵金属的生产、技术、管理工作,具有深厚理论知识和丰富实践经验,特别是在铜冶炼技术方面造诣很深,在国内外铜冶炼行业具有较高知名度和影响力。获国家科技进步一等奖 1 项、省部级科技一等奖 4 项、中国专利优秀奖 2 项,获授权专利 26 项(国际专利 2 项),在国际会议和国家刊物上宣读和发表论文 28 篇。

张乐如 1982 年 7 月毕业于中南矿冶学院有色冶金专业，1986 年从株洲冶炼厂调入长沙有色冶金设计研究院工作至今，现任副总工程师、教授级高级工程师。先后任冶炼室副主任、冶金分院副院长、院长、长沙有色冶金设计研究院副总工程师等职务。1999 年晋升为教授级高级工程师，1999 年任第四届湖南省有色金属学会理事兼科学技术委员会副主任委员，2010 年获中铝国际优秀员工荣誉，2011 年获湖南省有色金属工业先进科技工作者荣誉。

先后担任韶冶、株冶、来冶、江铜、广西南方冶炼厂等单位 10 余项大中型冶炼工程项目总设计师。获得部级优秀工程设计一等奖 1 项，部级科技创新一等奖 1 项，全国优秀工程咨询成果二等奖 1 项，获得国家发明专利 1 项。在江铜 20 万 t/年铅锌冶炼项目及株冶基夫赛特直接炼铅项目中，首先在中国采用基夫赛特直接炼铅工艺搭配处理锌浸出渣获得成功。

担任国家 863 计划"搭配处理浸锌渣的直接炼铅关键技术与示范"课题主要成员；在国家核心期刊发表学术论文 10 余篇；出版学术著作《铅锌冶炼新技术》1 部。

胡本钢 1982 年于中南矿冶学院冶金系本科毕业。后在美国 Puerto Rico 大学物理学硕士毕业，历任美国网络专家公司工程师、高级工程师和网络经理、美国共和证券公司助理副总裁和通信经理、美国共和国家银行助理副总裁和通信经理、美国花旗银行史密斯巴尼证券公司领先工程师、美国莫递斯公司合同顾问、美国大通银行高级技术官、美国 TSI 宽带公司首席技术官、中兴通讯公司金融技术总监、东软公司首席顾问官、高级副总裁，现为国务院参事、国家开发银行信息总监，熟悉国家产业政策和金融工作，多年从事金融支持航天、航空、船舶、电子、核工业、矿产、能源、原材料、新材料、新能源、芯片、重大装备制造、机床、汽车、显示面板、生物医药、教育等产业，胡本钢个人或和同事多次提出战略性建议，并多次得到国务院领导的批示。

何醒民　男，湖南省邵东县人，1957 年出生，高级工程师（研究员级），长沙有色冶金设计研究院有限公司副总工程师。1982 年 8 月毕业于中南矿冶学院冶金系；1982 年 8 月分配到长沙有色冶金设计研究院冶炼室工作；2001 年 8 月晋升为研究员级高级工程师；2002 年 4 月任冶金分院院长；2002 年 7 月至今任院副总工程师，并兼任多个大型冶金项目的工程总设计师。2007 年被评为湖南省技术创新先进个人。获 2007 年度、2011 年度部级优秀工程设计一等奖以及 2008 年度中国有色金属建设协会优秀工程咨询成果一等奖。

陈兴龙　男，1961 年出生，汉族，湖南长沙人，中共党员，在职硕士研究生。现任广东省工业技术研究院（广州有色金属研究院）党委副书记、纪委书记、工会主席。

1978 年 10 月至 1982 年 8 月在中南矿冶学院冶金系学习。1982 年 8 月分配到广州有色金属研究院冶金室从事专业技术工作。先后参加、主持稀有金属（稀散金属）冶金以及节能减排等多项科研项目，先后获陕西省科学技术二等奖 1 项，中国有色金属工业科学技术一等奖 1 项、三等奖 1 项，陕西省商洛市科学技术一等奖 1 项。

1990 年 11 月调院机关工作，先后任院办秘书、院团委书记、院办副主任、主任、院长助理。1998 年 12 月任院党委副书记兼纪委书记。

作为中南大学校友、校友会董事，陈兴龙同志主动关心支持学校的发展，积极推动学校与广州有色金属研究院的技术交流和科技攻关，特别是充分发挥母校人才培养优势，联合母校研究生院在研究院成立研究生分院，为研究院高层次人才培养开辟了新的途径。

林奋生　男，1957 年生，广东省汕头市人。1978 年 9 月至 1982 年 7 月，在中南矿冶学院冶金系有色冶金专业学习，获学士学位。1982 年 9 月至 1984 年 8 月，在广州有色金属研究院第二冶金研究室工作，任职助理工程师。1984 年 9 月至 1986 年 12 月，中南工业大学冶金系（广州有色金属研究院稀散金属专业）研究生，获硕士学位。1987 年 1 月至 1992 年在广州有色金属研究院工作，1987 年起任工程师，1992 年起任高级工程师。

1992 年完成了"一步富集法从煤中提锗的工艺研究"并获得国家 2 项发明专利，该项成果 1994 年应用于工业化生产，使原来复杂的提锗工艺大大简化，材料消耗大幅降低，1995 年获得中国有色金属总公司科技进步三等奖，目前该工艺已普及化，成为我国煤中提锗的通用工艺。1996 年至 2004 年任中国有色金属学会冶金物理化学学术委员会第三、四届委员会委员。1998 年起组建"广州市兴利泰电源材料有限公司"、"珠海市科立鑫金属材料有限公司"、"阳江市联邦金属化工有限公司"，任职董事长，从事化学电源材料的研发、生产和经营管理，为我国最早研制氧化亚钴和四氧化三钴，并使其工业化生产的企业之一。2002 年建成国内第一条碳酸法生产球形四氧化三钴生产线。近几年该生产方法已被国内广泛使用。目前旗下企业已形成年产 6000 吨球形四氧化三钴的生产规模，是国内最大的生产四氧化三钴的供应商。

康思琦 1982 年毕业于中南矿冶学院有色金属冶金专业，获学士学位，1984 获硕士学位、1988 年获中南工业大学工学博士学位，1991 年破格晋升为教授。1993 年担任中南工业大学冶金系副主任；1996 年担任五邑大学化学与环境工程系主任；1998 年担任五邑大学副校长；2004 年担任广东科学技术职业学院党委副书记、副校长。长期从事有关应用化学与环境工程方面的新工艺、新技术和新产品的研究开发工作，大部分研究成果已经在工业上得到了应用。

五邑大学"应用化学"专业的硕士研究生导师，广东省科技计划项目评审专家库专家，广东省自然科学基金项目评审专家库专家，珠海市科技计划项目评审专家库专家，珠海市科技成果与奖励评定委员会副主任委员，江门市环境保护局和江门环科所顾问，江门市科技计划项目评审专家库专家，江门市中级职称评定委员会主任委员，广东省教育厅高职教育委员会委员，广东省高职高专协会副理事长，教育部产学研学会理事，中国西部教育发展委员会顾问。

康思琦教授获博士学位以来，一直在教学科研第一线工作，先后给本科生、研究生开过 20 余门不同课程，从 1992 年起每年指导 2 ~ 5 名研究生。在科研工作方面，作为课题负责人先后承担了科研项目 30 余项，另外先后作为主编、主审或主要参与者共编写了教材、专著及国际会议论文集 7 部，发表学术论文 70 余篇。先后申请国家发明专利 5 项，已获授权专利 3 项；广东省科学技术三等奖 1 项，江门市科技进步二等奖 3 项。

武 浚 男，1962 年生，1978—1982 年就读于中南矿冶学院有色冶金系，获有色金属冶金学士学位，教授级高工，金川集团股份有限公司副总经理，金川镍钴研究设计院院长、国家镍钴工程技术研究中心常务副主任。1996 年入选国家首批百千万人才工程，2010 年当选为甘肃省第一层次领军人才。

王新宾 男，1960 年出生，1982 年毕业于中南矿冶学院有色冶金系。先后在沈阳冶炼厂、中国有色金属工业总公司沈阳公司担任工程师、团委书记等职。

1989 年在鑫光集团股份有限公司任部门经理、副总裁。现任广东广弘金属矿产有限公司、广东广弘铝业有限公司董事长、党委书记。

李文金 汉族，1959 年生于湖南醴陵，1978 年进入中南矿冶学院冶金专业学习，1982 年毕业，本科学历，高级工程师。1982 年分配至湖南华菱涟钢工作，历任车间主任、团委书记、烧结厂厂长、质量处处长、进出口公司经理、计划处处长等职。

1996 年，自主创建长沙金荣科贸有限公司，主要从事国际铁矿石贸易、国内钢材贸易。2002 年，公司更名为湖南金荣企业集团有限公司，担任集团董事长兼总裁。2008 年金融危机时期，率领企业完成产业结构转型，金荣集团由商贸物流主导型企业转向以科技园区开发运营与服务为主导的企业，并在创建"科技园投资运营专家、科技企业集成服务商"品牌的道路上开始全新的探索。

工作期间与创业以来，被授予"团中央跨世纪青年人才"、"湖南省青年突击手"、"全国关爱员工优秀企业家"、"长沙市十大杰出经济人物"、"湖南省优秀中国特色社会主义建设者"、"长沙市优秀党务工作者"等称号。

担任中国光彩事业促进会第四届理事会常务理事、湖南省政协委员、湖南省工商联副会长、长沙市工商联副会长、湖南省企业文化促进会常务理事、湖南省教育基金会理事、湖南省生产力协会副会长等社会职务。

方　平 原名：方小平　男，1597年生，江西省大余县人，1982年毕业于中南矿冶学院有色冶金专业，获学士学位。毕业后历任冶金系团总支书记、校长办公室副主任科员、名誉校（院）长陈新民的专职秘书。1987年调省人大常委会机关，先后在机关党委、人事处、秘书处、研究室和办公厅等岗位任主任科员，正处级干部。2003年调华菱钢铁集团公司，先后任北京办主任、总裁助理，华菱置业有限公司总经理、董事长。

何国强 男，1961年8月出生，汉族，湖南石门人，中共党员，国家一级建造师，享受教授、研究员级待遇高级工程师。1982年7月毕业于中南矿冶学院团矿专业，2011年4月获得中南大学钢铁冶金专业博士学位。2004年至今，何国强同志担任中冶长天国际工程有限责任公司总经理，兼任中冶集团烧结首席专家、全国冶金建设高级技术专家评委会委员、中国国家工程咨询公司冶金项目专家、中冶集团教授级高工评委、中冶集团冶金科学技术奖评委、中南大学硕士研究生兼职导师，是我国烧结球团工程设计、管理方面的杰出人才。

何国强同志持有中国工程建设高级职业经理人证书，曾被评为2006年全国冶金建设高级技术专家，2006年全国冶金建设优秀项目经理，湖南省优秀勘察设计院长，2010年长沙市高新区优秀企业家。其牵头的"烧结综合控制专家系统"获得省市以及中冶集团的科技进步一等奖。其主持的工作项目，如宝钢二烧、三烧，武钢四烧和湘钢二烧等，获得了国家优秀工程设计金奖、冶金行业优秀设计一等奖、国家优秀工程总承包银钥匙奖等多个奖项。

刘梓葵 男，湖南人，美国宾夕法尼亚州立大学教授。1978—1982年于中南矿冶学院冶金系学习，获得冶金工程学士学位；1985年于北京科技大学材料系获工学硕士学位并留校任教；1992年在瑞典皇家工学院物理冶金专业取得博士学位。先后在瑞典皇家工学院、美国威斯康星大学麦迪逊分校和QuesTek公司从事材料的科研和开发工作。1999年任教于美国宾夕法尼亚州立大学，2003年和2006年晋升为副教授和教授。2005年创立了美国国家科学基金会（NSF）计算材料中心，并任中心主任至今。2007 年任麻省理工访问教授，2008 年至今任中南大学长江学者讲座教授，2009 年至今任厦门大学闽江讲座教授。被授予美国材料学会（TMS）年轻领导人奖（1998），美国国家科学基金会（NSF）CAREER 奖（1999），美国金属学会（ASM）银奖（2007），美国金属学会（ASM）Fellow（2007），美国陶瓷学会 Spriggs 相平衡奖（2008），美国宾夕法尼亚州立大学地球矿产学院 Wilson 科研奖（2008）和教师指导奖（2011），美国材料学会（TMS）Brimacombe 奖（2012）。任 ASM 合金热力学与相平衡委员会会员（1998 年至今），ASM 合金相图委员会会员（1999 年至今），ASM 合金相图委员会副主席（2001—2003 年），主席（2004—2007），J. Willard Gibbs 相平衡奖委员会主席（2008—2010）；任 TMS 董事会成员（2008—2011），TMS 材料加工与制造理事会成员（1998—2004），TMS 电子、磁性和感光材料理事会成员（2005—20011），TMS 电子、磁性和感光材料理事会副主席（2006—2007 年），主席（2008—2011）；2001 年至今任《CALPHAD》国际刊物主编；任 SAE 有色金属材料委员会委员（2004—2010）。

目前主要从事第一性原理、材料热力学和材料动力学理论计算方面的研究工作，研究范围包括金属材料和陶瓷材料。在国际期刊上发表学术论文 280 余篇，培养了 20 名博士、7 名硕士、18 名学士和 20 余名博士后和访问学者。近几年对因瓦合金的起因提出了新的解释，创立了预测负膨胀材料的理论依据，并由此推出了除电子、声子和原子组态熵之外的结构组态熵的概念。

孙发起　男，1956 年 6 月出生，1976 年 12 月入伍，1984 年 11 月入党，现为第二炮兵装备部驻重庆地区军事代表局副局长，专业技术 4 级，大校军衔。1978 年（带军籍）考入中南矿冶学院钢铁系团矿专业学习，1982 年 7 月大学毕业后分配至第二炮兵驻 7102 厂军事代表室任军事代表，1994 年评为高级工程师，1995 年任该代表室副总军事代表，1997 年任总军事代表，2001 年任第二炮兵装备部驻重庆地区军事代表局总工程师，2006 年被聘任为二炮导弹专家，2011 年任第二炮兵装备部驻重庆地区军事代表局副局长。入伍三十余年来，长期工作在军事代表军检验收、质量监督把关第一战线上，多次在实弹检验发射、作战演习、技术服务保障等重大军事活动中担任技术质量组组长，在推进二炮武器装备质量建设上发挥了突出作用。先后荣立个人二等功 1 次、三等功 2 次，获军队科技进步一、二、三等奖共 11 次，多次获二炮科技工作先进个人等荣誉，2010 年被二炮授予驻厂军事代表队伍组建 50 周年突出贡献奖。先后担任国务院、中央军委军工厂品定型委员会专家咨询组专家、全军军事代表专家委员会委员、全军标准化委员会委员、全军科技进步奖评委。

李协军 男,1982 年获中南矿冶学院有色金属冶金专业学士学位,1982—1992 年历任武汉冶炼厂技术员、厂办主任、副厂长,期间 1986—1987 年到德国克虏伯科技公司进修,1992—1994 年任武汉科源技贸公司总经理,1994—1996 年任武汉冶金研究所所长,1996—2001 年任武汉有色金属(集团)公司副总经理,2001 年 9 月—2002 年 4 月在英国曼彻斯特大学进修,2002 年至 2011 年 9 月任武汉市信息中心主任,2011 年 9 月至今任武汉市信息产业办公室副主任、巡视员。

傅少武 男,1954 年出生,株洲攸县人,中共党员,大学本科文化,研究员级高级工程师。1977 年考入中南矿冶学院有色金属冶金专业学习;1982 年,毕业分配至四川攀枝花钢铁公司,干部、副主任;1987 年,调入株洲冶炼厂工作,先后担任株冶总调度室副总调度长、锌电解分厂厂长、株冶党委副书记、株冶集团公司党委书记、副董事长等职(期间,1999 年至 2001 年参加中南大学 MBA 学习);2003 年 7 月,出任株洲冶炼集团有限责任公司董事长、党委书记至今。中国金属学会会员,湖南省第十一届人大代表,株洲市第十二届人大常委。2004 年被评为"株洲市企业文化建设十大杰出人物",2005 年获得"湖南省优秀企业思想政治工作者"荣誉,2008 年获得"第五届有色金属行业有影响力人物"荣誉,2009 年 1 月,被株洲市委、市政府评为"改革开放 30 年·株洲市科学发展十大杰出经济人物"。

王 辉 男,1962 年生,湖南双峰人。1983 年毕业于中南矿冶学院有色冶金系,1988 年中南工业大学硕士毕业后分配到株洲冶炼厂主要从事有色金属冶炼工艺研究。历任试验室主任、副所长、所长、技术中心主任,现任公司副总经理、总工程师,教授级高工,兼任中国有色金属学会常务理事、湖南有色金属学会常务理事、中南大学兼职教授等职务。政府特殊津贴获得者,新世纪百千万人才工程国家级人选,中国有色金属工业优秀科技工作者,第三届湖南省优秀专家，株洲市科学技术杰出贡献奖获得者，株洲市劳动模范。获 2005 年国家科技进步奖二等奖 1 项，2011 年国家发明二等奖 1 项、省部级科技进步奖 8 项、国家授权发明专利 8 件。出版《湿法炼锌学》等专著 3 部，发表论文 50 余篇。

黄国平 男，江西宜春人，1962 年 10 月出生，1983 年 8 月毕业于中南矿冶学院有色金属冶金专业，1997 年 7 月中国人民大学政治经济学专业研究生毕业，1996 年 6 月加入中国共产党，现任五矿有色金属控股有限公司副总经理兼湖南有色金属控股集团有限公司党委书记、常务副总经理。黄国平先生从事有色金属行业 20 多年，具有丰富的有色金属企业管理经验，曾在中国有色金属工业总公司生产部、铅锌局担任重要职务，具有敏锐的市场分析能力和深厚的国际国内贸易经验，历任中国有色金属工业贸易集团铅锌部副总经理、中国五矿有色金属股份公司铝部总经理，曾带领五矿铝部创下当年利润集团第一、行业第二的骄人业绩；担任企业领导多年，具有突出的企业经营管理能力和投资决策能力，顺利推动中国五矿与澳大利亚 MMG 及湖南有色的战略重组，科学谋划新湖南有色战略定位和发展思路，积极创新体制机制，狠抓公司内控管理，成为有色金属产业调整、湘企央企强强联合的成功典范，引领企业稳步迈向全球最具竞争实力的有色金属企业台阶。2011 年 10 月，黄国平当选为湖南省第十次党代会代表。

刘风琴 1963 年生于河南省孟州市，中共党员。1983 年毕业于中南矿冶学院有色冶金系获学士学位，同年被分配到郑州轻金属研究院工作，期间曾担任炭素研究室副主任、主任、院长助理兼铝电解炭素研究所所长，现任中国铝业郑州研究院副院长、中国铝业公司首席工程师。是国务院政府特殊津贴专家，新世纪百千万国家级人选，担任中国有色金属学会轻金属学委会副主任、铝用炭素专业委员会主任，是中国有色金属协会专家委员会委员、贵州科技思想库专家、《轻金属》杂志编委。上海大学、北方工业大学、郑州大学和河南科技大学的兼职教授。

1999 年考入东北大学攻读工程硕士，2003 年考入中南大学攻读博士学位，2010 年获博士学位；2002—2006 年，曾在瑞士炭素技术研究发展有限公司（R&D Carbon Ltd.）和澳大利亚国家联邦科学与工业研究组织（CSIRO）、美国 KOPPERS

公司作为高级访问科学家，进行多项课题的合作研究。是国际铝冶炼和铝用炭素领域的知名技术专家、学者。

多年来一直从事铝电解、铝用炭素领域新技术、新工艺、新材料的研究及产业化应用工作。研究开发的"铝电解用优质炭阳极生产关键技术及产业化"项目获得 2010 年国家科技进步二等奖；"新型结构电解槽技术"已大规模推广应用，实现了吨铝节电近千度的节电效果。

截至 2012 年 6 月，先后主持和参与国家 973 课题、国家 863 项目、国家科技支撑计划重点项目 3 项，发表论文 50 余篇，申请国家发明专利 40 余项，其中获得授权 23 项，出版学术专著 4 部。截至 2012 年 9 月，先后获国家科技进步二等奖 1 项，省部级科技进步一等奖 4 项、二等奖 4 项。

吴桂平 1979 年 9 月—1983 年 7 月就读于中南矿冶学院钢铁系炼铁专业，1980 年专业大调整时，改为冶金系有色金属冶炼专业；1983 年 8 月—1985 年 3 月，在株洲冶炼厂一车间工作，任生产调度；1985 年 4 月—1988 年 5 月，在湖南省政府办公厅经济处工作，历任科员、副主任科员、主任科员；1988 年 5 月—1989 年 10 月，任湖南省国际信托投资公司人事处副处长；1989 年 11 月—1993 年 10 月，任中国有色金属工业总公司长沙公司生产处副处长；1993 年 11 月—1995 年 4 月，任湖南省国际信托投资公司马来西亚分公司首席代表；1995 年 5 月至今，创建和经营马来西亚三湘公司，湖南和众经贸有限公司，B.W.矿产品有限公司(澳大利亚)。

唐杰雄 男，汉族，1963 年出生于长沙望城。1979 年考入中南矿冶学院，1983 年、1986 年先后获得有色冶金专业工学学士学位和硕士学位，其学位论文被评为中国稀有科学学会优秀论文。毕业后就职于湖南有色金属研究院从事产品研发和技术服务工作；1988 年调到湖南省国际信托投资公司，工作涉及国内外贸易、矿产加工、房地产开发、国际金融等领域，先后历任该公司国际金融部副总经理、郴州汝城选矿厂厂长、岳阳房地产公司总经理；2005 年出任湖南顺天建设集团有限公司副总裁。多年的研发、制造、贸易和金融房地产投资的实践历练，怀揣创新务实、经世致用的理念，厚积薄发，2007 年创立东莞市致远电池科技有限公司，2010 年创建株洲市高远电池有限公司，并获得高新技术企业认证，公司致力为全球用户提供优质绿色的移动电源整体解决方案，产品广泛用于 3C 产品、电动交通装备、便携式电动设备等并提升了该领域产品的价值。高科技和高成长使公司选为湖南省上市后备企业。

蒋英刚　男，汉族，中共党员，教授级高级工程师，1963 年 5 月出生，湖南安化县人。1983 年 7 月毕业于中南矿冶学院冶金系有色金属冶炼专业，工学学士，同年分配到青海铝厂工作；2004 年 6 月获得中南大学冶金工程领域工程硕士专业学位。曾先后担任青海铝厂企管处副处长、处长，青海铝厂电解铝厂厂长，青海铝业有限公司副经理、总经理，中国铝业副总裁，中铝物资供销有限公司董事长。曾荣获"全国五一劳动奖章"荣誉称号、国家"做出突出贡献的工程硕士学位获得者"、"中国有色金属工业优秀科技工作者"称号、"中国环境科学学会第三届全国优秀环境科技实业家"称号、"十年全国青年文明号活动突出贡献奖"等荣誉称号。

黄小卫　女，湖南临澧人。工学博士，教授级高级工程师，享受政府特殊津贴。1983 年本科毕业于中南矿冶学院冶金系有色冶金专业，一直从事稀土冶炼、分离提纯及稀土材料的应用基础研究、工程化研究、产业化开发及推广应用，是目前包头稀土矿普遍采用的第三代酸法冶炼工艺的第二完成人，主持 5 家大型稀土企业的技术转让，冶炼包头稀土精矿规模达 10 万 t 以上；提出了酸性磷类萃取剂——硫酸或盐酸体系非皂化萃取分离稀土新思路，并自主研究开发出多项稀土绿色冶炼分离新技术，在工业上得到大量应用。20 多年来，主持完成国家和省部级科研课题 30 多项，负责技术转让 15 项，获国家科技进步二等奖、三等奖、优秀专利奖各 1 项，部级科技进步一等奖 5 项、二等奖 3 项。申报发明专利 87 项(国际专利 6 项)，已授权 35 项，发表论文 52 篇。

现任稀土材料国家工程研究中心副主任、有研稀土新材料股份有限公司副总经理。主要学术兼职：中国稀土学会稀土化学及湿法冶金专业委员会主任；中国稀土学会专家组湿法冶金、分析组召集人；《中国稀土学报》和《稀有金属》常务编委、《稀土》杂志编委。

潘临珠 男，1962 年 9 月出生，山西省临汾市人，工学博士，中共党员，副教授。1979 年至 1983 年在中南矿冶学院有色冶金专业学习。1991 年至 1995 年在法国洛林理工大学机械工程专业在职研究生学习，获得工学博士学位。

1983 年参加工作，历任北京冶金管理干部学院团委书记，管理系副主任、党总支副书记，院党办副主任、宣传部副部长、学工部部长，人事处副处长，人事处处长，党委组织部部长；北京科技大学管庄学区副院长兼党委组织部部长、人事处处长；中国首钢国际贸易工程公司副总经理；宁夏回族自治区石嘴山市市长助理；北京一轻控股有限责任公司副总经理。现任中共北京市怀柔区委常委、北京市怀柔区人民政府常务副区长。

潘临珠同志知识面较宽，学识水平较高，是一名专家型政府领导干部。曾在法国留学四年，获得工学博士，有高校、企业和政府工作经历，熟悉高等教育教学、国有企业改革发展以及政府行政管理工作。曾参与多个北京市委组织部、北京市国资委课题项目，执笔完成了几十万字的专题调研报告和发展规划研究。提出并推行"首席技师制"、"首席专家制"，发挥高端人才的引领作用。

朱永松 男，汉族，1962 年生于湖南省慈利县，中共党员，高级工程师。1979.9—1983.7 于中南矿冶学院冶金系有色金属冶炼专业学习，四年制本科毕业，授予工学学士学位。2000.8—2004.6 中南大学，冶金工程专业工程硕士。

1983.8—1985.2 青海铝厂建设指挥部基建管理处技术员；1985.3—1991.8 青海铝厂炭素厂技术员、煅烧车间副主任、技术科副科长、科长；1991.9—1997.4 青海铝厂质量管理处科长、副处长、处长；1997.5—1998.3 青海铝业公司修建公司经理；1998.4—2000.8 青海铝业公司炭素厂厂长；2000.9—2001.12 青海铝业公司第二电解厂厂长；2002.01—2008.08 中国铝业青海分公司副总经理；2008.09—2008.10 青海铝业公司党委书记、中国铝业青海分公司副总经理；2008.11—2010.06 青海黄河水电再生铝业公司董事、总经理（2008.11—2009.11 兼任青海铝业公司党委书记）；2010.07—担任中国铝业兰州分公司党委书记、副总经理。

李 彬 1959 年出生，1979—1983 年在中南矿冶学院冶金系有色金属冶金专业学习并获学士学位，2003 年获中南大学工学硕士，1983 年参加工作，历任宁夏有色金属冶炼厂技术员、车间主任、分厂厂长、宁夏有色金属冶炼厂西北稀有金属材料研究院副厂院长、宁夏东方有色金属集团公司副总经理、党委委员、宁夏东方钽业股份有限公司总经理。2010 年至今，任中色（宁夏）东方集团有限公司党委委员、副总经理、宁夏东方钽业股份有限公司董事长。曾获中国有色金属行业劳模、国务院特殊津贴获得者和宁夏回族自治区劳模等荣誉称号。

柳健康 男，汉族，1961 年生于湖南长沙，中南矿冶学院有色冶金专业本科毕业。主要经历为：1979 年 9 月—1983 年 7 月就读于中南矿冶学院有色冶金专业，1983 年参加工作，历任原贵州铝厂技术处任技术员、副主任、副科长、高工、副总工程师、副厂长、教授级高工，2002 年起任中国铝业贵州分公司氧化铝任厂厂长、中国铝业贵州分公司任副总经理。曾获国家科技进步二等奖和贵州省科技进步一等奖、二等奖等奖项。

曹修运 1961 年 12 月出生，湖南省长沙市人，中共党员，硕士研究生，教授级高级工程师，1983 年 7 月毕业于中南矿冶学院，1983 年 7 月—1985 年 5 月在株洲冶炼厂从事质量、车间生产调度、总厂生产调度工作；1985 年 6 月—1986 年 8 月在中国有色金属工业长沙公司生产处从事质量、技术改造工作；1986 年 9 月—1989 年 6 月在中南工业大学攻读硕士研究生；1989 年 7 月—2004 年 8 月在株洲冶炼厂从事质量、环保、能源技术及管理工作；先后任株洲冶炼厂锌焙烧分厂副厂长、锌浸出分厂副厂长、厂长，株洲冶炼厂副厂长、湖南株冶火炬金属股份有限公司董事、副总经理、总经理，株洲冶炼集团有限责任公司董事、总经理（其中，1991 年 1 月—1991 年 12 月，在日本三菱材料公司培训）；2004 年 9 月—2010 年 11 月任湖南有色金属控股集团党组副书记、总经理；2005 年 9 月至今兼湖南有色股份公司副董事长；2010 年 11 月至今任湖南有色金属控股集团有限公司党委副书记、总经理。

何剑波 男，1983 年毕业于中南矿冶学院有色冶金专业。曾任株洲市石峰区区委书记，现任株洲市副市长。

林佐华 中南矿冶学院83届有色冶金专业毕业生,并先后获得中国科学院过程工程研究所化工冶金硕士学位和加拿大麦吉尔大学冶金工程博士学位,以及北京大学光华管理学院第一期特许金融分析师和荷兰霍高文集团高级管理培训班的结业证书。林佐华毕业后曾先后在国内外的多家研究机构和公司从事技术研发、市场营销和企业管理方面的工作,从1995至2001年,他曾担任荷兰霍高文集团驻中国首席代表,并在2002年至2007年间担任全球著名冶金设备供应商意大利达涅利公司的中国区总经理。他于2007年创立香港汇泓国际集团及其北京汇泓科联贸易有限公司,从事冶金装备和产品的咨询、贸易和代理业务,以及冶金新技术的投资和研发等活动。从1995年回国至今,他一直从事与钢铁生产相关的各种工程技术和设备的供应工作,为国内众多大型钢铁企业提供了包括炼铁、炼钢、连铸、热轧、冷轧和各种处理线的技术和设备,涉及300多个不同的项目。为了回收利用冶金熔渣中的显热并避免现有水淬工艺中的新水消耗,他主持研究发明的干熄渣工艺和装置获得了北京市科委重大科技培育和转化项目专项资金的支持,现正在积极地推动该技术的深入研究以及进一步的工业试验和产业化。

丁安平 男,1961年生,汉族,中共党员。1984年中南矿冶学院有色金属系毕业生,工商管理硕士,教授级高级工程师,重庆市第三届政协委员,南川区第十五届人大代表。1984年参加工作,先后任山西铝厂氧化铝分厂调度室调度员、计划员、副主任和二车间主任、分厂厂长助理、厂长,技术中心主任,2000年任山西铝厂副总工程师,2002年任中国铝业山西分公司副总经理兼山西80万t氧化铝建设指挥部常务副总指挥。2006年7月至今任中国铝业股份有限公司重庆分公司总经理,2010年11月兼任党委书记。

丁安平同志长期从事氧化铝生产一线工作,先后主持了一系列重大技术开发项目,成绩显著。其中在"十五"期间,组织了一水硬铝石铝土矿生产砂状氧化铝技术攻关工作,经过不懈努力,成功解决了我国用一水硬铝石铝土矿难以生产砂状氧化铝的重大技术难题,结束了我国只能生产粉状或中间状氧化铝的历史,标志着我国氧化铝产品的质量达到了世界先进水平。这一技术被推广到中国铝业公司所属各氧化铝生产企业,提高了我国氧化铝产品的市场竞争力,对电解铝工业节能降耗、改善环境具有重大意义。由于该技术达到国际领先水平,2005年荣获国家科技进步二等奖。

获省部级科技奖励一等奖3次、二等奖5次、三等奖6次,2次荣获国家级企业管理现代化创新成果奖，先后荣获重庆市"劳动模范"及"国企贡献奖—先进个人"称号。

席灿明　1963 年生，1984 年毕业于中南矿冶学院有色金属冶金专业，高级工程师、工程技术应用研究员，中铝国际工程股份有限公司贵阳分公司、贵阳铝镁设计研究院有限公司任中铝公司首席铝工程师，主管副总工程师。作为专业负责人和项目总设计师，先后参与了 10 多项大、中、小型电解铝引进消化、国家和省部级重点工程设计和几个大型铝电解工程的现场施工、安装、生产和设计服务工作，具有较强的组织协调完成各类工程设计建设项目、果断确定重大技术方案和独立解决重大工程设计技术难题的工作能力。主持了 8 个铝冶炼重大科研项目，荣获 9 项重大科技奖，获技术专利授权 21 件，在国内外重要刊物上发表 18 篇论文。兼任中国有色金属学会轻金属冶金学术委员会委员、中国有色金属工业协会专家委员会委员、新疆有色金属行业协会电解铝专家委员会委员、国家科技成果评价专家。曾获"中国有色金属工业总公司第二批跨世纪学术和技术带头人"、第四届"贵州省青年科技奖"、第三届"贵阳市十大杰出青年"、"贵州省五一劳动奖章"、"第三届中国优秀青年科技创业奖"、"第一届贵州省青年科技创业奖"、"享受国务院政府特殊津贴的专家"、"贵州省优秀青年科技人才第三批培养对象"、哈萨克斯坦政府为席灿明颁发的"国家劳动模范勋章"、入选"贵州省委服务决策专家智库"专家等荣誉称号。

詹锡松　男，汉族，1960 年出生，大学文化，高级工程师，中共党员。全国锰矿技术委员会委员，全国电解锰厂长联谊会副会长，铜仁地区锰行业协会会长，铜仁地区青年企业家协会副会长，中共贵州省第十次党代会代表。1984—1989 年，任长沙矿冶研究院技术员，桃江锰矿工程师，1990 年 1 月—1993 年 12 月，任桃江锰矿车间主任，1994 年 1 月—1997 年 12 月，任长沙冶金矿业材料总公司部门经理，1998 年 1 月—1999 年 12 月，任长沙矿冶研究院氧化锰厂部门经理，2000 年 1 月—2002 年 8 月，任贵州省松桃县金地锰业有限责任公司副总经理，2002 年 9 月，任贵州省松桃县金地锰业有限责任公司总经理，2005 年 4 月至 2010 年 12 月，任金瑞新材料科技股份有限公司贵州分公司总经理，2009 年至 2010 年 12 月，兼任铜仁市金丰锰业有限责任公司总经理。2011 年 1 月至今，任金瑞新材料科技股份有限公司电解锰事业部总经理；铜仁市金丰锰业有限公司执行董事；湖南金瑞锰业执行董事。2011 年 8 月至今，任金瑞新材料科技股份有限公司副总经理。

曾获得荣誉：2003 年，被评为贵州省首届"优秀青年企业家"；2005 年，被评为铜仁地区"十大杰出青年"；2006 年，被全国电解锰厂长(经理)联谊会授予"电解锰行业十大杰出人物"称号；2007 年，当选贵州省第十次党代会代表；2006—2008 年，被评为金瑞新材料科技股份有限公司"优秀管理者"；2008 年 12 月，被国家人力资源社会保障部、国务院国资委授予"中央企业劳动模范"称号；2009 年，荣获中共松桃县委"科技兴松"奖；2010 年，被长沙矿冶研究院评为"责任矿冶人物"；2012 年，荣获全国锰业技术协会"突出贡献奖"。

白厚善 男，1964 年生人。1984 年毕业于中南矿冶学院冶金系有色冶金专业，获学士学位。之后分别取得东北大学有色冶炼专业工学硕士学位、清华大学 MBA 学位。北京当升材料科技股份有限公司(股票代码 300073)创始人。

1984 年至 2000 年，历任沈阳矿冶研究所技术员，北京矿冶研究总院助理工程师、工程师、研究室副主任，2000 年被破格提升为教授级高级工程师。在北京矿冶研究总院创立了电子陶瓷用超细氧化物粉体材料、锂电正极材料两个新的研究方向，取得了 2 项省部级科技成果二等奖、1 项三等奖，以及 8 项专利成果。

从 1995 年至 2012 年分别任北京矿冶研究总院电子粉体材料厂、北矿电子材料发展中心、北京当升材料科技股份有限公司主要负责人，使企业分别在电子陶瓷用超细氧化物粉体材料行业和锂电正极材料行业取得龙头地位。

主要社会兼职：《新材料产业》期刊指导委员会委员，中国电子学会敏感技术分会电压敏专业副主任委员，中国化学与物理电源行业协会理事，中国有色金属工业协会钴行业分会副会长。

熊炎三 男，1963 年生，博士，分离科学和质谱专家。1984 年本科毕业于中南矿冶学院有色冶金系，后就读于美国德雷克塞尔大学，获分析化学专业博士学位。曾由美国国立卫生研究院资助在美国伊利诺伊大学药学院进行博士后研究。现任美国沃特世(Waters)公司总部(马萨诸塞州)制药和生命科学(PLS)业务司首席科学家。熊博士长期从事分离科学和质谱仪的研究、开发及营销工作，对高端分析仪器在制药、生物制药和生命科学等领域的应用进行过深入的研究，在学术界和工业界积累了丰富的经验，并享有很高的声誉，是公认的分离科学和质谱专家。其多次出席国际学术会议、应邀到许多国家的学术研究机构作分离科学和质谱分析等方面的专题报告，发表了有影响的学术研究论文 15 篇以上，撰写沃特世公司应用报告 35 篇以上，同时参与多部分离科学和质谱分析专著的编写，并持有专利权。

孟 杰 男，1964 年出生，汉族，中共党员，是成绩优异高级工程师和国家科技奖评审专家。1984 年毕业于中南矿冶学院有色冶金系有色金属冶金专业，获学士学位；1991 年 3 月研究生毕业于北京矿冶研究总院有色冶金专业，获硕士学位。1984 年至 1995 年在北京矿冶研究总院从事有色金属冶金过程研究及工程设计；1995 年至 1997 年在中国有色金属工业总公司从事科研院所管理工作；1998 年至 2011 年在中国铝业公司从事科技项目管理工作；2011 年 10 月至今在中国有色金属工业协会铝业分会从事行业管理。现任中国有色金属工业协会铝业分会常务副秘书长。参与了高冰镍精炼、转炉渣回收钴、粒状氧化镍生产、锰银矿综合回收、砂状氧化铝生产等技术研究；火法炼铜和火法炼铅工程设计；"九五"、"十五"有色金属科技发展规划及有色金属高新技术产业发展战略的编制。申请国家发明专利 3 项，发表论文 6 篇，获国家科技进步二等奖 1 项，中国有色金属工业科技进步一等奖 2 项、二等奖 4 项、三等奖 4 项。

周敬民 男，1964 年生，湖南长沙人。1984 年本科毕业于中南矿冶学院有色冶金系，2001 年获中欧国际工商学院 MBA 学位。1984 年至 1995 年，在北京有色金属研究总院从事稀土冶炼、分离研究工作。有多篇论文发表并获得国家科技进步二等奖。1995 年开始在罗地亚公司工作，先后担任项目经理、工厂总经理、中国区总经理等职务。同时积极参与社会工作，目前担任江苏稀土行业协会副会长、中国稀土协会理事等职。

许开华 男，1966 年 2 月生，湖北人。1981 年 9 月—1985 年 6 月在中南工业大学学习，获有色冶金学士学位，1988 年获硕士学位。曾在中南大学从事教学和科学研究。先后任深圳市中金高能电池材料有限公司董事长、深圳市环境友好金属材料工程技术研究中心主任。现任深圳市格林美高新技术股份有限公司董事长、总经理，中南大学兼职教授。2002 年在国内率先提出"资源有限、循环无限"的产业理念，率先倡导"开采城市矿山，向城市要资源"，并于 2002

年创立深圳市格林美高新技术股份公司（以下称"格林美"），以废旧电池、电子废弃物等废弃资源为例，探索"城市矿山"的开采模式，格林美于 2010 年成功在深圳证券交易所 A 股上市。后获得 2011 年度十大中国低碳时代人物称号、创业兴鄂突出贡献企业家、武汉市首届循环经济杰出企业家、深圳宝安区改革开放 30 年十大优秀企业家称号，先后获得国家科技进步二等奖 1 项、中国专利优秀奖 3 项、省部级科技进步一等奖 3 项等多项荣誉。

钟发平　男，1965 年 8 月出生，中共党员，研究生，博士，湖南科力远新能源股份有限公司董事长，研究员，十届全国人大代表，1985 年获中南工业大学学士学位，1988 年获中南工业大学硕士学位。历任清华大学现代物理系副教授，中国科学院化学研究所副研究员、研究员，国家新型储能材料工程中心暨国家镍氢电池中试基地总工程师兼研发部部长，湖南省科学技术研究开发院总工程师，中南大学、湖南大学、东北大学、湘潭大学兼职教授，宁夏回族自治区科技顾问。孵化、主导创建了 3 家拥有自主知识产权的高新技术企业，在国内外一级刊物上发表论文 30 余篇，独立和合作获得多项国家专利。

赵恒勤　男，1964 年 9 月生，汉族，中共党员，研究员。1982 年 9 月—1986 年 7 月在中南工业大学冶金系有色冶金专业学习，本科毕业后继续在该校原专业攻读硕士学位，1989 年 6 月获硕士学位。现任中国地质科学院郑州矿产综合利用研究所（国家非金属矿资源综合利用工程技术研究中心）科技处处长，中国可持续发展研究会理事，国家科技奖励评审专家，全国矿产资源节约与集约利用标准化委员会委员和秘书长。

　　1989 年 6 月起至今，一直在中国地质科学院郑州矿产综合利用研究所工作，从事矿产资源的综合利用技术研究工作，在难选冶矿产资源综合利用和材料制备等技术领域进行过大量的研究工作。发表论文 30 余篇，授权发明专利 2 项，获省部科技进步奖 3 项，是国土资源部首批创新基地人才，入选国土资源部"百人计划"，2007 年被国土资源部授予"优秀青年科技人才"称号。

顾松青　1946 年生，教授级高工，博导，享受国务院政府特殊津贴。1968 年清华大学工程化学专业本科毕业，1979 年至 1986 年在中南矿冶学院陈新民和曹蓉江老师指导下攻读硕士和博士学位，1986 年获得工学博士学位。1986年至 1994 年历任郑州轻金属研究院室主任、副总工程师、副院长、院长、书记等职。2008 年起任中国铝业公司首席工程师、科技顾问。

顾松青自大学毕业参加工作 44 年来，一直从事铝冶炼及氧化铝生产技术和应用理论研究。提出了一水硬铝石矿强化溶出动力学、高效拜耳法和系统节能等基础性理论，对开发我国高效节能氧化铝生产技术具有指导意义。作为课题组长或主要负责人，主持过十多项国家级重大科技项目。针对我国低品位一水硬铝石铝土矿和生产流程特点，开发出间接加热强化溶出、石灰拜耳法、选精矿双流法、高效强化拜耳法、低品位铝土矿湿法串联新工艺、拜耳法和烧结法的砂状氧化铝生产技术等重大关键新技术，使我国一水硬铝石矿生产氧化铝的整体技术达到了世界领先水平。

编著了《铝冶炼生产技术生产》、《中国铝工业技术发展》、《有色金属进展·轻金属卷》以及《湿法冶金手册》中的《铝的湿法冶金》部分。在国内外期刊和学术会议上发表论文 60 余篇。两次主持 TMS 年会的氧化铝专题会议，多次应邀在国际学术会议上进行主题演讲。

先后获得省部级以上科技成果奖 26 项，其中国家科技进步奖一、二、三等奖各 1 项，省部级科技进步一等奖 8 项；获授权发明专利 23 项；先后获得了中国优秀质量人才奖、中国有色金属工业科技突出贡献奖、中国铝业公司科技标兵等荣誉称号。

王传福　安徽省无为县人，1966 年出生，1987 年毕业于中南工业大学冶金物理化学专业，同年进入北京有色金属研究总院攻读硕士，1990 年毕业后留院工作，1995 年辞职，创办比亚迪公司，短短几年时间，发展成为中国第一、全球第二的充电电池制造商，2003 年进入汽车行业，现为比亚迪股份有限公司（1211.HK）董事局主席兼总裁、比亚迪电子（国际）有限公司主席。2002 年 11 月获香港"紫荆花杰出企业家"奖；2002 年度"中国优秀民营企业家"；2003 年 6 月，王传福以企业家的身份，被《商业周刊》评选为 25 位"亚洲之星"之一；获 2008 年度 CCTV 经济年度人物"年度创新奖"等荣誉称号。

陈 斌 男,1964年9月出生,江西南昌人,中共党员,硕士研究生学历,1980—1987年就读于中南工业大学,毕业后从事科研工作,在中南工业大学任讲师,现任海南海钢集团有限公司总经理、党委副书记,并出任海南矿业联合有限公司董事、海南产权交易所董事长、海南国际资源(集团)有限公司董事。曾在海南省洋浦工商行政管理局、海南省企业工作委员会、海南省国有资产监督管理委员会、海南钢铁公司等单位工作,荣获海南省省属企业优秀企业家,优秀共产党员等称号,2012年度获海南省国资委特别通报嘉奖,海南省第六次党代会代表,海南省昌江黎族自治县人大代表。

海钢集团是海南省国资委直属的重点大型国有企业,资产规模逾百亿,在国务院国资委对全国地方国资委重点监管1013家企业绩效测评中绩效评价得分名列第24,获海南省省属企业改革发展"十一五"成就奖。现主要从事投资与资产管理、矿产资源综合开发、旅游房地产综合开发业务,投资参、控股海南矿业股份有限公司、国际资源(集团)有限公司、海口农商银行、海南泰鑫矿业有限公司、博鳌国宾馆等10多家综合实力雄厚的大型企业集团。

王 伟 1965年出生,辽宁阜新人,1987年毕业于中南工业大学冶金系。参加工作后历任金川公司第一冶炼厂熔炼车间、闪速炉车间技术员、车间主任、金川有色金属公司第一冶炼厂厂长。现任中国北方工业公司副总裁兼万宝矿产有限公司总经理。曾获中国有色金属总公司科技进步一等奖等奖励。

施 哲 男,汉族,1957年11月生,福建省晋江市人,工学博士。1978年3月至1982年2月在昆明工学院学习,毕业后留校工作,历任副教授、教授、博士生导师、学院副院长、院长等职(期间:1984年9月至1987年2月在中南工业大学冶金系有色金属冶金助教进修班学习和从事科研工作;1994年9月至1999年6月在昆明理工大学学习,获博士学位;2002年8月至2003年8月在德国卡尔斯鲁厄研究所做高级访问学者)。曾任第八、九届云南省政协常委。现任昆明理工大学冶金与能源工程学院教授、博士生导师,云南省人大常委和法制委委员,云南民盟省委副主委,复杂有色金属资源清洁利用国家重点实验室(培育)副主任,云南省高校复杂铁资源清洁冶金重点实验室主任。

主持和参加了国家自然科学基金、科技部支撑计划项目、省自然科学基金、云南省科技攻关项目、中德和中加国际合作项目、企业合作科研项目等共计20余项;发表主要论文50余篇,获发明专利1项,获云南省科学技术进步一等奖1项、三等奖 1 项，获中国钢铁工业协会、中国金属学会冶金科学技术进步三等奖1 项。

翟玉春 男，1946 年生，辽宁省鞍山市人，教授，博士生导师，1970 年毕业于东北大学冶金物理化学专业并留校任教。1978—1980 年在吉林大学量子化学研究生进修班学习，1988 年获中南工业大学有色金属冶金博士学位。国务院学位委员会第四、五届学科评议组成员，国家博士后管理委员会第四、五、六、七、八届专家组成员，国家教学名师奖获得者，"冶金物理化学"国家级精品课程负责人，冶金工程专业平台课国家级教学团队带头人，中国金属学会冶金物理化学学术委员会副主任，中国有色金属学会冶金物理化学学术委员会副主任，东北大学冶金物理化学研究所所长。享受国务院政府特殊津贴。《过程工程学报》、《材料导报》、《微纳电子技术》、《东北大学学报》、《材料与冶金学报》编委。

获得国家教学成果二等奖 2 项，辽宁省教学成果一等奖 2 项；获得广东省科技进步一等奖 1 项，辽宁省科技进步三等奖 1 项，辽宁省自然科学三等奖 1 项。出版教材 3 部，专著 1 部，申请发明专利 18 项，授权 6 项。完成 973 项目课题 1 项，国家自然科学基金项目 6 项，省部级项目 4 项，企业项目 18 项。

主要的研究领域：冶金热力学与动力学，资源高附加值、绿色化综合利用，材料制备的物理化学，非平衡态冶金热力学，熔盐电化学，计算物理化学。

在多元、多相体系热力学性质的测量和计算，多元、多相体系的化学反应动力学，量子化学在冶金和材料中的应用，非平衡态热力学在冶金中的应用，红土镍矿、粉煤灰、硼镁铁矿、铝土矿、硼泥、锌氧化矿等资源高附加值、绿色化综合利用，工业烟气中二氧化碳的回收与利用，镍氢电池材料、锂离子电池材料、太阳能电池材料、发光材料以及纯净材料等方面取得了具有理论意义和应用价值的创新成果；有些已实现产业化。

培养研究生：毕业博士 100 余人，硕士 80 余人，指导博士后 8 人。

吴连成 男，1965 年 9 月出生于宁夏固原县。1984 年 9 月考入中南矿冶学院有色冶金专业学习，1988 年 7 月毕业，获工学学士学位，同年 7 月进入青铜峡铝厂工作，历任青铜峡铝厂副科长、车间副主任、分厂副厂长、部门经理，青铜峡铝业集团公司党委委员、副总经理，中电投宁夏能源铝业公司党委委员、副总经理，黄河上游水电开发公司(中电投西北分公司)党组成员、副总经理，现任中国电力投资集团公司铝业部副主任，教授级高级工程师。

吴连成同志长期从事铝电解生产管理和基层领导工作,先后组织、参与了数项原有色金属总公司、宁夏回族自治区重大科研、技改项目。由于工作业绩突出,1994—1996年连续三年获"青铜峡铝厂先进青年科技工作者"称号,2001年获宁夏回族自治区党委组织部、自治区政府人事厅、自治区科协联合颁发的"自治区第七届青年科技奖",2004年4月获"青铜峡铝业集团科技标兵奖"。

著有《上插槽炼铝》一书(中南工业大学出版社出版,40万字),该书系统地总结了上插电解槽生产管理的历史、管理经验、技术进步等情况。

周 民 男,汉族,46岁,1984年考入中南矿冶学院冶金系有色冶金专业学习,1988年毕业后到金川集团股份有限公司工作。二十年来,先后在冶炼厂的班长、工段长、车间主任、厂长,公司规划发展部副主任、总经理助理的岗位上工作过,现任金川集团股份有限公司副总经理,有色金属工业协会专家委员会委员,教授级高工。

他长期从事技术管理和生产管理工作,主持多项公司重点技术改造项目,先后荣获多项中国有色金属工业科学技术奖。其中:"金川镍闪速熔炼技术创新与扩产研究"项目获中国有色金属工业科学技术一等奖;"金川铜合成炉熔炼系统技术改造及装备的开发与应用"项目获中国有色金属工业科学技术一等奖;"中国有色重、贵金属冶金高效节能炉窑关键技术"项目获中国有色金属工业科学技术一等奖;"金川富氧顶吹浸没喷枪镍精矿熔池熔炼JAE技术开发与应用"项目获中国有色金属工业科学技术一等奖;"金川富氧顶吹熔炼工程顶吹炉余热锅炉"项目获中国有色金属工业优秀工程设计一等奖;"复杂难处理镍、钴及铂族金属原料高效提取关键技术与应用"项目获中国有色金属工业科学技术一等奖。

党建平 1967年6月生,男,汉族,1988年毕业于长沙有色金属专科学校(1998年并入中南工业大学本学科)。党员,工程硕士,成绩优异的高级工程师,山西省省委联系的高级专家。享受国务院政府特殊津贴专家,现担任山西关铝股份有限公司总工程师。

先后获得全国五一劳动奖章,山西省劳动模范,山西省五一劳动奖章,山西省优秀科技工作者,中国有色工业协会科技进步奖一等奖,山西省科技进步奖二等奖(两次)等荣誉。

先后获得国家专利局授权专利23项,在国家级刊物上发表论文12篇。负责国家级项目4个,负责省级项目3个,组织公司独立研发项目5个。

为企业主要经济技术指标——原铝交流电单耗连续六年在全国同类槽型中名列第一作出突出成绩，曾连续 3 年每年为企业新增利润 1500 余万元。

冀树军 男，汉族，1968 年 3 月出生，内蒙古商都人，1989 年 7 月毕业于中南工业大学有色冶金专业，高级工程师。

毕业后在包头铝业（集团）有限责任公司工作，先后担任过：包铝集团电解一公司技术员、电解车间主任、生产副经理、公司经理兼党总支书记；包铝股份公司监事会监事、技术开发中心主任；包头轻金属研究所所长、包头稀土专家组成员；技术开发分公司经理、中试公司经理、生产设备部部长；包铝副总工程师、副总经理。2010 年 9 月调至山西华泽铝电有限公司任副总经理，主管安全、生产、设备等方面工作。

在工作中充分发挥自身的专业优势和管理组织才能，在各层级岗位中做出了突出贡献，成为优秀专家型领导。主持参与了 30 多项科技攻关项目，其中 1 项获得国家科技进步奖，5 项获得内蒙古自治区科技进步奖。获得 1 项国家发明专利，1 项国家实用新型专利。主持开发出四十多种铝合金产品。主持完成了"新型稀土铝用熔剂研发及产业化"、"铝基挤压散热器开发"，"新式阴极钢棒电解槽技术的规模化应用"等项目。组织铝电解生产信息化管理系统的研发，并逐步应用于生产中，取得明显成效。个人荣获首届全国青年创新创效奖。

先后参加国有大中型企业经营管理后备干部培训班、中央党校国资委分校直属青年干部培训班，现为中南大学冶金学院在读博士。

丁吉林 男，汉族，教授级高级工程师。1967 年生，1989 年毕业于中南工业大学有色冶金系有色冶金专业，同年 7 月参加工作，曾任云南铝厂电解一分厂副厂长兼三车间主任、技术科科长，云南省威信县挂职科技副县长，云南铝业股份有限公司生产计划部副主任、电解生产准备办主任、总经理助理兼生产计划部主任，云南铝业股份有限公司副总经理，现任云南铝业股份有限公司总经理、党委副书记，兼任全国轻金属学术委员会铝电解专业委员会委员，国家发改委批准的全国第一批清洁生产专家，云南省金属学会常务理事。2008 年考取中南大学冶金工程专业在职博士研究生。

丁吉林是中国铝工业科技发展有突出贡献的中青年专家，先后荣获了"云南省技术创新人才"、"云南省有突出贡献优秀专业技术人才"、"云南省第五届青年科技红河奖"，昆明市"十大杰出青年"、昆明市"优秀企业家"、"云南省五一劳动奖章"等荣誉称号，并荣获省部级科技进步一等奖 2 项、二等奖 3 项，三等奖 1 项。主持实施 2 项国家科技支撑计划项目，4 项省部级科技计划项目。

李清湘 1961 年 6 月出生，贵州省遵义市江口县人，土家族。1989 年中南工业大学有色金属冶金硕士毕业。深圳市中金岭南科技有限公司总经理。享受国务院政府特殊津贴专家，深圳市人大代表，教授级高级工程师。

1982 年 7 月至 1985 年 11 月，广东省韶关大宝山矿业有限公司工作。1985 年 11 月至 2000 年 10 月，广东省韶关冶炼厂工作。2000 年 10 月，深圳市中金岭南有色金属股份有限公司企管部经理。2001 年，深圳市中金岭南科技有限公司董事长、总经理。

个人荣誉：1992 年，韶关冶炼厂"十佳青年"；1993 年，韶关市"八大技术能手"和"新产品开发能手"；1998 年，韶关冶炼厂"跨世纪学术技术带头人"；2006 年，深圳市中金岭南有色金属股份公司"劳动模范"；2008 年，深圳市直工委"优秀党员"；2011 年，"深圳市地方领军人才"。

曾获国家技术发明二等奖 1 项，中国有色金属公司科技进步奖一等奖 1 项、二等奖 2 项，广东省科技进步一等奖 2 项、二等奖 2 项，深圳市科技进步奖 1 项。

李建湘 男，湖南省湘潭县人，1989 年毕业于中南工业大学冶金系，获硕士学位。1996 年创立中山市和胜铝制品厂，现变更为广东和胜工业铝材股份有限公司，任公司董事长。同时，担任中山市湖南商会会长。

主持了多项国家、省部级科研项目和企业新产品研制与技术开发；曾获得中国有色金属行业科学技术奖二等奖 1 项，广东省科学技术奖二等奖 1 项，中山市科学技术奖 2 项；获发明专利 1 项，实用新型专利 1 项；在各类学术年会和技术期刊上发表高水平的学术论文 12 篇；被评为中山市紧缺适用高层次人才。

杨国俊 出生于 1967 年 8 月 15 日，内蒙古赤峰人，中共党员，博士后，教授级高级工程师。1990 年 7 月毕业于中南工业大学冶金系化工专业，获工学学士学位，2003 年 3 月毕业于东北大学材料与冶金学院，获工学硕士学位，2008 年 7 月毕业于东北大学材料与冶金学院，获工学博士学位，2008 年 12 月进入北京科技大学机械学院博士后流动站，2011 年 1 月出站。

1990 年大学本科毕业后，分配到包头铝业公司工作，主要从事技术和科研工作，先后任技术员、技术副主任、工程师、车间主任、高级工程师等，参与了多项技术改造和技术攻关。2002 年进入山东南山集团工作，任南山铝业公司副总经理，负责基本建设和项目开发工作。

2005 年进入山东鲁能集团，主持鲁能铝业海外项目开发处工作，主持编写了鲁能马来西亚、澳大利亚、印尼、几内亚、老挝、蒙古等国项目开发报告。2009 年评为教授级高工。2011 年 8 月进入中国有色金属建设股份有限公司工作，任国际一部经理，主要从事有色与黑色金属矿产开发、矿山建设、工程承包等事项。

谭鹏夫　男，1969 年 8 月出生于湖南省。1996 年 8 月获中南工业大学有色冶金专业工学博士学位。1998 年 3 月至 9 月在芬兰赫尔辛基工业大学做博士后。1998 年 10 月至 2002 年 5 月任德国亚琛工业大学研究员。于 2000 年 12 月在职申请第二博士学位，2002 年 3 月又获亚琛工业大学钢铁冶金专业工学博士学位，并荣获 Borchers 奖章。2002 年 6 月至 2004 年 4 月，任全球 500 强之一的嘉能可（Glencore）国际公司首席研究员，2004 年 5 月至今，担任全球第四大矿业冶金公司 Xstrata 的首席科学家和首席冶金学家。共主持和完成了包括欧共体科学基金、德国自然科学基金等在内的 23 项科研项目，在国际一流刊物如 *Metallurgical and Materials Transactions*、*Environmental Science and Technology*、*Chemosphere* 等，以及国际会议上共发表论文著作 80 余篇。

杨建红　男，1963 年 12 月生，湖南邵东人，1980 年考入中南矿冶学院化学系冶金物理化学专业学习，1992 年获中南工业大学有色金属冶金专业博士学位后留校任教，1994 年在挪威科技大学从事博士后研究，1996 年回国后任中南工业大学冶金系教授，轻金属及工业电化学所所长，并曾担任中南工业大学国际交流处主管副处长。2000 年 1 月赴美国 Argonne National Lab 访问，2003 年成为其正式研究人员。2008 年 10 月加盟中国铝业公司，经过四年的努力，带领团队在重大前瞻性战略技术开发上取得了突破性进展，推动中铝在绿色铝电解领域的研发达到了国际领先水平。另外协助研究院开辟了新兴战略研究方向。

中组部"千人计划"首批人选，国家特聘专家，中南大学博士生导师，现任中国铝业郑州研究院副院长兼绿色冶金与材料研究所所长，美国矿物、金属、材料学会(TMS)会员。曾获世界有色金属优秀论文奖(1996年)，国家教委科技进步三等奖(1998年)，中国有色金属工业科学技术奖二等奖(2003年)，湖南省优秀博士论文指导教师(2004年)，俄罗斯有色金属国际会议奖(2012年)，获得国内外专利30余项，在国内外杂志和国际会议上发表论文110余篇，其中关于惰性电极和低温电解质的文章数十次为国内外同行引用。

李长武 男，出生于1967年，汉族，1992年毕业于中南工业大学冶金系，高级工程师，现任东岭锌业股份有限公司常务副总经理兼党委书记。2007年4月，李长武同志任东岭锌业公司常务副总经理，同年10月，兼东岭10万t锌冶炼技改扩建工程总指挥，具有丰富的管理工作经验及有色冶炼专业技术知识。在他的领导下，锌业公司连年被评为集团先进集体。

胡文彬 男，1966年7月出生于湖南省沅江市，1994年5月中南工业大学有色金属冶金专业博士学位，1996年5月上海交通大学金属基复合材料国家重点实验室博士后出站后晋升副教授，1999年12月破格晋升为教授，2000年被评定为博士生指导教师，2012年被聘为上海交通大学特聘教授。国家杰出青年科学基金获得者，科技部"十二五"863计划新材料技术领域主题组专家，2012年获得国务院政府特殊津贴。

主要从事材料表面改性技术、湿法冶金与新材料领域的研究与开发应用。主持承担完成科技部863项目、国家支撑科技计划项目、国家自然科学基金、教育部重大项目、国防科工委配套和总装预研等科研项目十多项。发表SCI收录论文九十多篇，SCI他引五百多次；获得授权发明专利22项。研究开发的化学镀镍技术和表面金属基复合材料在国内得到大规模推广应用。

作为第一完成人，获得国家科技进步二等奖(2009年)、上海市科技进步一等奖(2007年)、教育部科技进步一等奖(2007年)、中国腐蚀与防护学会科技进步一等奖(2008年)，2009年获得教育部"通用汽车中国高校汽车领域创新人才奖一等奖"。

教育部新世纪优秀人才、上海市优秀学术带头人、曙光学者，2011年获得国家杰出青年科学基金资助。兼任科技部"十二五"863计划新材料技术领域主题组专家、中国材料研究学会青年委员会副主任、中国微米纳米技术学会理事、上海市自然科学研究系列高级职称评定委员会委员、《无机材料学报》编委、《材料导报》编委和《腐蚀与防护》学报编委。

廖春发　教授，博士。1995 年中南工业大学有色冶金系硕士毕业。现为江西理工大学冶金与化学工程学院院长兼稀土学院院长，中国稀土学会理事，中国有色金属学会稀有金属学术委员会委员，中国有色金属学会重有色金属冶金学术委员会委员；全国优秀教师，江西省高校教学名师，江西省百千万人才，江西省"赣鄱 555"领军人才，江西省"十五"期间优秀研究生指导教师，江西省中青年学科带头人。

长期从事稀土、钨等稀贵金属冶金教学、科研工作。近年来，获省部级科技进步一等奖 2 项，教学成果二等奖 1 项，主持国家级项目 5 项、省部级科研项目 7 项，其他科研项目 18 项，完成企业委托项目 10 余项，获国家发明专利 3 项，通过省级鉴定并鉴定为国际领先项目 1 项。在国内外学术刊物上发表学术论文 50 余篇，被 SCI、EI 检索 12 编，参编教材 2 部并获中国冶金教育学会和江西省优秀教材奖。是国家特色专业、江西省高水平学科冶金工程专业的学科带头人和负责人，国家卓越工程师培养计划项目和江西省卓越工程师培养计划冶金工程专业负责人。

钟云波　男，1971 年 6 月生，湖南省浏阳市人，博士，研究员，博士生导师，上海大学材料工程系副主任，日本钢铁协会海外会员。1993 年毕业于中南工业大学有色冶金系获工学学士学位；1996 年在中南工业大学有色冶金系获工学硕士学位；1999 年在上海大学材料学院获工学博士学位。主要从事钢铁冶金、有色冶金和材料电磁制备领域的研究，目前的研究方向涉及强磁场下金属凝固及凝固中第二相颗粒行为控制、电化学、纳米材料制备及成型、均质偏晶合金材料制备、外场下金属材料热处理、金属熔体净化、特种熔炼及冶金质量控制、有色金属提取等。发表论文 170 余篇，被 SCI 和 EI 收录 110 余篇次，被引用累计达 320 次以上，获邀在国内外大型专业会议上做大会特邀报告二次，分会邀请报告五次，出版专著 1 部，参与专著 1 本。获授权专利 18 项，获受理专利 12 项。获教育部全国百篇优秀博士论文、上海市科委青年科技启明星、上海市优秀研究生成果、上海市教委曙光计划、上海市科委启明星跟踪计划等荣誉和人才计划。获上海市科技进步二等奖(2012)、三等奖(2000)、中国金属学会优秀论文二等奖(2009)、2008 年第三届 Asian EPM 国际会议"Excellent Young Scientist Award"、

2009 年第六届 EPM 国际会议(Germany，Dresden)最佳 Poster 奖。

先后承担国家科技部 863 计划、国家自然科学基金重点项目、面上项目、青年基金、教育部优秀博士论文作者基金、上海市重点基础、滇沪合作、宝钢集团、太原钢铁公司委托项目近二十项，参与科技部重点基础预研、863 计划、国家自然科学基金重点、杰出青年基金、上海市重大基础研究、重点攻关项目 9 项。已培养博士研究生 4 人、硕士研究生 21 人，与法国 EPM Madylam 实验室联合培养博士 1 人。

转让专利成果 6 项，其中电磁场净化铝熔体技术在云南铝业股份有限公司、中间包电磁净化不锈钢液技术在太钢不锈钢股份有限公司、电磁场净化铜熔体技术在上大众鑫科技发展有限公司等均实现国内外首次成功使用，产生了显著的经济效益。

徐盛明　男，1963 年 9 月生，湖南桃源人，工学博士，教授，博士生导师，现任清华大学核能与新能源技术研究院资源化工研究室副主任、精细陶瓷北京市重点实验室副主任，兼任稀贵金属利用新技术国家重点实验室等 4 个重点实验室副主任学术委员会、中国有色金属学会冶金物理化学学术委员会、中国稀土学会化学与湿法冶金专业委员会和中国材料研究学会环境材料分会委员(或理事)、贵金属材料产业技术创新联盟副理事长等学术团体职务，并应邀担任《稀土》和《功能材料》杂志编委等。

徐盛明教授 1981 年 8 月考入中南矿冶学院有色冶金系，分别于 1985 年 7 月和 1988 年 6 月获工学学士和硕士学位。毕业后分配至湖南有色金属研究院任冶金专业助理工程师及工程师。1992 年 9 月考入母校师从赵天从教授和张传福教授攻读博士学位，1996 年 9 月进入湖南大学校长、中国科学院院士俞汝勤教授课题组从事博士后研究，1998 年 7 月起任化学专业副教授。1999 年 5 月以来，历任清华大学化学工程与技术学科博士后、副教授、教授以及清华大学核研院应用化学与技术研究室主任、资源化工研究室副主任兼书记等。其主要研究方向为：冶金分离科学与工程(湿法冶金新技术)；化学电源(锂离子电池及镍氢电池)材料制备及其循环利用；高效萃取剂的分子设计、合成与应用。

近 10 年来，先后承担国家重点基础研究计划(973)课题、国家自然科学基金项目等各类国家及省部级课题约 40 项，已有多项成果实现产业化，建成了锂离子电池材料的循环利用及其低成本制备、振动萃取法纯化天然铀技术及装备等示范工程。获部(省)级二等奖 5 项，清华大学优秀博士后奖等荣誉。发表学术论文100 余篇(其中约 60 篇次被 SCI、EI 和 ISTP 收录)，申请中国发明专利 16 项(其中已授权 9 项）。培养硕士生 11 名（其中毕业 10 名）、博士生 3 名（其中毕业 1 名）及博士后 7 名（其中出站 3 名）。

罗爱平　1966 年 10 月出生，湖南邵阳人，教授，工学博士。1983 年起在中南矿冶学院化学系学习，1987 年获化学系分析化学专业本科学士学位，1990 年获应用化学硕士学位，1998 年获有色金属冶金专业博士学位。1990 年起在中南工业大学有色冶金系工作，1993 年破格提拔为副教授、1998 年被聘为教授并担任中国有色金属工业总公司跨世纪学术带头人。1999 年 12 月调入广东省五邑大学化学与环境工程系工作，任教授和广东省十百千人才。长期从事冶金资源综合利用和工业固体废物处理与资源化研究，迄今已主持和承担了国家计委、国家科委的"八五"和"九五"科技攻关项目 5 项以及广东省科技攻关项目"废旧二次电池及其生产废料的资源化利用"等 5 项。在广东省有较大的影响，为更好地回报社会、服务地方，2002 年 6 月筹资创办江门市芳源环境科技开发有限公司，现已发展成为年产值 5 亿元、利税 8000 万元以上的广东省高新技术企业，拥有自主知识产权，发明专利 4 项，实用新型专利 14 项，计算机软件著作权登记证书 6 项，为地方经济发展作出了突出贡献。

现任广东省江门市芳源环境科技开发有限公司董事长、总经理；中南大学特聘教授、五邑大学特聘教授，广东省环保厅专家库成员，江门市第三批中青年专家和拔尖人才，江门湖南商会荣誉会长，中南大学广东江门校友会执行会长。

谢　中　研究员，1998 年获中南工业大学冶金科学与工程系博士学位，同年参加工作，历任中南大学冶金科学与工程系副教授、教授，轻金属研究所所长/副所长，2001 年 3 月—2002 年 3 月在英属哥伦比亚大学金属与材料学院做访问学者，2002 年 5 月—2003 年 3 月在西蒙弗雷泽大学化学院做博士后，2003 年 4 月—2005 年 3 月任加拿大自然科学技术研究委员会客座研究员，2005 年 4 月至今任加拿大国家研究委员会项目负责人、研究员。同时还兼任美国化学会会员以及 *JPS*、*JES*、*EA*、*EC*、*IEEE – Trans. of Energy Conversion*；*Fuel Cell*；*RCS – advance*；*ECS Electrochem. Lett.* 等多个杂志的资深审稿人。其主要研究领域为电化学材料、能源、采矿及环境保护。目前，发表学术论文 50 多篇，出版专著 2 本以及获美国专利 2 项。

王 伟 男,汉族,1976 年 3 月生,宁夏中宁人,中共党员,1995 年 8 月到 1999 年 6 月在中南工业大学有色金属冶金专业学习,1999 年 6 月参加工作。现任宁夏回族自治区团委副书记、党组成员,兼任第一届宁夏青年创业就业基金会理事长。历任宁夏东方钽业股份有限公司技术员、一分厂厂长助理、分厂副厂长、党支部书记、宁夏东方钽业股份有限公司一分厂厂长、党支部书记。2009 年 1 月任宁夏回族自治区团委副书记、党组成员。

李贻煌 男,汉族,1962 年 10 月出生,福建晋江人。1982 年 8 月参加工作,1987 年 1 月加入中国共产党,中南矿冶学院有色冶金系有色冶炼专业毕业,1998 年至 2001 年,在中南大学冶金科学与工程学院攻读工程硕士学位,教授级高级工程师。曾任贵溪冶炼厂工程师、车间主任、副厂长、厂长等职,现任江西铜业集团公司董事长、江西铜业股份有限公司董事长、总经理兼党委副书记,中国有色金属工业协会副会长。

白 猛 1963 年出生于江西临川,1983 年获江西冶金学院工学学士,2001 年获得中南大学冶金工程硕士。2004 年获得冶炼教授级高级工程师任职资格。2005 年通过了中南大学材料冶金博士入学考试,现为中南大学博士研究生。1983 年毕业分配到江西铜业集团公司,长期从事铜闪速熔炼冶金现场管理和技术管理工作。先后担任江铜贵冶生产调度科、技术科科长,江铜技术中心冶化部副主任,支部书记,江铜集团新材料有限公司总经理。现任职湖南长沙特捷冶金技术咨询有限公司。多年从事重金属、稀散稀贵金属提取与加工技术领域的工作。参与和组织了工厂多项重要的冶炼技术创新的研究工作,取得了优良的业绩,发表了多篇具有较高水平的论文和十多篇技术报告,尤其在稀散稀贵金属回收加工方面具有很高的造诣。2001 年以来,重点从事稀散稀贵金属的提取和深加工的研究及促进其产业化的工作,完成了把江铜集团新材料公司建成国内主要的稀散稀贵金属提取、加工基地的工作。荣获包括省部级、江铜集团、贵溪冶炼厂科技进步奖在内的 30 多项奖项。2007 年获得全国首届有突出贡献的优秀工程硕士荣誉。

龙子平 男，1960 年 8 月出生，教授级高级工程师，1982 年毕业于江西冶金学院冶炼专业，2001 年毕业于中南大学冶金工程学科获工程硕士学位。曾任贵溪冶炼厂副总工程师、贵溪冶炼厂厂长、贵冶分公司经理、贵冶技术中心冶化部主任等职，江西铜业股份有限公司副总经理兼总法律顾问。

周新林 男，汉族，1965 年 1 月出生，湖北麻城人，中共党员。1986 年 7 月毕业于中南工业大学化学系工业分析专业，大学本科学历，2004 年 6 月取得中南大学冶金工程硕士学位，教授级高级工程师。现任中铝矿产资源有限公司青海分公司总经理、青海中铝黄金有限公司董事长。

1986 年 8 月至 2005 年 11 月，历任中国铝业青海分公司（原青海铝厂）中心化验室技术员、科长、副处长，总经理办公室主任（正处级），热力厂厂长，总经理助理兼炭素厂厂长；2005 年 11 月至 2011 年 9 月，任中国铝业青海分公司副总经理；2011 年 1 月任青海中铝黄金有限公司董事长；2012 年 1 月任中铝矿产资源青海分公司总经理。

曾获国家科技进步二等奖 1 项，中国有色金属工业科学技术一等奖 1 项，中国有色金属工业科学技术二等奖 4 项，专利 19 项，科技成果 15 项；2002—2003 年连续两年荣获中国铝业青海分公司优秀管理者等称号。

罗胜联 1962 年 2 月生，2006 年获冶金环境工程博士学位，教授。国家杰出青年科学基金与何梁何利科学技术创新奖获得者。南昌航空大学副校长，江西省持久性污染物控制与资源循环利用重点实验室主任。江西省"555"赣鄱英才首批人选，湖南省"121"工程第一层次人选、江西省环境工程学科学术带头人，江西省科技创新团队负责人。主要学术兼职：国家自然科学基金环境工程学科评议组专家；*Journal of Environmental and Applied Bioresearch*，《环境科学与技术》与《中国无机分析化学》杂志编委；华中科技大学、中南大学兼职教授。长期从事重金属废水与难降解有机废水处理的理论与工程研究。获国家技术发明二等奖、国家科学技术进步二等奖等省部以上奖励 6 项；获国家授权发明专利 21 项；近 10 年发表

SCI 收录论文 127 篇, 通讯或第一作者 SCI 收录 75 篇(IF > 3.0 的 46 篇), 出版专著 1 部。获 2012 年度国际能源与环境领域大奖 ENI 奖的提名。

蔡练兵 男, 1961 年出生, 中南工业大学有色金属冶金工程硕士, 教授级高级工程师, 先后工作于株冶集团、中国有色金属总公司、郴州市金贵银业股份有限公司等单位。曾任技术主管、研究室主任、技术总监、总经理等职务。

长期从事冶金技术工艺、新产品开发等领域科研及管理工作。先后主持"砷烟灰在玻璃工业应用的研究"、"复杂含砷物料直接制取砷锑合金的研究"、"砷酸钠研制及其在木材工业中的应用"三项省级重点项目; 并曾主持"金贵 8 万 t 铅熔池熔炼、电解精炼及综合回收项目"设计和建设; 担任国家 863 重点项目"湘江流域冶炼重金属固体废物减排及其综合利用关键技术与工程示范"课题组长、湖南省重大专项"稀贵金属高效提取及深加工关键技术开发与示范"课题负责人。在有色金属尤其是铅及贵金属的冶炼、资源综合回收、环保治理和新产品开发等方面具有非常丰富的研发与生产实践经验。先后获国家发明专利 20 余项、省部级奖励 7 项。

刘 萍 2010 年毕业于中南大学冶金科学与工程学院, 取得工学博士。2001 年 11 月至今任深圳丹邦科技股份有限公司董事长, 研发中心主任, 兼任丹邦投资集团、典邦科技、广东东邦、广东丹邦董事长, 丹邦香港、第比尔国际董事。2009 年, 刘萍被深圳市政府认定为深圳市地方级高层次专业人才。

所获荣誉: 专利技术"UV 制备方法"荣获第五届国家科技成果进步一等奖、"COF 超微线路和封装产业化"获深圳市科技创新奖、"先进 COF 超微线路和封装产业化项目"获广东省科学技术三等奖。

梁学民 男, 教授级高级工程师, 1962 年 9 月生, 山西省新绛县人。2012 年获中南大学冶金工程博士学位, 现任河南豫联能源集团常务副总经理兼总工程师, 兼任中国有色金属工业协会专家委员会委员、铝业分会副理事长, 轻金属冶金学术委员会副主任委员, 国家科技部"高效节能铝电解产业技术创新战略联盟"专家委员会主任; 中南大学兼职教授, 享受国务院政府特殊津贴专家。

1983 年北京科技大学冶金炉专业学习，获工学学士学位。长期从事铝冶炼科研、设计和技术管理工作。1983 年至 2002 年历任贵阳铝镁设计研究院工程师、高级工程师、教授级高级工程师、总设计师；2002 年 12 月起，先后任河南中孚实业股份有限公司董事、副总经理兼总工程师、总经理等职，现任河南豫联能源集团有限责任公司常务副总经理兼总工程师。

获国家科技进步一等奖 1 项，二等奖 2 项，省部级科技进步奖 16 项，省部级优秀工程设计奖 3 项。发表学术论文 42 篇，主编出版专著 1 部，获授权专利 53 项，其中发明专利 9 项、国际专利 2 项。

第6章 科学研究

本学科自组建以来，承担 200 余项国家级科研项目、160 多项省部级科研项目、1000 余项横向科研项目。共取得国家级科技成果奖 25 项、省部级科技成果奖 120 项、授权发明专利 314 项、(2000 年以来)发表被 SCI 检索的论文 591 篇、获省部级及以上教改成果奖 16 项。

6.1 国家级科技成果奖励

所获国家级科技成果汇总如表 6－1 所示。

表 6－1 国家级科技成果奖励情况汇总表

序号	年份	成果名称	获奖名称与级别	获奖人(排名)
1	1978	100、125 伏电容器钽粉	全国科技大会奖	钟海云等
2	1978	赣州钴厂湿法工艺流程改革试验	全国科技大会奖	乐颂光、鲁君乐、晏德生
3	1978	石灰石烧结法从江西宜春锂云母矿提取锂盐	全国科技大会奖	汪锡孝、黄际芬等
4	1978	人造金红石的研制	全国科技大会奖	莫似浩等
5	1985	铝电解添加锂、镁复合添加剂工业试验	国家科技进步二等奖	杨济民、黄际芬、秦瑞卿
6	1987	仲钨酸铵制取蓝钨、钨粉的研究	国家科技进步一等奖	邹志强(2)、曾昭明(4)、吕海波(7)等
7	1988	蓝钨酸洗掺杂及其装置	国家科技进步三等奖	陈绍衣等
8	1988	碳还原－高温烧结法生产全系列电容器级钽粉新工艺	国家技术发明三等奖	钟海云等
9	1991	高效烟囱	国家技术发明三等奖	梅炽等
10	1992	铝电解用阳极糊节能技术	国家科技进步一等奖	刘业翔等
11	1992	铝电解槽数学模型及其计算机仿真研究	国家科技进步二等奖	梅炽等

续表 6-1

序号	年份	成果名称	获奖名称与级别	获奖人（排名）
12	1993	白钨矿及黑白钨混合矿碱分解方法及设备	国家技术发明二等奖	李洪桂(1)、刘茂盛(2)、戴朝嘉(4)
13	1996	贵州铝厂 180 kA 级铝电解槽开发试验	国家科技进步二等奖	蔡祺凤等
14	1996	镍熔炼节能降耗、智能决策技术的开发与应用	国家科技进步三等奖	梅炽等
15	2001	选择性沉淀法从钨酸盐溶液中除钼砷锡锑新工艺	国家技术发明二等奖	李洪桂、孙培梅、李运姣、赵中伟、苏鹏抟、霍广生
16	2004	铝电解过程智能控制系统的推广应用	国家科技进步二等奖	冷正旭、李劼、赵庆云、李晋宏、刘钢、陈志南、李金鹏、刘永刚、胡长平、吴智明
17	2006	强化烧结法生产氧化铝工艺	国家技术发明二等奖	李小斌、刘祥民、程裕国、刘亚平、彭志宏、赵东峰
18	2007	铝资源高效利用与高性能铝材制备的理论与技术	国家科技进步一等奖	钟掘、肖亚庆、胡岳华、张新明、陈康华、陈启元、刘祥民、李小斌、崔建忠、聂祚仁、李劼、冯其明、李旺兴、黄明辉、赵世庆
19	2008	高能量密度、高安全性锂离子电池及其关键材料制造技术	国家科技进步二等奖	李新海、王志兴、郭华军、彭文杰、张殿浩、赵丰刚、胡启阳、曾毓群、冯苏宁、张云河
20	2010	废弃钴镍材料的循环再造关键技术及产业化应用	国家科技进步二等奖	聂祚仁、许开华、席晓丽、郭学益、刘沙、何显达、叶红齐、夏定国、王志宏、王敏
21	2010	铝电解用优质炭阳极生产关键技术开发及产业化	国家科技进步二等奖	刘风琴、路增进、周新林、史生文、王金合、蒙建德、杨宏杰、王振才、陈开斌、肖劲
22	2010	大型链篦机－回转窑赤铁矿氧化球团生产的关键技术开发和应用	国家科技进步二等奖	朱德庆、赵荣坤、舒方华、潘建、李启厚、祁超英、徐五七、刘俭、尹小鹏、郑皓

续表 6 - 1

序号	年份	成果名称	获奖名称与级别	获奖人(排名)
23	2011	难冶钨资源深度开发应用关键技术	国家科技进步一等奖	赵中伟、刘咏、贺跃辉、吴冲浒、姜文伟、周建华、王社权、杨金洪、方奇、钟军、梁卫东、周永贵、张忠健、张立、李洪桂
24	2011	铅高效清洁冶金及资源循环利用关键技术与产业化	国家科技进步二等奖	杨安国、郭学益、李卫锋、赵传合、王拥军、田庆华、张小国、余刚、李贵、陈会成
25	2011	基于微生物特异性的重金属废水深度净化新工艺	国家技术发明二等奖	柴立元、罗胜联、王辉、王庆伟、王云燕、闵小波

6.2 省部级科技成果奖励

所获省部级科技成果奖励如表6-2所示。

表6-2 省部级科技成果奖励情况汇总表

序号	年份	成果名称	获奖名称与级别	获奖人
1	1978	湿法炼锌新工艺研究	冶金工业部科学大会奖	重冶教研室
2	1978	三氯化铁浸出法综合回收铜、铁、硫	冶金工业部科学大会奖	有色冶金科研室
3	1978	中温氯化焙烧处理含钴烧渣生产工艺	冶金工业部科学大会奖	有色冶金科研室
4	1978	高纯人造镁砂及镁砖试验	湖南省科学大会奖	有色冶金科研室
5	1978	六氯化钨氢还原制取超细钨粉	冶金工业部科学大会奖	稀冶教研室
6	1978	钨萃取新工艺研究	湖南省科学大会奖	稀冶教研室
7	1979	三万六千安培无隔板镁电解槽	冶金工业部科学大会奖	轻冶教研室
8	1980	亚硫酸锌还原 - 针铁矿法湿法炼锌新工艺	冶金工业科技进步二等奖	重冶教研室

续表 6 - 2

序号	年份	成果名称	获奖名称与级别	获奖人
9	1980	高温锌焙砂硫酸浸出亚硫酸锌还原针铁矿法	湖南省科技进步二等奖、有色总公司科技进步二等奖	钟竹前、梅光贵等
10	1982	MLL - 1 型透明立式电炉	有色总局科技进步三等奖	吴旦人、徐日瑶、恽顺芳
11	1982	BTY - 1 型焙盐透视测试仪	有色总局四等奖湖南省四等奖	吴旦人 徐日瑶、恽顺芳
12	1982	独居石中铀、钍、稀土、钛、铁的分离工艺流程	有色总局科技进步三等奖广东省三等奖	张启修等
13	1982	熔融氯化脱水制取无水氯化镁半工业试验	有色总局科技进步四等奖	梁世芬、徐日瑶、钟侃如、恽顺芳
14	1983	关键军用材料质量攻关	国防科工委科技进步奖	钟海云、苏鹏抟、王如珍、刘秋莲
15	1982	$Cu - Cl - H_2O$ 系的热力学分析及电位 - pH 图	湖南省科技进步二等奖	傅崇说等
16	1982	湿法处理含银废料制取银粉	湖南省科技进步四等奖	卢宜源等
17	1984	铜 - 二氧化锰同时电解新工艺	中国有色金属工业总公司科技进步三等奖广东省科技进步三等奖	钟竹前、梅光贵等
18	1984	液体钽电容器用低损耗钽粉(SHR30)的制取及应用技术研究	中国有色金属工业总公司科技进步四等奖	钟海云、王如珍、岳忠、苏鹏抟、吴辉云
19	1985	24 kA 侧插自焙阴极铝电极槽添加锂盐(推广)	湖南省科技进步四等奖	杨济民等
20	1985	铝电解添加锂、镁复合添加剂工业试验	有色总公司科技进步三等奖	杨济民等
21	1985	合成氯化镁球团氯化扩大试验	有色总公司科技进步四等奖	钟侃如、徐日瑶、梁世芬、占建民
22	1985	合成氯化镁卤水球团氯化扩大试验	有色总公司科技进步四等奖	钟侃如、徐日瑶、梁世芬、占建民

续表 6 - 2

序号	年份	成果名称	获奖名称与级别	获奖人
23	1985	轻烧菱镁矿球团氯化扩大试验	有色总公司科技进步四等奖	钟侃如、徐日瑶、梁世芬、刘宏专
24	1985	碳还原－高温烧结法生产全系列电容器级钽粉新工艺	有色总公司科技进步三等奖	钟海云、苏鹏抟、王如珍、吴辉云、岳忠
25	1986	仲钨酸铵制取蓝钨、钨粉的研究	中国有色金属工业总公司科技进步一等奖	曾昭明等
26	1986	锌－二氧化锰同时电解新工艺	中国有色金属工业总公司科技进步三等奖	钟竹前、梅光贵、蔡传算、汤祖尧
27	1986	高可靠高比容炭还原钽粉研究	国防科委、经委、计委、财政部奖	钟海云、王如珍、刘秋莲、苏鹏抟
28	1986	全面提高硬质合金质量	国防科委、经委、计委、财政部奖	曾昭明、钟海云
29	1987	从废电池及镀锌渣综合回收电锌及电解二氧化锰新工艺	中国有色金属工业总公司科技进步三等奖	钟竹前、梅光贵等
30	1987	硫化锑矿氯化－水解法制备锑白	中国有色金属工业总公司科技进步二等奖	赵天从、唐谟堂、钟启愚、列醒泉、郑蒂基、易申翰、诸素珍等
31	1987	硫化锑矿湿法制取锑白	湖南省科技进步二等奖	赵天从、唐谟堂、钟启愚、列醒泉、郑蒂基、易申翰、诸素珍等
32	1987	湿法炼锑电化学基础理论研究	国家教委科技进步二等奖	蒋汉赢等
33	1987	高纯锑球的研制	有色总公司科技进步三等奖	王容华、黎茂梁、李洪桂
34	1987	钨冶炼及三废治理研究	有色总公司科技进步二等奖	张启修
35	1987	钨冶炼及其中间制品	有色总公司科技进步二等奖	龚柏凡、周良益等
36	1987	锑冶炼砷碱渣综合利用试验工程	湖南省科委科技进步三等奖	任鸿九、钟积龙
37	1987	湖北鸡龙山多金属矿综合利用回收工程	湖北省科委科技进步三等奖	夏忠让

续表 6 – 2

序号	年份	成果名称	获奖名称与级别	获奖人
38	1987	废电池及废渣综合利用回收锌和二氧化锰	有色总公司科技进步三等奖	钟竹前 梅光贵
39	1987	铜－二氧化锰同时电解新工艺研究	有色总公司科技进步三等奖	钟竹前等
40	1987	卤水白云石合成氯化镁和球团氯化制取无水氯化镁半工业试验	有色总公司科技进步三等奖	满元康
41	1987	氧化焙烧法从江西宜春锂云母提取锂盐半工业试验	有色总公司科技进步三等奖	汪锡孝、黄际芬
42	1988	蓝钨酸洗掺杂及其装置	国家科委科技进步三等奖	李光鳌等
43	1988	钨细泥及难选钨料制取仲钨酸铵工艺	广东省科委科技进步二等奖	吴尔京等
44	1988	氧气底吹炼铅法	有色总公司科技进步二等奖	彭容秋等
45	1988	制取 63 V，2800 μF·V/g 高压高比容钽粉新工艺	有色总公司科技进步三等奖	钟海云等
46	1988	高温座滴法实验技术及装置	湖南省教委科技进步二等奖	黎茂良、王容华
47	1989	铝电解锂盐阳极糊节能技术	国家教委科技进步二等奖	刘业翔(1)
48	1989	铝电解掺杂炭素阳极的电催化功能	国家教委科技进步二等奖	刘业翔
49	1989	还原－蒸馏联合法工艺及设备(5 吨/炉)	国家计委、科委、财委部科技进步三等奖	李光鳌等
50	1989	铅阳极泥湿法综合回收金银及有价金属新工艺	有色总公司科技进步三等奖	宾万达
51	1989	脆硫锑铅精矿湿法冶炼应用基础研究	有色总公司科技进步三等奖	赵瑞荣
52	1990	碱法热球磨处理难选钨中矿的工艺与设备研究	广西壮族自治区科技进步二等奖	李洪桂、刘茂盛、思泽金等
53	1990	超高比容钽粉	有色金属工业总公司科技进步三等奖	钟海云等

续表 6－2

序号	年份	成果名称	获奖名称与级别	获奖人
54	1990	添加剂对粘结相润湿 WC 相性能影响研究	有色总公司科技进步三等奖	王容华
55	1991	锂盐阳极糊节能技术在铝电解工业上的应用	国家教委科技进步一等奖	刘业翔(1)
56	1991	铝电解锂盐阳极糊节能技术	中国有色金属工业总公司科技进步一等奖	刘业翔(1)
57	1992	从废弃尾矿回收铋的选冶新工艺	江西省科技进步二等奖	列醒泉
58	1992	STL 活性玻璃澄清剂	湖南科技进步三等奖	蔡传算
59	1993	白钨精矿与黑白钨混合矿碱分解方法及设备	中国专利优秀奖	李洪桂、刘茂盛、思泽金等
60	1993	用于铝电解的阳极糊及其配制方法	中国专利优秀奖	刘业翔等
61	1993	水合碳铝酸钙(HCAC)脱硅新工艺	中国有色金属工业科学技术二等奖	李小斌(1)、彭志宏(3)
62	1993	用高钙高杂钨细泥制取钨酸钠和仲钨酸铵研究	有色总公司科技进步三等奖	孙培梅等
63	1994	钴中不同添加剂对 WC 润湿性能的影响	中国有色金属总公司科技进步三等奖	王容华、杨超尘、黎茂梁
64	1996	稀土在硬质合金中应用研究	四川省科技进步二等奖	郭幸华、羊建高、王荣华
65	1997	机械活化(热球磨)碱分解白钨精矿及黑白钨混合矿技术的推广应用	国家教委科技进步二等奖(推广类)	刘茂盛、李运姣、赵中伟、苏鹏抟、孙培梅、李洪桂
66	1997	SBS 添加剂	湖南省科委科技进步四等奖	蔡传算(5)
67	1997	贵州铝厂 180 kA 级铝电解槽开发试验	有色总公司科技进步一等奖 国家科委科技进步二等奖	蔡祺凤(6)、王前普(22)、伍洪泽(23)
68	1997	提高铅烧结矿质量与产量的研究	有色总公司科技进步三等奖	刘爱心(1)、张多默(3)、李仕雄(4)、黄仲纯(7)

续表 6 – 2

序号	年份	成果名称	获奖名称与级别	获奖人
69	1997	山东铝业公司生产调度系统数据传输与管理	有色总公司科技进步四等奖	武坤(1)、刘业翔(3)、贾春霖(4)
70	1998	铅电解过程有机添加剂的控制(铅电解过程电化学参数在线监控方法的装置)	有色总公司科技进步二等奖	刘爱心(1)、张多默(3)、李仕雄(4)、王德铸(8)、朱协彬(9)
71	1998	赤泥堆场回水低浓度碱膜分离技术	有色总公司科技进步三等奖	张启修(1)、罗爱平(4)
72	1998	锌湿法冶炼过程优化控制系统的研究——锌沸腾焙烧过程优化控制	有色总公司科技进步三等奖	张传福(1)、陈松乔(3)、杨明泰(6)
73	1998	球形氢氧化亚镍制备新技术	有色总公司科技进步四等奖	李新海、郭炳坤、王志兴、刘建华、郭华军
74	1998	铝电解用硼化钛阴极材料及涂层技术	国家教委科技进步三等奖(丙类)	黄永忠、廖贤安、程晋如、王化章、李劼、钟水华、肖劲、胡保平、杨建红、刘业翔、葛淮河、刘宏专
75	1999	智能模糊控制技术在 160 kA 预焙铝电解槽上的开发应用	中国有色金属工业总公司科技进步二等奖	李劼(2)、王前普(4)、张泰山(6)、肖劲(8)
76	1999	钨矿物碱分解的基础理论研究	教育部科技进步二等奖	李洪桂、孙培梅、李运姣、刘茂盛、赵中伟、苏鹏抟
77	1999	C_{60} 系列产品制备新工艺	中国有色金属工业总公司科技进步三等奖	李新海、李晶、黄克雄、孙铭良、尹周澜、王志兴、肖立新
78	1999	锌电解锰离子贫化的机理与解决措施的研究	湖南省科技进步二等奖	梅光贵、彭小苏等
79	2000	强化烧结法生产氧化铝新工艺	中国高校科学技术奖(教育部科技进步二等奖)	李小斌(1)、彭志宏(3)、刘桂华(4)
80	2000	锌电解锰离子贫化的机理与解决措施的研究	湖南省科委科技进步二等奖 湖南省教委科技进步一等奖	梅光贵(1)、刘荣义(4)、李采葵(6)、朱孟军(9)

续表 6 - 2

序号	年份	成果名称	获奖名称与级别	获奖人
81	2000	选择性沉淀法从钨酸盐溶液中除钼、砷、锡、锑新工艺	湖南省科技进步奖一等奖	李洪桂、孙培梅、李运姣、赵中伟、苏鹏抟、霍广生、刘茂盛、孙昭明
82	2000	密实移动床—流化床离子交换技术从钨酸盐溶液中分离钼研究	湖南省科技进步三等奖	肖连生、张启修、龚柏凡、黄芍英、曹家树、周学新、王金明
83	2000	采用镀锌渣与锌浮渣电极锌的新工艺研究	湖南省科技进步三等奖	梅光贵(1)、刘荣义(3)、李彩癸(5)
84	2000	从复杂锑铅精矿直接制备焦锑酸钠和副产硫代硫酸钠的新工艺	湖南省科技进步三等奖	杨天足、宾万达、陈希鸿、卢宜源、唐建军
85	2001	基于现场总线的全分布式铝电解智能控制系统	中国有色金属工业科技奖二等奖	李劼等
86	2002	低钴高倍率非化学计量贮氢合金制备技术	中国有色金属工业科技进步二等奖	李新海等
87	2002	烧结法粗液常压脱硅技术	中国有色金属工业科技奖二等奖	李小斌等
88	2003	铝电解过程智能控制系统及推广应用	中国有色金属工业科技进步一等奖	李劼等
89	2003	TiB_2 阴极涂层技术在 160 kA 预焙铝电解槽上的开发与应用	中国有色金属工业科技进步二等奖	李劼等
90	2003	锂离子电池制作技术	中国有色金属工业科学技术二等奖	李新海等
91	2003	无汞碱性电池用锌粉的研制及产业化	中国有色金属工业科技进步三等奖	刘志宏等
92	2004	强化烧结法生产氧化铝新工艺	国家知识产权局中国专利金奖	李小斌等
93	2004	空气氧化法从锑精矿制备锑酸钠	中国有色金属工业科技进步二等奖	杨天足等
94	2004	现场总线型智能模糊控制系统及其在有色工业窑炉中的应用	湖南省科技进步二等奖	李劼等

续表 6 – 2

序号	年份	成果名称	获奖名称与级别	获奖人
95	2004	周期性外场梯度生长法制备微掺杂型钴酸锂技术	中国有色金属工业科技进步三等奖	李新海等
96	2005	纤维状超细特种镍粉制备新方法	中国有色工业技术发明一等奖	张传福等
97	2005	高密度高电压平台锂离子电池正极材料钴酸锂的研发及产业化	湖南省科学技术进步一等奖	胡国荣等
98	2005	动力电池用低成本极板材料	广东省科学技术一等奖	郭学益等
99	2005	锂离子电池用高密度锰氧化物的制备技术	中国有色金属工业科技进步三等奖	李新海等
100	2005	生物制剂处理含铍废水新技术	湖南省科学技术进步三等奖	柴立元等
101	2006	细菌解毒铬渣及其选择性回收铬的新技术	教育部高校科研优秀成果奖（科学技术）一等奖	柴立元等
102	2006	锂离子电池及其关键材料制备技术与产业化	湖南省科技进步一等奖	李新海等
103	2006	载银纳米二氧化钛抗菌材料的研究与研发	湖南省科技进步一等奖	柴立元等
104	2007	重金属废水、废渣生物化处理与资源化新技术研究及应用	中国有色金属工业科学技术一等奖	柴立元等
105	2007	锂离子动力电池关键材料及器件制造技术	教育部技术发明二等奖	李新海等
106	2007	富铟粗铅提铟新工艺研究与应用	中国有色金属工业科技进步三等奖	何静等
107	2008	减压挥发氧化法制备超细球状 β 型氧化铋	江西省科技进步三等奖	张传福等
108	2009	废旧物资（铜、塑料）高质化利用关键技术研究与应用	湖南省科技进步一等奖	柴立元等

续表6-2

序号	年份	成果名称	获奖名称与级别	获奖人
109	2009	钨钼清洁高效冶金关键技术	中国有色工业技术发明一等奖	赵中伟等
110	2009	电石渣处理及其在酸性废水治理中的应用技术	中国有色工业技术发明一等奖	柴立元等
111	2009	选择性分离贵锑中贵贱金属的技术及产业化	中国有色金属工业科技进步二等奖	杨天足等
112	2009	硫酸渣资源化高效利用关键技术及应用	湖南省科技进步二等奖	郑雅杰等
113	2010	难处理有色金属氧化矿清洁高效利用的基础理论与重大创新技术	2010年度中国高等学校十大科技进展	陈启元、冯其明、李新海、唐谟堂、赵中伟、胡慧萍、王志兴、杨天足、张国范、陈爱良、谭军
114	2010	预焙铝电解槽电流强化与高效节能综合技术的开发与应用	中国有色金属工业科学技术一等奖	李劼等
115	2010	大型曲面阴极高能效铝电解槽新技术的研究与开发	云南省科技进步一等奖	李劼等
116	2010	基于高浓度离子交换的钨清洁冶金工艺	湖南省科技进步二等奖	赵中伟等
117	2010	大型铝电解槽生产综合节能技术开发	中国有色金属工业科学技术奖三等奖	梁学民、张红亮、张松江、赖延清、涂赣峰、王有山、付新民、辛朋辉
118	2011	全氯循环法高效利用难处理氧化矿制备高性能镍钴材料	湖南省科技进步一等奖	李新海、王志兴、郭华军、胡启阳、陈启元、杨志
119	2011	富贵锑选择性氯化法提金及多金属综合回收的研究与应用	中国黄金协会科学技术进步一等奖	刘勇、杨天足、陈芳斌、黄启富、刘伟锋、杨开榜、刘忠云、陈建权、李希山、阳振球、曲立望、刘互良、刘共元、邝江华、江名喜、窦爱春、楚广
120	2012	控制电位选择性氯化分离贵锑的关键技术及应用	湖南省技术发明二等奖	杨天足、刘伟锋、刘勇、陈芳斌、阳振球、张杜超

6.3 省部级及以上教改成果奖励

所获省部级及以上教改成果奖励如表 6-3 所示。

表 6-3 省部级及以上教改成果(含其他)奖励情况汇总表

序号	年份	成果名称	获奖名称/等级	完成人(排名最前者)
1	1985	冶金概论电教片	有色总公司教改三等奖	郭　逵
2	1987	《氧化铝生产工艺学》	有色总公司优秀教材二等奖	杨重愚
3	1987	《火法冶金过程物理化学》	有色总公司优秀教材一等奖	梅显芝
4	1988	《冶金物理化学研究方法》	国家教委高校优秀教材奖	梅显芝
5	1990	《锑》	第五届全国优秀图书一等奖	赵天从
6	1996	《稀有金属冶金学》	有色总公司优秀教材一等奖	李洪桂
7	2001	加强综合实践能力培养，促进产学研相结合	湖南省高等教育省级教学成果三等奖	郭炳焜
8	2001	不锈钢冶炼粉尘处理的基础理论与工艺研究	国家优秀博士论文提名奖	彭　兵
9	2003	《冶金设备》课程体系及教学内容的改革	湖南省高等教育省级教学成果三等奖	李运姣
10	2006	传统工科本科创新人才培养模式的研究与实践	湖南省高等教育省级教学成果二等奖	李　劼
11	2007	冶金原理	国家精品课程	李　劼
12	2007	冶金设备	湖南省精品课程	唐谟堂
13	2009	冶金工程	国家级特色本科专业建设点	
14	2009	《冶金设备》系列教材	湖南省高等学校优秀教材奖	唐谟堂
15	2011	新能源材料与器件	国家级特色本科专业建设点	
16	2012	冶金工程	国家级专业综合改革试点专业	

6.4 发明专利授权

表 6-4 发明专利授权情况

序号	发明名称	申请号	发明人	申请日期	授权时间	类型
1	一种纳米级 LiFe$_{1-x}$M$_x$PO$_4$/C 锂磷酸盐盐系复合正极材料的制备方法	201010126409.X	胡国荣 曹雁冰 彭忠东 杜 柯	2010-03-17	2012-03-14	发明
2	可整调节铝液中水平电流的铝电解槽阴极结构	201120103796.5	李 劼 张红亮 徐宇杰 杨 帅 赖延清 丁凤其 郭 龙 王化雨	2011-04-11	2012-01-04	实用新型
3	一种综合开发低品位红土镍矿的方法	200810143382.8	李新海 胡启阳 张云河 彭文杰 郭华军 李金辉 符芳铭 伍 凌	2008-10-21	2012-01-11	发明
4	一种钛酸锂粉末的制备方法	201010503891.4	李运姣 赵中伟 陈爱良 霍广生 刘旭恒	2010-10-12	2012-01-18	发明
5	一种预焙铝电解槽电流强化与高效节能的方法	201010297450.3	李 劼 肖胜华 吕晓军 丁凤其 邹 忠 赖延清 张宏安 张红亮 丁振涛 张文根 刘 驰 谢长春 万玉浩	2010-09-30	2012-03-28	发明
6	一种重金属低温熔盐动态清洁冶金的装置	201120187513.X	杨建广 唐朝波 陈永明 何 静 杨声海	2011-06-03	2012-02-15	实用新型
7	两段加压氧浸法从难处理硫化矿矿精矿中提取金的方法	200910310028.4	杨声海 郭 欢 唐谟堂 星 何 静 唐朝波 杨建广 陈永明	2009-11-19	2012-02-01	发明

续表6-4

序号	发明名称	申请号	发明人	申请日期	授权时间	类型
8	一种从白钨矿中提取钨的方法	201010605107.0	赵中伟 李江涛 李洪桂	2010-12-24	2012-03-21	发明
9	一种从白钨矿中提取钨并生产高质量熟石膏的方法	201010605110.2	赵中伟 李江涛 李洪桂 刘旭恒 孙培梅 陈爱良	2010-12-24	2012-03-21	发明
10	从溶液中回收稀贵金属的一种方法	201010266679.0	郑雅杰 陈昆昆	2010-08-30	2012-03-07	发明
11	一种锰系锂离子筛吸附剂及其前驱体的制备方法	201010283639.7	石西昌 周定方 张志兵 徐徽 陈白珍 陈亚 杨喜云	2010-09-16	2012-05-30	发明
12	金属熔盐电解用陶瓷基阳极及其制备与组装方法	200910310340.3	周科朝 张雷 李劼 赖延清	2009-11-24	2012-01-25	发明
13	盐酸全闭路循环法从红土镍矿中提取有价金属的方法	200910042677.0	李新海 郭华军 王志兴 胡启阳 张云河 彭文杰 李向群	2009-02-18	2012-02-29	发明
14	含铁溶液氨水沉淀法制备片状氧化铁的方法	201010102111.5	郑雅杰 刘昭成	2010-01-28	2012-05-23	发明
15	一种盐湖卤水镁锂分离及富集锂的装置	201120232514.1	赵中伟 刘旭恒 梁新星 司秀芬 何利华	2011-07-04	2012-04-04	实用新型
16	一种锑的低温盐清洁冶金方法	201010269042.7	唐谟堂 陈永明 唐朝波 杨建广 杨声海 何静 邵国军	2010-09-01	2012-05-23	发明
17	一种无机改性煤沥青及其制备方法	201010557426.9	吕晓军 李劼 赖延清 田忠良 张红亮	2010-11-23	2012-04-25	发明

续表 6 - 4

序号	发明名称	申请号	发明人	申请日期	授权时间	类型
18	一种氧化铝改性聚合物电解质薄膜及制备方法	201110037634.0	郭华军 李新海 王志兴 黄思林 杨 波 彭文杰 胡启阳 张云河	2011-02-14	2012-05-30	发明
19	一种反应及固液分离一体化装置	200810143176.7	肖连生 黄巧英 张启修 张贵青 李青刚 龚柏凡	2008-09-10	2012-05-23	发明
20	一种萃取剂的应用及从氨性溶液中萃取锌的方法	201010241374.4	何 静 黄 玲 金胜明 杨声海 唐谟堂 杨建广 唐朝波 冯瑞娟 鲁君乐 陈永明 罗 超 王小能 王 涛	2010-07-30	2012-05-09	发明
21	一种铜粉用复合抗氧化剂	200910310437.4	何家成	2009-11-25	2012-06-27	发明
22	一种分解白钨的方法	201010605095.1	赵中伟 李江涛	2010-12-24	2012-06-13	发明
23	一种从高磷白钨矿中综合回收钨、磷的方法	201010605103.2	赵中伟 李江涛	2010-12-24	2012-06-20	发明
24	一种圆柱形锂离子动力电池及其制备方法	201019060011.8	郭华军 李新海 王志兴 胡启阳 张云河 彭文杰	2010-02-08	2012-07-25	发明
25	一种高容量锂离子电池复合正极材料的制备方法	200910043712.0	杜 柯 周伟英 胡国荣 蒋庆来 刘 艳 彭忠东	2009-06-18	2012-07-11	发明
26	一种铬酸钠碱性液中和除铝方法	200910227154.3	李小斌 齐天贵 彭志宏 周秋生 刘桂华	2009-12-10	2012-07-11	发明
27	锂离子电池用磷酸铁锂正极材料的制备方法	201010552143.5	赵中伟 刘旭恒	2010-11-19	2012-07-04	发明

续表 6-4

序号	发明名称	申请号	发明人	申请日期	授权时间	类型
28	一株对重金属具有耐受性的菌株及其应用	201010596722.X	柴立元 杨志辉 苏艳蓉 陈跃辉 闵小波	2010-12-20	2012-07-04	发明
29	一株对重金属具有耐受性的菌株及其应用	201010596719.8	柴立元 杨志辉 苏艳蓉 陈跃辉 闵小波	2010-12-20	2012-07-04	发明
30	一种用于超级电容器的掺杂态聚苯胺电极材料及其制备方法	200910303863.5	赖延清 张治安 李劼 崔冰	2009-06-30	2012-07-11	发明
31	钛白粉副产物磷酸亚铁生产电池级草酸亚铁的方法	200910304079.6	李新海 伍凌 王志兴 李灵均 王小娟 李杰 郭华军 彭文杰	2009-07-07	2012-07-25	发明
32	一种外热竖罐炼镁装置	200910207798.6	周向阳 李劼 徐日瑶 伍上元 李昌林 杨娟 刘宏专	2009-10-31	2012-07-25	发明
33	一种铋的低温盐熔清洁冶金方法	201010211090.0	唐谟堂 杨建广 陈永明 杨声海 何静	2010-06-28	2012-07-25	发明
34	一种铝的低温盐熔清洁冶金方法	201010210964.0	唐谟堂 陈永明 杨建广 杨声海 王一霖 何静	2010-06-28	2012-07-25	发明
35	一种重金属废渣的处理方法及其生成硫磺建材	201010232276.4	闵小波 柴立元 梁彦杰 彭兵 杨志辉 王云燕 杨卫春 王海鹰	2010-07-21	2012-07-25	发明
36	一种从镍红土矿富集镍钴的氯化离析方法	201010540470.9	胡启阳 李新海 郭华军 彭文杰 张云河 王志兴 刘久清	2010-11-11	2012-07-25	发明

续表 6 - 4

序号	发明名称	申请号	发明人	申请日期	授权时间	类型
37	一种制备锂离子电池负极材料纳米 TiO$_2$ 的方法	201010532196.0	李新海 吴飞翔 王志兴 郭华军 彭文杰 胡启阳 张云河 伍 凌 王小娟	2010 - 11 - 04	2012 - 07 - 25	发明
38	一种磷酸分解白钨矿的方法	201010605094.7	赵中伟 李江涛	2010 - 12 - 24	2012 - 07 - 25	发明
39	一种高浓度废酸中脱汞的装置	201120478041.3	王庆伟 柴立元 舒余德 杨志辉 陈润华	2011 - 11 - 25	2012 - 07 - 25	实用新型
40	一种从镍钼矿碱浸出液中提取钼的方法	201110061762.9	赵中伟 李江涛	2011 - 03 - 15	2012 - 08 - 08	发明
41	一种选择性提取锂的离子筛及其应用	201010555927.3	赵中伟 刘旭恒 司秀芬 陈爱良	2010 - 11 - 19	2012 - 08 - 15	发明
42	一种选择性提取锂的磷酸铁离子筛及其应用	201010552141.6	赵中伟 刘旭恒 司秀芬 陈爱良	2010 - 11 - 19	2012 - 08 - 15	发明
43	一株用于处理高浓度造纸黑液的菌株 Pandoraea sp. B - 6 及应用	201010578692.X	柴立元 杨志辉 陈跃辉 郑 玉 张 欢 彭 兵 闵小波 王海鹰 杨卫春	2010 - 12 - 08	2012 - 09 - 05	发明
44	一种铝钙合金水解制氢的方法	201010297401.X	赵中伟 陈星宇 郝明明	2010 - 09 - 29	2012 - 09 - 12	发明
45	一种用纯硫酸镍溶液直接电积生产镍粉的方法	200910309606.2	何家成	2009 - 11 - 12	2011 - 03 - 23	发明
46	一种石煤酸浸提钒方法	200910303938.X	王学文 王明玉	2009 - 07 - 02	2011 - 02 - 02	发明

续表 6-4

序号	发明名称	申请号	发明人	申请日期	授权时间	类型
47	一种石煤钠化焙烧提钒工艺	200810143288.2	王学文 王明玉 肖彩霞	2008-09-25	2011-01-12	发明
48	一种锂离子电池负极成膜电解质复合盐及其功能电解液的制备方法	200810030547.0	赖延清 李凡群 李 劼 高宏权 郝 新 刘业翔 杨 娟	2008-01-25	2011-04-13	发明
49	一种锂离子电池用低温电解液	200810030976.8	刘云建 郭华军 李新海 胡启阳 彭文杰 张云河 梁如福 杨 勇	2008-04-02	2011-01-05	发明
50	一种从含硒酸泥中分离和回收硫、铁、硒的方法	200910306749.8	张 宝 李 倩 沈 超 张佳峰 彭春丽	2009-09-09	2011-01-05	发明
51	从钨酸盐溶液中除去钒的方法	200910044272.0	赵中伟 肖露萍 陈爱良 李洪桂 霍广生	2009-09-04	2011-01-12	发明
52	一种低品味氧化铜钴矿中铜、钴、镍的分离提取方法	200910042830.X	胡启阳 李新海 郭华军	2009-03-11	2011-01-12	发明
53	灯用壳层梯度绿色发光材料及其制备方法	200710035141.7	胡启阳 李新海 王志兴	2007-06-14	2011-01-19	发明
54	一种草酸二氟硼酸锂的提纯方法	200810030568.2	张治安 高宏权 李凡群 李 劼 杨 娟 刘业翔	2008-01-30	2011-01-26	发明
55	一种合成锂离子电池正极材料的防氧化方法及装置	200810032149.2	王志兴 李新海 石小东 郭华军 彭文杰 袁荣忠 李 旭	2008-08-25	2011-02-02	发明

续表6-4

序号	发明名称	申请号	发明人	申请日期	授权时间	类型
56	一种含钒钼酸盐溶液深度除钒的方法	200610031557.7	肖连生 王学文 李青刚 龚柏凡	2006-04-26	2011-02-02	发明
57	从含硫的铂族金属物料中氧压浸出铂族金属的生产方法	200910309985.5	杨声海 夏娇云 刘青 唐谟堂 何静 唐朝波 陈永明	2009-11-19	2011-02-02	发明
58	一种从钨酸盐和钼酸盐的混合溶液中沉淀分离钼钨的方法	200910043492.1	赵中伟 曹才放 霍广生 陈爱良 李洪桂	2009-05-22	2011-02-09	发明
59	至少包含一泡沫金属层的层状金属材料及其制备方法	200610032593.5	周向阳 李劼 丁凤其 刘希泉 张华 伍上元	2006-11-16	2011-03-23	发明
60	一种从高浓度钼酸盐溶液中深度净化除去微量钨的方法	200810031051.5	肖连生 王学文 张贵清 刘能生	2008-04-11	2011-03-23	发明
61	一种石煤钠化焙烧提钒方法	200810030460.3	王学文 张贵清 肖连生 李青刚 王明玉	2008-01-11	2011-04-06	发明
62	一种高容量锂离子电池复合正极材料的制备方法	200910303612.7	杜柯 周伟瑛 彭忠东 蒋庆来 刘艳 胡国荣	2009-06-24	2011-04-06	发明
63	一种锂离子电池正极复合材料及其制备方法	200910304029.8	彭忠东 曹雁冰 杜柯 蒋庆来 胡国荣	2009-07-06	2011-04-06	发明
64	一种低浓度气体的快速动态配制装置	201020538864.6	舒余德 吴宇 彭兵 闵小波 王海鹰 杨志辉 杨卫华	2010-09-21	2011-04-13	实用新型
65	一种从含钢铜浸出渣中浸出铜的方法	200910043154.8	杨声海 陈耿涛 唐谟堂 何静 唐朝波 陈进中 杨建广	2009-04-21	2011-04-27	发明

续表 6 - 4

序号	发明名称	申请号	发明人	申请日期	授权时间	类型
66	一种石煤酸浸提钒工艺	201010117287.8	王学文　王明玉	2010 - 03 - 04	2011 - 04 - 27	发明
67	一种双功能电解液及其制备方法	200910043725.8	李　劼　张治安　赖延清　高宏权 陈绪杰	2009 - 06 - 19	2011 - 05 - 04	发明
68	一种铬污染土壤微生物生化回灌修复装置	201020195337.X	柴立元　高晓竹　彭　兵　闵小波 王　兵　杨卫春　王海鹰　李航彬	2010 - 05 - 19	2011 - 05 - 04	实用新型
69	一种综合利用钛铁矿制备钛酸锂和磷酸铁锂前驱体的方法	200910310398.8	李新海　伍　凌　王志兴　郭华军 王小娟　彭文杰　胡启阳　张云河	2009 - 11 - 25	2011 - 05 - 11	发明
70	一种 Li₄Ti₅O₁₂/C 复合电极材料的制备方法	200910043723.9	张治安　赖延清　李　劼　高宏权 王姣丽	2009 - 06 - 19	2011 - 05 - 18	发明
71	一种异形结构阴极铝电解槽焙烧技术	200910226630.X	吕晓军　李　劼　丁凤其 谢长春　赖延清	2009 - 12 - 15	2011 - 05 - 18	发明
72	制备微/纳米结构聚苯胺的方法和装置	200910303841.9	赖延清　张治安　李　劼　崔　沐 方静　静	2009 - 06 - 30	2011 - 06 - 01	发明
73	一种从废印刷电路板中回收有价金属的方法	201010107804.3	郭学益　田庆华　石文堂　李　栋 李菲　李晓静	2010 - 02 - 09	2011 - 06 - 15	发明
74	一种含钒溶液离子交换提钒方法	201010196107.X	王学文	2010 - 06 - 10	2011 - 06 - 15	发明
75	一种溶液雾化喷嘴冷却保护装置	201020642171.1	郭学益　易　宇　田庆华	2010 - 12 - 06	2011 - 06 - 29	实用新型

续表6-4

序号	发明名称	申请号	发明人	申请日期	授权时间	类型
76	一种超级电容器用低温电解液及其制备方法	200910043722.4	张治安 赖延清 李 劼 陈绪杰 高宏权 郝 新	2009-06-19	2011-06-29	发明
77	重金属废物的硫化处理及其中有价金属回收的方法	201010183293.3	柴立元 梁彦杰 彭 兵 杨志辉	2010-05-27	2011-07-06	发明
78	一种铜阳极泥的预处理方法	201019060009.0	刘伟锋 杨天足 王 安 文剑峰 张杜超 刘 晋	2010-02-08	2011-07-13	发明
79	膨化固化法制备固体聚合硫酸铁的方法	200810030878.4	郑雅杰 黄国庆 彭 超 巩新宇	2008-03-24	2011-07-13	发明
80	一种 Ni - BaTiO$_3$ 复合粉末的制备方法	200910044783.2	李启厚 刘志宏 吴希桃 李玉虎	2009-11-20	2011-07-20	发明
81	一种超细镍粉的制备方法	200910044784.7	白 猛 周乐君 李启厚 刘智勇 张传福	2009-11-20	2011-07-20	发明
82	一种超级电容电池用碳类复合负极材料的制备方法	200910311114.7	周向阳 李 劼 刘宏专 娄世菊 杨 娟	2009-12-09	2011-07-20	发明
83	一种低温铝电解工艺及电解液	200910312193.3	李 劼 田忠良 吕晓军 张红亮 刘业翔 赖延清	2009-12-24	2011-07-20	发明
84	从碱性粗钼酸钠溶液中萃取钼制取纯钼酸铵的方法	200810143287.8	张贵清 张启修 关文娟 李青刚 肖连生	2008-09-25	2011-07-27	发明
85	从钼酸盐溶液中沉淀除钨、钒、磷、砷的方法	200910042689.3	赵中伟 李洪桂 陈爱良 刘 晶 霍广生	2009-02-20	2011-07-27	发明

续表 6 - 4

序号	发明名称	申请号	发明人	申请日期	授权时间	类型
86	一种烧结固化处理工业废渣的技术	201010300556.4	彭　兵　柴立元　王　佳　张金龙　张　强　闵小波　王云燕　杨志辉　王海鹰	2010 - 01 - 21	2011 - 08 - 03	发明
87	一种铬渣堆场污染土壤生化回灌修复方法及装置	201010176068.7	杨志辉　柴立元　高晓竹　彭　兵　闵小波　王　兵　杨卫春　王海鹰　李航彬	2010 - 05 - 19	2011 - 08 - 10	发明
88	一种硅酸铁锂正极材料的制备方法	200910042848.X	郭华军　李黎明　李新海　王志兴　彭文杰　胡启阳　张云河	2009 - 03 - 11	2011 - 08 - 31	发明
89	氯化焙烧法从锂云母中提取锂的方法和设备	201019060008.6	郭华军　李新海　颜群轩　王志兴　胡启阳　彭文杰　张云河	2010 - 02 - 08	2011 - 08 - 31	发明
90	一种铵盐溶液浓缩方法	200910308000.7	王学文　王明玉	2009 - 09 - 29	2011 - 09 - 14	发明
91	一种处理贫镍红土矿提取镍钴的方法	201010267033.4	胡启阳　李新海　郭华军　彭文杰　张云河　刘久清	2010 - 08 - 31	2011 - 09 - 14	发明
92	一种锰渣 - 固废混合烧结制砖的方法	201010300541.8	彭　兵　柴立元　王　佳　张金龙　张　强　闵小波　王云燕　杨志辉　王海鹰	2010 - 01 - 21	2011 - 10 - 05	发明
93	一种有色金属电沉积用节能质复合电催化节能阳极及其制备方法	201010275497.X	赖延清　李　渊　吕晓军　蒋良兴　李　劼　刘业翔	2010 - 09 - 08	2011 - 10 - 12	发明

续表6-4

序号	发明名称	申请号	发明人	申请日期	授权时间	类型
94	一种脱除石油焦中硫的方法及其脱硫剂	201010153531.6	肖劲 邓松云 杨思蔚 赖延清 李劼	2010-04-23	2011-11-09	发明
95	一种改善煤沥青流变性和提高煤沥青结焦焦值的方法及其改性剂	201010153726.0	肖劲 邓松云 王英 赖延清 李劼 刘业翔	2010-04-23	2011-11-09	发明
96	一种石煤提钒碳综合回收方法	201010284945.2	王学文 王晖 符剑刚 王明王 梁威 叶普红	2010-09-16	2011-11-16	发明
97	一种制备铋系列化工产品的方法	200910305977.3	唐谟堂 夏纪勇 唐朝波 杨建广 金胜明 何静 杨声海 鲁君乐	2009-08-24	2011-11-16	发明
98	一种超级电容电池用碳复合负极材料	200910311112.8	周向阳 李劼 杨娟 刘宏专 娄世菊	2009-12-09	2011-11-23	发明
99	一种铋或锑湿法清洁冶金方法	201010132390.X	杨建广	2010-03-26	2011-11-23	发明
100	一种锌精矿无铁渣湿法炼锌提铟及制取氧化铁的方法	201010300159.7	何静 唐谟堂 吴胜男 唐朝波 杨声海 杨建广 陈永明 鲁君乐	2010-01-08	2011-11-23	发明
101	一种非均匀导电的铝电解槽阴极结构	201120111303.2	张红亮 李劼 杨帅 丁凤其 徐宇杰 郭龙 赖延清 吕晓军 田忠良	2011-04-15	2011-11-23	实用新型

续表6-4

序号	发明名称	申请号	发明人	申请日期	授权时间	类型
102	一种铝电解槽用双功能双副板箱式梁	201120111430.2	郭　龙　张红亮　李　劼　丁凤其　赖延清　王化军　吕晓军　田忠良　徐宇杰　张翻辉　杨　帅	2011-04-15	2011-11-23	实用新型
103	一种从铝阳极板泥中脱除和回收钾的方法	201010274928.5	杨天足　王　安　刘伟锋　蔡练兵　文剑锋　张杜超　窦爱春	2010-09-08	2011-12-07	发明
104	一种从低品位复杂混合铜钴矿中提取分离铜、钴镍的方法	200910042831.4	胡启阳　李新海　郭华军	2009-03-11	2011-12-14	发明
105	一种利用钛铁矿制备钛酸锂前驱体的方法	201010187412.2	李新海　吴飞翔　王志兴　伍　凌　王小娟　郭华军　彭文杰	2010-05-31	2011-12-14	发明
106	一种氢氧化钠化再生循环方法	201010190902.8	王学文	2010-06-03	2011-12-14	发明
107	一种模块式重金属废水高效处理装置	201120156120.2	柴立元　王庆伟　舒余德　王云燕　闵小波　蒋国民　李青竹　杨志辉	2011-05-16	2011-12-14	实用新型
108	一种从电子废弃物中提取有价金属的方法	200910303503.5	杨建广　唐朝波　何　静　唐谟堂　杨声海	2009-06-22	2011-12-21	发明
109	一种尖晶石结构钛酸锂的制备方法	200910310688.2	王志兴　伍　凌　李新海　彭文杰　胡启阳　郭华军　方　杰　王志国　张云河	2009-11-30	2011-12-28	发明
110	一种氨氮吸附剂及其制备和使用方法	201010122645.4	周康根　彭佳乐　胡元娟　何俊俊　张慧卿	2010-03-12	2011-12-28	发明

续表 6 - 4

序号	发明名称	申请号	发明人	申请日期	授权时间	类型
111	一种从氯化离子浸析低品位红土矿中富集钴镍的磁选方法	20101026558.9	李新海 张连鑫 胡启阳 王志兴 郭华军 刘婉蓉 李金辉	2010 - 08 - 25	2011 - 12 - 28	发明
112	固态双相电解质薄膜材料及制备方法	201019060012.2	郭华军 李新海 杨 波 王志兴 彭文杰 胡启阳 张云河	2010 - 02 - 08	2011 - 12 - 28	发明
113	生物制剂处理含铍废水的方法	200810143864	柴立元 闵小波 王云燕 王庆伟 舒余德 彭 兵 杨志辉 王海鹰 王 燕	2008 - 12 - 09	2010 - 08 - 25	发明
114	生物制剂处理含锑废水的方法	200810143865	柴立元 王海燕 王庆伟 舒余德 彭 兵 闵小波 杨志辉 黄 燕 燕	2008 - 12 - 09	2010 - 08 - 25	发明
115	生物制剂直接深度处理重金属废水的方法	200810143860	柴立元 王云燕 王庆伟 舒余德 闵小波 彭 兵 杨志辉 王海鹰 黄 燕	2008 - 12 - 09	2010 - 08 - 25	发明
116	镍氨废水生物制剂配合水解 - 吹脱处理方法	200810143866	柴立元 王云燕 王庆伟 舒余德 彭 兵 杨志辉 王海鹰 王 燕 周 敏	2008 - 12 - 09	2010 - 08 - 25	发明
117	吹脱 - 水解法处理镍氨废水	200810143857.3	柴立元 王云燕 舒余德 彭 兵 杨志辉 黄 燕 周 敏 王海鹰	2008 - 12 - 09	2010 - 11 - 10	发明

续表6-4

序号	发明名称	申请号	发明人	申请日期	授权时间	类型
118	含锰废水生物制剂处理方法	200810143859.2	柴立元 王云燕 裴斐 舒余德 闵小波 彭兵 王海鹰 黄燕	2008-12-09	2010-11-10	发明
119	有色冶炼含汞烟气洗涤废水生物制剂处理方法	200810143861.X	柴立元 王云燕 王辉 肖功明 舒余德 彭曙光 刘宁波 闵小波 周哲云 王海鹰 黄燕 杨志辉	2008-12-09	2010-08-25	发明
120	一种使产出赤泥中结合的苛性碱降低的铝土矿溶出方法	200810032150.5	陈文汩	2008-08-25	2010-11-17	发明
121	一种从镍钼矿冶炼渣中浸出镍的方法	200910043379.3	楚广 杨天足 刘伟	2009-05-13	2010-07-14	发明
122	一种超级电容电池的制造方法	200810314906	郭华军 李新海 王志兴 彭文杰 张云河 胡启阳	2008-06-16	2010-02-17	发明
123	一种湿法氯化处理红土镍矿的盐酸再生方法	200810031704	郭华军 李新海 王志兴 彭文杰 张云河 胡启阳	2008-11-19	2010-06-02	发明
124	一种兼具电容器与锂离子电池特征的储能器件	200710035051.8	郭华军 李新海 王志兴 胡启阳 彭文杰	2008-07-08	2010-06-04	发明
125	溶液雾化氧化制备单一或复合金属氧化物的方法	200910042853.0	郭学益 田庆华 冯庆明 郭秋松	2009-03-12	2010-10-27	发明

续表 6-4

序号	发明名称	申请号	发明人	申请日期	授权时间	类型
126	球形掺杂锰酸锂的浆料喷雾干燥制备方法	200910042517.6	胡国荣 彭忠东 蒋庆来 杜 柯 曹雁冰	2009-01-16	2009-12-08	发明
127	低品位红土镍矿盐酸浸出液提镁制备纳米级氧化镁的方法	2008101432277.4	胡启阳 符芳铭 李新海 伍 凌 李金辉 颜群轩	2008-04-11	2010-07-14	发明
128	从低品位红土镍矿中浸出镍钴的方法	200810031041.1	胡启阳 李新海 王志兴 符芳铭	2008-04-11	2010-06-02	发明
129	高纯纳米氟化锂的制备方法	200610136831	胡启阳 李新海 郭华军 彭文杰 张云河	2006-12-08	2010-05-26	发明
130	一种从低品位红土镍矿高效富集镍钴的方法	200910042889.9	胡启阳 李新海 郭华军 王志兴	2009-03-18	2010-12-01	发明
131	一种钙循环固相转化法从低镁锂比盐湖卤水中提取锂盐的方法	200910042883.1	胡启阳 李新海 郭华军 王志兴	2009-03-18	2009-12-08	发明
132	一种干法脱镁从高镁锂比盐湖卤水中预脱镁富集锂的方法	200910042966.0	胡启阳 李新海 郭华军 王志兴	2009-03-27	2010-12-29	发明
133	荧光灯用核—壳阴极发射材料及其制备方法	200710035140.2	胡启阳 李新海 郭华军 王志兴	2007-06-14	2010-06-09	发明

续表 6-4

序号	发明名称	申请号	发明人	申请日期	授权时间	类型
134	一种有色金属电积用节能阳极	200710034340.6	赖延清 李劼 刘业翔 田忠良 蒋良兴 袁水平	2007-01-29	2010-07-14	发明
135	一种熔盐电解法制备太阳级硅材料的方法	200710034619.4	赖延清 张治安 李志友 刘芳洋 田忠良 李劼	2007-03-26	2010-07-14	发明
136	一种铝电解用粒度级配功能梯度 TiB$_2$/C 复合阴极及制备方法	200710192546.1	赖延清 李劼 吕晓军 李庆余 田忠良 李志友 方钶 石岩 刘业翔	2007-12-07	2010-11-10	发明
137	一种熔盐电解用金属陶瓷惰性阳极及其制备方法	200710192545.7	李劼 张刚 田忠良 赖延清 张凯 刘恺 李志友 刘业翔	2007-12-07	2010-08-11	发明
138	一种铝电解惰性阳极预热更换用保温材料及制备方法	200710034822.1	李劼 张吉龙 赖延清 孟杰 周科朝 刘凤琴 李志友 王玉 刘业翔 王家伟	2007-04-26	2010-01-20	发明
139	一种低成本提高红土镍矿镍钴浸出率的方法	200810143803.7	李新海 胡启阳 王志兴 符芳铭 郑俊超 李灵菊 颜群轩 伍凌 张琢鑫 刘婉蓉	2008-12-03	2010-08-25	发明
140	一种高铁含铝物料的综合利用技术	200810143855.4	李小斌 周秋生 张志强 刘桂华 彭志宏	2008-12-09	2010-07-14	发明

续表 6 - 4

序号	发明名称	申请号	发明人	申请日期	授权时间	类型
141	含铬物料强氧化焙烧技术	200910042412.0	李小斌 周秋生 齐天贵 彭志宏 刘桂华	2009 - 01 - 05	2010 - 07 - 14	发明
142	一种从红土镍矿浸出液分离富集镍钴的方法	200810031602.8	李新海 郭华军 李金辉 符芳铭 胡启阳 王志兴	2008 - 06 - 27	2010 - 06 - 02	发明
143	一种锂离子电池正极材料磷酸亚铁锂的制备方法	200810031076.5	李新海 胡启阳 刘久清 郑俊超 彭文杰 符芳铭 王志兴 伍凌 张云河 郭华军	2008 - 04 - 15	2010 - 08 - 04	发明
144	一种制备锂离子电池正极材料磷酸钒锂的方法	200810031077.X	李新海 胡启阳 郑俊超 彭文杰 王志兴 张云河 郭华军 刘久清	2008 - 04 - 15	2010 - 06 - 02	发明
145	锂离子电池隔膜及其制备方法	200810031181.9	刘久清	2008 - 04 - 30	2010 - 06 - 09	发明
146	一种无污染的分防铅和银的方法	200810143107	刘伟锋 杨天足 窦爱春 陈芳斌 张杜超	2008 - 09 - 01	2010 - 06 - 02	发明
147	一种从碲渣中分离碲的方法	200910042937.4	刘伟锋 杨天足 任晋 马辉 张杜超	2009 - 03 - 24	2010 - 12 - 29	发明
148	一种制备高密度四氧化三钴粉末的方法与设备	200710034615.6	刘志宏 李启厚 胡雷 李玉虎 刘智勇	2007 - 03 - 26	2010 - 10 - 06	发明
149	一种草酸盐单分散超细粉末及其制备方法	200610136864	刘志宏 李启厚 刘智勇	2006 - 12 - 14	2010 - 04 - 14	发明
150	一种单分散高结晶度铜粉的制备方法	200710034617.5	刘志宏 李启厚 李玉虎 张多默	2007 - 03 - 26	2010 - 01 - 20	发明

续表 6-4

序号	发明名称	申请号	发明人	申请日期	授权时间	类型
151	一种内聚营养源 SRB 污泥固定化颗粒及制备和其在处理重金属废水上的应用	200810143549.0	闵小波 柴立元 王云燕 彭兵 唐宁 方艳 王娜 王璞 杨志辉 王海鹰 黄燕	2008-11-10	2010-09-29	发明
152	一种从钴铜铁合金中回收有价金属的方法	200810143008	彭忠东 胡国荣 杜柯	2008-09-27	2010-11-10	发明
153	一种硫酸钡的生产方法	200910042777.3	王学文 王明玉 肖利 冯大伟	2009-03-04	2010-12-29	发明
154	一种高温烟气净化方法	200710034338.9	王学文 王明玉 肖连生	2007-01-29	2010-05-19	发明
155	一种含铜、钒废水综合回收方法	200710035939.1	王学文 龚仕成 赵友超 袁继维 张贵清	2007-10-19	2010-05-26	发明
156	一种高杂质镍钼铁合金碳酸钠焙烧提钼方法	200810143388.5	王学文 施丽华	2008-10-21	2010-06-02	发明
157	低温热解沥青包覆石墨制备高倍率锂离子电容电池负极材料的方法	200910043835.4	王志兴 方杰 李新海 李灵均 彭文杰 张云河	2009-07-03	2010-12-29	发明
158	综合利用钛铁矿制备磷酸铁锂前驱体的方法	200810031119.X	王志兴 李新海 郭华军 彭文杰 胡启阳 张云河 李灵均 符芳铭 刘久清	2008-04-21	2010-04-07	发明
159	一种用于钕铁硼材料防腐的金属基纳米复合电镀的方法	200510032101	徐卫红 陈白珍 朱旭霞 朱凯	2005-09-01	2010-04-28	发明

续表 6 - 4

序号	发明名称	申请号	发明人	申请日期	授权时间	类型
160	一种纳米铜粉及铜浆料的制备的方法	200710035287.1	杨建广	2007 - 07 - 05	2010 - 05 - 19	发明
161	一种从加压浸出的高硫渣中分离和回收有价金属	200910042942.5	张宝 曹璇 李倩 彭春丽 张佳峰	2009 - 03 - 24	2010 - 10 - 29	发明
162	一种纤维状铁镍合金粉末的制备方法	200810032003.8	张传福 戴曦 张银亮 黎昌俊 湛菁 杨平 邬建辉 樊友奇	2008 - 08 - 05	2010 - 08 - 04	发明
163	处理氧化锌物料的锌拜耳法	200810031201.2	赵中伟 李洪桂 陈爱良 贾希俊 霍广生	2008 - 05 - 05	2010 - 02 - 24	发明
164	磷酸铁锂系复合材料的制备方法	200710035175.6	赵中伟 刘旭恒 李洪桂	2007 - 06 - 02	2010 - 05 - 26	发明
165	提高硫酸烧渣品位的一种方法	200910042741.5	郑雅杰	2009 - 02 - 27	2010 - 08 - 25	发明
166	一氧化钛电解电容器阳极及其制造方法	200510031766	钟晖 岳忠 宋文杰 戴艳阳 钟海云	2005 - 06 - 27	2010 - 05 - 26	发明
167	一种导电浆料用超细铜粉的制备方法	200910043043.7	周康根 王岳俊 曹艳 蒋志刚	2009 - 04 - 03	2010 - 12 - 01	发明
168	一种用于在线测量水溶液电位的电位计装置	200920314261.5	刘伟 杨天足 刘伟锋 窦爱春	2009 - 11 - 06	2010 - 07 - 07	实用新型
169	从含钨物料苏打浸出液中离心萃取制取钨酸铵溶液的方法	200810143290.X	张贵清	2008 - 09 - 25	2009 - 12 - 08	发明

续表 6-4

序号	发明名称	申请号	发明人	申请日期	授权时间	类型
170	一种钼酸铵沉结晶母液生产化肥的方法	200810030856.8	王学文 肖连生 张贵清 胡健	2008-03-20	2009-12-08	发明
171	一种磷酸铁锂粉体的制备方法	200610036738.6	胡国荣 彭忠东 高旭光 杜柯 李劼 刘业翔	2006-11-24	2009-01-14	发明
172	一种脉冲电积铜铟镓硒半导体薄膜材料的方法	200710035012.8	赖延清	2007-05-29	2009-01-14	发明
173	一种合成纳米级磷酸铁锂粉体的方法	200610136737	彭忠东 胡国荣 高旭光 杜柯 李劼 刘业翔	2006-11-24	2009-01-14	发明
174	一种超级电容电池用电解液	200710035206.8	张治安 曾涛 李劼 李晶 丁凤其 郑文波 赖延清	2007-06-25	2009-03-04	发明
175	一种对锂离子正极材料进行表面包覆的低热固相方法	200710035571.9	胡国荣 邓新荣 彭忠东 杜柯 李劼 刘业翔	2007-08-16	2009-03-18	发明
176	一种钒多金属冶金物料分解方法	200710035108.4	王学文 肖连生 王明玉 李青刚 刘万里	2007-06-12	2009-03-18	发明
177	一种综合处理含铬铝泥回收铬和铝的工艺	200610031559.6	李小斌 周秋生 彭志宏 韩登仑 张志元 刘桂华	2006-04-26	2009-04-15	发明
178	亚砷酸铜的制备及应用	200610031980.7	郑雅杰 肖发新 王勇 王根 鲍霞杰	2006-07-19	2009-04-15	发明

续表 6 - 4

序号	发明名称	申请号	发明人	申请日期	授权时间	类型
179	超级电容器电极材料聚苯胺纳米纤维的制备方法	200710034503.0	赖延清 卢 海 张治安 李 劼 李 昌 李 荐 宋海申 刘业翔 郑文波	2007 - 03 - 07	2009 - 04 - 22	发明
180	一种超级电容电池	200710035205.3	李 劼 张治安 曾 涛 李 昌 李 荐 赖延清 金旭东	2007 - 06 - 25	2009 - 04 - 22	发明
181	钨冶金原料制取金属钨粉的工艺	200610031318	李洪桂 赵中伟	2006 - 03 - 08	2009 - 04 - 29	发明
182	一种锂离子电池电芯的制作方法	200710034993.4	邓凌峰 肖 军 陈白珍	2007 - 05 - 24	2009 - 05 - 20	发明
183	一种粗氯化钛的过滤过程	200610051248.6	王学文	2006 - 12 - 31	2009 - 05 - 20	发明
184	增压并流沉淀制备超细氧化钴粉末的方法	200510031545.X	郭学益 黄 凯 刘荣义 刘晓剑 李 平 卿 波 韩剑慧	2005 - 05 - 16	2009 - 06 - 03	发明
185	一种从贵铅合金中富集金属的方法	200510032598.3	刘 勇 杨天足 陈芳斌 刘伟锋 刘忠云 江名喜 刘共元 娄爱春 阳振春 楚 广	2005 - 12 - 22	2009 - 06 - 10	发明
186	一种渗流铸造法制备泡沫金属的渗流装置	200710034420.1	周向阳	2007 - 02 - 12	2009 - 06 - 10	发明
187	一种反应及固液分离一体化装置	200820158436	肖连生 黄勺英 张启修 龚柏凡 张贵清 李青刚	2008 - 09 - 10	2009 - 06 - 24	实用新型

续表 6 - 4

序号	发明名称	申请号	发明人	申请日期	授权时间	类型
188	一种含钒石煤钠化焙烧烟气净化方法	200710034618.X	王学文　张贵清　王明玉	2007 - 03 - 26	2009 - 07 - 29	发明
189	用硫脲盐溶液从硫化矿中加压浸出银的方法	200710035809.8	杨声海　何静　刘维　唐谟堂　唐朝波	2007 - 09 - 26	2009 - 07 - 29	发明
190	一种从盐湖卤水中联合提取硼、镁、锂的方法	200710048404.8	徐徽　庞全世　毛小兵　陈白珍　李增荣　石西昌　杨喜云　王华伟	2007 - 01 - 30	2009 - 08 - 09	发明
191	一种橄榄石型磷酸盐系列锂离子电池正极材料	200710034940.2	戴曦　邹建辉　张传福　唐红辉　杨平	2007 - 05 - 18	2009 - 09 - 09	发明
192	一种从含三氧化二砷烟尘中脱砷的方法	200610136865	李启厚　刘志宏　李玉虎	2006 - 12 - 14	2009 - 09 - 09	发明
193	一种石煤提钒矿石分解方法	200810031050.0	王学文　张贵清　王明玉　刘万里　李青刚　肖连生	2008 - 04 - 11	2009 - 09 - 09	发明
194	一种超级电容电池负极材料的制备方法	200710035056	王志兴　胡启阳　周郡云　李新海　张云河　杨勇　郭华军　周友元　彭文杰　刘云建	2007 - 06 - 05	2009 - 09 - 09	发明
195	含铁废渣制备氧化铁的方法	200610031979.4	郑雅杰　黄国庆　刘兴瑜　符丽纯　占寿祥	2006 - 07 - 09	2009 - 09 - 09	发明
196	臭氧超声弥散氧化装置	200920062971.3	郭学益　田庆华　易宇　李沿海	2009 - 01 - 19	2009 - 10 - 21	实用新型

续表 6 - 4

序号	发明名称	申请号	发明人	申请日期	授权时间	类型
197	无汞碱性扣式电池及其制造方法	200610031669.2	郭华军 李新海 王志兴 彭文杰 丁淑群 李超群	2006 - 05 - 18	2009 - 11 - 04	发明
198	灯用壳层梯度红色发光材料及其制备方法	200710035139.X	胡启阳 李新海 王志兴 郭华军	2007 - 06 - 14	2009 - 11 - 04	发明
199	一种导电浆料用铜粉的表面修饰方法	200710034616.0	李启厚 李玉虎 刘志宏 张多默	2007 - 03 - 26	2009 - 11 - 04	发明
200	一种含钒石煤氯盐焙烧方法	200710034381.5	王明玉 王学文 李青刚 肖连生	2007 - 02 - 05	2009 - 11 - 04	发明
201	微弧氧化制氧化钛生物陶瓷膜的方法	200610032355.4	赵中伟 陈星宇 李洪桂	2006 - 09 - 30	2009 - 11 - 04	发明
202	一种感应加热连续熔炼镁及其连续炼镁工艺	200710035929.8	周向阳 李劼 丁凤其 徐日瑶 伍上元	2007 - 10 - 18	2009 - 11 - 04	发明
203	不锈钢冶炼过程中不同成分粉尘分离方法及系统	200810031116.6	彭兵 柴立元 彭及 张传福 闵小波 王云燕 何德文 杨志辉 王海鹰 黄燕	2008 - 04 - 21	2009 - 12 - 09	发明
204	一种对钴铜铁合金进行微波预处理浸出有价金属	200710034337.4	彭忠东 胡国荣 杜柯	2007 - 01 - 29	2009 - 12 - 09	发明
205	一种综合利用钛铁矿制备磷酸铁锂前驱体的方法	200810031078.4	王志兴 李新海 彭文杰 郭华军 张云河 刘久清 郑俊超 李灵均	2008 - 04 - 15	2009 - 12 - 09	发明

续表 6-4

序号	发明名称	申请号	发明人	申请日期	授权时间	类型
206	铝或铝合金三价铬化学转化膜有制备方法	200710034656.5	余会成 陈白珍 徐 徽 杨喜云 石西昌	2007-03-30	2009-12-09	发明
207	磷酸铁锂系复合氧化物的制备方法	200610032356.9	赵中伟 刘旭恒 李洪桂	2006-09-30	2009-12-09	发明
208	一种利用硅热法炼镁产生的废气与废镁白生产镁盐的方法	20051003 2176	周向阳 李 劼 肖 劲 刘宏专 刘业翔	2005-09-22	2009-12-09	发明
209	一种溶液雾化氧化的专用装置	200920063526.9	郭学益 田庆华 冯庆明 郭秋松	2009-03-06	2009-12-16	实用新型
210	利用含砷废水制备三氧化二砷的方法	200710035704.2	郑雅杰 罗 园 王 勇	2007-09-07	2009-12-23	发明
211	溶胶凝胶法合成锂离子电池正极材料氟磷酸钒锂	20071342511	张 宝 钟胜奎 尹周澜	2007-01-12	2008-11-19	发明
212	高纯纳米氟化锂的制备方法	200610136751	胡启阳 李新海 郭华军 彭文杰 张云河	2006-11-28	2008-12-31	发明
213	一种直接制取ATO用高纯锡锑化合物的方法	200410047025.3	唐谟堂 杨声海 唐朝波 何 静 鲁君乐 姚维义	2004-12-09	2008-07-02	发明
214	一种制备橄榄石结构磷酸铁锂的方法	200510031116.2	朱炳权 李新海 郭华军 彭文杰 王志兴 胡启阳 张云何	2005-01-07	2008-12-17	发明

续表 6 - 4

序号	发明名称	申请号	发明人	申请日期	授权时间	类型
215	一种锂离子电池正极材料锂镍钴锰氧及制备方法	200510031354	郭华军 李新海 王志兴 彭文杰 张明 胡启阳 张云河 杨志	2005-03-23	2008-01-16	发明
216	一种铁-锌和锰-锌的分离方法	200510032417.7	何静 杨声海 唐朝波 李仕庆 鲁君乐 姚维义 唐谟堂	2005-11-23	2008-02-13	发明
217	细菌处理高浓度碱性含铬废水的方法	200510032051	柴立元 王云燕 何德文 彭兵 闵小波	2005-08-25	2008-08-13	发明
218	铝土矿低温溶出法	200610031432	赵中伟	2006-03-30	2008-05-07	发明
219	一种制备锑掺杂二氧化锡纳米粉体的方法	200610036834	杨天足 江名喜 裴爱春 杜作娟 楚广 古映莹 刘伟锋	2006-12-08	2008-06-11	发明
220	一种二氧化硫烟气的治理方法	2007135059.4	舒余德 秦毅红 杨天足	2007-06-05	2008-08-27	发明
221	低品位难处理金矿的配合浸出方法	200510031357	巨少华 唐谟堂 何静 杨声海 姚维义 鲁君乐	2005-03-23	2008-05-07	发明
222	一种纳米锑掺杂二氧化锡粉的制备方法	200510031786	杨建广 唐谟堂 何静 杨声海 姚维义 鲁君乐	2005-07-01	2008-01-09	发明
223	一种熔体发泡法制备泡沫或泡沫体的发泡装置	2006132465.0	周向阳 李劼 刘宏专 张华 霍广生 丁凤其 尚保卫 伍上元	2006-10-26	2008-10-01	发明
224	生物陶瓷膜的制备方法	200310110614	赵中伟 霍广生	2003-12-09	2008-02-13	发明
225	一种六氟锑酸钠的制备方法	200410075365	杨天足 刘伟锋 江名喜 楚广 谢兆凤 赖琼琳	2004-09-01	2008-01-09	发明

续表6-4

序号	发明名称	申请号	发明人	申请日期	授权时间	类型
226	一种从高硅铝土矿中提取氧化铝的方法	200510031176	赵中伟	2005-01-21	2008-07-02	发明
227	一种含铜、钒废水的处理方法	20071777481	王学文　龚仕成　覃岗　张力萍	2007-04-27	2008-11-26	发明
228	一株还原酸性介质中高浓度六价铬的细菌及培养方法	200510031337.X	柴立元　龙腾发　彭兵　何德文　闵小波　王云燕	2005-03-17	2007-12-12	发明
229	一种提高磷酸铁锂大电流放电性能的方法	200510031136	朱炳权　李新海　王志兴　郭华军　彭文杰　胡启阳　张云河	2005-01-12	2007-12-12	发明
230	一种高杂质钼铁合金生产钼酸铵的方法	200610031634	王学文　肖连生　龚柏凡　李青刚	2006-05-11	2007-11-14	发明
231	一种无铁渣湿法炼锌提铟及制取铁酸锌的方法	200610031435	唐谟堂　李成国　杨声海　唐朝波　何静　鲁君乐　姚维义	2006-03-30	2007-11-14	发明
232	高碱浓度钨酸钠溶液的处理方法	200410046815	赵中伟	2004-10-09	2007-11-14	发明
233	从钨酸盐溶液中除去锡的方法	200410023331	赵中伟　李洪桂　霍广生	2004-06-18	2007-10-17	发明
234	一种连续生产四针状氧化锌晶须的工艺与设备	200510031785	唐谟堂　陈艺锋　姚维义　彭建华　唐朝波　罗高辉　杨声海　曾树中　肖小标　何静　卢建民　鲁君乐	2005-07-01	2007-08-29	发明
235	用于铝电解的改性预焙炭阳极及制备方法	200310110584	肖劲　杨建红　李劲　叶绍龙　丁凤其　刘红红　赖延清　刘业翔	2003-11-28	2007-08-08	发明

230 中南大学冶金工程学科发展史(1952—2012)

续表6-4

序号	发明名称	申请号	发明人	申请日期	授权时间	类型
236	低品位高碱性混合铜矿镍矿和锌矿的湿法浸出方法	200510031356	唐谟堂 巨少华 杨声海 唐朝波 何静 姚维义 鲁君乐	2005-03-23	2007-07-18	发明
237	高纯无水氯化镁的制备方法	200410023157	周宁波 陈白珍 徐徽 李新海 石西昌 何新快	2004-04-29	2007-07-18	发明
238	钨矿物原料碱分解离子交换法制取仲钨酸铵	200410046833	赵中伟 李洪桂	2004-10-13	2007-02-14	发明
239	利用钛白废酸和二氧化锰矿制取电解锰金属的方法	200410045058	兰红春 梅光贵 周元敏 许胜凡 刘荣义 黄家富 梁汝滕 霍云波	2004-07-19	2007-01-17	发明
240	碱性硫脲选择性浸金方法	200410022969	柴立元 王云燕 彭兵	2004-03-10	2007-01-17	发明
241	一种铝电解用惰性阳极	200310110497	周科朝 李志友 张雷 张晓勇 李劼	2003-11-04	2007-01-17	发明
242	稀土钴永磁材料前驱体的化学均匀共沉淀制备方法	200510031473.9	郭学益 李平 刘晓剑 卿波 黄凯	2005-04-21	2007-12-12	发明
243	固相界面诱导沉淀制备氧化镍、氧化钴粉末的方法	200510031532.2	黄凯 郭学益 李平 刘晓剑 刘荣义 韩剑慧 卿波	2005-05-13	2007-08-15	发明
244	从柑桔类果皮中提取桔子油和果胶的方法	200510032262.7	郭学益 刘海涵 徐刚 黄凯 刘荣义	2005-10-18	2007-03-14	发明
245	一种回收废聚苯乙烯泡沫塑料的方法	200510032267.X	郭学益 刘海涵 黄凯 徐刚 刘荣义	2005-10-20	2007-09-05	发明

续表 6-4

序号	发明名称	申请号	发明人	申请日期	授权时间	类型
246	铝电解用梯度功能金属陶瓷材料	03136598.1	李劼 周科朝 赖延清 李志友 丁凤其 叶绍龙 肖劲 邹忠 刘业翔	2003-05-22	2006-12-20	发明
247	熔盐电解用金属陶瓷惰性阳极及制备方法	03136924.3	赖延清 李劼 丁凤其 胡国荣 叶绍龙 彭忠东 田忠良 张刚 秦庆伟 刘业翔	2003-05-22	2006-11-08	发明
248	全分布式铝电解槽自动控制机	00113334.9	李劼 丁凤其 刘业翔 邹忠 肖劲 刘宏专 叶绍龙 常守恩 李德峰 霍木龙	2000-03-22	2006-11-08	发明
249	微波萃取装置	2005252189.5	郭学益 刘海涵 徐刚 黄凯 刘荣义	2005-10-20	2006-10-04	实用新型
250	一种从盐湖卤水中提取镁锂的方法	200310119202	徐徽 李新海 石西昌 陈白珍	2003-11-20	2006-09-13	发明
251	纤维状镍钴合金粉与镍钴复合氧化物粉末制备方法	03159576.6	张传福 湛菁 黎昌俊	2003-09-24	2006-08-30	发明
252	一种改善动力型锂离子电化学性能及提高抗震动性能的方法	03143137.2	郭华军 李新海 胡启阳 王志兴 彭文杰 郭永兴 杨志 张云河	2003-06-12	2006-08-30	发明
253	导流型铝电解槽用复合硼化钛阴极制备方法	03124435.1	李劼 刘凤琴 李庆余 李旺兴 赖延清	2003-05-28	2006-08-30	发明

续表 6 - 4

序号	发明名称	申请号	发明人	申请日期	授权时间	类型
254	一种防止大容量方型锂离子电池鼓胀的方法	200310110688	郭华军 李新海 郭永兴 王志兴 胡启阳 彭文杰 张云河 杨 忠	2003-12-22	2006-07-12	发明
255	高浓度钨酸钠溶液的离子交换法	03124661.3	赵中伟 李洪桂	2003-07-18	2006-06-21	发明
256	一种制取氧化锌晶须的方法	03124553.6	陈艺峰 唐谟堂 杨声海 唐朝波 姚维义 何 静	2003-06-17	2006-04-26	发明
257	一种无铁渣湿法炼锌方法	03118199.6	唐谟堂 李仕庆 杨声海 唐朝波 何 静 彭长宏 姚维义 鲁君乐 张保平 夏志华	2003-03-20	2006-04-26	发明
258	一种以盐湖卤水为原料提取高纯镁砂的方法	200310119212	徐 徽 李新海 陈白珍 石西昌 刘荣义 邓新荣	2003-11-20	2006-04-19	发明
259	一种铝电解用高温导电粘结材料	03140521.5	赖延清 李 劼 肖 劲 李 利 邹 忠 李庆作 刘业翔	2003-05-27	2006-04-19	发明
260	一种铝电解用硼化钛/氧化铝阴极涂层及制备方法	03118274.7	李庆余 赖延清 李 劼 丁凤其 刘业翔	2003-04-15	2006-03-15	发明
261	一种常温固化铝电解用硼化钛阴极涂层	03118273.9	李 劼 李庆余 赖延清 丁凤其 刘业翔	2003-04-15	2006-03-15	发明
262	氢氧化钠常压分解白钨矿及黑白钨混合矿的方法	02114186.X	赵中伟 李洪桂 孙培梅 李运姣 霍广生 刘茂盛 孙召明	2002-06-07	2006-02-08	发明

续表 6-4

序号	发明名称	申请号	发明人	申请日期	授权时间	类型
263	硫酸锰溶液的深度净化方法	02150085.1	赵中伟 李洪桂 孙培梅 李运姣 孙召明	2002-11-26	2006-01-18	发明
264	一种提取铱、铑、钌的方法	01131879.7	杨天足 楚广 彭及	2001-12-22	2005-05-04	发明
265	铝电解槽用梯度硼化钛阴极材料的制备方法	02107239.6	赖延清 李庆余 李劲 杨建红 肖劲 刘亚翔	2002-03-13	2005-05-25	发明
266	一种锂离子电池正极材料的湿化学合成方法	02114390.0	李运姣 李洪桂 孙培梅 霍广生 赵中伟	2002-09-10	2005-05-25	发明
267	一种纤维状镍粉的制备方法	02147655.1	张传福 邹建辉 戴曦 湛菁 黎昌俊	2002-10-22	2005-06-15	发明
268	有色金属硫化矿及含硫物料的还原造硫冶炼方法	00113284.9	唐谟堂 唐朝波 姚维义 杨声海 彭长宏 何静 张多默	2000-02-22	2005-08-17	发明
269	用于锂离子电池的复合纳米金属负极材料及其制备方法	02154654.1	胡启阳 李新海 王志兴 郭华军 彭文杰 徐洪辉	2002-11-30	2005-12-14	发明
270	部分氧化法制备聚合硫酸铁的方法	02147656.X	郑雅菁 刘兴渝 占寿祥 龚竹青 陈白珍	2002-10-22	2005-12-28	发明
271	一种硫酸亚铁的制备方法	03103056.4	郑雅菁 龚竹青	2003-01-25	2005-12-28	发明
272	白钨矿及黑白钨混合矿的NaOH分解法	00113250.4	李洪桂 刘茂盛 孙培梅 苏鹏专 李运姣 赵中伟	2000-01-31	2004-01-28	发明

续表 6-4

序号	发明名称	申请号	发明人	申请日期	授权时间	类型
273	一种烧结法粗铜脱硅方法	00113390.X	李小斌 宋培凯 彭志宏 李旺兴 江新民 朱显德 吕子剑 张剑辉 常虎成	2000-04-26	2004-04-28	发明
274	一种锰电解阴极液槽外冷却及镁的回收方法	01111078.3	梁汝腾 周文敏 梅光贵 刘荣义 张文山	2001-03-29	2004-11-10	发明
275	锰酸锂及其制备方法	01112577.2	彭忠东 胡国荣 刘业翔 李劲 肖劲	2001-04-11	2004-11-10	发明
276	一种锂锰氧化物的湿化学合成方法	00113534.1	李运姣 李洪桂 孙培海 赵中伟 霍广生 苏鹏持	2000-07-11	2004-09-22	发明
277	铝电解槽用阴极的硼化钛涂层配方	02104910.6	李庆余 李劲 黄永忠 赖延清 杨建红 肖劲	2002-03-08	2004-12-29	发明
278	铝电解槽用阴极硼化钛涂层的制备方法	02108199.9	李劲 李庆余 刘永刚 赖延清 杨建红 汤世森 林琳 刘业翔	2002-03-29	2004-10-06	发明
279	仲钨酸铵结晶母液的处理方法	99115275.1	李洪桂 李运姣等 杨声海 彭长安	1999-03-05	2003-01-08	发明
280	再生铝的冶炼方法	99115369.3	唐谟堂 彭长宏 杨声海 姚维义 何静	1999-05-13	2003-05-14	发明
281	一种高纯锌金属的制备方法	99115463.0	杨声海 唐谟堂 龙运炳 刘志宏 罗为 邓昌雄	1999-07-09	2003-10-29	发明
282	用于生产锌粉的旋流冷凝装置	94111127.X	张多默 刘志宏 陈慧光 郭荣德 张传福	1994-08-23	2002-02-24	发明

续表 6 - 4

序号	发明名称	申请号	发明人	申请日期	授权时间	类型
283	从钨酸盐溶液中除钼	98122929.8	肖连生 张启修 龚柏凡	1998 - 12 - 05	2002 - 05 - 01	发明
284	钨钼分离的硫代钼酸盐制备方法	98123639.1	张启修 肖连生 龚柏凡 席晓丽	1998 - 10 - 20	2002 - 09 - 25	发明
285	湿化学预处理工艺	97108293.6	何伯泉 张传福 李小斌 刘桂华 彭志宏	1997 - 11 - 07	2001 - 07 - 20	发明
286	含金氯化液还原制取金的方法	99115343.X	杨天足 宾万达 刘朝辉	1999 - 04 - 22	2001 - 12 - 19	发明
287	金属电积过程中在线控制有机添加剂方法和装置	96118493.0	李仕雄 刘爱心	1996 - 12 - 29	2000 - 11 - 04	发明
288	一种制取磁性材料的新方法	95110609.0	唐谟堂 黄小忠 鲁君乐	1995 - 01 - 06	2000 - 07 - 28	发明
289	锑基复合阻燃增效剂制备方法	96118090.0	赵瑞荣 石西昌 欧阳民	1996 - 04 - 05	2000 - 06 - 30	发明
290	从钨酸盐溶液中沉淀除钼锡的方法	97108113.1	李洪桂 霍广生 孙培梅 苏鹏枝 赵中伟 刘茂盛	1997 - 06 - 19	2000 - 02 - 05	发明
291	强化烧结法生产氧化铝新工艺	99109676.2	李小斌 彭志宏 张宝琦 林奇文 程祐国 邱忠甫 刘桂华等	1999 - 07 - 05	2000 - 01 - 19	发明
292	从含铁酸锌浸出渣中回收锌的方法	96118245.8	李洪桂 苏鹏枝 孙培梅 周金云	1996 - 07 - 05	2000 - 02 - 16	发明
293	复杂锑精矿的硫酸钠熔炼法	96118109.5	宾万达 杨天足 陈希鸿 卢宜源	1996 - 04 - 12	1999 - 11 - 03	发明
294	含金硫矿化溶浸方法	96118246.6	赵中伟 李洪桂 李运姣 苏鹏枝 赵天从 孙培梅 刘茂盛	1996 - 07 - 05	1999 - 08 - 25	发明

续表 6-4

序号	发明名称	申请号	发明人	申请日期	授权时间	类型
295	从钨矿碱浸出液中萃钨制取纯钨酸盐	94110963.1	张启修 张贵清 龚柏凡 黄勺英 罗爱平 黄蔚庄	1994-04-29	1999-03-10	发明
296	离子交换一步分离磷、砷、硅、钼制取纯钨酸铵的工艺	93111497.7	张启修 罗爱平 黄蔚庄 黄勺英	1993-07-13	1997-11-19	发明
297	一种在炭块上粘结硼化钛粉的方法	91106671.3	刘业翔 王化章 廖贤安 黄永忠	1991-04-17	1995-06-07	发明
298	氢法制取氧化锌方法	92103230.7	唐谟堂 鲁君乐 贺青蒲 晏德生	1992-04-28	1995-04-21	发明
299	碳热还原法制取硼化钛粉	91106628.4	刘业翔 王化章 廖贤安 黄永忠	1991-02-05	1994-01-19	发明
300	用于铝电解复合节能炭阳极的制备方法	91106752.3	刘业翔 王化章等 黄永忠	1991-07-22	1993-06-09	发明
301	高温熔体的测温方法及其装置	91106724.8	王化章 薛健 刘业翔等	1991-06-14	1993-11-17	发明
302	高铝高砷硫化锑矿的处理方法	88105788.6	唐谟堂 鲁君乐 袁延胜 晏德生 贺青蒲 赵天从	1988-10-11	1993-10-03	发明
303	离子交换法分离钨酸盐溶液中的钼	88105712.6	陈洲溪 周良益 黄勺英 黄蔚庄 龚柏凡	1988-05-16	1993-06-16	发明
304	碳还原法制取高压高比容钽粉	88105687.1	钟海云 王如珍 岳忠 吴辉云	1988-03-18	1993-06-16	发明
305	用于铝电解的阳极糊及其配制方法	88104290.0	刘业翔 肖海明等	1988-07-21	1991-01-23	发明

续表 6－4

序号	发明名称	申请号	发明人	申请日期	授权时间	类型
306	用钨细泥及难选低品位钨矿制取仲钨酸铵	87101927.2	罗天开　吴尔京	1987-03-11	1991-11-20	发明
307	铝电解节能炭素阳极制备方法	88105661.8	刘业翔　肖海明　严大洲	1988-01-25	1991-08-21	发明
308	从钨酸钠溶液中用活性炭吸附钼的方法	87102098.X	龚柏凡　黄蔚庄　张启修	1987-10-19	1991-05-01	发明
309	用含钛铁高炉渣制取钛白粉的方法	86108511.4	莫似浩　潘叶金　杨紫云　潘纯熙　丁振翔	1986-12-10	1990-05-23	发明
310	活性还原法制取细及超细钨粉	86102211	曾昭明　顾汉浓	1986-03-28	1990-01-20	发明
311	从钨酸钠溶液中分离砷硅磷的方法	86105274.9	陈洲溪　黄蔚庄　薛生晖　黄匀英　龚柏凡	1986-08-05	1989-10-11	发明
312	高效烟囱	85108753.1	盛炀闻　梅炽　王淑泉	1985-10-28	1989-03-28	发明
313	硫化锑矿"氯化－水解法"取锑白	85107329.8	钟启愚　列醒泉　林世英　诺素珍　易申翰　唐谟堂　赵天从　郑蒂基	1985-09-29	1988-10-06	发明
314	白钨精矿与黑白钨混合矿碱分解方法及设备	85100350.8	李洪桂　刘茂盛　思泽金　戴朝嘉　何雅康　李军　何光兰　龚春香　刘静　李良	1985-04-01	1987-06-25	发明

6.5 标志性科研成果简介
（按获奖等级、类别、时间先后排列）

6.5.1 1987 年国家科技进步一等奖——仲钨酸铵制取蓝钨、钨粉的研究

研究提出了"内爆破"原理，扩大反应界面，在较低温度下还原制取细及超细颗粒钨粉，粒度可按需求控制，用常用工业设备即可生产超细粉体，无需钝化后处理过程。对超细颗粒提出了贮存、运输、使用过程中，防止自燃、爆炸的方法。这一研究解决国内细钨粉用顺氢落料装舟生产的能耗大、产率低的缺点，弥补国外用氯(氟)气相还原法和冷冻—干燥法投资大、设备要求特殊、工艺条件苛刻、工序多、产率低、成本高和只能生产单一粒级、粒度不具备调节余地的不足。该方法经中南大学粉冶厂及株洲硬质合金厂进行了工业生产鉴定。鉴定认为，该研究在方法上有新的突破，是我国首先研究成功的新工艺，填补了国内细，超细钨粉生产的空白。

6.5.2 1992 年国家科技进步一等奖——锂盐阳极糊技术

铝电解是一个高耗能的产业，电解铝生产能耗占整个有色金属工业能耗的 80%，电解铝工业总用电量接近全国电力总消费量的 5%，电解铝工业的持续发展与国家节能减排政策的矛盾日渐突出，长期以来，铝电解的节能一直很受重视，意义也非常重大。

大量的研究发现，降低铝电解过程槽电压是降低铝电解能耗的一个有效手段。在保证电解过程稳定的基础上降低槽电压需要综合考虑各方面的因素，是一个非常复杂的系统工程。现在工业电解槽上都是以 mV 为量级来进行槽电压下降节能的考评。现有的技术成熟的铝电解槽槽电压约为 $4.0 \sim 4.2$ V，其中阳极过电压为 $0.6 \sim 0.7$ V，占总能耗的 16% ～17%，节能潜力巨大，但同时难度也非常大，究其原因：第一，阳极过电压形成的理论不清晰，多种学说莫衷一是，又得不到验证；第二，过电压测量方法不成熟，材料经不起熔融氟化盐的腐蚀，也没有合适的测量装置；第三，测量难度大。

从 20 世纪 80 年代初期开始，刘业翔教授通过在挪威做过的惰性电极电催化的研究，引导了解决这一问题的思路。对于炭素阳极来讲，可能的降低过电位的方法就是往阳极材料中添加活性物质，实现电催化的效果。他克服了当时面临的很多的困难，采取了一系列的创新性的解决办法，构建了高温炉、高纯刚玉管、铝参比电极、电化学综合测试仪、高速记录仪等装置，最关键的是在电催化机理研究和催化剂选择上取得了重大的突破，实验室研究表明合适的催化剂对降低阳

极过电位效果非常明显。但要实现工业化的应用，特别是怎么实现催化剂在工业电解槽的阳极中的加入，又成为摆在刘业翔等人面前的一个突出问题。考虑到当时工业电解槽采用的都是自焙阳极，刘业翔和他的学生结合自焙阳极本身的生产工艺，巧妙地通过试验，在阳极糊混料时，把微量的碳酸锂（2～3 kg/t-Al）加入到石油焦里面，制成"锂盐阳极糊"。试验结果证明，这种添加方法简单，电极上的电催化效果良好，很好地解决了催化剂工业化应用的问题。

1986 年，刘业翔和他的学术团队在兰州连城铝厂进行了为期三个月的工业试验，通过往阳极糊中掺入锂盐，即"锂盐阳极糊"，使得阳极过电位降低了 200 mV，取得了非常好的节能效果，引起了当时的中国有色金属总公司重视。在有色总公司的支持下，1989 年"锂盐阳极糊"技术开始在全国电解铝系统内推广应用。经过在 26 个铝厂的电解槽上应用，实现年节电 6000 万 kWh。"锂盐阳极糊"研究成果在 1991 年获得有色总公司科技进步一等奖和国家教委科技进步一等奖，1992 年被评为国家科技进步一等奖。

6.5.3　2011 年度国家科技进步一等奖——难冶钨资源深度开发应用关键技术

建立了复杂钨矿碱浸出的新理论，研发了基于浸出/结晶耦合机理的浸出技术，为占我国钨资源 78% 的白钨矿开发提供了高效技术；调控钨离子形态由简单离子聚合成为同多酸根离子，以提高其对树脂的亲和性，并将原来的凝胶型树脂发展为利于大尺寸聚合钨离子迁移的大孔型树脂，发明了高浓度离子交换新技术，同时建立了重力作用下钨离子交换反应工程学理论，发明了高效能的串联式逆流交换法，解决了高浓度的高密度溶液吸附过程交换容量低的问题，使可处理溶液浓度提高了 10～15 倍，用水量和废水排放量减少了 80%～85%；揭示了各种杂质的钙盐在碱溶液中的溶解/沉淀规律，研发出添加钙剂深度脱除磷、砷、硅杂质的新技术，使得钨酸钠溶液的纯度可直接达到 APT 标准；提出了无机吸附剂中功能金属离子与阴离子配位作用的强弱判据，发明了铁基吸附剂深度除锡、钒技术，解决了华南高锡高杂钨原料的高效利用难题；揭示了钨、钼酸盐沉淀的调控规律，发明了锰酸盐选择性沉淀分离宏量钨、钼新技术，解决了占我国白钨资源中约 50% 的高钨高钼共生复杂矿的高效利用难题。利用本项目技术制备的高纯 APT 原料，形成了年产 1 万 t 的高质量钨粉和碳化钨粉生产线。针对高性能钨材制备技术的应用基础问题，提出了与硬质合金制备密切相关的液态金属中合金元素扩散方程，揭示了杂质元素对硬质合金制备过程的作用规律，通过引导和控制液相 Co 中的物质迁移和扩散，发明了"三明治"结构、表面韧性梯度结构以及特粗晶等各种新型结构硬质合金制备技术，开发出高性能的硬质合金钻齿和涂层刀片；新型结构钻齿的钻探寿命高达传统硬质合金的 2～3 倍，复合涂层硬质合金刀具的切削寿命达到国际龙头企业的先进水平，用于成飞、西飞等骨干航空企业的飞机零部件加工。

6.5.4 1993年度国家技术发明二等奖——机械活化碱分解钨矿物原料新技术

长期以来，占我国钨资源70%以上的白钨矿及大量的难选钨中矿不能被通用的NaOH分解法分解，造成钨资源的严重浪费。本技术是在边缘学科——机械化学与传统学科——湿法冶金进行学科交叉的基础上研究成功的一项新技术，解决了上述难处理复杂钨矿的利用问题。其基本原理是在热磨反应器中创造白钨矿与NaOH反应所必需的热力学条件，同时将磨矿过程中对矿物的机械活化作用、强烈搅拌作用与分解化学反应有机结合，从而使各种钨矿都迅速被NaOH分解。该方法成功地解决了国内外学者认为在工业条件不能实现的"NaOH浸出白钨矿"的技术难题，解决了我国大量白钨矿及低品位难处理黑白钨混合矿的有效合理利用问题。

该技术已获国家发明专利2项，并成功地实现了产业化，推广应用于国内十九个钨冶金企业，为企业带来了显著的经济效益。被国家科委列为《国家级科技成果重点推广计划》项目。1993年获得国家技术发明二等奖，其基础理论研究成果获教育部1999年科技进步(基础类)二等奖，推广应用成果获国家教委1997年科技进步二等奖，其相关专利获中国专利局中国专利优秀奖、湖南省专利推广十佳奖。

6.5.5 2001年度国家技术发明二等奖——选择性沉淀法从钨酸盐溶液中除钼、砷、锑、锡新技术

该技术将分子设计理论和方法应用于相似元素钨、钼的高效分离，研制成功了一种用于钨钼高效分离的沉淀剂，有效地解决了国内外长期未能解决的相似元素钨、钼深度分离的技术难题，用简单的沉淀法实现了从钨酸盐溶液中一步同时除Mo、As、Sn等杂质，使高钼高杂钨矿的直接冶炼成为了可能。该技术已获得国家发明专利2项，并成功地实现产业化，被国家科技部列为《国家级科技成果重点推广指南》项目。目前国内80%钨冶金生产线中都采用该技术，取得了显著的经济效益和社会效益。2000年获湖南省科技厅科技进步一等奖，2001年获国家技术发明二等奖。

6.5.6 2006年国家技术发明二等奖——强化烧结法生产氧化铝新工艺

该项目属于有色金属冶金领域。

我国铝土矿资源丰富，主要是一水硬铝石型，具有高铝、高硅、低铁等特点，80%左右铝土矿的铝硅比介于4～8。这部分铝土矿不能用拜耳法经济地生产氧化铝，也不宜用传统烧结法(传统烧结法处理铝土矿的铝硅比一般介于3～5)处理。同时，烧结法(纯烧结法和混联法中烧结系统)生产氧化铝在我国氧化铝工业

占有十分重要的地位，其产量约占我国氧化铝总产量的40%。但传统烧结法生产氧化铝因能耗高、工艺较复杂、生产成本高、产品质量差等缺点，使得其产品的竞争力弱，也导致企业效益差。针对我国铝土矿资源特点和传统烧结法生产氧化铝的现状，采用新工艺改造传统烧结法，提高产能、降低成本、提高产品质量就显得尤为迫切。在此背景下强化烧结法氧化铝生产新工艺应运而生。

针对传统烧结法氧化铝生产能耗高、成本高等问题，设计了通过提高生产过程物料中氧化铝含量或浓度，系统强化过程的技术路线。提出了3种热力学数据估算方法，解决了氧化铝生产工艺研究热力学数据缺乏的难题；揭示了烧成过程中低钙化合物形成规律，提出了熟料溶出过程二次反应的新机理，确定了碳、种分$Al(OH)_3$析出遵循相似机理，为本发明奠定了理论基础；针对高铝炉料熔点高、烧成温度高，传统高钙配方炉料含铝量难以提高的问题，发明了高铝低钙炉料配方及相应的熟料烧成工艺，提高了熟料含铝量，降低了烧成温度增幅，保证了熟料窑稳定高产；浓度越高，熟料溶出时赤泥越难分离、越易发生二次反应，为此发明了较高苛性比、低碳酸钠调整液的高铝低钙熟料溶出技术，有效抑制了二次反应；针对高浓度溶液易形成更复杂铝硅酸根络合离子，脱硅需要更高的温度和压力的问题，发明了强化传质、硅渣晶种表面处理、近沸点作业脱硅技术，大幅度降低了该过程能耗和保证了溶液净化程度；发明了"分解率梯度控制、细粒子快速长大、粗糙粒子缓慢修饰"的高浓度铝酸钠溶液分解技术，解决了分解产品质量难以控制等问题，保证了产品的物理和化学品质；为了建立和优化强化烧结法系统水、碱平衡新体系，发明了加种子或表面活性剂蒸发工艺，解决了碳分母液超深度蒸发无法进行的难题。从而，形成了完整的具有自主知识产权的强化烧结法工艺和理论。

中国铝业中州分公司全面推广应用强化烧结法生产氧化铝新工艺后，相对传统烧结法，熟料Al_2O_3含量提高40%，溶液Al_2O_3浓度提高33%，工艺能耗降低40%，碱耗降低44%，赤泥(废渣)排放降低52%，台窑产能提高73%，生产成本降低50%，并首次实现了烧结法生产砂状氧化铝。累计已节省投资约18亿元，应用3年新增效益约25亿元。

强化烧结法氧化铝生产新工艺从根本上使烧结生产氧化铝这一传统工艺焕发了新春，被誉为"烧结法生产氧化铝的一次革命"。目前正在中国铝业各分公司中推广应用，相关理论和技术成果对我国氧化铝技术进步产生了重大推动作用，极大地提升了我国氧化铝行业的市场竞争力。该技术2001年被评为教育部科技进步二等奖。2002年获授权发明专利(ZL99109676.2)。2003年被中国专利局和世界知识产权组织评为中国专利金奖，是迄今为止中国有色行业唯一获此殊荣的成果。

6.5.7 2011 年国家技术发明二等奖——基于微生物特异性的重金属废水深度 净化新工艺

近年来我国重金属污染和"癌症村"事件频发，严重危及国民健康。作为主要污染源的有色重金属废水具有离子种类多、组分复杂、金属浓度和硬度高、水量大等特点，长期以来缺乏经济高效的处理技术。目前采用的石灰中和法存在"设施占地面积大、工艺流程长、不能稳定达标排放、回用困难"等问题，重金属废水的深度净化与回用成为我国废水治理的重大难题。基于国家重金属污染物减排、工业节水的重大需求，围绕微生物对重金属离子超强耐受能力、靶向协同去除的重要发现，以突破废水的深度净化与回用技术为目标，在国家科技支撑计划重点项目、国家自然科学基金重点项目等支持下，通过对微生物处理重金属污染物十多年的研究，取得如下重要发明：

(1)通过大量筛选发现了两类对重金属具有特异性的菌种，发明了这类特异功能菌的有效分离方法；建立了菌种对重金属耐受性强弱的诊断、识别方法，并发现"重金属去除容量"可以作为细菌靶向去除重金属能力大小的有效判据；为实现在极端环境胁迫下规模化驯育奠定了基础。

(2)发明了功能菌规模化培养技术，研究了单一菌株在复杂重金属环境中靶向去除重金属污染物的机制；发明了细菌内聚营养源固定化颗粒制备及其处理重金属废水的方法；揭示了复合功能菌群协同去除多金属的机理；为重金属污染物治理提供了重要微生物资源和作用模式。

(3)提出了基于复合功能菌群的多基团净化重金属废水的新理念，基于分子设计研发了细菌代谢产物功能扩增的多基团嫁接技术，发明了用于深度净化重金属的复合配位体水处理剂及其制备方法，为大规模深度净化重金属废水提供技术保障。

(4)针对有色重金属废水深度净化与回用难题，发明了"多基团配合 - 水解 - 脱钙 - 分离(CHDS)"新工艺，开发了重金属废水与药剂高效混合反应器，发明了高效的固液分离方法，实现了基于微生物特异性的大规模重金属废水深度净化的工程化与推广应用；处理后出水重金属离子浓度优于国家新颁布的《铅、锌工业污染物排放标准》(GB 25466—2010)。新技术列入 2009 年国家先进污染防治示范技术名录。

项目申请国家发明专利 26 项，其中授权 13 项；获国家杰出青年基金 2 项；发表国际重要期刊论文 30 余篇，出版专著 1 部。应用于国内最大的铅锌冶炼企业株洲冶炼集团股份有限公司和河南豫光金铅股份有限公司等重金属废水处理工程，并解决了深圳市中金岭南股份有限公司韶关冶炼厂 30000 m^3 高铊复杂废水污染事故的应急问题。深度净化新工艺 2006 年实施以来运行效果显著，废水回用率由 40% 左右提高到 95% 以上；对其中 8 个工程近三年应用情况统计：新增利润 6266.2 万元，节约建设投资总额 1.375 亿元；实现年回用重金属废水 1210 万 m^3，年减排铅、锌、汞、镉、砷、铊等重金属 110.76 t；对有色行业可持续发展与重金属污染控制技术进步起了重要推动作用。该发明可广泛应用于重金属采选冶、化工、电子等涉重金属污染行业，具有十分广阔的应用前景。

6.5.8　2004 年国家科技进步二等奖——铝电解智能模糊控制技术

20 世纪 80 年代初期，我国引进了第一套 160 kA 预焙铝电解槽，由此开启了我国预焙槽炼铝的发展之门。从 80 年代中后期开始，刘业翔教授学术团队的骨干李劼博士与贵阳铝镁设计院合作，率先对引进的 160 kA 预焙槽控制系统进行全面消化吸收，并于 90 年代初期开发了预焙铝电解槽的"按需下料"和自适应控制技术，较深入地研究了基于自适应控制技术的氧化铝浓度模型与电解质温度模型。

1994 年，由中国有色金属工业总公司组织实施的国家"八五"重点攻关项目——"智能模糊控制技术在 160 kA 预焙槽上的开发应用"正式立项，以李劼博士为代表的中南工业大学与青海铝厂组成了联合攻关项目组，在青海铝厂 160 kA 预焙槽上开展了为期 3 年的研究开发与工业应用试验。李劼博士将"模糊控制"与"专家系统"等智能控制原理引入到铝电解槽槽况的推理分析及氧化铝浓度与极距的控制，并逐步形成电解铝–计算机–自动控制等多学科交叉的新技术——"铝电解智能模糊控制技术"。该成果于 1997 年通过了由中国有色金属工业协会组织的技术鉴定，鉴定结论为"国际领先水平"。随后，该技术在全国电解铝行业大面积推广。经 2003 年中国有色金属工业协会对 88 家应用企业统计并组织成果鉴定，平均吨铝直流电耗从 13800～14000 kWh 降低到 13200～13500 kWh(同期国际先进水平)，总计年节电 10.5 亿 kWh、年减排 PFC 约 1470 t(等效 CO_2 减排 1000 万 t)。该成果获 2004 年度国家科技进步二等奖和 2003 年度国家重点新产品称号。目前，基于上述新技术的铝电解智能控制系统已在中国铝厂全面推广应用，并出口应用于国外工程项目。

近年来，该学术团队又与国内大型铝业公司合作开发出了一种以"低电压"(3.7～3.9 V)为主要特征的铝电解高效节能工艺与控制技术，主要技术突破是：①提出了铝电解槽低电压高效节能临界状态的新概念，建立了铝电解槽低电压高效节能临界状态的智能解析方法，解决了降低工作电压与提高电流效率之间以及降低工作电压与提高电流密度之间的矛盾与冲突，发现并建立起可使现行结构铝电解槽在 3.7～3.9 V 的低工作电压下实现高效、低电耗、稳定运行的工艺技术条件；②提出了"临界稳定控制"的新思想，开发出控制精度远优于现有控制方法的智能多环协同优化与控制技术，攻克了低电压高效节能工艺条件下的关键工艺参数在临界状态附近的稳定控制问题,在现行结构铝电解槽上取得了直流电耗12000(新建槽)~12400 kWh(全系列平均)的技术经济指标。自 2008 年以来,这项成果逐步在四川其亚集团 300 kA 和 400 kA 生产系列、郑州龙祥铝业有限公司160 kA 生产系列、郑州发祥铝业有限公司 200 kA 生产系列等多家铝厂的多种容量等级的电解槽生产系列推广应用,均取得了显著的节能、减排与增产效果。这项成果还促进了我国铝电解槽设计理念的变化,尤其是电解槽内衬保温结构的设计正朝着适应低电压高效节能工艺的"保温型"方向发展。

6.5.9　2008 年国家科技进步二等奖——高能量密度、高安全性锂离子电池及其关键材料制造技术

锂离子电池具有能量密度高、循环寿命长、无记忆效应、环境友好等优点。开发高性能锂离子电池可以极大缓解能源短缺,改善环境。该项目针对当时我国锂离子电池及其材料研究基础薄弱、锂离子电池工业化刚起步、而世界范围内锂离子电池性能还有待提高,小型锂离子电池的能量密度不能满足移动电子电器日益增长的要求,锂离子动力电池迫切需要解决高倍率放电与高安全性问题,采用电池 – 材料一体化的研发思路,开发了锂离子电池及其关键材料的核心技术,并相继实现了产业化,该技术取得如下重要成果:

①提出了过渡金属氧化物催化成球的中间相炭微球合成方法,收率提高50%以上;提出了高结晶度石墨微掺杂,并与中间相沥青聚合热解复合方法,开发出微掺杂的多核型核 – 壳结构复合炭制备技术;②发明了金属锰氧化焙烧与可控外场作用制备高温型锰酸锂技术,解决了锰酸锂高温循环性能差的难题;开发了铁原位氧化 – 共沉淀法合成导电性高的球型磷酸铁锂技术,显著提高了磷酸铁锂的加工性能与高倍率放电能力;③研制出防气胀电解液,提出了防止软包装电池电化学腐蚀方法,攻克了防气胀、内腐蚀的重大难题,开发出高比能量软包装锂离子电池;④发明了防止动力电池鼓胀方法,开发了阻燃电解液,解决了锂离子动力电池安全性问题;⑤开发了废弃锂离子电池循环利用新技术,解决了传统方法回收锂离子电池有价金属资源利用率低、能耗大、二次污染严重的问题。

该项目共申请发明专利 30 项(授权 8 项)、获授权实用新型专利 21 项,出版专著 1 部,在 *Journal Power Sources*, *Electrochemistry Communications*, *Journal of the Electrochemical Society* 等期刊上共发表论文 160 篇。项目已开发了高性能锂离子电池、负极材料、电解液、正极材料及其前驱体材料等 12 项高新技术产品,技术已成功应用于湖南杉杉新材料等 9 家企业,产品被 Motorola、Nokia、Sony – 爱立信、三星、富士康、步步高、Moli、Saehan、Hitachi – Maxell、A123、ATL、比亚迪、力神、比克、中信国安等国内外企业大量使用。

该项目不仅推动了我国锂离子电池及其关键材料的产业化与国产化,带动了

下游产业(如电子电器、电动工具、电动车工业)的发展,而且对节约能源、保护资源和环境,发展循环经济有着重大的意义。

6.5.10　2010 年国家科技进步二等奖——废弃钴镍材料的循环再造关键技术及产业化应用

钴、镍金属广泛应用于电池、催化剂、硬质合金、磁性材料、不锈钢、机械工具、染料等众多行业,在现代工业中不可缺少。我国钴镍资源稀缺、消费快速增长,已探明的钴金属储量不足 10 万 t,仅占世界钴资源的 1%,2009 年国内消费生产1.4万 t,占全球消耗量的 25%;我国镍资源不到世界的 10%,2009 年消耗量45 万 t,自产仅 15 万 t。而我国每年的废电池超过 30 万 t,锂离子、镍氢、镍镉等各类含钴镍的废电池保有量已超过 100 万 t,充分利用这类失效钴镍作为再生资源,不仅可缓解我国钴镍资源紧缺,同时避免了环境污染。现有钴镍再生材料的主要局限是不能满足二次电池、合金等高端产品的应用要求。

本项目通过承担国家自然科学基金、863 计划、科技专项等系列项目,产学研合作,针对典型多元系废旧电池等钴、镍废料的再生和高性能钴镍新材料技术展开研究,创造性地解决了性能修复、活化和特殊结构成形、拆解/分类、高效分离提纯等关键技术与产业化装备的重大技术难题,开发出适应多种废料的失效钴镍材料循环再造的全套产业化技术并工业应用。

主要科技创新点:发明了氨循环法高锰与镍、钴分离的技术,开发出硫酸铵部分沉淀镍－硫酸铵、碳铵、氨水混合溶液两步法沉锰新工艺;发明了以雾化水解沉淀和分级热解还原为核心的失效钴镍材料制备球状、纤维和针状等特定形状的钴、镍粉体工业生产技术;发明了冷冻干燥制备钴镍前驱体技术,成功生产出超细钴、镍系列分体材料;研制开发出废弃电池控制破碎、自动分选机等系列专门生产系统与工艺技术,实现了废料的高效拆解/分选和自动化生产。建成了年处理两万吨以上各种废弃钴镍材料、年产两千吨超细钴镍粉和三千吨钴镍精细化工材料的生产线。

大规模工业生产出超细金属钴粉和镍粉、球形氢氧化镍、方形四氧化三钴和类球形氧化亚钴等四大系列钴镍粉体材料,完全修复失效钴镍材料性能,产品成本低于原矿产品的生产成本。经中国有色金属工业粉末冶金产品质量监督检测中心检测和用户使用证明:产品性能优越,满足电池、硬质合金等不同行业技术标准和使用要求,能替代进口产品。被评为国家重点新产品和湖北省、广东省名牌产品等,中国有色金属工业协会鉴定为"整体技术达到了国际先进水平,在废弃钴镍物料制备超细粉体技术方面达到国际领先水平"。投产后产销量保持连年增长,已销售 14 亿元(近 3 年 12 亿元),实现利润 3 亿元和税收 6000 万元,经济和社会效益显著。

项目获授权 40 项专利技术(24 项发明)、制定和形成了国家和行业技术标准 13 项;先后在深圳、湖北建立了覆盖 20 个城市、7 千万人群的废旧电池回收网络,开采"城市矿山"资源,缓解了我国钴镍稀缺资源的需求,同时保护了环境。项目科技创新、创业,实现了技术跨越,成功实践循环经济,引领产业升级和行业技术进步,循环材料造福社会。

6.5.11 2011 年国家科技进步二等奖——铅高效清洁冶金及资源循环利用关键技术与产业化

本项目属于有色金属冶金与资源再生循环利用技术领域。

铅广泛应用于化学电源、防辐射及电化冶金等领域,2010 年我国精铅产量 420 万 t。随着交通、移动通信、核电等行业发展,预计 2015 年我国铅需求将超过 600 万 t。我国铅冶金工业面临原生资源短缺、技术装备落后、能耗高污染重等问题,同时废铅酸蓄电池、阳极泥等含铅二次资源社会积存量增加,未合理利用,造成资源浪费、环境污染。亟待开发清洁冶金新技术,实现铅生命周期内各种二次资源的高效综合利用。

本项目在国家自然科学基金、国家资源节约和环境保护专项及重金属污染防治专项等科技计划支持下,产学研合作,攻克了铅冶炼及二次资源循环利用过程关键技术难题及工程实践问题,发明了底吹氧化熔炼 – 液态高铅渣底吹直接还原炼铅技术,形成了高效、清洁、短流程直接炼铅新工艺。通过该技术的创新应用,拓展了铅原料使用范围,实现了废蓄电池铅膏、湿法炼锌产铅泥、铅阳极泥等二次资源循环利用及有价金属综合回收,促进了铅生产效率大幅提高,节能减排效果明显,生产环境有效改善。主要创新点为:

①发明了液态高铅渣直接还原炼铅新技术及卧式底吹还原炉装置,淘汰了鼓风炉工艺,减少了烟气量和烟尘率,解决了铅还原过程能耗高、污染严重等问题,工序综合能耗较传统鼓风炉工艺降低 40%,减排二氧化硫 90%,减排二氧化碳 70%,终渣含铅小于 2.5%。②创新优化了氧气底吹氧化熔炼过程,与液态高铅渣直接还原炼铅相结合,集成为两段式双底吹全熔池直接炼铅系统,形成了清洁、高效、短流程直接炼铅新工艺,铅总回收率 97.5%,单位产品综合能耗降至 230 kg 标煤。③创新研发出适合我国废铅酸蓄电池物理分选的专门生产系统与工艺技术,实现了废铅酸蓄电池规模化、自动化高效拆解和分选,彻底分离出铅膏、废酸液、塑料和板栅,其中废酸液和板栅得到直接循环利用。④发明了铅膏底吹混合熔炼新技术,将铅膏搭配铅精矿后采用双底吹全熔池直接炼铅技术,实现了高温脱硫,使铅和硫得以同时循环回收利用,铅总回收率 97.5%,硫利用率高于 96.8%。⑤发明了底吹熔炼处理铅阳极泥的火法连续冶炼新工艺及装置,以氧化铅替代纯碱和萤石进行造渣,过程节能环保、生产效率高,金银回收率分别为

99%、98.5%，吨阳极泥能耗及生产成本大幅降低。

项目成功实现产业化应用，已在豫光金铅公司建成年处理 2×18 万 t 废铅酸电池、20 万 t 铅精矿、1 万 t 阳极泥，年产 18 万 t 粗铅、3 t 金、600 t 银的工业生产线。项目投产后产销量保持连年增长，近三年实现销售收入 140.7 亿元，利润 4.35 亿元和税收 1.72 亿元，经济社会效益显著。

项目获授权专利 40 项，均已实施转化并实现产业化应用；制定了 4 项国家标准。先后在河南、河北、湖南等省建立了覆盖近百个城市、逾 3 亿人群的废旧铅酸电池回收网络，建成了我国最大的废旧铅酸电池处理生产线。项目立足于我国铅冶金实际，通过自主创新，实现了技术跨越，引领产业升级和行业技术进步。

6.5.12 1988 年国家技术发明三等奖——碳还原——高温烧结法生产全系列电容器级钽粉新工艺

该工艺可稳定地制备用于 125 V 以下的固体钽电容器和 160 V 以下的液体钽电容器的各类钽粉，其比容范围为 500~8000 μF·V/g，并独创了 CA<30> 用钽粉系列生产的固体电容器用钽粉，具有纯度高和优良的理化性能及电性能长期使用证明：用该固体电容器钽粉作 63 V 高压固体钽电容器(63 V、10 μF)产品合格率达 94%，可靠性高，质量好，符合国际 GB 3136—82 的技术要求。用该工艺生产的液体钽电容器钽粉制造的液体钽电容器(125 V、22 μF)亦有良好的质量水平，按国际电工委员会(IEC)的技术标准考核，性能优良，生产的高压高比重(63 V、2800 μF·V/g)钽粉达到国外同类产品先进指标，该工艺流程简单、金属比率高、成本低、设备投资少、效益显著。

6.6 代表性论文

2000 年以来被 SCI 检索的论文：

1. L. Y. Chai, W. Z. Wei, S. Z. Yao, A series piezoelectric quartz crystal response kinetics for T – ferrooxidans growth in the presence of Cu(Ⅱ), Journal of Central South University of Technology, 2000, 7, 15–19.

2. Z. H. Liu, Q. H. Li, X. L. Xu, X. Y. Guo, D. M. Zhang, Template effect on structure and morphology of Ni(OH)$_2$ powders prepared by hydro – chemical method, Journal of Central South University of Technology, 2000, 7, 20–24.

3. C. F. Zhang, B. Peng, J. Peng, J. Lobel, A. K. Janusz, Electric arc furnace dust non – isothermal reduction kinetics, Transactions of Nonferrous Metals Society of China, 2000, 10, 524–530.

4. Q. K. Li, H. Y. Zhong, H. Zhong, Y. Y. Dai, The wettability of Fe based

alloy on TiO, Journal of Central South University of Technology, 2002, 9, 165 – 168.

5. L. Y. Chai, Y. Y. Wang, Electrochemical behaviors of gold and its associated elements in various complex agent solutions, Journal of Central South University of Technology, 2003, 10, 287 – 291.

6. W. L. Chen, L. Y. Chai, X. B. Min, B. Peng, C. F. Zhang, Y. N. Dai, Recycling of valuable metals from spent zinc – manganese batteries by vacuum metallurgy, Transactions of Nonferrous Metals Society of China, 2003, 13, 1213 – 1216.

7. X. Dai, X. P. Gan, C. F. Zhang, Viscosities of Fe_nO – MgO – SiO_2 and Fe_nO – MgO – Ca – SiO_2 slags, Transactions of Nonferrous Metals Society of China, 2003, 13, 1451 – 1453.

8. L. F. Deng, H. X. Li, L. X. Xiao, Y. H. Zhang, Synthesis and electrochemical properties of polyradical cathode material for lithium second batteries, Journal of Central South University of Technology, 2003, 10, 190 – 194.

9. X. Y. Guo, K. Inoue, Elution of copper from vermiculite with environmentally benign reagents, Hydrometallurgy, 2003, 70, 9 – 21.

10. D. W. He, C. H. Peng, Y. Y. Wang, Main influence factors on desulfurization of coal by sulfolobas, Journal of Central South University of Technology, 2003, 10, 113 – 116.

11. J. He, M. T. Tang, J. L. Lu, Z. Q. Liu, S. H. Yang, W. Y. Yao, Concentrating Ge in zinc hydrometallurgical process with hot acid leaching – halotrichite method, Journal of Central South University of Technology, 2003, 10, 307 – 312.

12. Z. Q. He, X. H. Li, E. H. Liu, Z. H. Hou, L. F. Deng, C. Y. Hu, Preparation of calcium stannate by modified wet chemical method, Journal of Central South University of Technology, 2003, 10, 195 – 197.

13. Z. Q. He, X. H. Li, X. M. Wu, Z. H. Hou, E. H. Liu, L. F. Deng, Preparation and electrochemical properties of nanosized tin dioxide electrode material by sol – gel process, Transactions of Nonferrous Metals Society of China, 2003, 13, 998 – 1002.

14. Z. H. Hou, X. H. Li, E. H. Liu, Z. Q. He, L. F. Deng, Study of preparation and electrochemical capacitance performance of pyrolytic carbon through synchronously synthetical template method, Chinese Journal of Inorganic Chemistry, 2003, 19, 929 – 933.

15. Y. Q. Lai, Q. Y. Li, J. H. Yang, J. Li, Ambient temperature cured TiB_2 cathode coating for aluminum electrolysis, Transactions of Nonferrous Metals Society of

China, 2003, 13, 704 - 707.

16. H. G. Li, G. S. Huo, P. M. Sun, Z. W. Zhao, Y. J. Li, P. T. Su, Developing new reagent for selectively precipitation of molybdenum from tungstate solution, Transactions of Nonferrous Metals Society of China, 2003, 13, 184 - 187.

17. Q. H. Li, X. Y. Guo, S. W. Xiao, K. Huang, D. M. Zhang, Life cycle inventory analysis of CO_2 and SO_2 emission of imperial smelting process for Pb - Zn smelter, Journal of Central South University of Technology, 2003, 10, 108 - 112.

18. Q. Y. Li, J. Li, Z. L. Tian, G. Zhang, Determination of ohmic/voltage drop and factors influencing anodic overvoltage of carbons anodes in $Na_3AlF_6 - Al_2O_3$ based melts, Transactions of Nonferrous Metals Society of China, 2003, 13, 699 - 703.

19. E. H. Liu, X. H. Li, Z. Q. He, Z. H. Hou, L. F. Deng, A new method of preparing nano - size V_2O_5 and their electrochemical performance, Chinese Journal of Inorganic Chemistry, 2003, 19, 1113 - 1117.

20. G. H. Liu, X. B. Li, Z. H. Peng, Q. S. Zhou, Behavior of calcium silicate in leaching process, Transactions of Nonferrous Metals Society of China, 2003, 13, 213 - 216.

21. G. H. Liu, X. B. Li, Z. H. Peng, Q. S. Zhou, Stability of calcium silicate in basic solution, Transactions of Nonferrous Metals Society of China, 2003, 13, 1235 - 1238.

22. L. H. Liu, Z. Q. Gong, Y. J. Zheng, Synthesis and structure characterization of diethyldiallylammonium chloride, Journal of Central South University of Technology, 2003, 10, 347 - 351.

23. Y. X. Liu, X. P. Li, Y. Q. Lai, J. Li, X. Y. Zhou, H. Q. Zhao, Heat balance simulation of drained aluminum reduction cell, Transactions of Nonferrous Metals Society of China, 2003, 13, 1199 - 1202.

24. B. Peng, J. Peng, J. A. Kozinski, J. Lobel, L. Y. Chai, C. F. Zhang, Thermodynamic calculation on the smelting slag of direct recycling of electric arc furnace stainless steelmaking dust, Journal of Central South University of Technology, 2003, 10, 20 - 26.

25. J. Peng, B. Peng, D. Yu, M. T. Tang, N. Souza, J. A. Kozinski, Thermo - analytical study on stainless steelmaking dust, Journal of Central South University of Technology, 2003, 10, 301 - 306.

26. Q. W. Qin, Y. Q. Lai, J. Xiao, J. Li, Y. X. Liu, Preliminary testing of $NiFe_2O_4 - NiO$ as ceramic matrix of cermet inert anode in aluminum electrolysis, Transactions of Nonferrous Metals Society of China, 2003, 13, 1208 - 1212.

27. P. M. Sun, H. G. Li, Y. J. Li, Z. W. Zhao, G. S. Huo, S. M. Sun, Decomposing scheelite and scheelite – wolframite mixed concentrate by caustic soda digestion, Journal of Central South University of Technology, 2003, 10, 297 – 300.

28. Y. Y. Wang, L. Y. Chai, Optimization of efficient stable reagent of alkaline thiourea solution for gold leaching, Journal of Central South University of Technology, 2003, 10, 292 – 296.

29. Y. Y. Wang, W. J. Peng, L. Y. Chai, Y. D. Shu, Electrochemical behaviors of Zn – Fe alloy and Zn – Fe – TiO$_2$ composite electrodeposition, Journal of Central South University of Technology, 2003, 10, 183 – 189.

30. J. Xiao, J. Li, Z. Zou, G. R. Hu, Y. Q. Lai, Y. X. Liu, Industrial preparation and performance testing of property – modified prebaked carbon anodes for aluminum electrolysis, Transactions of Nonferrous Metals Society of China, 2003, 13, 199 – 202.

31. X. Xiao, S. W. Xiao, X. Y. Guo, K. L. Huang, Y. Ryoichi, LCA case study of zinc hydro and pyro – metallurgical process in China, International Journal of Life Cycle Assessment, 2003, 8, 151 – 155.

32. M. F. Xu, X. H. Li, H. W. Wan, Y. Liu, Kinetics of Schiff base on Escherichia coli by microcalorimetry, Journal of Central South University of Technology, 2003, 10, 32 – 37.

33. X. Yu, L. Y. Chai, X. B. Min, Removal of lead in wastewater by immobilized inactivated cells of Rhizopus oligosporus, Journal of Central South University of Technology, 2003, 10, 313 – 317.

34. C. F. Zhang, J. Zhan, J. H. Wu, X. Y. Guo, M. Okido, Preparation of fibrous nickel oxide particles, Transactions of Nonferrous Metals Society of China, 2003, 13, 1440 – 1445.

35. Z. W. Zhao, H. G. Li, P. M. Sun, Y. J. Li, G. S. Huo, Influence of crystal structure on mechanical activation effect, Transactions of Nonferrous Metals Society of China, 2003, 13, 188 – 194.

36. Z. W. Zhao, H. G. Li, P. M. Sun, Y. J. Li, G. S. Huo, Effect of processing history of pyrite on its leaching kinetics, Transactions of Nonferrous Metals Society of China, 2003, 13, 443 – 447.

37. X. Y. Chang, Z. X. Wang, X. H. Li, Q. Kuang, W. J. Peng, H. J. Guo, Synthesis and performance of LiMnPO$_4$ used as cathode material for lithium ion batteries, Acta Physico – Chimica Sinica, 2004, 20, 1249 – 1252.

38. W. M. Chen, L. Zhang, Z. Q. Gong, Preparation of colloidal Sb$_2$O$_5$ and its

stability, Transactions of Nonferrous Metals Society of China, 2004, 14, 190 – 193.

39. Z. Y. Chen, H. L. Zhu, G. R. Hu, J. Xiao, Z. D. Peng, Y. X. Liu, Electrochemical performances and structure characteristic of $LiMn_2O_{4-x}Y_x$ (Y = F, Cl, Br) compounds, Transactions of Nonferrous Metals Society of China, 2004, 14, 1151 – 1155.

40. L. F. Deng, X. H. Li, L. X. Xiao, Y. H. Zhang, Synthesis and electrochemical properties of polyradical cathode materials for lithium secondary batteries, Acta Polymerica Sinica, 2004, 8 – 12.

41. X. Y. Guo, K. Huang, D. M. Zhang, Preparation of basic nickel carbonate particles in solution system of Ni (II) – NH_3 – CO_3^{2-} – H_2O, Transactions of Nonferrous Metals Society of China, 2004, 14, 1006 – 1011.

42. Z. Q. He, X. H. Li, L. Z. Xiong, E. H. Liu, Z. H. Hou, Preparation and electrochemical properties of tin – based composite oxide by highenergy ballmilling method, Chinese Journal of Inorganic Chemistry, 2004, 20, 102 – 106.

43. Z. Q. He, X. H. Li, L. Z. Xiong, X. M. Wu, E. H. Liu, Z. H. Hou, Soft chemical synthesis and electrochemical properties of tin oxidebased materials as anodes for lithium ion batteries, Journal of Central South University of Technology, 2004, 11, 142 – 146.

44. Z. H. Hou, X. H. Li, Z. Q. He, E. H. Liu, L. F. Deng, Influence of polyethylene glycol on pore structure and electric double – layer capacitance of carbon xerogel, Journal of Central South University of Technology, 2004, 11, 255 – 260.

45. G. R. Hu, G. Liao, Z. D. Peng, J. Xiao, X. L. Zhang, X. Y. Yu, Structure and electrochemical properties of $LiCoO_2$ synthesized by microwave heating, Journal of Central South University of Technology, 2004, 11, 261 – 264.

46. K. Huang, X. Y. Guo, D. M. Zhang, Prediction of powder characteristics of uniform NiO precursor prepared, by homogeneous precipitation, Transactions of Nonferrous Metals Society of China, 2004, 14, 1023 – 1028.

47. G. S. Huo, P. M. Sun, H. G. Li, Y. J. Li, Z. W. Zhao, Z. M. Sun, A decomposing technique for scheelite concentrate and lowgrade scheelite concentrate, Rare Metals, 2004, 23, 115 – 119.

48. S. M. Jin, G. Z. Qiu, M. T. Tang, Y. H. Hu, Sepiolite supported catalyst multicomponent metal oxide for ammoxidation of propane, Journal of Central South University of Technology, 2004, 11, 395 – 399.

49. Y. Q. Lai, J. Li, Q. Y. Li, F. Q. Ding, Effect of aluminum – containing additives on the reactivity in air and CO_2 of carbon anode for aluminum electrolysis,

Rare Metals, 2004, 23, 109 – 114.

50. H. G. Li, Production of high purity APT from scheelite and complex tungsten raw material with high Mo content, Transactions of Nonferrous Metals Society of China, 2004, 14, 366 – 369.

51. J. Li, H. N. Duan, Y. Q. Lai, Effect of NiO content on corrosion behaviour of Ni – xNiO – NiFe$_2$O$_4$ cermets in Na$_3$AlF$_6$ – Al$_2$O$_3$ melts, Transactions of Nonferrous Metals Society of China, 2004, 14, 1180 – 1186.

52. J. Li, J. Fang, Q. Y. Li, Y. Q. Lai, Effect of TiB$_2$ content on resistance to sodium penetration of TiB$_2$/C cathode composites for aluminium electrolysis, Journal of Central South University of Technology, 2004, 11, 400 – 404.

53. X. P. Li, J. Li, Y. Q. Lai, H. Q. Zhao, Y. X. Liu, Physical modeling of gas induced bath flow in drained aluminum reduction cell, Transactions of Nonferrous Metals Society of China, 2004, 14, 1017 – 1022.

54. X. P. Li, J. Li, Y. Q. Lai, H. Q. Zhao, Y. X. Liu, Mathematical simulation of gas induced bath flow in drained aluminum reduction cell, Transactions of Nonferrous Metals Society of China, 2004, 14, 1221 – 1226.

55. E. H. Liu, X. H. Li, Z. H. Hou, Z. Q. He, L. F. Deng, Chemical diffusion behaviors of lithium – ion in the LiV$_3$O$_8$ prepared by wet method reaction, Acta Physico – Chimica Sinica, 2004, 20, 377 – 381.

56. F. L. Liu, K. G. Zhou, W. J. Yang, X. Y. Yang, Asymmetric synthesis of 3β – acetoxy – 17, 17 – ethylendioxy – 15β, 16β – methylene – 5 – androsten – 7 beta – ol, Journal of Central South University of Technology, 2004, 11, 59 – 62.

57. G. H. Liu, Q. He, X. B. Li, Z. H. Peng, Q. S. Zhou, Synthesis and reaction behavior of calcium silicate hydrate in basic system, Transactions of Nonferrous Metals Society of China, 2004, 14, 1204 – 1209.

58. R. C. Ma, Y. F. Ma, W. H. Song, X. B. Zhu, S. M. Liu, J. J. Du, Imperfection of flux pinning classification based on the pinning center size, Physica C – Superconductivity and Its Applications, 2004, 411, 77 – 82.

59. B. Peng, L. Y. Chai, H. C. Song, J. Peng, X. B. Min, Y. Y. Wang, Study on stainless steelmaking dust agglomeration, Journal of Central South University of Technology, 2004, 11, 45 – 50.

60. B. Peng, J. Peng, D. Yu, Modeling of thermal conductivity of stainless – steelmaking dust pellets, Transactions of Nonferrous Metals Society of China, 2004, 14, 184 – 189.

61. J. Peng, B. Peng, D. Yu, M. T. Tang, J. Lobel, J. A. Kozinski,

Volatilization of zinc and lead in direct recycling of stainless steel making dust, Transactions of Nonferrous Metals Society of China, 2004, 14, 392 – 396.

62. Z. L. Tian, Y. Q. Lai, J. Li, G. Zhang, Y. X. Liu, Electrical resistivity of $NiFe_2O_4$ ceramic and $NiFe_2O_4$ based cermets, Transactions of Nonferrous Metals Society of China, 2004, 14, 421 – 425.

63. S. F. Wang, Z. Fang, Y. Y. Wang, Y. G. Chen, Electrogenerative leaching of nickel sulfide concentrate with ferric chloride, Journal of Central South University of Technology, 2004, 11, 405 – 409.

64. Y. Y. Wang, W. J. Peng, L. Y. Chai, Thermodynamic equilibrium of bismuth hydrometallurgy in chloride and nitrate solutions, Journal of Central South University of Technology, 2004, 11, 410 – 413.

65. J. W. Yang, H. Zhong, H. Y. Zhong, Y. Y. Dai, J. Li, X. Zhao, Synthesis and electrochemical properties of nanocrystalline $LiLi_{1/3}Ti_{5/3}O_4$ by complex sol – gel method, Transactions of Nonferrous Metals Society of China, 2004, 14, 1012 – 1016.

66. X. Y. Yang, Z. Q. Gong, F. L. Liu, Kinetics of Fe_3O_4 formation by air oxidation, Journal of Central South University of Technology, 2004, 11, 152 – 155.

67. X. Y. Yu, G. R. Hu, Z. D. Peng, J. Xiao, Z. Y. Chen, Y. X. Liu, Surface modification of $LiCo_{0.05}Mn_{1.95}O_4$ cathode by coating with SiO_2 – TiO_2 composite, Transactions of Nonferrous Metals Society of China, 2004, 14, 723 – 727.

68. C. F. Zhang, J. Zhan, J. H. Wu, C. J. Li, Preparation and characterization of fibrous NiO particles by thermal decomposition of nickelous complex precursors, Transactions of Nonferrous Metals Society of China, 2004, 14, 713 – 717.

69. Q. S. Zhou, X. B. Li, Z. H. Peng, G. H. Liu, Temperature dependence of crystal structure and digestibility of roasted diaspore, Transactions of Nonferrous Metals Society of China, 2004, 14, 180 – 183.

70. X. Y. Zhou, J. Li, H. Z. Liu, Y. X. Liu, A novel modification approach for natural graphite anode of Li – ion batteries, Journal of Wuhan University of Technology – Materials Science Edition, 2004, 19, 85 – 89.

71. L. Y. Chai, J. Q. Wang, Y. Y. Wang, J. C. Zheng, Preparation of colloidal Sb_2O_5 from arsenic – alkali residue, Transactions of Nonferrous Metals Society of China, 2005, 15, 1401 – 1406.

72. X. Y. Chang, Z. X. Wang, X. H. Li, L. Zhang, H. J. Guo, W. J. Peng, Synthesis and performance of $LiMn_{0.7}Fe_{0.3}PO_4$ cathode material for lithium ion batteries, Materials Research Bulletin, 2005, 40, 1513 – 1520.

73. J. H. Chen, X. L. Wang, Z. Q. Gong, Mechanism and behaviors of Cr^{3+} –

doped TiO_2, Journal of Central South University of Technology, 2005, 12, 59 – 64.

74. Y. Zhou, S. M. Jin, G. Z. Qiu, M. Yang, Preparation of ultrafine nickel powder by polyol method and its oxidation product, Materials Science and Engineering B – Solid State Materials for Advanced Technology, 2005, 122, 222 – 225.

75. S. H. Deng, D. Q. Yi, Z. Q. Gong, Y. C. Su, Influence of potential on structure and properties of microarc oxidation coating on Mg alloy, Journal of Central South University of Technology, 2005, 12, 12 – 17.

76. H. S. Fang, Z. X. Wang, Z. L. Yin, X. H. Li, H. J. Guo, W. J. Peng, Effect of ball milling and electrolyte on properties of high – voltage $LiNi_{0.5}Mn_{1.5}O_4$ spinel, Transactions of Nonferrous Metals Society of China, 2005, 15, 1429 – 1432.

77. H. J. Guo, X. H. Li, Z. X. Wang, W. J. Peng, Y. X. Guo, Mild oxidation treatment of graphite anode for Li – ion batteries, Journal of Central South University of Technology, 2005, 12, 50 – 54.

78. H. J. Guo, X. H. Li, X. M. Zhang, S. M. Zeng, Z. X. Wang, W. J. Peng, Characteristics of $LiCoO_2$, $LiMn_2O_4$ and $LiNi_{0.45}Co_{0.1}Mn_{0.45}O_2$ as cathodes of lithium ion batteries, Journal of Central South University of Technology, 2005, 12, 44 – 49.

79. H. J. Guo, M. Zhang, X. H. Li, X. M. Zhang, Z. X. Wang, W. J. Peng, Synthesis and characterization of $LiNi_{0.45}Co_{0.10}Mn_{0.45}O_2$ cathode for lithium ion batteries, Transactions of Nonferrous Metals Society of China, 2005, 15, 1185 – 1189.

80. H. J. Guo, B. Q. Zhu, X. H. Li, X. M. Zhang, Z. X. Wang, W. J. Peng, Effects of current density on preparation of grainy electrolytic manganese dioxide, Journal of Central South University of Technology, 2005, 12, 667 – 670.

81. D. W. He, Y. T. Xiao, X. Li, Y. Jin, Treatment of oil/water emulsion by polyethylene glycol ultrafiltration membrane, Journal of Central South University of Technology, 2005, 12, 542 – 545.

82. Z. Q. He, X. H. Li, L. Z. Xiong, M. Y. Ma, X. M. Wu, Z. B. Xiao, Preparation and characterization of nanocrystalline SnO_2 thin film by electrodeposition technique, Journal of Central South University of Technology, 2005, 12, 437 – 442.

83. Z. Q. He, X. H. Li, L. Z. Xiong, X. M. Wu, Z. B. Xiao, M. Y. Ma, Synthesis and electrochemical properties of tin oxide – based composite by rheological technique, Materials Chemistry and Physics, 2005, 93, 516 – 520.

84. C. Y. Hu, X. H. Li, Non – flammable electrolytes based on trimethyl phosphate solvent for lithium – ion batteries, Transactions of Nonferrous Metals Society of China, 2005, 15, 1380 – 1387.

85. G. R. Hu, X. G. Gao, Z. D. Peng, Z. Y. Chen, X. Y. Tan, X. Y. Yu,

Synthesis of LiFePO$_4$/C composite electrode with enhanced electrochemical performance, Transactions of Nonferrous Metals Society of China, 2005, 15, 795 −799.

86. M. X. Jiang, T. Z. Yang, Y. Y. Gu, Z. J. Du, J. L. Liu, Preparation of antimony − doped nanoparticles by hydrothermal method, Transactions of Nonferrous Metals Society of China, 2005, 15, 702 −705.

87. S. H. Ju, M. T. Tang, S. H. Yang, C. B. Tang, Thermodynamics of Cu(Ⅱ) − NH$_3$ − NH$_4$Cl − H$_2$O system, Transactions of Nonferrous Metals Society of China, 2005, 15, 1414 −1419.

88. Y. Q. Lai, H. N. Duan, J. Li, X. G. Sun, Y. X. Liu, On the corrosion behaviour of Ni − NiO − NiFe$_2$O$_4$ cermets as inert anodes in aluminum electrolysis, Technical Session on Light Metals 2005 held at the 134th TMS Annual Meeting, Feb 13 −17, 2005, Light Metals 2005, 529 −534.

89. Y. Q. Lai, X. G. Sun, J. Li, H. N. Duan, X. Z. Li, G. Zhang, Densification of Ni − NiFe$_2$O$_4$ cermets for aluminum electrolysis, Transactions of Nonferrous Metals Society of China, 2005, 15, 666 −670.

90. J. Li, D. Q. Yi, J. J. Wen, H. Q. Liu, H. Zhong, Invalidation manner and mechanism of new type NbO electrolytic capacitor anode, Journal of Central South University of Technology, 2005, 12, 18 −22.

91. J. Li, G. Zhang, Y. Q. Lai, Z. L. Tian, Q. W. Qin, Preparation and properties of 4. 25Cu −0. 75Ni/NiFe$_2$O$_4$ cermet, Journal of Central South University of Technology, 2005, 12, 284 −289.

92. Q. G. Li, K. G. Zhou, Q. X. Zhang, Removal of organic matter from H$_2$TaF$_7$ solution by adsorption, Journal of Central South University of Technology, 2005, 12, 55 −59.

93. Q. K. Li, S. K. Guan, H. Zhong, J. Li, H. Y. Zhong, A binder phase of TiO based cermets, Journal of Central South University of Technology, 2005, 12, 396 −399.

94. X. B. Li, Z. J. Liu, X. H. Xu, Q. S. Zhou, Z. H. Peng, G. H. Liu, Model of apparent crystal growth rate and kinetics of seeded precipitation from sodium aluminate solution, Journal of Central South University of Technology, 2005, 12, 662 −666.

95. X. B. Li, W. J. Lu, G. H. Liu, Z. H. Peng, Q. S. Zhou, Y. Meng, Activity coefficient calculation model for NaAl(OH)$_4$ − NaOH − H$_2$O system, Transactions of Nonferrous Metals Society of China, 2005, 15, 908 −912.

96. X. B. Li, Z. Zhao, G. H. Liu, Q. S. Zhou, Z. H. Peng, Behavior of calcium silicate hydrate in aluminate solution, Transactions of Nonferrous Metals Society of China, 2005, 15, 1145 – 1149.

97. Y. G. Li, W. H. Gui, C. H. Yang, J. Li, Improved PSO algorithm and its application, Journal of Central South University of Technology, 2005, 12, 222 – 226.

98. Y. J. Li, L. S. Hong, H. G. Li, Z. W. Zhao, G. S. Huo, Structure and electrochemical performance of spinel $LiMn_2O_4$ synthesized by mechanochemical process, Transactions of Nonferrous Metals Society of China, 2005, 15, 171 – 175.

99. F. L. Liu, W. G. Wang, K. L. Huang, K. G. Zhou, Recent progress of chiral aminophenol ligands and their derivatives in asymmetric catalysis, Chinese Journal of Organic Chemistry, 2005, 25, 1015 – 1020.

100. R. C. Ma, Y. F. Ma, Y. P. Sun, Quantum effects of vortex in type – II superconductors, Physica C – Superconductivity and Its Applications, 2005, 422, 57 – 64.

101. B. Peng, H. C. Song, L. Y. Chai, J. Wang, Y. Y. Wang, X. B. Min, Reduction mechanism of stainless steelmaking dust and carbon pellets, Transactions of Nonferrous Metals Society of China, 2005, 15, 1407 – 1413.

102. B. Peng, C. Yuan, L. Y. Chai, S. W. Wei, Y. F. Yu, W. F. Su, Preparation of titanium dioxide/silver sulfate powder and its antibacterial activity, Transactions of Nonferrous Metals Society of China, 2005, 15, 1156 – 1160.

103. Z. D. Peng, G. R. Hu, Y. X. Liu, Influence on performance and structure of spinel $LiMn_2O_4$ for lithium – ion batteries by doping rare – earth Sm, Journal of Central South University of Technology, 2005, 12, 28 – 32.

104. Y. R. Qiu, Q. X. Zhang, S. Wang, Preparation of felt – metal supported modified polyvinyl alcohol composite hydrophilic ultrafiltration membrane, Journal of Central South University of Technology, 2005, 12, 448 – 452.

105. X. W. Wang, Q. Y. Chen, Z. L. Yin, Synthesis and characterization of arsenate antimonic acid AAAc (1 : 1), Journal of Central South University of Technology, 2005, 12, 76 – 81.

106. Z. X. Wang, H. S. Fang, Z. L. Yin, X. H. Li, H. J. Guo, W. J. Peng, Synthesis and characterization of high – voltage cathode material $LiNi_{0.5}Mn_{1.5}O_4$ by one – step solid – state reaction, Journal of Central South University of Technology, 2005, 12, 54 – 58.

107. J. Xiao, J. Li, S. L. Ye, Y. Q. Lai, Y. X. Liu, Laboratory study of property – modified prebaked carbon anode and application in large aluminum electrolysis

cells, Journal of Central South University of Technology, 2005, 12, 68 – 71.

108. J. Xiao, H. L. Zhu, Z. Y. Chen, Z. D. Peng, G. R. Hu, Cyclic performance of cathode material $LiMn_2O_4$ with $MgAl_2O_4$ spinel doping, Chinese Journal of Inorganic Chemistry, 2005, 21, 1719 – 1722.

109. M. F. Xu, X. H. Li, Q. Y. Chen, Kinetic study of $LiMn_2O_4$ in process of lithium intercalation, Journal of Central South University of Technology, 2005, 12, 72 – 75.

110. T. Z. Yang, M. X. Jiang, Q. L. Lai, J. Z. Chen, Sodium sulfide leaching of low – grade jamesonite concentrate in production of sodium pyroantimoniate, Journal of Central South University of Technology, 2005, 12, 290 – 294.

111. X. Y. Yang, Z. Q. Gong, F. L. Liu, J. Huang, Preparation of cobalt – modified magnetite and its magnetic properties, Transactions of Nonferrous Metals Society of China, 2005, 15, 103 – 107.

112. X. Y. Yu, G. R. Hu, Z. D. Peng, J. Xiao, Y. X. Liu, Synthesis and electrochemical characterization of layered $LiNi_{1/3}Co_{1/3}Mn_{1/3}O_2$ cathode material for Li – ion batteries, Transactions of Nonferrous Metals Society of China, 2005, 15, 1425 – 1428.

113. J. Zhan, C. F. Zhang, T. J. Li, J. H. Wu, Thermodynamic analysis on preparation of fibrous NiO precursor powders with oxalate precipitation process, Transactions of Nonferrous Metals Society of China, 2005, 15, 926 – 930.

114. L. Zhang, S. Chen, X. J. Xiong, B. Y. Huang, C. F. Zhang, Cerium enrichment on sinter skin of mischmetal doped WC – Co cemented carbide, Journal of Central South University of Technology, 2005, 12, 5 – 8.

115. L. Zhang, W. M. Chen, Z. Q. Gong, H. Z. Liu, Corrosion leaking of preheater weldment in alumina factories, Journal of Central South University of Technology, 2005, 12, 443 – 447.

116. Z. W. Zhao, H. G. Li, P. M. Sun, X. Y. Chen, O. Masazumi, Novel electrodeposition process for preparing hydroxyapatite coating on titanium substrate, Transactions of Nonferrous Metals Society of China, 2005, 15, 1367 – 1372.

117. Y. J. Zheng, F. X. Xiao, D. Q. Yi, Z. Q. Gong, X. H. Li, Preparation of salt – based colloid palladium of high concentration, Transactions of Nonferrous Metals Society of China, 2005, 15, 190 – 194.

118. Y. J. Zheng, W. H. Zou, D. Q. Yi, Electroless copper plating process of N, N, N′, N′ – tetrakis (2 – hydroxypropyl) ethylenediamine system with high plating rate, Journal of Central South University of Technology, 2005, 12, 82 – 87.

119. S. K. Zhong, Z. L. Yin, Z. X. Wang, H. J. Guo, X. H. Li, Synthesis and characterization of novel cathode material $Li_3V_2(PO_4)_3$ by carbon – thermal reduction method, Transactions of Nonferrous Metals Society of China, 2006, 16, S708 – S710.

120. S. H. Cao, Z. X. Wang, X. H. Li, H. J. Guo, W. J. Peng, Z. L. Yin, Structure and electrochemical properties of $Li(Ni_{0.5}Mn_{0.5})_{1-x}Ti_xO_2$ prepared by one – step solid state reaction, Transactions of Nonferrous Metals Society of China, 2006, 16, 1247 – 1251.

121. S. H. Cao, Z. X. Wang, X. H. Li, Y. Lu, H. J. Guo, W. J. Peng, Comparative study on electrochemical behavior of $Li(Ni_{0.5}Mn_{0.5})_{1-x}MxO_2$ (M = Ti, Al; $x = 0$, 0. 02) cathode materials, Chinese Journal of Inorganic Chemistry, 2006, 22, 1540 – 1544.

122. L. Y. Chai, W. F. Su, B. Peng, Y. Y. Wang, S. W. Wei, C. Yuan, Modification of nano – TiO_2, by Al_2O_3 in – situ coating, Journal of Central South University of Technology, 2006, 13, 17 – 21.

123. L. Y. Chai, Y. Y. Wang, Electrochemical kinetics of gold dissolving in alkaline thiourea solution, Journal of Central South University of Technology, 2006, 13, 477 – 480.

124. L. Y. Chai, X. F. Zhang, B. Peng, M. M. Cheng, Y. Huang, Preparation of porous ceramic pellets by multiphase double emulsion method, Sohn International Symposium on Advanced Processing of Metals and Materials, San Diego, CA, Aug 27 – 31, 2006, Sohn International Symposium Advanced Processing of Metals and Materials, Vol 3, 311 – 320.

125. A. L. Chen, P. M. Sun, Z. W. Zhao, H. G. Li, X. Y. Chen, Study of decomposing carbonyl slag, Transactions of Nonferrous Metals Society of China, 2006, 16, 477 – 482.

126. R. Y. Chen, K. G. Zhou, Preparation of ultrafine nickel powder by wet chemical process, Transactions of Nonferrous Metals Society of China, 2006, 16, 1223 – 1227.

127. X. T. Chen, J. Li, W. G Zhang, The development and application of data warehouse and data mining in aluminum electrolysis control systems, Technical Session on Light Metals 2006 held at the 135th TMS Annual Meeting, San Antonio, TX, Mar 12 – 16, 2006, Light Metals 2006, Vol 2, 515 – 519.

128. Y Chen, B. Z. Chen, Structural and electrochemical properties of layered $LiMn_{0.5}Ni_{0.3}Co_{0.2}O_2$ positive material synthesized by co – precipitation method, Sohn International Symposium on Advanced Processing of Metals and Materials, San Diego,

CA, Aug 27 – 31, 2006, Sohn International Symposium Advanced Processing of Metals and Materials, Vol 4, 513 – 516.

129. G. Chu, Y. J. Tang, W. Liu, T. Z. Yang, Novel preparation of big bulk – nanocrystalline Cu in large quantities, Transactions of Nonferrous Metals Society of China, 2006, 16, 873 – 877.

130. H. S. Fang, Z. X. Wang, X. H. Li, H. J. Guo, W. J. Peng, Exploration of high capacity $LiNi_{0.5}Mn_{1.5}O_4$ synthesized by solid – state reaction, Journal of Power Sources, 2006, 153, 174 – 176.

131. H. S. Fang, Z. X. Wang, X. H. Li, H. J. Guo, W. J. Peng, Low temperature synthesis of $LiNi_{0.5}Mn_{1.5}O_4$ spinel, Materials Letters, 2006, 60, 1273 – 1275.

132. H. S. Fang, Z. X. Wang, X. H. Li, Z. L. Yin, H. J. Guo, W. J. Peng, Synthesis and characterization of high capacity $LiNi_{0.5}Mn_{1.5}O_4$ using Li_2CO_3, NiO and electrolytic MnO_2, Chinese Journal of Inorganic Chemistry, 2006, 22, 311 – 315.

133. H. J. Guo, X. H. Li, X. M. Zhang, Z. X. Wang, W. J. Peng, B. K. Zhang, Optimizing pyrolysis of resin carbon for anode of lithium ion batteries, Journal of Central South University of Technology, 2006, 13, 58 – 62.

134. Z. H. Guo, B. H. Liao, C. Y. Huang, Leaching potential and changes in components of metals in two acidic ferrisols, Journal of Central South University of Technology, 2006, 13, 631 – 636.

135. X. K. He, B. Z. Chen, G. S. Hu, L. F. Deng, N. B. Zhou, W. Z. Tian, Process of electroless plating Cu – Sn – Zn ternary alloy, Transactions of Nonferrous Metals Society of China, 2006, 16, 223 – 228.

136. X. K. He, B. Z. Chen, X. D. Li, G. S. Hu, L. Y. Wu, W. Z. Tian, Technology of black coloring for stainless steel by electrochemical method, Journal of Central South University of Technology, 2006, 13, 135 – 140.

137. H. Hu, X. R. Deng, Preparation and properties of superfine $Mg(OH)_2$ flame retardant, Transactions of Nonferrous Metals Society of China, 2006, 16, 488 – 492.

138. C Huang, C. B. Tang, Y. M. Chen, Thermodynamics analysis on reductive – matte smelting of sulfide ore of lead, antimony and bismuth which using ferric oxide as sulfur fixed agent, Sohn International Symposium on Advanced Processing of Metals and Materials, San Diego, CA, Aug 27 – 31, 2006, Sohn International Symposium Advanced Processing of Metals and Materials, Vol 1, 387 – 395.

139. B. Q. Zhu, X. H. Li, Z. X. Wang, H. J. Guo, Novel synthesis of $LiFePO_4$ by aqueous precipitation and carbothermal reduction, Materials Chemistry and Physics,

2006, 98, 373 - 376.

140. J. Liang, D. Q. Yang, J. J. Wang, H. Zhang, H. Q. Liu, Electric properties stability of NbO anode for new electrolytic capacitor, Transactions of Nonferrous Metals Society of China, 2006, 16, 848 - 852.

141. S. H. Ju, M. T. Tang, S. H. Yang, Thermodynamics and technology of extracting gold from low - grade gold ore in system of $NH_4Cl - NH_3 - H_2O$, Transactions of Nonferrous Metals Society of China, 2006, 16, 203 - 208.

142. Y. Q. Lai, J. Li, H. Lu, Z. A. Zhang, Y. X. Liu, Preparation and electrochemical characterization of C/PANI composite electrode materials, Journal of Central South University of Technology, 2006, 13, 353 - 359.

143. Y. Q. Lai, J. Li, Z. L. Tian, On the corrosion behaviour of $NiFe_2O_4 - NiO$ based cermets as inert anodes in aluminum electrolysis, Technical Session on Light Metals 2006 held at the 135th TMS Annual Meeting, San Antonio, TX, Mar 12 - 16, 2006, Light Metals 2006, 495 - 500.

144. Y. Q. Lai, X. Z. Li, J. Li, Z. L. Tian, G. Zhang, Y. X. Liu, Effect of metallic phase species on the corrosion resistance of $17M/(10NiO - NiFe_2O_4)$ cermet inert anode of aluminum electrolysis, Journal of Central South University of Technology, 2006, 13, 214 - 218.

145. Y. Q. Lai, Z. L. Tian, J. Li, S. L. Ye, X. Z. Li, Y. X. Liu, Results from 100 h electrolysis testing of $NiFe_2O_4$ based cermet as inert anode in aluminum reduction, Transactions of Nonferrous Metals Society of China, 2006, 16, 970 - 974.

146. Y. Q. Lai, Z. L. Tian, J. Li, S. L. Ye, Y. X. Liu, Preliminary testing of $NiFe_2O_4 - NiO - Ni$ cermet as inert anode in $Na_3AlF_6 - AlF_3$ melts, Transactions of Nonferrous Metals Society of China, 2006, 16, 654 - 658.

147. J. Li, Y. Q. Lai, H. S. Song, Z. A. Zhang, Y. X. Liu, Influence of KOH activation techniques on pore structure and electrochemical property of carbon electrode materials, Journal of Central South University of Technology, 2006, 13, 360 - 366.

148. J. Li, W. Liu, Q. S. Zhang, Simulation study on the heating - up rate for coke bed preheating of aluminum reduction cell, Technical Session on Light Metals 2006 held at the 135th TMS Annual Meeting, San Antonio, TX, Mar 12 - 16, 2006, Light Metals 2006, 681 - 685.

149. J. Li, X. J. Lu, Q. Y. Li, Y. Q. Lai, J. H. Yang, Electrical resistivity of TiB_2/C composite cathode coating for aluminum electrolysis, Journal of Central South University of Technology, 2006, 13, 209 - 213.

150. J. Li, G. Zhang, S. L. Ye, Y. Q. Lai, Z. L. Tian, X. G. Sun, Effect of

metallic content on mechanical property of Ni/(10NiO − NiFe$_2$O$_4$) cermets, Journal of Central South University of Technology, 2006, 13, 347 − 352.

151. Q. H. Li, D. D. Bi, Z. H. Liu, Effects of SO$_4^{2-}$, NO$_3^-$ and Cl$^-$ ions on crystalline of ZnS and CdS nanoparticles, Sohn International Symposium on Advanced Processing of Metals and Materials, San Diego, CA, Aug 27 − 31, 2006, Sohn International Symposium Advanced Processing of Metals and Materials, Vol 3, 129 − 134.

152. X. B. Li, G. T. Feng, Q. S. Zhou, Z. H. Peng, G. H. Liu, Phenomena in late period of seeded precipitation of sodium aluminate solution, Transactions of Nonferrous Metals Society of China, 2006, 16, 947 − 950.

153. F. Q. Liu, Y. X. Liu, U. Mannweiler, R. Perruchoud, Effect of coke properties and its blending recipe on performances of carbon anode for aluminium electrolysis, Journal of Central South University of Technology, 2006, 13, 647 − 652.

154. Y. J. Liu, Q. Y. Hu, X. H. Li, Z. X. Wang, H. J. Guo, Recycle and synthesis of LiCoO$_2$ from incisors bound of Li − ion batteries, Transactions of Nonferrous Metals Society of China, 2006, 16, 956 − 959.

155. B. P. Luo, Z. Q. Gong, B. Y. Ren, Y. F. Yang, M. J. Chen, Surface structure and catalytic activity of electrodeposited Ni − Fe − Co − Mo alloy electrode by partially leaching Mo and Fe, Transactions of Nonferrous Metals Society of China, 2006, 16, 623 − 628.

156. S. L. Luo, L. Dai, H. H. Zhou, L. Y. Chai, Y. F. Kuang, New anodizing process for magnesium alloys, Journal of Central South University of Technology, 2006, 13, 141 − 145.

157. M. Y. Ma, Z. B. Xiao, X. H. Li, X. M. Wu, Z. Q. He, S. Chen, Characterization of rapid thermally processed LiMn$_2$O$_4$ thin films derived from solution deposition, Transactions of Nonferrous Metals Society of China, 2006, 16, 545 − 550.

158. Y. T. Ma, Z. Q. Gong, W. H. Xu, J. Huang, Structural and optical properties of tellurium films obtained by chemical vapor deposition(CVD), Transactions of Nonferrous Metals Society of China, 2006, 16, 693 − 699.

159. B. Peng, L. Y. Chai, C. F. Zhang, Study on the zinc reduction of stainless steelmaking dust, Sohn International Symposium on Advanced Processing of Metals and Materials, San Diego, CA, Aug 27 − 31, 2006, Sohn International Symposium Advanced Processing of Metals and Materials, Vol 5, 497 − 505.

160. W. J. Peng, Y. Y. Wang, Kinetics of Zn cathodic deposition in alkaline zincate solution, Journal of Central South University of Technology, 2006, 13,

637 – 641.

161. J. J. Tang, K. G. Zhou, Q. X. Zhang, Sulfuric acid recovery from rare earth sulphate solutions by diffusion dialysis, Transactions of Nonferrous Metals Society of China, 2006, 16, 951 – 955.

162. M. Y. Wang, L. S. Li, L. Zhang, L. N. Zhang, G. F. Tu, Z. T. Sui, Effect of oxidization on enrichment behavior of TiO_2 in titanium – bearing slag, Rare Metals, 2006, 25, 106 – 110.

163. M. Y. Wang, L. N. Zhang, L. Zhang, Z. T. Sui, G. F. Tu, Selective enrichment of TiO_2 and precipitation behavior of perovskite phase in titania bearing slag, Transactions of Nonferrous Metals Society of China, 2006, 16, 421 – 425.

164. X. W. Wang, Q. Y. Chen, Z. L. Yin, L. S. Xiao, Identification of arsenato antimonates in copper anode slimes, Hydrometallurgy, 2006, 84, 211 – 217.

165. Y. L. Wang, J. Ma, W. H. Gui, C. H. Yang, C. F. Zhang, Multi – objective intelligent coordinating optimization blending system based on qualitative and quantitative synthetic model, Journal of Central South University of Technology, 2006, 13, 552 – 557.

166. Y. W. Wang, F. Zhong, Y. P. Xu, X. W. Wang, Study on the reaction mechanism of the condensation of taurine with thiophenolaldehyde to form Schiff base, Acta Chimica Sinica, 2006, 64, 811 – 816.

167. Y. Y. Wang, W. J. Peng, L. Y. Chai, B. Peng, X. B. Min, D. W. He, Preparation of adhesive for bamboo plywood using concentrated papermaking black liquor directly, Journal of Central South University of Technology, 2006, 13, 53 – 57.

168. J. Xiao, H. Deng, Y. Wan, J. Li, Y. X. Liu, Preparation of ultrafine α – Al_2O_3 powders by catalytic sintering of ammonium aluminum carbonate hydroxide at low temperature, Journal of Central South University of Technology, 2006, 13, 367 – 372.

169. J. Xiao, J. F. Wang, Y. D. Liu, J. Li, Y. X. Liu, Preparation of spherical cobalt carbonate powder with high tap density, Journal of Central South University of Technology, 2006, 13, 642 – 646.

170. J. Xiao, L. Y. Zeng, Z. Y. Chen, H. Zhao, Z. D. Peng, Synthesis of $LiNi_{0.5}Mn_{0.5}O_2$ as cathode material for lithium rechargeable cells, Chinese Journal of Inorganic Chemistry, 2006, 22, 685 – 690.

171. J. Xiao, H. L. Zhu, Z. Y. Chen, Z. D. Peng, G. R. Hu, Preparation and property of spinel $LiMn_2O_4$ material by co – doping anti – electricity ions, Transactions of Nonferrous Metals Society of China, 2006, 16, 467 – 472.

172. X. Y. Yang, Z. Q. Gong, Synthesis of acicular magnetite using

coprecipitation method under magnetic field, Sohn International Symposium on Advanced Processing of Metals and Materials, San Diego, CA, Aug 27 – 31, 2006, Sohn International Symposium Advanced Processing of Metals and Materials, Vol 6, 305 – 310

173. Y. F. Yang, Z. Q. Gong, L. Y. Deng, B. P. Luo, Y. T. Ma, Z. H. Yang, Electrodeposition of Ni – Cr alloy on aluminum substrate, Journal of Central South University of Technology, 2006, 13, 219 – 224.

174. Z. H. Yang, Z. Q. Gong, H. X. Li, Y. T. Ma, Y. F. Yang, Synthesis of Ni – Zn ferrite and its microstructure and magnetic properties, Journal of Central South University of Technology, 2006, 13, 618 – 623.

175. X. Y. Yu, Y. X. Liu, G. R. Ru, Z. D. Peng, Y. Z. Meng, Electrochemical characterization of surface – modified $LiMn_2O_4$ cathode materials for Li – ion batteries, Journal of Wuhan University of Technology – Materials Science Edition, 2006, 21, 56 – 59.

176. L. Zhang, Z. Y. Li, K. C. Zhou, J. Li, Y. Q. Lai, Sintering of the $NiFe_2O_4$ – $10NiO/x$Ni cermet, Journal of Central South University of Technology, 2006, 13, 332 – 336.

177. S. Zheng, Y. Y. Wang, L. Y. Chai, Research status and prospect of gold leaching in alkaline thiourea solution, Minerals Engineering, 2006, 19, 1301 – 1306.

178. S. K. Zhong, Z. L. Yin, Z. X. Wang, Q. Y. Chen, Cathode material $Li_3V_2(PO_4)_3$: Low temperature solid – state reaction synthesis and performance, Chinese Journal of Inorganic Chemistry, 2006, 22, 1843 – 1846.

179. Y. Y. Zhou, X. H. Li, H. J. Guo, Z. X. Wang, Y. Yang, Q. L. Xie, Modification of natural graphite using pitch through dynamical melt – carbonization, Journal of Central South University of Technology, 2007, 14, 651 – 655.

180. Y. J. Zhu, X. H. Li, Z. X. Wang, Z. Yang, Q. Y. Hu, Synthesis and electrochemical performance of spherical $LiNi_{0.5-x}Co_{2x}Mn_{0.5-x}O_2$, Journal of Inorganic Materials, 2007, 22, 873 – 878.

181. L. Y. Chai, Y. Y. Wang, Mechanism of gold dissolving in alkaline thiourea solution, Journal of Central South University of Technology, 2007, 14, 485 – 489.

182. L. Y. Chai, S. W. Wei, B. Peng, Z. Y. Li, Adsorption of Ag(I) on H_2TiO_3 from aqueous solutions, Transactions of Nonferrous Metals Society of China, 2007, 17, 832 – 835.

183. L. Y. Chai, Y. F. Yu, G. Zhang, B. Peng, S. W. Wei, Effect of surfactants on preparation of nanometer TiO_2 by pyrohydrolysis, Transactions of

Nonferrous Metals Society of China, 2007, 17, 176 – 180.

184. C. Q. Li, X. H. Li, Z. X. Wang, H. J. Guo, Nickel electrodeposition from novel citrate bath, Transactions of Nonferrous Metals Society of China, 2007, 17, 1300 – 1306.

185. X. Chen, Z. Zhao, A. Chen, H. Li, Pulsed electrodeposition of hydroxyapatite on titanium substrate in solution containing hydrogen peroxide, Transactions of Nonferrous Metals Society of China, 2007, 17, 617 – 621.

186. Y. Chen, B. Z. Chen, X. C. Shi, H. Xu, Y. J. Hu, Y. Yuan, Preparation of pitch – based carbon foam using polyurethane foam template, Carbon, 2007, 45, 2132 – 2134.

187. Z. J. Du, T. Z. Yang, Y. Y. Gu, X. Y. Qiu, A. C. Dou, Preparation of silver tin oxide powders by hydrothermal reduction and crystallization, Rare Metals, 2007, 26, 470 – 475.

188. H. S. Fang, Z. X. Wang, B. Zhang, X. H. Li, G. S. Li, High performance $LiNi_{0.5}Mn_{1.5}O_4$ cathode materials synthesized by a combinational annealing method, Electrochemistry Communications, 2007, 9, 1077 – 1082.

189. X. G. Gao, G. R. Hu, Z. D. Peng, K. Du, X. R. Deng, Pure $LiFePO_4$ with high energy density prepared by water quenching treatment, Chinese Chemical Letters, 2007, 18, 1256 – 1260.

190. H. J. Guo, R. F. Liang, X. H. Li, X. M. Zhang, Z. X. Wang, W. J. Peng, Effect of calcination temperature on characteristics of $LiNi_{1/3}Co_{1/3}Mn_{1/3}O_2$ cathode for lithium ion batteries, Transactions of Nonferrous Metals Society of China, 2007, 17, 1307 – 1311.

191. G. R. Hu, X. R. Deng, Y. B. Cao, Z. D. Peng, Synthesis of spherical $CoAl_2O_4$ pigment particles with high reflectivity by polymeric – aerosol pyrolysis, Rare Metals, 2007, 26, 236 – 241.

192. G. R. Hu, X. G. Gao, Z. D. Peng, K. Du, Y. J. Liu, Synthetic $LiFePO_4/$ C without using inert gas, Chinese Chemical Letters, 2007, 18, 337 – 340.

193. G. R. Hu, X. G. Gao, Z. D. Peng, K. Du, X. Y. Tan, J. Liu Yan, Influence of Ti^{4+} doping on electrochemical properties of $LiFePO_4/C$ cathode material for lithium – ion batteries, Transactions of Nonferrous Metals Society of China, 2007, 17, 296 – 300.

194. G. R. Hu, X. G. Gao, Z. D. Peng, X. Y. Tan, K. Du, X. R. Deng, Effect of cooling modes on microstructure and electrochemical performance of $LiFePO_4$, Journal of Central South University of Technology, 2007, 14, 647 – 650.

195. Y. J. Hu, B. Z. Chen, Y. Yuan, Preparation and electrochemical properties of polymer Li − ion battery reinforced by non − woven fabric, Journal of Central South University of Technology, 2007, 14, 47 − 50.

196. Y. Ji, Z. X. Wang, Z. L. Yin, H. J. Guo, W. J. Peng, X. H. Li, Synthesis and property of cathode material $LiNi_{0.5}Mn_{1.5}O_4$, Chinese Journal of Inorganic Chemistry, 2007, 23, 597 − 601.

197. S. M. Jin, G. Z. Qiu, F. Xiao, Y. Chang, C. F. Wan, M. Yang, Investigation of the structural characterization of mesoporous molecular sieves MCM − 41 from sepiolite, Journal of the American Ceramic Society, 2007, 90, 957 − 961.

198. Y. Q. Lai, J. Li, H. S. Song, Z. A. Zhang, Y. X. Liu, Preparation of activated carbons from mesophase pitch and their electrochemical properties, Journal of Central South University of Technology, 2007, 14, 633 − 637.

199. Y. Q. Lai, Y. Zhang, Z. L. Tian, X. G. Sun, G. Zhang, J. Li, Effect of adding methods of metallic phase on microstructure and thermal shock resistance of $Ni/(90NiFe_2O_4 − 10NiO)$ cermets, Transactions of Nonferrous Metals Society of China, 2007, 17, 681 − 685.

200. J. Li, D. F. Liu, X. R. Dai, Z. Zou, F. Q. Ding, Prediction of $Al(OH)_3$ fluidized roasting temperature based on wavelet neural network, Transactions of Nonferrous Metals Society of China, 2007, 17, 1052 − 1056.

201. J. Li, W. Liu, Y. Q. Lai, Analysis of cathode voltage drop in aluminum electrolysis cells with an electric contact model, Symposium on Light Metals held at the 2007 TMS Annual Meeting and Exhibition, Orlando, FL, Feb 25 − Mar 01, 2007, Light Metals 2007, 465 − 470.

202. J. Li, Z. G. Wang, Y. Q. Lai, W. Liu, S. L. Ye, Effect of working condition on thermal stress of $NiFe_2O_4 −$ based cermet inert anode in aluminum electrolysis, Journal of Central South University of Technology, 2007, 14, 479 − 484.

203. Q. Y. Li, J. Li, J. H. Yang, Y. Q. Lai, H. Q. Wang, Y. G. Liu, Effect of TiB_2 coating on evolution of cathode lining during the process of primary aluminum production, Metallurgical and Materials Transactions a − Physical Metallurgy and Materials Science, 2007, 38A, 2358 − 2361.

204. F. Y. Liu, L. Ying, Z. I. Zhang, Y. Q. Lai, L. Jie, Y. X. Liu, Preparation of chalcopyrite $CuInSe_2$ thin films by pulse − plating electrodeposition and annealing treatment, 2007.

205. W. Liu, J. Li, Y. Q. Lai, Y. X. Liu, 2D finite element analysis of thermal balance for drained aluminum reduction cells, Journal of Central South University of

Technology, 2007, 14, 783 – 787.

206. Y. J. Liu, Q. Y. Hu, X. H. Li, H. J. Guo, Z. X. Wang, Synthesis and electrochemical behavior of $LiCoO_2$ recycled from incisors bound of Li – ion batteries, Transactions of Nonferrous Metals Society of China, 2007, 17, S902 – S906.

207. Y. X. Liu, J. Li, Y. Q. Lai, H. S. Song, Z. A. Zhang, Preparation and properties of pitch carbon based supercapacitor, Journal of Central South University of Technology, 2007, 14, 601 – 606.

208. Z. M. Liu, G. R. Hu, Z. S. Fang, X. L. Zhang, Y. X. Liu, Synthesis and characterization of $LiNi_{1/3}Co_{1/3}Mn_{1/3}O_2$ as a cathode material for lithium batteries by ultrasonic spray pyrolysis, Journal of Inorganic Materials, 2007, 22, 637 – 641.

209. Z. M. Liu, G. R. Hu, Z. D. Peng, X. R. Deng, Y. X. Liu, Synthesis and characterization of layered $Li(Ni_{1/3}Mn_{1/3}Co_{1/3})O_2$ cathode materials by spray – drying method, Transactions of Nonferrous Metals Society of China, 2007, 17, 291 – 295.

210. L. W. Ma, B. Z. Chen, X. K. He, Mechanism of Cr(Ⅲ) electrodeposition in carboxylic acid salt – urea system, Acta Physico – Chimica Sinica, 2007, 23, 1607 – 1611.

211. M. L. Shen, Z. W. Zhao, S. M. Wen, Fabrication of CTP/HAp novel gradient composite bioceramics, Transactions of Nonferrous Metals Society of China, 2007, 17, 1385 – 1390.

212. K. H. Park, D. Mohapatra, H. I. Kim, X. Y. Guo, Dissolution behavior of a complex Cu – Ni – Co – Fe matte in $CuCl_2$ – NaCl – HCl leaching medium, Separation and Purification Technology, 2007, 56, 303 – 310.

213. B. Peng, Y. Huang, L. Y. Chai, G. L. Li, M. M. Cheng, X. F. Zhang, Influence of polymer dispersants on dispersion stability of nano – TiO_2 aqueous suspension and its application in inner wall latex paint, Journal of Central South University of Technology, 2007, 14, 490 – 495.

214. J. Peng, M. T. Tang, B. Peng, D. Yu, J. A. Kozinski, C. B. Tang, Heating and melting mechanism of stainless steelmaking dust pellet in liquid slag, Journal of Central South University of Technology, 2007, 14, 32 – 36.

215. W. J. Peng, Y. Y. Wang, Mechanism of zinc electroplating in alkaline zincate solution, Journal of Central South University of Technology, 2007, 14, 37 – 41.

216. Z. D. Peng, X. G. Gao, G. R. Hu, X. Y. Tan, X. R. Deng, Y. X. Liu, Technical optimization of $LiFePO_4$ preparation by water quenching treatment, Journal of Central South University of Technology, 2007, 14, 656 – 659.

217. S. Y. Zhou, X. H. Li, Z. X. Wang, H. J. Guo, W. J. Peng, Effect of activated carbon and electrolyte on properties of supercapacitor, Transactions of Nonferrous Metals Society of China, 2007, 17, 1328 – 1333.

218. Q. Sun, Z. X. Wang, X. H. Li, H. J. Guo, W. J. Peng, Comparison of $LiNi_{0.5} Mn_{1.5} O_4$ cathode materials prepared by different coprecipitation methods, Transactions of Nonferrous Metals Society of China, 2007, 17, S917 – S922.

219. Q. H. Tian, X. Y. Guo, P. Xue, Electro – deposition foe foamed zinc material from zinc sulfate solution, 6th Pacific Rim International Conference on Advanced Materials and Processing, Cheju Isl, South Korea, Nov 05 – 09, 2007, Pricm 6: Pts 1 – 3, Vol 561 – 565, 669 – 1672.

220. Z. L. Tian, Y. Q. Lai, J. Li, Y. X. Liu, Electrical conductivity of $Cu/(10NiO – NiFe_2O_4)$ cermet inert anode for aluminum electrolysis, Journal of Central South University of Technology, 2007, 14, 643 – 646.

221. Z. L. Tian, Y. Q. Lai, X. Z. Li, Effect of cu content on the corrosion behaviour of $Cu/(10NiO – 9NiFe_2O_4)$ cermets in aluminum electrolysis, S ymposium on Light Metals held at the 2007 TMS Annual Meeting and Exhibition, Orlando, FL, Feb 25 – Mar 01, 2007, Light Metals 2007, 915 – 919.

222. J. W. Wang, Y. Q. Lai, Z. L. Tian, Investigation of $5Cu – (10NiO – NiFe_2O_4)$ inert anode corrosion during low – temperature aluminum electrolysis, S ymposium on Light Metals held at the 2007 TMS Annual Meeting and Exhibition, Orlando, FL, Feb 25 – Mar 01, 2007, Light Metals 2007, 525 – 530.

223. J. W. Wang, Y. Q. Lai, Z. L. Tian, Y. X. Liu, Effect of electrolysis superheat degree on anticorrosion performance of $5Cu/(10NiO – NiFe_2O_4)$ cermet inert anode, Journal of Central South University of Technology, 2007, 14, 768 – 772.

224. M. Y. Wang, Y. H. He, X. W. Wang, T. P. Lou, Z. T. Sui, Kinetics of non – isothermal precipitation process of perovskite phase in oxidized Ti – bearing blast furnace slag, Transactions of Nonferrous Metals Society of China, 2007, 17, S584 – S588.

225. Y. Y. Wang, L. Y. Chai, Mechanism of current efficiency improvement of Zn – Fe alloy electroplating by hydrogen inhibitor, Journal of Central South University of Technology, 2007, 14, 336 – 339.

226. W. Liu, T. Z. Yang, G. Chu, J. S. Luo, Y. J. Tang, Synthesis and properties of nanocrystalline nonferrous metals prepared by flow – levitation – molding method, Transactions of Nonferrous Metals Society of China, 2007, 17, 1347 – 1351.

227. W. Xia, Z. Zhao, H. Li, Thermodynamic analysis on sodium carbonate

decomposition of calcium molybdenum, Transactions of Nonferrous Metals Society of China, 2007, 17, 622 – 625.

228. F. X. Xiao, Y. Zheng, Y. Wang, W. Xu, C. H. Li, H. S. Jian, Novel technology of purification of copper electrolyte, Transactions of Nonferrous Metals Society of China, 2007, 17, 1069 – 1074.

229. J. Xiao, Q. Qin, Y. Wan, F. Zhou, Y. B. Chen, J. Li, Effect of anions on preparation of ultrafine $\alpha – Al_2O_3$ powder, Journal of Central South University of Technology, 2007, 14, 773 – 778.

230. J. Xiao, Y. Wan, H. Deng, J. Li, Y. X. Liu, Effects of drying method on preparation of nanometer $\alpha – Al_2O_3$, Journal of Central South University of Technology, 2007, 14, 330 – 335.

231. Z. W. Xiao, G. R. Hu, Z. D. Peng, K. Du, X. G. Gao, Solid state synthesis and characterization of iron(Ⅱ) pyrophosphate $Fe_2P_2O_7$, Chinese Chemical Letters, 2007, 18, 1525 – 1527.

232. L. J. Xu, Z. Q. Gong, J. X. Tang, Q. G. He, N. Y. He, J. J. Du, Ni – Cr alloy electrodepositing technology on Fe substrate and coating performance, Journal of Central South University of Technology, 2007, 14, 181 – 185.

233. A. Yan, X. H. Liu, G. Qiu, N. Zhang, R. R. Shi, R. Yi, A simple solvothermal synthesis and characterization of round – biscuit – like Fe_3O_4 nanoparticles with adjustable sizes, Solid State Communications, 2007, 144, 315 – 318.

234. J. G. Yang, S. H. Yang, C. B. Tang, J. He, M. T. Tang, Synthesis of ultrafine copper particles by complex – reduction – extraction method, Transactions of Nonferrous Metals Society of China, 2007, 17, S1181 – S1185.

235. T. Z. Yang, Z. J. Du, Y. Y. Gu, X. Y. Qiu, M. X. Jiang, Preparation of $AgSnO_2$ composite powders by hydrothermal process, Journal of Central South University of Technology, 2007, 14, 176 – 180.

236. T. Z. Yang, Z. J. Du, Y. Y. Gu, X. Y. Qiu, M. X. Jiang, G. Chu, Preparation of flake $AgSnO_2$ composite powders by hydrothermal method, Transactions of Nonferrous Metals Society of China, 2007, 17, 434 – 438.

237. W. J. Yang, N. Y. Tao, C. C. Guo, Preparation of p – menthane hydroperoxide from p – menthane in presence of metalloporphyrins, Journal of Central South University of Technology, 2007, 14, 660 – 665.

238. X. Y. Yang, B. Z. Chen, H. Xu, Synthesis of acicular magnetite using coprecipitation method under magnetic field, Symposium on Materials Processing Under the Influence of External Fields held at the 2007 TMS Annual Meeting, Orlando, FL,

Feb 25 – Mar 01, 2007, Materials Processing Under the Influence of External Field, 83 – 88.

239. Y. Yang, W. J. Peng, H. J. Guo, Z. X. Wang, X. H. Li, Y. Y. Zhou, Effects of modification on performance of natural graphite coated by SiO_2 for anode of lithium ion batteries, Transactions of Nonferrous Metals Society of China, 2007, 17, 1339 – 1342.

240. B. Zhang, Z. X. Wang, H. J. Guo, Effect of annealing treatment on electrochemical property of $LiNi_{0.5}Mn_{1.5}O_4$ spinel, Transactions of Nonferrous Metals Society of China, 2007, 17, 287 – 290.

241. G. Zhang, J. Li, Y. Q. Lai, Z. L. Tian, Effect of metallic phase content on mechanical properties of ($85Cu – 15Ni$)/($10MO – NiFe_2O_4$) cermet inert anode for aluminum electrolysis, Transactions of Nonferrous Metals Society of China, 2007, 17, 1063 – 1068.

242. G. Zhang, M. Li, Z. Y. Li, Y. Q. Lai, Y. Zhang, Y. X. Liu, Effect of copper contention microstructure and mechanical properties of Cu/($10NiO – NiFe_2O_4$) cermets, Symposium on Light Metals held at the 2007 TMS Annual Meeting and Exhibition, Orlando, FL, Feb 25 – Mar 01, 2007, Light Metals 2007, 931 – 936.

243. L. Zhang, S. Chen, X. J. Xiong, Y. H. He, B. Y. Huang, C. F. Zhang, Phase composition, transition and structure stability of functionally graded cemented carbide with dual phase structure, Journal of Central South University of Technology, 2007, 14, 149 – 152.

244. Z. A. Zhang, Y. Q. Lai, J. Li, Y. X. Liu, Effect of Ni – doping on electrochemical capacitance of MnO_2 electrode materials, Journal of Central South University of Technology, 2007, 14, 638 – 642.

245. Z. W. Zhao, S. M. Wen, Direct preparation of $CaTi_4(PO_4)_6$ coatings on the surface of titanium substrate by micro arc oxidation, Journal of Materials Science – Materials in Medicine, 2007, 18, 2275 – 2281.

246. Z. Yang, X. H. Li, Z. X. Wang, Surface modification of spherical $LiNi_{1/3}Co_{1/3}Mn_{1/3}O_2$ with Al_2O_3 using heterogeneous nucleation process, Transactions of Nonferrous Metals Society of China, 2007, 17, 1319 – 1323.

247. S. K. Zhong, Z. L. Yin, Z. X. Wang, Q. Y. Chen, Synthesis and characterization of triclinic structural $LiVPO_4F$ as possible 4.2 V cathode materials for lithium ion batteries, Journal of Central South University of Technology, 2007, 14, 340 – 343.

248. S. K. Zhong, Z. L. Yin, Z. X. Wang, Q. Y. Chen, Synthesis and

electrochemical properties of Al – doped LiVPO₄F cathode materials for lithium – ion batteries, Rare Metals, 2007, 26, 445 – 449.

249. X. Y. Zhou, C. L. Li, D. W. Huo, J. Li, S. Y. Wu, Y. X. Liu, Thermal stability and oil absorption of aluminum hydroxide treated by dry modification with phosphoric acid, Journal of Central South University of Technology, 2007, 14, 779 – 782.

250. X. Y. Zhou, S. N. Li, J. Li, H. Z. Liu, S. Y. Wo, Preparation of special silicon steel grade MgO from hydromagnesite, Journal of University of Science and Technology Beijing, 2007, 14, 225 – 230.

251. X. Y. Zhou, X. G. Liu, J. Li, H. Z. Liu, Novel foaming agent used in preparation process of aluminum foams, Journal of University of Science and Technology Beijing, 2008, 15, 735 – 739.

252. W. J. Zhu, Z. H. Yang, Z. M. Ma, L. Y. Chai, Reduction of high concentrations of chromate by Leucobacter sp CRB1 isolated from Changsha, China, World Journal of Microbiology & Biotechnology, 2008, 24, 991 – 996.

253. L. Y. Chai, Z. H. Yang, Y. Y. Wang, R. Deng, W. J. Zhu, S. H. Huang, Potential – pH diagram for "Leucobacter sp Ch – 1 – Cr – H₂O" system, Journal of Hazardous Materials, 2008, 157, 518 – 524.

254. L. Y. Chai, X. Yu, Z. H. Yang, Y. Y. Wang, M. Okido, Anodizing of magnesium alloy AZ31 in alkaline solutions with silicate under continuous sparking, Corrosion Science, 2008, 50, 3274 – 3279.

255. B. Chen, X. B. Li, G. H. Liu, Behavior of SiO₂ in the leaching process of alumina clinker with high concentration, Journal of University of Science and Technology Beijing, 2008, 15, 538 – 542.

256. Y. Chen, B. Z. Chen, L. W. Ma, Y. Yuan, Effect of carbon foams as negative current collectors on partial – state – of – charge performance of lead acid batteries, Electrochemistry Communications, 2008, 10, 1064 – 1066.

257. Y. Chen, B. Z. Chen, L. W. Ma, Y. Yuan, Influence of pitch – based carbon foam current collectors on the electrochemical properties of lead acid battery negative electrodes, Journal of Applied Electrochemistry, 2008, 38, 1409 – 1413.

258. Y. Chen, B. Z. Chen, X. C. Shi, H. Xu, W. Shang, Y. Yuan, Preparation and electrochemical properties of pitch – based carbon foam as current collectors for lead acid batteries, Electrochimica Acta, 2008, 53, 2245 – 2249.

259. Y. N. Chen, L. Y. Chai, Y. D. Shu, Study of arsenic(V) adsorption on bone char from aqueous solution, Journal of Hazardous Materials, 2008, 160,

168 – 172.

260. X. R. Deng, G. R. Hu, Z. D. Peng, Y. A. Yang, Y. B. Cao, K. Du, Preparation and electrochemical characteristics of $Co_3(PO_4)_2$ – coated $LiNi_{0.8}Co_{0.2}O_2$ by solid – state reaction at room temperature, Rare Metals, 2008, 27, 502 – 506.

261. Y. Q. Fan, C. F. Zhang, J. Zhan, J. H. Wu, Thermodynamic equilibrium calculation on preparation of copper oxalate precursor powder, Transactions of Nonferrous Metals Society of China, 2008, 18, 454 – 458.

262. N. C. Feng, X. Y. Guo, S. Liang, Study on the adsorption behavior of modified orange peel biosorbent on Cu (II), EPD Congress 2008 held at the 2008 Annual TMS Meeting and Exhibition, New Orleans, LA, Mar 09 – 13, 2008, EPD Congress 2008, 559 – 566.

263. H. Q. Gao, Z. A. Zhang, Y. Q. Lai, J. Li, Y. X. Liu, Structure characterization and electrochemical properties of new lithium salt LiODFB for electrolyte of lithium ion batteries, Journal of Central South University of Technology, 2008, 15, 830 – 834.

264. X. Y. Guo, Y. Song, Substance flow analysis of copper in China, Resources Conservation and Recycling, 2008, 52, 874 – 882.

265. Y. X. Guo, Z. G. Yin, Z. Y. Tao, X. H. Li, Z. X. Wang, An advanced electrolyte for improving surface characteristics of $LiMn_2O_4$ electrode, Journal of Power Sources, 2008, 184, 513 – 516.

266. J. He, R. X. Wang, W. Liu, Recovery of indium and lead from lead bullion, Journal of Central South University of Technology, 2008, 15, 835 – 839.

267. G. R. Hu, X. R. Deng, Z. D. Peng, Y. B. Cao, K. Du, Morphology and luminescence of (Y, Gd) BO_3 : Eu phosphor particles prepared by urea – assisted spray pyrolysis, Journal of Alloys and Compounds, 2008, 452, 462 – 466.

268. G. R. Hu, X. R. Deng, Z. D. Peng, Y. B. Cao, Z. M. Liu, Y. X. Liu, Preparation of spherical and dense $LiNi_{0.8}Co_{0.2}O_2$ lithium – ion battery particles by spray pyrolysis, Journal of Central South University of Technology, 2008, 15, 29 – 33.

269. G. R. Hu, X. R. Deng, Z. D. Peng, K. Du, Y. B. Cao, Z. M. Liu, Co/Mn – Coated $LiNiO_2$ Cathode Materials by Solid – State Reaction at Room Temperature, Rare Metal Materials and Engineering, 2008, 37, 1881 – 1886.

270. G. R. Hu, Z. W. Xiao, Z. D. Peng, K. Du, X. R. Deng, Preparation of $LiFePO_4$ for lithium ion battery using $Fe_2P_2O_7$ as precursor, Journal of Central South University of Technology, 2008, 15, 531 – 534.

271. M. Y. Hu, K. G. Zhou, C. G. Wang, R. Xu, Cl – induced synthesis of

submicron cubic copper particles in solution, Journal of University of Science and Technology Beijing, 2008, 15, 659 – 664.

272. S. H. Huang, Z. H. Yang, B, Peng, Influence of metal chromium on the activity of soil enzyme, EPD Congress 2008 held at the 2008 Annual TMS Meeting and Exhibition, New Orleans, LA, Mar 09 – 13, 2008, EPD Congress 2008, 539 – 544.

273. Y. G. Huang, Y. Q. Lai, Z. L. Tian, Electrical conductivity of (Na_3AlF_6 – 40wt% K_3AlF_6) AlF_3 wt% melts, Technical Session on Light Metals 2008 held at the 137th TMS Annual Meeting, New Orleans, LA, Mar 09 – 13, 2008, Light Metals 2008, 519 – 521.

274. Y. G. Huang, Y. Q. Lai, Z. L. Tian, J. Li, Y. X. Liu, Q. Y. Li, Electrical conductivity of (Na_3AlF_6 – 40% K_3AlF_6) – AlF_3 – Al_2O_3 melts, Journal of Central South University of Technology, 2008, 15, 819 – 823.

275. Y. Q. Lai, L. F. Huang, Z. L. Tian, J. W. Wang, G. Zhang, Y. Zhang, Effect of CaO doping on corrosion resistance of Cu/($NiFe_2O_4$ – 10NiO) cermet inert anode for aluminum electrolysis, Journal of Central South University of Technology, 2008, 15, 743 – 747.

276. Y. Q. Lai, Y. Zhang, G. Zhang, Z. L. Tian, J. Li, Effect of CaO doping on mechanical properties and thermal shock resistance of 10NiO – $NiFe_2O_4$ composite ceramics, Journal of Central South University of Technology, 2008, 15, 25 – 28.

277. F. Q. Li, Y. Q. Lai, Z. A. Mang, H. Q. Gao, J. Yang, Electrochemical behaviors of Et_4NBF_4 + $LiPF_6$/EC + PC + DMC electrolyte on graphite electrode, Acta Physico – Chimica Sinica, 2008, 24, 1302 – 1306.

278. J. Li, J. Liu, W. Liu, Y. Q. Lai, Z. G. Wang, Y. Y. Wu, Resistance optimization of flexes in aluminum reduction cells, Journal of Central South University of Technology, 2008, 15, 20 – 24.

279. J. Li, W. Liu, Y. Q. Lai, Y. X. Liu, An improved finite – element model for electromagnetic analysis in aluminum cells, JOM, 2008, 60, 58 – 61.

280. J. Li, X. J. Lu, Y. Q. Lai, Q. Y. Li, Z. L. Tian, Z. Fang, Effect of carbon fibre on properties of TiB_2/C composite cathode coating for aluminum electrolysis, Journal of Central South University of Technology, 2008, 15, 526 – 530.

281. J. Li, X. J. Lue, Y. Q. Lai, Q. Y. Li, Y. X. Liu, Research progress in TiB_2 wettable cathode for aluminum reduction, JOM, 2008, 60, 32 – 37.

282. J. Li, Y. Y. Wu, Y. Q. Lai, W. Liu, Z. G. Wang, J. Liu, Simulation of thermal and sodium expansion stress in aluminum reduction cells, Journal of Central South University of Technology, 2008, 15, 198 – 203.

283. Q. Z. Li, L. Y. Chai, Q. W. Wang, Removal of Pb^{2+} from aqueous solutions using modified spent grains, EPD Congress 2008 held at the 2008 Annual TMS Meeting and Exhibition, New Orleans, LA, Mar 09 – 13, 2008, EPD Congress 2008, 567 – 572.

284. X. B. Li, T. G. Qi, X. M. Jiang, Q. S. Zhou, G. H. Liu, Z. H. Peng, New technology for comprehensive utilization of aluminum – chromium residue from chromium salts production, Transactions of Nonferrous Metals Society of China, 2008, 18, 463 – 468.

285. Y. Li, G. P. Demopoulos, Precipitation of nanosized titanium dioxide from aqueous titanium (Ⅳ) chloride solutions by neutralization with MgO, Hydrometallurgy, 2008, 90, 26 – 33.

286. R. F. Liang, Z. X. Wang, H. J. Guo, X. H. Li, W. J. Peng, Z. G. Wang, Fabrication and electrochemical properties of lithium – ion batteries for power tools, Journal of Power Sources, 2008, 184, 598 – 603.

287. D. F. Liu, J. Li, F. Q. Ding, Process diagnosis based on neural network expert system for gas suspension calcinations of aluminum hydroxide, Technical Session on Light Metals 2008 held at the 137th TMS Annual Meeting, New Orleans, LA, Mar 09 – 13, 2008, Light Metals 2008, 167 – 171.

288. H. P. Liu, Z. X. Wang, X. H. Li, H. J. Guo, W. J. Peng, Y. H. Zhang, Synthesis and electrochemical properties of olivine LiFePO$_4$ prepared by a carbothermal reduction method, Journal of Power Sources, 2008, 184, 469 – 472.

289. M. Z. Liu, X. Y. Guo, Synthesis and performance of Li$_3$V$_2$(PO$_4$)$_3$/C composites as cathode materials, Rare Metals, 2008, 27, 571 – 574.

290. Q. M. Liu, R. L. Yu, G. Z. Qiu, Z. Fang, A. L. Chen, Z. W. Zhao, Optimization of separation processing of copper and iron of dump bioleaching solution by Lix 984N in Dexing Copper Mine, Transactions of Nonferrous Metals Society of China, 2008, 18, 1258 – 1261.

291. W. F. Liu, T. Z Yang, M. X. Jiang, Improvements on the process of gold – antimony concentrate smelting in China, EPD Congress 2008 held at the 2008 Annual TMS Meeting and Exhibition, New Orleans, LA, Mar 09 – 13, 2008, EPD Congress 2008, 105 – 113.

292. W. F. Liu, T. Z Yang, M. X. Jiang, Practice of separating precious metals from base metals in gold – antimony alloy by selective chlorination leaching under controlling potential, EPD Congress 2008 held at the 2008 Annual TMS Meeting and Exhibition, New Orleans, LA, Mar 09 – 13, 2008, EPD Congress 2008, 479 – 485.

293. X. H. Liu, H. Y. Wu, F. L. Ren, G. Z. Qiu, M. T. Tang, Controllable fabrication of SiO_2/polypyrrole core – shell particles and polypyrrole hollow spheres, Materials Chemistry and Physics, 2008, 109, 5 – 9.

294. Y. J. Liu, X. H. Li, H. J. Guo, Z. X. Wang, W. J. Peng, Y. Yang, Effect of carbon nanotube on the electrochemical performance of C – $LiFePO_4$/graphite battery, Journal of Power Sources, 2008, 184, 522 – 526.

295. X. J. Lue, J. Li, Y. Q. Lai, Effects of grain graduation on tapped packing efficiency in preparing TiB_2 – C composite material for aluminum electrolysis, Technical Session on Light Metals 2008 held at the 137th TMS Annual Meeting, New Orleans, LA, Mar 09 – 13, 2008, Light Metals 2008, 1033 – 1036.

296. B. Peng, H. M. Gao, L. Y. Chai, Y. D. Shu, Leaching and recycling of zinc from liquid waste sediments, Transactions of Nonferrous Metals Society of China, 2008, 18, 1269 – 1274.

297. Z. D. Peng, X. R. Deng, K. Du, G. R. Hu, X. G. Gao, Y. X. Liu, Coating of $LiNi_{1/3}Mn_{1/3}Co_{1/3}O_2$ cathode materials with alumina by solid state reaction at room temperature, Journal of Central South University of Technology, 2008, 15, 34 – 38.

298. W. H. Qi, B. Y. Huang, M. P. Wang, Z. M. Yin, J. Li, Shape factor for non – cylindrical nanowires, Physica B – Condensed Matter, 2008, 403, 2386 – 2389.

299. X. L. Song, H. P. Yang, H. Y. Liu, X. W. Zhang, G. Z. Qiu, Effects of polishing pressure on electrochemical characteristics of silicon wafers during CMP, Journal of the Electrochemical Society, 2008, 155, D323 – D326.

300. X. L. Song, H. P. Yang, X. W. Zhang, H. Y. Liu, G. Z. Qiu, M. T. Tang, Effects of H_2O_2 on electrochemical characteristics of silicon wafers during chemical mechanical polishing, Journal of the Electrochemical Society, 2008, 155, C530 – C533.

301. M. T. Tang, J. Peng, B. Peng, D. Yu, C. B. Tang, Thermal solidification of stainless steelmaking dust, Transactions of Nonferrous Metals Society of China, 2008, 18, 202 – 206.

302. R. R. Tang, X. M. Shi, Q. X. Zhang, Z. L. Tang, Synthesis and extractive properties of bisthiophosphorylimines, Journal of Central South University of Technology, 2008, 15, 329 – 333.

303. Z. L. Tian, Y. Q. Lai, J. Li, Y. X. Liu, Effect of Ni content on corrosion behavior of Ni/($10NiO – 90NiFe_2O_4$) cermet inert anode, Transactions of Nonferrous Metals Society of China, 2008, 18, 361 – 365.

304. J. W. Wang, Y. Q. Lai, Z. L. Tian, Temperature of primary crystallization in party of system $Na_3AlF_6 - K_3AlF_6 - AlF_3$, Technical Session on Light Metals 2008 held at the 137th TMS Annual Meeting, New Orleans, LA, Mar 09 – 13, 2008, Light Metals 2008, 513 – 518.

305. M. Y. Wang, T. P. Lou, L. Zhang, Z. T. Sui, Separation of iron droplets from Titania bearing slag, Journal of Iron and Steel Research International, 2008, 15, 45 – 48.

306. M. Y. Wang, X. W. Wang, Y. H. He, T. P. Lou, Z. T. Sui, Isothermal precipitation and growth process of perovskite phase in oxidized titanium bearing slag, Transactions of Nonferrous Metals Society of China, 2008, 18, 459 – 462.

307. M. Y. Wang, X. Y. Xiang, L. P. Zhang, L. S. Xiao, Effect of vanadium occurrence state on the choice of extracting vanadium technology from stone coal, Rare Metals, 2008, 27, 112 – 115.

308. R. X. Wang, M. T. Tang, S. H. Yang, W. H. Zhang, C. B. Tang, J. He, Leaching kinetics of low grade zinc oxide ore in $NH_3 - NH_4Cl - H_2O$ system, Journal of Central South University of Technology, 2008, 15, 679 – 683.

309. Y. Y. Wang, H. J. Xiao, L. Y. Chai, Current efficiency improvement of Zn – Fe alloy electrodeposition by hydrogen inhibitor, Journal of Central South University of Technology, 2008, 15, 814 – 818.

310. S. W. Wei, B. Peng, L. Y. Chai, Y. C. Liu, Z. Y. Li, Preparation of doping titania antibacterial powder by ultrasonic spray pyrolysis, Transactions of Nonferrous Metals Society of China, 2008, 18, 1145 – 1150.

311. F. X. Xiao, Y. J. Zheng, Y. Wang, H. S. Jian, X. G. Huang, Y. T. Ma, Purification mechanism of copper electrolyte by As(III), Transactions of Nonferrous Metals Society of China, 2008, 18, 1275 – 1279.

312. F. X. Xiao, Y. J. Zheng, Y. Wang, H. S. Jian, C. H. Li, W. Xu, Preparation of copper arsenite and its application in purification of copper electrolyte, Transactions of Nonferrous Metals Society of China, 2008, 18, 474 – 479.

313. X. R. Deng, G. R. Hu, K. Du, Z. D. Peng, X. G. Cao, Y. N. Yang, Synthesis and electrochemical properties of Co, Mn – coated $LiNiO_2$ lithium – ion battery cathode materials, Materials Chemistry and Physics, 2008, 109, 469 – 474.

314. P. Xue, X. Y. Guo, Q. H. Tian, Thermodynamic analysis and its application to preparing Sm – Fe alloy oxide precursor by wet – chemical co – precipitation, EPD Congress 2008 held at the 2008 Annual TMS Meeting and Exhibition, New Orleans, LA, Mar 09 – 13, 2008, EPD Congress 2008, 439 – 446.

315. S. H. Yang, Y. M. Chen, H. P. Yang, Y. Y. Liu, M. T. Tang, G. Z. Qiu, Preparation of high – purity tantalum ethoxide by vacuum distillation, Transactions of Nonferrous Metals Society of China, 2008, 18, 196 – 201.

316. Z. H. Yang, L. Y. Chai, Y. Y. Wang, K. Zhao, Y. D. Shu, Selective leaching of chromium – containing slag by HCl, Journal of Central South University of Technology, 2008, 15, 824 – 829.

317. H. C. Yu, B. Z. Chen, X. C. Shi, X. L. Sun, B. Li, Investigation of the trivalent – chrome coating on 6063 aluminum alloy, Materials Letters, 2008, 62, 2828 – 2831.

318. H. C. Yu, B. Z. Chen, H. Y. Wu, X. L. Sun, B. Li, Improved electrochemical performance of trivalent – chrome coating on Al 6063 alloy via urea and thiourea addition, Electrochimica Acta, 2008, 54, 720 – 726.

319. H. L. Zhang, Z. Zou, J. Li, X. T. Chen, Flame image recognition of alumina rotary kiln by artificial neural network and support vector machine methods, Journal of Central South University of Technology, 2008, 15, 39 – 43.

320. J. C. Zheng, X. H. Li, Z. X. Wang, H. J. Guo, S. Y. Zhou, LiFePO$_4$ with enhanced performance synthesized by a novel synthetic route, Journal of Power Sources, 2008, 184, 574 – 577.

321. Y. J. Zheng, F. X. Xiao, Y. Wang, C. H. Li, W. Xu, H. S. Jian, Industrial experiment of copper electrolyte purification by copper arsenite, Journal of Central South University of Technology, 2008, 15, 204 – 208.

322. Y. J. Zheng, F. X. Xiao, W. H. Zou, Y. Wang, Anode oxidation of HCHO in THPED – containing electroless copper plating solution, Journal of Central South University of Technology, 2008, 15, 669 – 673.

323. S. P. Zhong, Y. Q. Lai, L. X. Jiang, X. J. Lu, P. R. Chen, J. Li, Fabrication and anodic polarization behavior of lead – based porous anodes in zinc electrowinning, Journal of Central South University of Technology, 2008, 15, 757 – 762.

324. S. P. Zhong, Y. Q. Lai, L. X. Jiang, Electrochemical behavior of Pb – Ag – Bi alloys as anodes in zinc electrowinning, EPD Congress 2008 held at the 2008 Annual TMS Meeting and Exhibition, New Orleans, LA, Mar 09 – 13, 2008, EPD Congress 2008, 95 – 101.

325. S. Y. Zhou, X. H. Li, Z. X. Wang, H. J. Guo, W. J. Peng, Comparison of capacitive behavior of activated carbons with different pore structures in aqueous and nonaqueous systems, Journal of Central South University of Technology, 2008, 15,

674 – 678.

326. X. Y. Zhou, S. N. Li, J. Li, Y. X. Liu, Preparation of precursor for stainless steel foam, Journal of Central South University of Technology, 2008, 15, 209 – 213.

327. Z. Fang, J. Li, X. J. Lue, Electrolysis expansion performance of TiB_2 – C composite cathode in $[K_3 AlF_6/Na_3 AlF_6]$ – AlF_3 – $Al_2 O_3$ melts, Symposium on Extraction and Processing Division held at the TMS 2009 Annual Meeting and Exhibition, San Francisco, CA, Feb 15 – 19, 2009, EPD Congress 2009, 901 – 906.

328. J. Y. Zhu, J. X. Zhang, H. F. Zhou, W. Q. Qin, L. Y. Chai, Y. H. Hu, Microwave – assisted synthesis and characterization of ZnO – nanorod arrays, Transactions of Nonferrous Metals Society of China, 2009, 19, 1578 – 1582.

329. S. H. Cao, C. F. Guo, Y. Lv, Y. J. Guo, Q. Liu, A novel BiOCl film with flowerlike hierarchical structures and its optical properties, Nanotechnology, 2009, 20,

330. L. A. Chai, X. B. Min, N. Tang, Y. Y. Wang, Mechanism and kinetics of Zn(II) removal from wastewater by immobilised beads of SRB sludge, International Journal of Environment and Pollution, 2009, 37, 20 – 33.

331. L. Y. Chai, S. H. Huang, Z. H. Yang, B. Peng, Y. Huang, Y. H. Chen, Cr(VI) remediation by indigenous bacteria in soils contaminated by chromium – containing slag, Journal of Hazardous Materials, 2009, 167, 516 – 522.

332. L. Y Chai, Q. Z. Li, Q. W. Wang, Removal of Hg(II) from aqueous solutions using spent grain, Symposium on Extraction and Processing Division held at the TMS 2009 Annual Meeting and Exhibition, San Francisco, CA, Feb 15 – 19, 2009, EPD Congress 2009, 1019 – 1023.

333. L. Y. Chai, L. Wang, X. B. Min, Influence of additives on immobilization process of heavy – metal containing waste residues using elemental sulfur, 138th TMS Annual Meeting and Exhibition, San Francisco, CA, Feb 15 – 19, 2009, TMS 2009 138th Annual Meeting & Exhibition – Supplemental Proceedings, Vol 3, 359 – 367.

334. L. Y. Chai, H. J Xiao, Y. Y. Wang, F. Pei, Y. D. Shu, J. L. Zhang, Establishment of water quality index (Na^+, Ca^{2+}) for purified water reused to zinc electrolysis process, Transactions of Nonferrous Metals Society of China, 2009, 19, 484 – 488.

335. L. Y. Chai, H. J. Xiao, Y. Y. Wang, Corrosion mechanism of A3 steel induced by chloride ions in the purified water, Symposium on Extraction and Processing Division held at the TMS 2009 Annual Meeting and Exhibition, San Francisco, CA, Feb 15 – 19, 2009, EPD Congress 2009, 73 – 80

336. A. L. Chen, G. Z. Qiu, Z. W. Zhao, P. M. Sun, R. L. Yu, Removal of copper from nickel anode electrolyte through ion exchange, Transactions of Nonferrous Metals Society of China, 2009, 19, 253 – 258.

337. J. Z. Chen, H. Z. Cao, B. Li, H. J. Yuan, G. Q. Zheng, T. Z. Yang, Thermodynamic analysis of separating lead and antimony in chloride, Transactions of Nonferrous Metals Society of China, 2009, 19, 730 – 734.

338. G. Chu, Characterisation of microstructure and properties of nano – copper powders prepared by flow levitation method, Powder Metallurgy, 2009, 52, 84 – 86.

339. G. Chu, W. Liu, T. Z. Yang, Y. J. Tang, Properties of nanocrystalline copper prepared by vacuum – warm – compaction method, Transactions of Nonferrous Metals Society of China, 2009, 19, 394 – 398.

340. C. F Zhang, Y. L. Zhang, J. Zhan, Preparation of porous ultra – fine fiber Fe – Ni alloy poeder by coordinated co – precipitation – direct reduction process, 138th TMS Annual Meeting and Exhibition, San Francisco, CA, TMS 2009 138th Annual Meeting & Exhibition – Supplemental Proceedings, Vol 1, 527 – 534

341. J. Fang, M. Cui, H. Lu, Z. A. Zhang, Y. Q. Lai, J. Li, Hybrid supercapacitor based on polyaniline doped with lithium salt and activated carbon electrodes, Journal of Central South University of Technology, 2009, 16, 434 – 439.

342. N. C. Feng, X. Y. Guo, S. Liang, Adsorption study of copper (II) by chemically modified orange peel, Journal of Hazardous Materials, 2009, 164, 1286 – 1292.

343. X. G. Gao, G. R. Hu, Z. D. Peng, K. Du, $LiFePO_4$ cathode power with high energy density synthesized by water quenching treatment, Electrochimica Acta, 2009, 54, 4777 – 4782.

344. H. J. Guo, X. H. Li, Z. X. Wang, W. J. Peng, X. Cao, H. F. Li, Preparation of manganese oxide with high density by decomposition of $MnCO_3$ and its application to synthesis of $LiMn_2O_4$, Journal of Power Sources, 2009, 189, 95 – 100.

345. H. J. Guo, Q. M. Sun, X. H. Li, Z. X. Wang, W. J. Peng, Synthesis and electrochemical performance of Co_3O_4/C composite anode for lithium ion batteries, Transactions of Nonferrous Metals Society of China, 2009, 19, 372 – 376.

346. H. J. Guo, K. X. Xiang, X. Cao, X. H. Li, Z. X. Wang, L. M. Li, Preparation and characteristics of Li_2FeSiO_4/C composite for cathode of lithium ion batteries, Transactions of Nonferrous Metals Society of China, 2009, 19, 166 – 169.

347. X. Y. Guo, D. Li, K. H. Park, Q. H. Tian, Z. Wu, Leaching behavior of metals from a limonitic nickel laterite using a sulfation – roasting – leaching process,

Hydrometallurgy, 2009, 99, 144 – 150.

348. Y. F. He, R. Z. Gong, Preparation and microwave absorption properties of foam – based honeycomb sandwich structures, Europhysics Letters, 2009, 85,

349. G. R. Hu, Y. B. Cao, Z. D. Peng, K. Du, Q. L. Jiang, Preparation of Li_2FeSiO_4 Cathode Material for Lithium – Ion Batteries by Microwave Synthesis, Acta Physico – Chimica Sinica, 2009, 25, 1004 – 1008.

350. S. H. Huang, B. Peng, Z. H. Yang, L. Y. Chai, Y. Z. Xu, C. Q. Su, Spatial distribution of chromium in soils contaminated by chromium – containing slag, Transactions of Nonferrous Metals Society of China, 2009, 19, 756 – 764.

351. S. H. Huang, B. Peng, Z. H. Yang, L. Y. Chai, L. C. Zhou, Chromium accumulation, microorganism population and enzyme activities in soils around chromium – containing slag heap of steel alloy factory, Transactions of Nonferrous Metals Society of China, 2009, 19, 241 – 248.

352. M. Jia, Y. Q. Lai, Z. L. Tian, Y. X. Liu, Calculation of the surface free energy of fcc copper nanoparticles, Modelling and Simulation in Materials Science and Engineering, 2009, 17,

353. M. Jia, Y. Q. Lai, Z. L. Tian, Y. X. Liu, Thermal dynamics properties of bcc Mo nanofilm from MD simulation, Acta Physica Sinica, 2009, 58, 1139 – 1148.

354. Y. Q. Lai, S. P. Zhong, L. X. Jiang, X. J. Lue, P. R. Chen, J. Li, Effect of doping Bi on oxygen evolution potential and corrosion behavior of Pb – based anode in zinc electrowinning, Journal of Central South University of Technology, 2009, 16, 236 – 241.

355. G. L. Li, B. Peng, L. Y. Chai, The photocatalytic and antimicrobial activity of cotton fabrics treated with silver – doped titanium dioxide nanocrystals, 138th TMS Annual Meeting and Exhibition, San Francisco, CA, TMS 2009 138th Annual Meeting & Exhibition – Supplemental Proceedings, Vol 1, 3 – 6.

356. J. Li, Z. Fang, Y. Q. Lai, X. J. Lu, Z. L. Tian, Electrolysis expansion performance of semigraphitic cathode in $K_3AlF_6/Na_3AlF_6 – AlF_3 – Al_2O_3$ bath system, Journal of Central South University of Technology, 2009, 16, 422 – 428.

357. J. Li, J. Yang, X. Hao, Carbon compound as anode material electrode in super lithium ion capacitor, Symposium on Extraction and Processing Division held at the TMS 2009 Annual Meeting and Exhibition, San Francisco, CA, Feb 15 – 19, 2009, EPD Congress 2009, 391 – 398.

358. J. H. Li, X. H. Li, Y. H. Zhang, Q. Y. Hu, Z. X. Wang, Y. Y. Zhou, Study of spent battery material leaching process, Transactions of Nonferrous Metals

Society of China, 2009, 19, 751 – 755.

359. L. J. Li, X. H. Li, Z. X. Wang, L. Wu, J. C. Zheng, H. J. Guo, Stable cycle – life properties of Ti – doped $LiFePO_4$ compounds synthesized by co – precipitation and normal temperature reduction method, Journal of Physics and Chemistry of Solids, 2009, 70, 238 – 242.

360. L. M. Li, H. J. Guo, X. H. Li, Z. X. Wang, W. J. Peng, K. X. Xiang, Effects of roasting temperature and modification on properties of Li_2FeSiO_4/C cathode, Journal of Power Sources, 2009, 189, 45 – 50.

361. Q. G. Li, Q. X. Zhang, L. Zeng, L. S. Xiao, Y. N. Yang, Removal of vanadium from ammonium molybdate solution by ion exchange, Transactions of Nonferrous Metals Society of China, 2009, 19, 735 – 739.

362. Q. Z. Li, L. Y. Chai, Q. W. Wang, Adsorption and recovery of Ag(I) from aqueous solutions using spent grain, Symposium on Extraction and Processing Division held at the TMS 2009 Annual Meeting and Exhibition, San Francisco, CA, Feb 15 – 19, 2009, EPD Congress 2009, 1025 – 1029.

363. Q. Z. Li, L. Y. Chai, J. Zhao, Z. H. Yang, Q. W. Wang, Lead desorption from modified spent grain, Transactions of Nonferrous Metals Society of China, 2009, 19, 1371 – 1376.

364. W. X. Li, G. Zhang, J. Li, Y. Q. Lai, $NiFe_2O_4$ – based cermet inert anodes for aluminum electrolysis, JOM, 2009, 61, 39 – 43.

365. X. Q. Li, Z. X. Wang, R. F. Liang, H. J. Guo, X. H. Li, Q. Y. Chen, Electrochemical properties of high – power lithium ion batteries made from modified spinel $LiMn_2O_4$, Transactions of Nonferrous Metals Society of China, 2009, 19, 1494 – 1498.

366. S. Liang, N. C. Feng, Q. H. Tian, Adsorption of copper from aqueous solutions by chemically modified orange peel, Symposium on Extraction and Processing Division held at the TMS 2009 Annual Meeting and Exhibition, San Francisco, CA, Feb 15 – 19, 2009, EPD Congress 2009, 1001 – 1008.

367. S. Liang, X. G. Guo, N. C. Feng, Q. H. Tian, Adsorption of Cu^{2+} and Cd^{2+} from aqueous solution by mercapto – acetic acid modified orange peel, Colloids and Surfaces B – Biointerfaces, 2009, 73, 10 – 14.

368. S. Liang, X. Y. Guo, N. C. Feng, Q. H. Tian, Application of orange peel xanthate for the adsorption of Pb^{2+} from aqueous solutions, Journal of Hazardous Materials, 2009, 170, 425 – 429.

369. D. F. Liu, F. Q. Ding, H. L. Zhang, W. B. Zheng, Numerical simulation of

high temperature air combustion in aluminum hydroxide gas suspension calcinations, Transactions of Nonferrous Metals Society of China, 2009, 19, 259 – 266.

370. F. Y. Liu, Z. A. Zhang, Y. Q. Lai, J. Li, Y. X. Liu, Composition and morphology of electrodeposited CuInSe$_2$ precursor films, Journal of Materials Science & Technology, 2009, 25, 242 – 246.

371. J. W. Liu, X. H. Li, Z. X. Wang, H. J. Guo, Q. Y. Hu, Preparation and characterization of phosphorus pentafluoride gas for lithium ion battery electrolyte salt, Chemical Research in Chinese Universities, 2009, 25, 791 – 795.

372. J. W. Liu, X. H. Li, Z. X. Wang, H. J. Guo, Q. Y. Hu, LiBF$_4$ Electrolyte for lithium – ion battery: Preparation and Characterization, Chinese Journal of Inorganic Chemistry, 2009, 25, 31 – 36.

373. J. W. Liu, X. H. Li, Z. Y. Wang, H. J. Guo, Q. Y. Hu, Novel preparation, characterization, property of lithium bis (oxalate) borate, Journal of Inorganic Materials, 2009, 24, 808 – 812.

374. L. Q. Liu, B. Peng, L. Y. Chai, The photocalytic activity of N – doped TiO$_2$ under sunlight, 138th TMS Annual Meeting and Exhibition, San Francisco, CA, Feb 15 – 19, 2009, TMS 2009 138th Annual Meeting & Exhibition – Supplemental Proceedings, Vol 1, 7 – 11.

375. M. Z. Liu, X. Y. Guo, Synthesis and electrochemical performance of Li$_{3+x}$V$_2$(PO$_4$)$_3$, Rare Metal Materials and Engineering, 2009, 38, 1184 – 1187.

376. Y. C. Liu, B. Peng, L. Y Chai, Surface modification of silver – doped nanometer titania with stearic acid, 138th TMS Annual Meeting and Exhibition, San Francisco, CA, Feb 15 – 19, 2009, TMS 2009 138th Annual Meeting & Exhibition – Supplemental Proceedings, Vol 1, 19 – 22.

377. Y. J. Liu, X. H. Li, H. J. Guo, Z. X. Wang, Q. Y. Hu, W. J. Peng, Overcharge performance of LiMn$_2$O$_4$/graphite battery with large capacity, Journal of Central South University of Technology, 2009, 16, 763 – 767.

378. Y. J. Liu, X. H. Li, H. J. Guo, Z. X. Wang, Q. Y. Hu, W. J. Peng, Performance and capacity fading reason of LiMn$_2$O$_4$/graphite batteries after storing at high temperature, Rare Metals, 2009, 28, 322 – 327.

379. Y. J. Liu, X. H. Li, H. J. Guo, Z. X. Wang, Q. Y. Hu, W. J. Peng, Electrochemical performance and capacity fading reason of LiMn$_2$O$_4$/graphite batteries stored at room temperature, Journal of Power Sources, 2009, 189, 721 – 725.

380. Z. C. Liu, Y. J. Zheng, Preparation of iron oxide red powders from pyrite cinders by hydrothermal method, Symposium on Extraction and Processing Division held

at the TMS 2009 Annual Meeting and Exhibition, San Francisco, CA, Feb 15 – 19, 2009, EPD Congress 2009, 943 –947.

381. X. J. Lu, J. Li, Y. Q. Lai, Z. Fang, Effect of baking processes on properties of TiB_2/C composite cathode material, Journal of Central South University of Technology, 2009, 16, 429 –433.

382. W. B. Luo, J. R. Dahn, Preparation of $Co_{1-z}Al_z(OH)_2(NO_3)_z$ layered double hydroxides and $Li(Co_{1-z}Al_z)O_2$, Chemistry of Materials, 2009, 21, 56 –62.

383. L. W. Ma, B. Z. Chen, Y. Chen, Preparation of carbon foam electrodeposited with lead for the application on positive current collector for lead acid batteries, 138th TMS Annual Meeting and Exhibition, San Francisco, CA, Feb 15 – 19, 2009, TMS 2009 138th Annual Meeting & Exhibition – Supplemental Proceedings, Vol 1, 593 –599

384. L. W. Ma, B. Z. Chen, Y. Chen, Y. Yuan, Pitch – based carbon foam electrodeposited with lead as positive current collectors for lead acid batteries, Journal of Applied Electrochemistry, 2009, 39, 1609 –1615.

385. B. Peng, S. H. Huang, Z. H. Yang, L. Y. Chai, Y. Z. Xu, C. Q. Su, Inhibitory effect of $Cr(VI)$ on activities of soil enzymes, Journal of Central South University of Technology, 2009, 16, 594 –598.

386. X. Y. Peng, Y. Y. Wang, L. Y. Chai, Y. D. Shu, Thermodynamic equilibrium of $CaSO_4 – Ca(OH)_2 – H_2O$ system, Transactions of Nonferrous Metals Society of China, 2009, 19, 249 –252.

387. X. Y. Peng, Y. Y. Wang, L. Y. Chai, Thermodynamico calculation of $CaSO_4 – Ca(OH)_2 – H_2O$ system phase equilibriums, 138th TMS Annual Meeting and Exhibition, San Francisco, CA, Feb 15 – 19, 2009, TMS 2009 138th Annual Meeting & Exhibition – Supplemental Proceedings, Vol 2, 71 –77.

388. Z. D. Peng, Y. B. Cao, G. R. Hu, K. Du, X. G. Gao, Z. W. Xiao, Microwave synthesis of Li_2FeSiO_4 cathode materials for lithium – ion batteries, Chinese Chemical Letters, 2009, 20, 1000 –1004.

389. W. H. Qi, B. Y. Huang, M. P. Wang, Z. M. Yin, J. Li, Molecular dynamic simulation of the size – and shape – dependent lattice parameter of small Platinum nanoparticles, Journal of Nanoparticle Research, 2009, 11, 575 –580.

390. Y. R. Qiu, H. Zhong, Q. X. Zhang, Treatment of stable oil/water emulsion by novel felt – metal supported PVA composite hydrophilic membrane using cross flow ultrafiltration, Transactions of Nonferrous Metals Society of China, 2009, 19, 773 –777.

391. Q. Sun, X. H. Li, Z. X. Wang, Y. Ji, Synthesis and electrochemical performance of 5V spinel LiNi$_{0.5}$Mn$_{1.5}$O$_4$ prepared by solid – state reaction, Transactions of Nonferrous Metals Society of China, 2009, 19, 176 – 181.

392. X. L. Sun, B. Z. Chen, X. Y. Yang, Y. Y. Liu, Technological conditions and kinetics of leaching copper from complex copper oxide ore, Journal of Central South University of Technology, 2009, 16, 936 – 941.

393. H. J. Tao, W. M. Chen, W. Zhou, H. N. Wang, First – principles calculations of lattice stability of technetium and rhenium, Transactions of Nonferrous Metals Society of China, 2009, 19, S780 – S784.

394. H. J. Tao, J. Yin, First – principles lattice stability of Fe, Ru and Os, Journal of Central South University of Technology, 2009, 16, 177 – 183.

395. H. J. Tao, J. Yin, Z. M. Yin, C. F. Zhang, J. Li, B. Y. Huang, First – principles study on the lattice stability of elemental Co, Rh, and Ir in the VⅢB group, Rare Metals, 2009, 28, 212 – 220.

396. Z. L. Tian, Y. Q. Lai, Z. Y. Li, J. Li, K. C. Zhou, Y. X. Liu, Cup – shaped functionally gradient NiFe$_2$O$_4$ – based cermet inert anodes for aluminum reduction, JOM, 2009, 61, 34 – 38.

397. D. D. Wang, A. L. Chen, Z. W. Zhao, G. S. Huo, Extraction of nickel from nickel alloy by carbonylation, Transition Metal Chemistry, 2009, 34, 313 – 316.

398. M. Y. Wang, G. Q. Zhang, X. W. Wang, J. L. Zhang, Solvent extraction of vanadium from sulfuric acid solution, Rare Metals, 2009, 28, 209 – 211.

399. M. Y. Wang, L. Zhang, Z. T. Sui, X. W. Wang, Y. H. He, Study on recovery of metallic Fe and enrichment behaviour of titanium in Ti bearing blast furnace slag, Ironmaking & Steelmaking, 2009, 36, 388 – 392.

400. Q. W. Wang, L. Y. Chai, Y. Y. Wang, Novel technology for treatment of acidic wastewater containing mercury in zinc smelter by biologics, Symposium on Extraction and Processing Division held at the TMS 2009 Annual Meeting and Exhibition, San Francisco, CA, Feb 15 – 19, 2009, EPD Congress 2009, 1013 – 1017.

401. X. W. Wang, L. P. Zhang, G. H. Shang, G. Q. Zhang, J. W. Yuan, S. C. Gong, Processing copper – vanadium precipitate formed from crude TiCl$_4$ in titania and titanium sponge production, Hydrometallurgy, 2009, 99, 259 – 262.

402. X. Y. Wang, H. Q. Wang, Q. F. Dai, Q. Y. Li, J. H. Yang, A. N. Zhang, Preparation of novel porous carbon spheres from corn starch, Colloids and Surfaces a – Physicochemical and Engineering Aspects, 2009, 346, 213 – 215.

403. Y. Y. Wang, L. Y. Chai, H. Chang, X. Y. Peng, Y. D. Shu, Equilibrium of hydroxyl complex ions in $Pb^{2+} - H_2O$ system, Transactions of Nonferrous Metals Society of China, 2009, 19, 458 – 462.

404. W. Liu, T. Z. Yang, D. C. Zhang, Performance on leaching of antimony trioxide with polyhydric organics in alkaline solutions, 138th TMS Annual Meeting and Exhibition, San Francisco, CA, Feb 15 – 19, 2009, TMS 2009 138th Annual Meeting & Exhibition – Supplemental Proceedings, Vol 3, 403 – 411.

405. W. Liu, T. Z. Yang, G. Chu, Performance comparisons of nanocrystalline copper fabricated by room – temperature – molding and vacuum – warm – compaction method, 138th TMS Annual Meeting and Exhibition, San Francisco, CA, Feb 15 – 19, 2009, TMS 2009 138th Annual Meeting & Exhibition – Supplemental Proceedings, Vol 1, 487 – 494.

406. L. Wu, X. H. Li, Z. X. Wang, L. J. Li, J. C. Zheng, H. J. Guo, Synthesis and electrochemical properties of metals – doped $LiFePO_4$ prepared from the $FeSO_4 \cdot 7H_2O$ waste slag, Journal of Power Sources, 2009, 189, 681 – 684.

407. Y. Z. Xia, L. Y. Chai, Z. H. Yang, Leaching and reduction of Cr (VI) by indigenous microorganism in the contamina ted soils, Symposium on Extraction and Processing Division held at the TMS 2009 Annual Meeting and Exhibition, San Francisco, CA, Feb 15 – 19, 2009, EPD Congress 2009, 989 – 993.

408. J. Xiao, F. Zhou, S. Y. Deng, Effect of oxide dopants on densification, microstructure and mechanical properties of aluminal – mullite ceramic foams prepared by the polymeric sponge method, 138th TMS Annual Meeting and Exhibition, San Francisco, CA, Feb 15 – 19, 2009, TMS 2009 138th Annual Meeting & Exhibition – Supplemental Proceedings, Vol 1, 421 – 429.

409. J. R. Xiao, X. H. Li, Z. X. Wang, Effects of nitrogen content on structure and electrical properties of nitrogen – doped fluorinated diamond – like carbon films, Transactions of Nonferrous Metals Society of China, 2009, 19, 1551 – 1555.

410. Z. F Xie, T. Z Yang, W. Liu, The recovery of valuable metals containing in the slag of jamesonite smelting in the blast furnace, Symposium on Extraction and Processing Division held at the TMS 2009 Annual Meeting and Exhibition, San Francisco, CA, Feb 15 – 19, 2009, EPD Congress 2009, 867 – 877.

411. Y. Z. Xu, L. Y. Chai, Z. H. Yang, Effects of organic acids on extraction of Cr (III) In soils contaminated contamina ted by chromium – containing slag, Symposium on Extraction and Processing Division held at the TMS 2009 Annual Meeting and Exhibition, San Francisco, CA, Feb 15 – 19, 2009, EPD Congress 2009,

985 - 988.

412. H. P. Yang, X. L. Song, G. Z. Qiu, M. T. Tang, S. H. Yang, Effects of process parameters on electrochemical characteristics of silicon wafers during chemical mechanical polishing, Journal of the Electrochemical Society, 2009, 156, H396 - H400.

413. J. Yang, L. Y. Chai, Y. Y. Wang, X. W. He, Transportation and distribution of chromium in the anaerobic sludge treating the chromium - containing wastewater, International Journal of Environment and Pollution, 2009, 38, 256 - 266.

414. P. Yang, C. F. Zhang, J. Zhan, Synthesis and electrochemical properties characterization of SnO_2 - coated $LiNi_{1/3}Co_{1/3}Mn_{1/3}O_2$ cathode material for lithium ion batteries, 138th TMS Annual Meeting and Exhibition, San Francisco, CA, Feb 15 - 19, 2009, TMS 2009 138th Annual Meeting & Exhibition - Supplemental Proceedings, Vol 1, 607 - 614.

415. S. H. Yang, Y. N. Cai, H. P. Yang, S. M. Jin, Electrochemical synthesis and characterization of tantalum alkoxides, Transactions of Nonferrous Metals Society of China, 2009, 19, 1504 - 1508.

416. J. G. Yi, Y. Q. Lai, Z. L. Tian, M. Jia, J. F. Yan, Y. X. Liu, Pre - electrolysis of electrolyte for silicon electrorefining, 138th TMS Annual Meeting and Exhibition, San Francisco, CA, Feb 15 - 19, 2009, TMS 2009 138th Annual Meeting & Exhibition - Supplemental Proceedings, Vol 1, 281 - 288.

417. Y. Yuan, B. Z. Chen, L. X. Xiao, Organic redical battery: nitroxide polymers as a cathode - active material, Symposium on Extraction and Processing Division held at the TMS 2009 Annual Meeting and Exhibition, San Francisco, CA, Feb 15 - 19, 2009, EPD Congress 2009, 379 - 383.

418. J. Zhan, R. Y. Liu, C. F. Zhang, Shape - controlled synthesis of porous fibrous cobalt powders, Symposium on Extraction and Processing Division held at the TMS 2009 Annual Meeting and Exhibition, San Francisco, CA, Feb 15 - 19, 2009, EPD Congress 2009, 55 - 65.

419. J. Zhan, C. F. Zhang, J. H. Wu, Preparation and characterization of $NiCo_2O_4$ fiber by coordination coprecipitation - thermal decomposition method, 138th TMS Annual Meeting and Exhibition, San Francisco, CA, Feb 15 - 19, 2009, TMS 2009 138th Annual Meeting & Exhibition - Supplemental Proceedings, Vol 1, 747 - 756.

420. C. F. Zhang, P. Yang, X. Dai, X. Xiong, J. Zhan, Y. L. Zhang, Synthesis of $LiNi_{1/3}Co_{1/3}Mn_{1/3}O_2$ cathode material via oxalate precursor, Transactions of

Nonferrous Metals Society of China, 2009, 19, 635 – 641.

421. C. F. Zhang, P. Yang, J. Zhan, Synthesis and electrochemical characteristics of $Li(Ni_{1/3}Co_{1/3-x}Mn_{1/3})M_xO_2$ ($M = Ti, Mg$) cathode material by oxalate precursor, Symposium on Extraction and Processing Division held at the TMS 2009 Annual Meeting and Exhibition, San Francisco, CA, Feb 15 – 19, 2009, EPD Congress 2009, 361 – 369.

422. M. Zhang, X. H. Li, Z. X. Wang, H. J. Guo, J. H. Li, W. R. Liu, Synthesis and characterization of monodispersed $BaSO_4/Y_2O_3$: Eu^{3+} core – shell submicrospheres, Powder Technology, 2009, 195, 69 – 72.

423. M. Y. Zhang, L. P. Wang, Q. Z. Huang, L. Y. Chai, Rapid chemical vapor infiltration of C/C composites, Transactions of Nonferrous Metals Society of China, 2009, 19, 1436 – 1439.

424. Z. A. Zhang, Y. Q. Lai, J. Li, Y. X. Liu, Electrochemical behavior of wound supercapacitors with propylene carbonate and acetonitrile based nonaqueous electrolytes, Journal of Central South University of Technology, 2009, 16, 247 – 252.

425. Z. W. Zhao, X. Y. Chen, A. L. Chen, G. S. Huo, H. G. Li, Preparation of $K_2Ti_6O_{13}/TiO_2$ bio – ceramic on titanium substrate by micro – arc oxidation, Journal of Materials Science, 2009, 44, 6310 – 6316.

426. Z. W. Zhao, X. Y. Chen, A. L. Chen, M. L. Shen, S. M. Wen, Synthesis of bioactive ceramic on the titanium substrate by micro – arc oxidation, Journal of Biomedical Materials Research Part A, 2009, 90A, 438 – 445.

427. J. C. Zheng, X. H. Li, Z. X. Wang, H. J. Guo, Q. Y. Hu, W. J. Peng, $Li_3V_2(PO_4)_3$ cathode material synthesized by chemical reduction and lithiation method, Journal of Power Sources, 2009, 189, 476 – 479.

428. J. C. Zheng, X. H. Li, Z. X. Wang, J. H. Li, L. J. Li, L. Wu, Characteristics of $xLiFePO_4 \cdot yLi_3V_2(PO_4)_3$ electrodes for lithium batteries, Ionics, 2009, 15, 753 – 759.

429. J. C. Zheng, X. H. Li, Z. X. Wang, J. H. Li, L. Wu, L. J. Li, A Coalescence mechanism for the composite cathode material $xLiFePO_4 \cdot yLi_3V_2(PO_4)_3$, Acta Physico – Chimica Sinica, 2009, 25, 1916 – 1920.

430. J. C. Zheng, X. H. Li, Z. X. Wang, D. M. Qin, H. J. Guo, W. J. Peng, Synthesis and characterization of composite cathode material $xLiFePO_4 \cdot yLi_3V_2(PO_4)_3$, Journal of Inorganic Materials, 2009, 24, 143 – 146.

431. Y. J. Zheng, Y. Wang, F. X. Xiao, Y. Luo, Recovery of copper sulfate after treating As – containing wastewater by precipitation method, Journal of Central

South University of Technology, 2009, 16, 242 – 246.

432. L. C. Zhou, L. Y. Chai, Y. G. Liu, Adsorption of copper ions in aqueous solution by a submersed aquatic macrophyte potamogeton pectin TUS L, Symposium on Extraction and Processing Division held at the TMS 2009 Annual Meeting and Exhibition, San Francisco, CA, Feb 15 – 19, 2009, EPD Congress 2009, 1009 – 1012.

433. L. Y. Chai, L. Y. Zhang, H. Y. Wang, W. T. Yu, P. L. Sang, An effective and scale –, up self – assembly route to prepare the rigid and smooth oligo (o – phenylenediamine) microfibers in acidic solution by $NaClO_2$, Materials Letters, 2010, 64, 2302 – 2305.

434. J. C. Zheng, X. H. Li, Z. X. Wang, S. S. Niu, D. R. Liu, L. Wu, Novel synthesis of $LiFePO_4$ – $Li_3V_2 (PO_4)_3$ composite cathode material by aqueous precipitation and lithiation, Journal of Power Sources, 2010, 195, 2935 – 2938.

435. Y. Q. Fan, C. F. Zhang, J. H. Wu, J. Zhan, P. Yang, Composition and morphology of complicated copper oxalate powder, Transactions of Nonferrous Metals Society of China, 2010, 20, 165 – 170.

436. Z. W. Zhao, K. Ouyang, M. Wang, Structural macrokinetics of synthesizing $ZnFe_2O_4$ by mechanical ball milling, Transactions of Nonferrous Metals Society of China, 2010, 20, 1131 – 1135.

437. H. Q. Gao, X. Y. Wang, Z. A. Zhang, Y. Q. Lai, J. Li, Y. X. Liu, Modification of $Li_4Ti_5O_{12}$ anode material with urea as nitrogen source for lithium ion battery, Journal of Inorganic Materials, 2010, 25, 983 – 988.

438. H. J. Guo, Q. H. Li, F. Y. He, X. H. Li, Z. X. Wang, W. J. Peng, The role of sulfate ions coming from source materials on the properties of $Li_{1.05}Mn_2O_4$ cathode for lithium ion batteries, Materials Chemistry and Physics, 2010, 124, 922 – 926.

439. H. J. Guo, X. H. Li, J. Xie, Z. X. Wang, W. J. Peng, Q. M. Sun, Effects of Ni substitution on the properties of Co_3O_4/graphite composites as anode of lithium ion batteries, Energy Conversion and Management, 2010, 51, 247 – 252.

440. H. J. Guo, X. Q. Li, X. H. Li, Z. X. Wang, W. J. Peng, Q. M. Sun, Preparation and electrochemical properties of Co_3O_4/graphite composites as anodes of lithium ion batteries, Journal of Central South University of Technology, 2010, 17, 498 – 503.

441. Z. H. Guo, J. Song, X. Y. Xiao, H. Ming, X. F. Miao, F. Y. Wang, Spatial distribution and environmental characterization of sediment – associated metals

from middle – downstream of Xiangjiang River, southern China, Journal of Central South University of Technology, 2010, 17, 68 – 78.

442. M. Jia, Z. L. Tian, Y. Q. Lai, J. Li, J. G. Yi, J. F. Yan, Study on the removal of impurities in silicon by electrorefining, Acta Physica Sinica, 2010, 59, 1938 – 1945.

443. L. X. Jiang, S. P. Zhong, Y. Q. Lai, X. J. Lu, B. Hong, H. J. Peng, Effect of current densities on the electrochemical behavior of a flat plate Pb – Ag anode for zinc electrowinning, Acta Physico – Chimica Sinica, 2010, 26, 2369 – 2374.

444. Q. L. Jiang, K. Du, Y. B. Cao, Z. D. Peng, G. R. Hu, Y. X. Liu, Synthesis and characterization of phosphate – modified $LiMn_2O_4$ cathode materials for Li – ion battery, Chinese Chemical Letters, 2010, 21, 1382 – 1386.

445. Y. Q. Lai, L. X. Jiang, J. Li, S. P. Zhong, X. Lu, H. J. Peng, A novel porous Pb – Ag anode for energy – saving in zinc electrowinning Part II : preparation and pilot plant tests of large size anode, Hydrometallurgy, 2010, 102, 81 – 86.

446. Y. Q. Lai, L. X. Jiang, J. Li, S. P. Zhong, X. J. Lu, H. J. Peng, A novel porous Pb – Ag anode for energy – saving in zinc electro – winning Part I : laboratory preparation and properties, Hydrometallurgy, 2010, 102, 73 – 80.

447. C. L. Li, H. Wang, X. Y. Zhou, J. Li, H. Z. Liu, Debinding of stainless steel foam precursor with 3 – D open – cell network structure, Transactions of Nonferrous Metals Society of China, 2010, 20, 2340 – 2344.

448. L. J. Li, X. H. Li, Z. X. Wang, H. J. Guo, L. Wu, Y. Hao, Inexpensive synthesis of metal – doped $LiFePO_4$ from laterite lixivium and its electrochemical characterization, Journal of Alloys and Compounds, 2010, 497, 176 – 181.

449. L. J. Li, X. H. Li, Z. X. Wang, L. Wu, J. C. Zheng, J. H. Li, Synthesis of $LiNi_{0.8}Co_{0.1}Mn_{0.1}O_2$ cathode material by chloride co – precipitation method, Transactions of Nonferrous Metals Society of China, 2010, 20, S279 – S282.

450. Q. Y. Li, Z. S. Li, L. Lin, X. Y. Wang, Y. F. Wang, C. H. Zhang, Facile synthesis of activated carbon/carbon nanotubes compound for supercapacitor application, Chemical Engineering Journal, 2010, 156, 500 – 504.

451. Q. Z. Li, L. Y. Chai, Q. W. Wang, Z. H. Yang, H. X. Yan, Y. Y. Wang, Fast esterification of spent grain for enhanced heavy metal ions adsorption, Bioresource Technology, 2010, 101, 3796 – 3799.

452. Q. Z. Li, L. Y. Chai, Z. H. Yang, Q. W. Wang, Y. Y. Wang, A Comparative study of Ag(I) adsorption on raw and modified spent grain: kinetic and thermodynamic aspects, Water Environment Research, 2010, 82, 2290 – 2296.

453. X. P. Li, J. Li, Y. Q. Lai, J. Chen, Z. L. Gao, Y. X. Liu, Electric field distribution in 75 kA drained aluminum reduction cell, Journal of Central South University of Technology, 2010, 17, 62 – 67.

454. Z. S. Li, H. Q. Wang, Y. G. Huang, Q. Y. Li, X. Y. Wang, Manganese dioxide – coated activated rnesocarbon microbeads for supercapacitors in organic electrolyte, Colloids and Surfaces a – Physicochemical and Engineering Aspects, 2010, 366, 104 – 109.

455. S. Liang, X. Y. Guo, N. C. Feng, Q. H. Tian, Isotherms, kinetics and thermodynamic studies of adsorption of Cu^{2+} from aqueous solutions by Mg^{2+}/K^+ type orange peel adsorbents, Journal of Hazardous Materials, 2010, 174, 756 – 762.

456. J. Q. Liu, Electrolyte transfer separation of hollow fiber composite nanofiltration membrane, Transactions of Nonferrous Metals Society of China, 2010, 20, S293 – S296.

457. W. Liu, M. T. Tang, C. B. Tang, J. He, S. H. Yang, J. G. Yang, Dissolution kinetics of low grade complex copper ore in ammonia – ammonium chloride solution, Transactions of Nonferrous Metals Society of China, 2010, 20, 910 – 917.

458. X. L. Liu, X. M. Huang, H. Xu, Y. Ren, The statistical properties and electronic transfer coefficients of Fibonacci sequence, Acta Physica Sinica, 2010, 59, 4202 – 4210.

459. X. L. Liu, Y. Ren, H. Xu, Z. W. Zhao, First – principle investigation on electronic structures and elastic properties of Al – doped $MoSi_2$, Journal of Central South University of Technology, 2010, 17, 888 – 894.

460. H. Z. Long, L. Y. Chai, W. Q. Qin, Galena – pyrolusite co – extraction in sodium chloride solution and its electrochemical analysis, Transactions of Nonferrous Metals Society of China, 2010, 20, 897 – 902.

461. W. B. Luo, X. H. Li, J. R. Dahn, Synthesis, Characterization, and Thermal Stability of $LiCo_{1-z}Mn_{z/2}Mg_{z/2}O_2$, Journal of the Electrochemical Society, 2010, 157, A993 – A1001.

462. W. B. Luo, X. H. Li, J. R. Dahn, Synthesis and characterization of Mg substituted $LiCoO_2$, Journal of the Electrochemical Society, 2010, 157, A782 – A790.

463. X. B. Min, S. H. Yang, L. Y. Chai, Mechanochemical sulfidation of heavy – metal containing waste residue for stabilization, 5th International Conference on Waste Management and Technology, Beijing, P. R. China, DEC 15 – 17, 2010, Selected Proceedings of the Fifth International Conference on Waste Management and Technology, 555 – 558.

464. C. L. Peng, J. F. Zhang, X. A. Cao, B. Zhang, Synthesis of $Li_2Fe_{0.9}Mn_{0.1}SiO_4/C$ composites using glucose as carbon source, Journal of Central South University of Technology, 2010, 17, 504 – 508.

465. Y. Y. Peng, H. Zou, Y. T. Xiang, K. C. Zhou, X. B. Li, Effect of critical fluctuations on adsorption of van der Waals fluid in a spherical cavity, Physics and Chemistry of Liquids, 2010, 48, 810 – 827.

466. Z. D. Peng, Q. L. Jiang, K. Du, W. G. Wang, G. R. Hu, Y. X. Liu, Effect of Cr – sources on performance of $Li_{1.05}Cr_{0.04}Mn_{1.96}O_4$ cathode materials prepared by slurry spray drying method, Journal of Alloys and Compounds, 2010, 493, 640 – 644.

467. X. L. Song, D. Y. Xu, H. P. Yang, Z. X. Yu, G. Z. Qiu, Ag Deposition forms and uniformity on porous silicon by electrochemical method, Chinese Journal of Chemical Physics, 2010, 23, 211 – 216.

468. Q. H. Tian, X. Y. Guo, Electroless copper plating on microcellular polyurethane foam, Transactions of Nonferrous Metals Society of China, 2010, 20, S283 – S287.

469. H. Q. Wang, Z. S. Li, Y. G. Huang, Q. Y. Li, X. Y. Wang, A novel hybrid supercapacitor based on spherical activated carbon and spherical MnO_2 in a non – aqueous electrolyte, Journal of Materials Chemistry, 2010, 20, 3883 – 3889.

470. M. Y. Wang, X. W. Wang, Extraction of molybdenum and nickel from carbonaceous shale by oxidation roasting, sulphation roasting and water leaching, Hydrometallurgy, 2010, 102, 50 – 54.

471. X. W. Wang, M. Y. Wang, L. H. Shi, J. A. Hu, P. Qiao, Recovery of vanadium during ammonium molybdate production using ion exchange, Hydrometallurgy, 2010, 104, 317 – 321.

472. Z. G. Wang, W. J. Peng, Z. X. Wang, X. H. Li, H. J. Guo, L. Wu, Preparation and characterization of spinel $Li_4Ti_5O_{12}$ anode material from industrial titanyl sulfate solution, Transactions of Nonferrous Metals Society of China, 2010, 20, S271 – S274.

473. J. J. Wen, Q. X. Zhang, G. Q. Zhang, Z. Y. Cao, Deep removal of copper from cobalt sulfate electrolyte by ion – exchange, Transactions of Nonferrous Metals Society of China, 2010, 20, 1534 – 1540.

474. L. Wu, X. H. Li, Z. X. Wang, H. J. Guo, X. J. Wang, F. X. Wu, A novel process for producing synthetic rutile and $LiFePO_4$ cathode material from ilmenite, Journal of Alloys and Compounds, 2010, 506, 271 – 278.

475. L. Wu, X. H. Li, Z. X. Wang, F. X. Wu, X. J. Wang, J. Fang, Novel Synthesis of $LiFePO_4$ and $Li_4Ti_5O_{12}$ from Natural Ilmenite, Chemistry Letters, 2010, 39, 806 – 807.

476. L. Wu, Z. X. Wang, X. H. Li, H. J. Guo, L. J. Li, X. J. Wang, Cation – substituted $LiFePO_4$ prepared from the $FeSO_4 \cdot 7H_2O$ waste slag as a potential Li battery cathode material, Journal of Alloys and Compounds, 2010, 497, 278 – 284.

477. L. Wu, Z. X. Wang, X. H. Li, L. J. Li, H. J. Guo, J. C. Zheng, Electrochemical performance of Ti^{4+} – doped $LiFePO_4$ synthesized by co – precipitation and post – sintering method, Transactions of Nonferrous Metals Society of China, 2010, 20, 814 – 818.

478. L. Y. Chai, H. J. Xiao, Y. Y. Wang, Y. D. Shu, F. Pei, J. L. Zhang, Corrosion resistance of cathode to NaF – KF – AlF3 – based electrolyte, Technical Session on Light Metals 2010 held at the 139th TMS Annual Meeting, Seattle, WA, FEB 14 – 18, 2010, Light Metals 2010, 855 – 858.

479. H. P. Yang, S. H. Yang, Y. A. Cai, G. F. Hou, M. T. Tang, Effect of bromide ions on the corrosion behavior of tantalum in anhydrous ethanol, Electrochimica Acta, 2010, 55, 2829 – 2834.

480. T. Z. Yang, A. C. Dou, C. M. Lei, J. Ren, Z. Z. Liu, Ligand selection for complex – leaching valuable metals in hydrometallurgy, Transactions of Nonferrous Metals Society of China, 2010, 20, 1148 – 1153.

481. P. Yang, X. Y. Guo, Q. H. Tian, Modification of nancrystal – polymer composite electrolyte by ethylene glycol for dye – sensitized solar cell, TMS 2010 Annual Meeting Supplemental Proceedings on Materials Processing and Properties, Seattle, WA, Feb 14 – 18, 2010, TMS 2010 139th Annual Meeting & Exhibition – Supplemental Proceedings, Vol 2, 533 – 540.

482. Z. Yang, L. Zhou, J. X. Dong, Observation of interface of two kinds of bi – metal composite parts prepared by thixo – forging, Transactions of Nonferrous Metals Society of China, 2010, 20, 1579 – 1584.

483. L. Zeng, C. Y. Cheng, Recovery of molybdenum and vanadium from synthetic sulphuric acid leach solutions of spent hydrodesulphurisation catalysts using solvent extraction, Hydrometallurgy, 2010, 101, 141 – 147.

484. B. Zhang, J. Q. Liu, Q. Zhang, Y. H. Li, Electrochemical performance of Al – substituted $Li_3V_2(PO_4)_3$ cathode materials synthesized by sol – gel method, Transactions of Nonferrous Metals Society of China, 2010, 20, 619 – 623.

485. L. Y. Zhang, L. Y. Chai, H. Y. Wang, Z. H. Yang, Facile synthesis of

one – dimensional self – assembly oligo(o – phenylenediamine) materials by ammonium persulfate in acidic solution, Materials Letters, 2010, 64, 1193 – 1196.

486. Z. Zhao, X. B. Li, Q. J. Zhao, Recovery of V_2O_5 from Bayer liquor by ion exchange, Rare Metals, 2010, 29, 117 – 120.

487. Y. L. Zhang, X. J. Yu, X. B. Li, Zinc recovery from franklinite by sulphation roasting, Hydrometallurgy, 2011, 109, 211 – 214.

488. Z. W. Zhao, X. Y. Chen, M. M. Hao, Hydrogen generation by splitting water with Al – Ca alloy, Energy, 2011, 36, 2782 – 2787.

489. L. Bai, H. P. Hu, W. Fu, J. Wan, X. L. Cheng, L. Zhuge, Synthesis of a novel silica – supported dithiocarbamate adsorbent and its properties for the removal of heavy metal ions, Journal of Hazardous Materials, 2011, 195, 261 – 275.

490. J. Q. Chen, Z. X. Wang, X. Wu, J. J. Zhu, W. B. Zhou, Source and hazard identification of heavy metals in soils of Changsha based on TIN model and direct exposure method, Transactions of Nonferrous Metals Society of China, 2011, 21, 642 – 651.

491. Y. Chen, Q. Q. Tian, B. Z. Chen, X. C. Shi, T. Liao, Preparation of lithium carbonate from spodumene by a sodium carbonate autoclave process, Hydrometallurgy, 2011, 109, 43 – 46.

492. A. C. Dou, T. Z. Yang, J. X. Yang, J. H. Wu, A. Wang, Leaching of low grade zinc oxide ores in $Ida^{2-} – H_2O$ system, Transactions of Nonferrous Metals Society of China, 2011, 21, 2548 – 2553.

493. H. J. Guo, Q. H. Li, X. H. Li, Z. X. Wang, W. J. Peng, Novel synthesis of $LiMn_2O_4$ with large tap density by oxidation of manganese powder, Energy Conversion and Management, 2011, 52, 2009 – 2014.

494. X. Y. Guo, S. Liang, Q. H. Tian, Removal of heavy metal ions from aqueous solutions by adsorption using modified orange peel as adsorbent, International Conference on Chemical Engineering and Advanced Materials, Changsha, P. R. China, MAY 28 – 30, 2011, Application of Chemical Engineering, Pts 1 – 3, 237 – 240.

495. X. Y. Guo, W. T. Shi, D. Li, Q. H. Tian, Leaching behavior of metals from limonitic laterite ore by high pressure acid leaching, Transactions of Nonferrous Metals Society of China, 2011, 21, 191 – 195.

496. H. B. He, H. N. Xiao, K. C. Zhou, Effect of additive BaO on corrosion resistance of $xCu/(10NiO – NiFe_2O_4)$ cermet inert anodes for aluminum electrolysis, Transactions of Nonferrous Metals Society of China, 2011, 21, 102 – 108.

497. J. He, M. T. Tang, C. Zhou, S. N. Wu, Y. M. Chen, T. Wang, Extracting indium and preparing ferric oxide for soft magnetic ferrite materials from zinc calcine reduction lixivium, Journal of Central South University of Technology, 2011, 18, 1074 – 1079.

498. X. L. Hu, W. M. Chen, Q. L. Xie, Sulfur phase and sulfur removal in high sulfur – containing bauxite, Transactions of Nonferrous Metals Society of China, 2011, 21, 1641 – 1647.

499. M. Jia, Y. Q. Lai, Z. L. Tian, F. Y. Liu, J. Li, P. F. Xin, Electrodeposition behavior of silicon from Na_3AlF_6 – LiF melts, Acta Physico – Chimica Sinica, 2011, 27, 1108 – 1115.

500. Q. L. Jiang, Z. D. Peng, X. F. Xie, K. Du, G. R. Hu, Y. X. Liu, Preparation of high active Pt/C cathode electrocatalyst for direct methanol fuel cell by citrate – stabilized method, Transactions of Nonferrous Metals Society of China, 2011, 21, 127 – 132.

501. J. Zhan, D. F. Zhang, C. F. Zhang, Shape – controlled synthesis of novel precursor for fibrous Ni – Co alloy powders, Transactions of Nonferrous Metals Society of China, 2011, 21, 544 – 551.

502. J. Li, B. Wang, F. Y. Liu, J. Yang, J. Y. Li, J. Liu, Preparation and characterization of Bi – doped antimony selenide thin films by electrodeposition, Electrochimica Acta, 2011, 56, 8597 – 8602.

503. Q. H. Li, Z. Y. Liu, Z. H. Liu, L. Hu, Preparation of microsized single – crystalline Co_3O_4 by high – temperature hydrolysis, Journal of Central South University of Technology, 2011, 18, 993 – 997.

504. X. B. Li, W. B. Xu, Q. S. Zhou, Z. H. Peng, G. H. Liu, Leaching kinetics of acid – soluble Cr(VI) from chromite ore processing residue with hydrofluoric acid, Journal of Central South University of Technology, 2011, 18, 399 – 405.

505. X. Q. Li, H. J. Guo, L. M. Li, X. H. Li, Z. X. Wang, H. Ou, Effects of calcination temperature on properties of Li_2SiO_3 for precursor of Li_2FeSiO_4, Transactions of Nonferrous Metals Society of China, 2011, 21, 529 – 534.

506. H. Liu, J. Yuan, Z. Jiang, W. F. Shangguan, H. Einaga, Y. Teraoka, Novel photocatalyst of V – based solid solutions for overall water splitting, Journal of Materials Chemistry, 2011, 21, 16535 – 16543.

507. L. Liu, J. Jiang, S. M. Jin, Z. M. Xia, M. T. Tang, Hydrothermal synthesis of beta – bismuth oxide nanowires from particles, Crystengcomm, 2011, 13, 2529 – 2532.

508. Y. J. Liu, H. J. Guo, X. H. Li, Al_2O_3 coating for improving thermal stability performance of manganese spinel battery, Journal of Central South University of Technology, 2011, 18, 1844 – 1848.

509. Y. J. Liu, H. J. Guo, X. H. Li, Z. X. Wang, Improving the electrochemical performance of $LiMn_2O_4$/graphite batteries using LiF additive during fabrication, Rare Metals, 2011, 30, 120 – 125.

510. Z. C. Liu, Y. J. Zheng, Effect of Fe(Ⅱ) on the formation of iron oxide synthesized from pyrite cinders by hydrothermal process, Powder Technology, 2011, 209, 119 – 123.

511. Z. C. Liu, Y. J. Zheng, Hexagonal hematite platelets synthesized from pyrite cinders by hydrothermal process, Journal of Central South University of Technology, 2011, 18, 1377 – 1382.

512. W. B. Luo, J. R. Dahn, Can Zr be Substituted for Co in $Co_{1-z}Zr_z(OH)_2$ and $LiCo_{1-z}Zr_zO_2$, Journal of the Electrochemical Society, 2011, 158, A110 – A114.

513. F. J. Ma, G. H. Wen, P. Tang, G. D. Xu, F. Mei, W. L. Wang, Effect of cooling rate on the precipitation behavior of carbonitride in microalloyed steel Slab, Metallurgical and Materials Transactions B – Process Metallurgy and Materials Processing Science, 2011, 42, 81 – 86.

514. L. W. Ma, B. Z. Chen, X. C. Shi, D. W. Feng, Preparation and Li^+ extraction/adsorption properties of lithium – rich manganese oxide in aqueous solution, Chinese Journal of Inorganic Chemistry, 2011, 27, 697 – 703.

515. L. W. Ma, B. Z. Chen, X. C. Shi, K. Zhang, Li^+ extraction/adsorption properties of Li – Sb – Mn composite oxides in aqueous medium, Transactions of Nonferrous Metals Society of China, 2011, 21, 1660 – 1664.

516. L. W. Ma, B. Z. Chen, X. C. Shi, W. Zhang, X. Y. Yang, Structure and stability of Li – Mn – Ni composite oxides as lithium ion sieve precursors in acidic medium, Journal of Central South University of Technology, 2011, 18, 314 – 318.

517. L. H. Shi, X. W. Wang, M. Y. Wang, J. Peng, C. X. Xiao, Extraction of molybdenum from high – impurity ferromolybdenum by roasting with Na_2CO_3 and CaO and leaching with water, Hydrometallurgy, 2011, 108, 214 – 219.

518. X. C. Shi, X. Xiang, B. Z. Chen, The characteristic of ceramic coatings prepared on magnesium alloy AZ91D by micro – arc oxidization in silicate electrolyte, International Conference on Advances in Materials and Manufacturing Processes, Shenzhen, P. R. China, Nol 06 – 08, 2010, Advances in Superalloys, Pts 1 and 2, 146 – 147.

519. Y. M. Shi, S. L. Ye, First principles study on electronic structure and optical properties of quaternary arsenide oxides YZnAsO and LaZnAsO, Journal of Central South University of Technology, 2011, 18, 998 – 1003.

520. Z. M. Sun, Y. J. Zheng, Preparation of high pure tellurium from raw tellurium containing Cu and Se by chemical method, Transactions of Nonferrous Metals Society of China, 2011, 21, 665 – 672.

521. H. M. Wang, X. B. Min, L. Y. Chai, Y. D. Shu, Biological preparation and application of poly – ferric sulfate flocculant, Transactions of Nonferrous Metals Society of China, 2011, 21, 2542 – 2547.

522. M. Y. Wang, X. W. Wang, J. F. Shen, R. N. Wu, Extraction of vanadium from stone coal by modified salt – roasting process, Journal of Central South University of Technology, 2011, 18, 1940 – 1944.

523. M. Y. Wang, X. W. Wang, P. H. Ye, Recovery of vanadium from the precipitate obtained by purifying the wash water formed in refining crude $TiCl_4$, Hydrometallurgy, 2011, 110, 40 – 43.

524. W. J. Wang, X. Y. Guo, Y. Yang, Lithium iodide effect on the electrochemical behavior of agarose based polymer electrolyte for dye – sensitized solar, Electrochimica Acta, 2011, 56, 7347 – 7351.

525. X. W. Wang, Q. Y. Chen, Z. L. Yin, M. Y. Wang, F. Tang, The role of arsenic in the homogeneous precipitation of As, Sb and Bi impurities in copper electrolyte, Hydrometallurgy, 2011, 108, 199 – 204.

526. X. W. Wang, Q. Y. Chen, Z. L. Yin, M. Y. Wang, B. R. Xiao, F. Zhang, Homogeneous precipitation of As, Sb and Bi impurities in copper electrolyte during electrorefining, Hydrometallurgy, 2011, 105, 355 – 358.

527. X. W. Wang, J. Peng, M. Y. Wang, P. H. Ye, Y. Xiao, The role of CaO in the extraction of Ni and Mo from carbonaceous shale by calcification roasting, sulphation roasting and water leaching, International Journal of Mineral Processing, 2011, 100, 130 – 135.

528. X. W. Wang, C. X. Xiao, M. Y. Wang, W. L. Xiao, Removal of silicon from vanadate solution using ion exchange and sodium alumino – silicate precipitation, Hydrometallurgy, 2011, 107, 133 – 136.

529. X. Y. Wang, K. Y. Xie, J. Li, Y. Q. Lai, Z. A. Zhang, Y. X. Liu, Synthesis and electrochemical performance of TiO_2 – B as anode material, Journal of Central South University of Technology, 2011, 18, 406 – 410.

530. Y. J. Wang, K. G. Zhou, Z. G. Jiang, Preparation and size control of

spherical cuprous oxide particles by reducing cupric dioxide with glucose, Chinese Journal of Inorganic Chemistry, 2011, 27, 2405 – 2412.

531. C. J. Wei, Y. Q. Lai, J. Li, Z. L. Tian, J. W. Wang, Z. Zou, Liquidus temperatures of system $Na_3AlF_6 - K_3AlF_6 - AlF_3$ for aluminum electrolysis at lower temperature, Chemical Research in Chinese Universities, 2011, 27, 1019 – 1022.

532. F. X. Wu, X. H. Li, Z. X. Wang, H. J. Guo, L. Wu, X. H. Xiong, A novel method to synthesize anatase TiO_2 nanowires as an anode material for lithium – ion batteries, Journal of Alloys and Compounds, 2011, 509, 3711 – 3715.

533. F. X. Wu, X. H. Li, Z. X. Wang, H. J. Guo, L. Wu, X. H. Xiong, Inexpensive synthesis of anatase TiO_2 nanowires by a novel method and its electrochemical characterization, Materials Letters, 2011, 65, 1514 – 1517.

534. F. X. Wu, X. H. Li, Z. X. Wang, L. Wu, H. J. Guo, X. H. Xiong, Hydrogen peroxide leaching of hydrolyzed titania residue prepared from mechanically activated Panzhihua ilmenite leached by hydrochloric acid, International Journal of Mineral Processing, 2011, 98, 106 – 112.

535. F. X. Wu, Z. X. Wang, X. H. Li, H. J. Guo, Hydrogen titanate and TiO_2 nanowires as anode materials for lithium – ion batteries, Journal of Materials Chemistry, 2011, 21, 12675 – 12681.

536. X. Y. Xia, J. Li, The relevant technology research on heat balance control of aluminum reduction cell, International Conference on Advances in Materials and Manufacturing Processes, Shenzhen, P. R. China, Nol 06 – 08, 2010, Advances in Superalloys, Pts 1 and 2, 1473 – 1476.

537. S. G. Xue, Y. M. Ma, X. H. Zhou, X. Y. Zhou, F. H. Liu, Screening and biological characteristics of a manganese tolerant microorganism, Environmental Engineering and Management Journal, 2011, 10, 881 – 885.

538. C. Yan, F. Y. Liu, Y. Q. Lai, Y. Li, J. Li, Y. X. Liu, Structure and electrical property of $CuInS_2$ thin films deposited by DC reactive magnetron sputtering, Journal of Inorganic Materials, 2011, 26, 1287 – 1292.

539. H. P. Yang, S. H. Yang, Y. N. Cai, G. F. Hou, J. Y. Xia, M. T. Tang, Electrochemical behaviors of tantalum in anhydrous ethanol containing hydrogen sulfate ions, Transactions of Nonferrous Metals Society of China, 2011, 21, 179 – 184.

540. J. Yang, X. Y. Zhou, J. Li, S. J. Lou, Carbonaceous mesophase spherule/ activated carbon composite as anode materials for super lithium ion capacitors, Journal of Central South University of Technology, 2011, 18, 972 – 977..

541. J. Yang, X. Y. Zhou, Y. L. Zou, J. J. Tang, A hierarchical porous carbon

material for high power, lithium ion batteries, Electrochimica Acta, 2011, 56, 8576 - 8581.

542. S. H. Yang, G. F. Hou, J. Y. Xia, H. P. Yang, China postdoctoral forum on naterials science and engineering, Chen, D. L., Ed. 2011, Vol. 266, 275 - 279.

543. Y. Yang, H. Hu, C. H. Zhou, S. Xu, B. Sebo, X. Z. Zhao, Novel agarose polymer electrolyte for quasi - solid state dye - sensitized solar cell, Journal of Power Sources, 2011, 196, 2410 - 2415.

544. P. Yue, Z. X. Wang, W. J. Peng, L. J. Li, W. Chen, H. J. Guo, Spray - drying synthesized $LiNi_{0.6}Co_{0.2}Mn_{0.2}O_2$ and its electrochemical performance as cathode materials for lithium ion batteries, Powder Technology, 2011, 214, 279 - 282.

545. P. Yue, Z. X. Wang, W. J. Peng, L. J. Li·, H. J. Guo, X. H. Li, Preparation and electrochemical properties of submicron $LiNi_{0.6}Co_{0.2}Mn_{0.2}O_2$ as cathode material for lithium ion batteries, Scripta Materialia, 2011, 65, 1077 - 1080.

546. B. Zhang, J. C. Zheng, Z. H. Yang, Structural properties of composite cathode material $LiFePO_4 - Li_3V_2(PO_4)_3$, Ionics, 2011, 17, 859 - 862.

547. J. F. Zhang, B. Zhang, X. Y. Guo, D. Q. Zou, C. Shen, Q. Li, Study on crude selenium purifying by a sulfite sodium leaching method, Rare Metal Materials and Engineering, 2011, 40, 121 - 125.

548. K. Zhang, F. Y. Liu, Y. Q. Lai, Y. Li, C. Yan, Z. A. Zhang, In situ growth and characterization of Cu_2ZnSnS_4 thin films by reactive magnetron co - sputtering for solar cells, Acta Physica Sinica, 2011, 60.

549. L. Y. Zhang, L. Y. Chai, J. Y. Duan, G. L. Li, H. Y. Wang, W. T. Yu, One - step and cost - effective synthesis of micrometer - sized saw - like silver nanosheets by oil/water interfacial method, Materials Letters, 2011, 65, 1295 - 1298.

550. M. Zhang, B. Zhang, X. H. Li, Z. L. Yin, X. Y. Guo, Synthesis and surface properties of submicron barium sulfate particles, Applied Surface Science, 2011, 258, 24 - 29.

551. X. Y. Zhou, J. J. Tang, J. Yang, Y. L. Zou, S. C. Wang, J. Xie, Effect of polypyrrole on improving electrochemical performance of silicon based anode materials, Electrochimica Acta, 2012, 70, 296 - 303.

552. J. Y. Zhu, Q. Li, W. F. Jiao, H. Jiang, W. Sand, J. L. Xia, Adhesion forces between cells of Acidithiobacillus ferrooxidans, Acidithiobacillus thiooxidans or Leptospirillum ferrooxidans and chalcopyrite, Colloids and Surfaces B - Biointerfaces, 2012, 94, 95 - 100.

553. D. Chen, Z. Zou, Z. L. Tian, P. F. Xin, K. Liu, Y. Q. Lai, Effect of

sintering atmosphere on phase composition and mechanical properties of $5Ni/(10NiO - NiFe_2O_4)$, Transactions of Nonferrous Metals Society of China, 2012, 22, 124 - 128.

554. R. H. Chen, L. Y. Chai, Y. Y. Wang, H. Liu, Y. D. Shu, J. Zhao, Degradation of organic wastewater containing Cu - EDTA by Fe - C micro - electrolysis, Transactions of Nonferrous Metals Society of China, 2012, 22, 983 - 990.

555. Y. H. Chen, L. Y. Chai, Y. H. Zhu, Z. H. Yang, Y. Zheng, H. Zhang, Biodegradation of kraft lignin by a bacterial strain Comamonas sp B_9 isolated from eroded bamboo slips, Journal of Applied Microbiology, 2012, 112, 900 - 906.

556. N. C. Feng, X. Y. Guo, Characterization of adsorptive capacity and mechanisms on adsorption of copper, lead and zinc by modified orange peel, Transactions of Nonferrous Metals Society of China, 2012, 22, 1224 - 1231.

557. X. Y. Guo, P. F. Yi, W. J. Wang, Y. Yang, Electrochemical properties of an agarose - based magnetic polymer electrolyte in dye - sensitized solar cells, Acta Physico - Chimica Sinica, 2012, 28, 585 - 590.

558. Z. J. He, Z. X. Wang, F. X. Wu, H. J. Guo, X. H. Li, X. H. Xiong, Spherical $Li_4Ti_5O_{12}$ synthesized by spray drying from a different kind of solution, Journal of Alloys and Compounds, 2012, 540, 39 - 45.

559. G. R. Hu, Q. Liu, K. Du, Z. D. Peng, Y. B. Cao, W. M. Liu, Synthesis and electrochemical properties of high capacity $LiNi_{0.9}Co_{0.05}Mn_{0.025}Mg_{0.025}O_2$ cathode for lithium ion batteries, Chinese Journal of Inorganic Chemistry, 2012, 28, 1171 - 1176.

560. G. R. Hu, W. M. Liu, Z. D. Peng, K. Du, Y. B. Cao, Synthesis and electrochemical properties of $LiNi_{0.8}Co_{0.15}Al_{0.05}O_2$ prepared from the precursor $Ni_{0.8}Co_{0.15}Al_{0.05}OOH$, Journal of Power Sources, 2012, 198, 258 - 263.

561. D. W. Huo, J. Yang, X. Y. Zhou, H. Wang, T. K. Zhang, Preparation of open - celled aluminum foams by counter - gravity infiltration casting, Transactions of Nonferrous Metals Society of China, 2012, 22, 85 - 89.

562. Y. Q. Lai, C. Han, X. J. Lv, J. Yang, F. Y. Liu, J. Li, Electrodeposition of antimony selenide thin films from aqueous acid solutions, Journal of Electroanalytical Chemistry, 2012, 671, 73 - 79.

563. J. Li, C. F. Yuan, Z. L. Tian, J. W. Wang, Y. Q. Lai, Y. X. Liu, Alumina solubility in $Na_3AlF_6 - K_3AlF_6 - AlF_3$ molten salt system prospective for aluminum electrolysis at lower temperature, Chemical Research in Chinese Universities, 2012, 28, 142 - 146.

564. Q. Z. Li, L. Y. Chai, W. Q. Qin, Cadmium(II) adsorption on esterified

spent grain: Equilibrium modeling and possible mechanisms, Chemical Engineering Journal, 2012, 197, 173 – 180.

565. X. B. Li, L. Yan, Q. S. Zhou, G. H. Liu, Z. H. Peng, Thermodynamic model for equilibrium solubility of gibbsite in concentrated NaOH solutions, Transactions of Nonferrous Metals Society of China, 2012, 22, 447 – 455.

566. Y. H. Li, Z. H. Liu, Z. W. Zhao, Q. H. Li, Z. Y. Liu, L. Zeng, Determination of arsenic speciation in secondary zinc oxide and arsenic leachability, Transactions of Nonferrous Metals Society of China, 2012, 22, 1209 – 1216.

567. W. Liu, T. Z. Yang, Q. H. Zhou, D. C. Zhang, C. M. Lei, Electrodeposition of Sb (Ⅲ) in alkaline solutions containing xylitol, Transactions of Nonferrous Metals Society of China, 2012, 22, 949 – 957.

568. Q. H. Lu, Y. H. Hu, Synthesis of aluminum tri – polyphosphate anticorrosion pigment from bauxite tailings, Transactions of Nonferrous Metals Society of China, 2012, 22, 483 – 488.

569. X. J. Lu, J. Xu, J. Li, Y. Q. Lai, Y. X. Liu, Thermal – treated pitches as binders for TiB_2/C composite cathodes, Metallurgical and Materials Transactions a – Physical Metallurgy and Materials Science, 2012, 43A, 219 – 227.

570. W. H. Luo, K. L. Su, K. M. Li, G. H. Liao, N. W. Hu, M. Jia, Substrate effect on the melting temperature of gold nanoparticles, Journal of Chemical Physics, 2012, 136,

571. L. X. Pan, Q. L. Xia, S. L. Ye, N. Ding, Z. R. Liu, First principles study of electronic structure, chemical bonding and elastic properties of BiOCuS, Transactions of Nonferrous Metals Society of China, 2012, 22, 1197 – 1202.

572. I. Sohn, W. L. Wang, H. Matsuura, F. Tsukihashi, D. J. Min, Influence of TiO_2 on the viscous behavior of calcium silicate melts containing 17 mass% Al_2O_3 and 10 mass% MgO, Isij International, 2012, 52, 158 – 160.

573. Z. H. Su, C. Yan, K. W. Sun, Z. L. Han, F. Y. Liu, J. Liu, Preparation of Cu_2ZnSnS_4 thin films by sulfurizing stacked precursor thin films via successive ionic layer adsorption and reaction method, Applied Surface Science, 2012, 258, 7678 – 7682.

574. Z. H. Su, C. Yan, D. Tang, K. W. Sun, Z. L. Han, F. Y. Liu, Fabrication of Cu_2ZnSnS_4 nanowires and nanotubes based on AAO templates, Crystengcomm, 2012, 14, 782 – 785.

575. Z. H. Tang, Z. X. Wang, X. H. Li, W. J. Peng, Influence of lithium content on the electrochemical performance of $Li_{1+x}(Mn_{0.533}Ni_{0.233}Co_{0.233})_{1-x}O_2$ cathode

materials, Journal of Power Sources, 2012, 208, 237 – 241.

576. Q. H. Tian, C. Y. Jiao, X. Y. Guo, Extraction of valuable metals from manganese – silver ore, Hydrometallurgy, 2012, 119, 8 – 15.

577. Q. Z. Wang, N. An, R. J. Mu, H. Liu, J. Yuan, J. W. Shi, Photocatalytic water splitting by band – gap engineering of solid solution $Bi_{1-x}Dy_xVO_4$ and $Bi_{0.5}M_{0.5}VO_4$ (M = La, Sm, Nd, Gd, Eu, Y), Journal of Alloys and Compounds, 2012, 522, 19 – 24.

578. L. X. Xia, L. Tang, J. L. Xia, C. Yin, L. Y. Cai, X. J. Zhao, Relationships among bioleaching performance, additional elemental sulfur, microbial population dynamics and its energy metabolism in bioleaching of chalcopyrite, Transactions of Nonferrous Metals Society of China, 2012, 22, 192 – 198.

579. X. H. Xiong, Z. X. Wang, H. J. Guo, X. H. Li, F. X. Wu, P. Yue, High performance LiV_3O_8 cathode materials prepared by spray – drying method, Electrochimica Acta, 2012, 71, 206 – 212.

580. J. Yang, S. C. Wang, X. Y. Zhou, J. Xie, Electrochemical behaviors of functionalized carbon nanotubes in $LiPF_6$/EC + DMC electrolyte, International Journal of Electrochemical Science, 2012, 7, 6118 – 6126.

581. X. Y. Yang, P. F. Yu, X. F. Zhang, Seed – mediated synthesis of one – dimensional Fe_3O_4 particles under magnetic field, Chinese Journal of Inorganic Chemistry, 2012, 28, 477 – 482.

582. P. H. Ye, X. W. Wang, M. Y. Wang, Y. Y. Fan, X. Y. Xiang, Recovery of vanadium from stone coal acid leaching solution by coprecipitation, alkaline roasting and water leaching, Hydrometallurgy, 2012, 117, 108 – 115.

583. B. Zhang, L. J. Li, J. C. Zheng, Characterization of multiple metals (Cr, Mg) substituted $LiNi_{0.8}Co_{0.1}Mn_{0.1}O_2$ cathode materials for lithium ion battery, Journal of Alloys and Compounds, 2012, 520, 190 – 194.

584. B. Zhang, J. C. Zheng, Synthesis of $Li_3V_2(PO_4)_3$/C with high tap – density and high – rate performance by spray drying and liquid nitrogen quenching method, Electrochimica Acta, 2012, 67, 55 – 61.

585. M. Zhang, B. Zhang, Z. L. Yin, X. Y. Guo, X. H. Li, Nanocomposite $BaSO_4$/Y_2O_3: Eu^{3+} powders prepared by heterogeneous nucleation processing, Composites Science and Technology, 2012, 72, 813 – 818.

586. X. P. Zhang, H. J. Guo, X. H. Li, Z. X. Wang, W. J. Peng, L. Wu, Structure and electrochemical performance of $LiFePO_4$ cathode with coating super iron conductor $Li_3V_2(PO_4)_3$, Chemical Journal of Chinese Universities – Chinese, 2012,

33, 236 – 242.

587. X. P. Zhang, H. J. Guo, X. H. Li, Z. X. Wang, L. Wu, High tap – density $Li_3V_2(PO_4)_3/C$ composite material synthesized by sol spray – drying and post – calcining method, Electrochimica Acta, 2012, 64, 65 – 70.

588. Y. Q. Zhao, Q. L. Jiang, W. G. Wang, K. Du, G. R. Hu, Effect of electrolytic MnO_2 pretreatment on performance of as – prepared $LiMn_2O_4$, Transactions of Nonferrous Metals Society of China, 2012, 22, 1146 – 1150.

589. Z. W. Zhao, X. Y. Xu, X. Y. Chen, G. S. Huo, A. L. Chen, X. H. Liu, Thermodynamics and kinetics of adsorption of molybdenum blue with D301 ion exchange resin, Transactions of Nonferrous Metals Society of China, 2012, 22, 686 – 693.

590. S. K. Zhong, L. Wu, J. C. Zheng, J. Q. Liu, Preparation of high tap – density $9LiFePO_4$ center dot $Li_3V_2(PO_4)_3/C$ composite cathode material by spray drying and post – calcining method, Powder Technology, 2012, 219, 45 – 48.

591. L. J. Zhou, W. L. Wang, F. J. Ma, J. Li, J. Wei, H. Matsuura, A kinetic study of the effect of basicity on the mold fluxes crystallization, Metallurgical and Materials Transactions B – Process Metallurgy and Materials Processing Science, 2012, 43, 354 – 362.

第7章 著作目录

本学科自组建以来，主编教材、专著及教学科研参考书113部，参编19部。

7.1 主编著作目录

表7-1 主编著作情况汇总表

作者	书名	主编/副主编/主审	出版社	出版时间
傅崇说	炼铜学	傅崇说	龙门书局	′1952
傅崇说	有色重金属冶金学	傅崇说	商务印书馆	1953
傅崇说	炼铅学	傅崇说	高等教育出版社	1954
傅崇说	铜镍冶金实验	傅崇说	冶金工业出版社	1955
中南矿冶学院有色重金属组	有色重金属冶金学	中南矿冶学院有色重金属组	冶金工业出版社	1959
中南矿冶学院轻冶教研室	氧化铝生产	中南矿冶学院轻冶教研室	冶金工业出版社	1959
中南矿冶学院冶金研究室	氯化冶金	中南矿冶学院冶金研究室	冶金工业出版社	1978
傅崇说	冶金熔液热力学原理与计算	傅崇说	冶金工业出版社	1979
赵天从	查阅外文冶金文献参考资料	赵天从	中南矿冶学院内部资料	1980
赵天从	重金属冶金学（上、下册）	赵天从	冶金工业出版社	1981
徐日瑶	镁冶金学	徐日瑶	冶金工业出版社	1981
李洪桂	稀有金属冶金原理及工艺	李洪桂	冶金工业出版社	1981
杨重愚、龙远志等	氧化铝生产工艺学	杨重愚	冶金工业出版社	1982
蒋汉瀛	冶金电化学	蒋汉瀛	冶金工业出版社	1983

续表 7-1

作者	书名	主编/副主编/主审	出版社	出版时间
傅崇说	湿法冶金原理	傅崇说	中南矿冶学院情报科	1983
傅崇说、郭遒、蔡传算	有色冶金原理	傅崇说	冶金工业出版社	1984、1993
[美]索恩(H. Y. Sohn)、沃德斯沃思(M. E. Wadsworth)	提取冶金速率过程	郑蒂基 译	冶金工业出版社	1984
陈新民	火法冶金过程物理化学	陈新民	冶金工业出版社	1984
莫似浩	钨冶炼的原理和工艺	莫似浩	轻工业出版社	1984
蒋汉瀛	湿法冶金过程物理化学	蒋汉瀛	冶金工业出版社	1984
赵天从	中国大百科全书(矿冶卷)	赵天从	中国大百科全书出版社	1985
徐日瑶	硅热法炼镁理论与实践	徐日瑶	中南工业大学出版社	1986
陈新民	冶金热力学导论	陈新民	冶金工业出版社	1986
赵秦生	铁的电解和电镀	赵秦生	人民交通出版社	1986
赵天从	锑冶金(英文版)	赵天从	中南工业大学出版社	1986
钟竹前、梅光贵	化学位图在湿法冶金和废水净化中的应用	钟竹前、梅光贵	中南工业大学出版社	1986
莫似浩	钨丝工艺学	莫似浩	上海科技出版社	1986
傅崇说	具有共同离子的冶金熔体离子模型及热力学性质	傅崇说	中南工业大学出版社	1986
张传福	电化学数据手册	张传福	湖南科技出版社	1986
乐颂光、夏忠让等	钴冶金	乐颂光、夏忠让等	冶金工业出版社	1987
赵秦生、胡海南	新材料与新能源	赵秦生、胡海南	轻工业出版社	1987

续表 7 - 1

作者	书名	主编/副主编/主审	出版社	出版时间
陈新民	物理化学	陈新民	冶金工业出版社	1987
赵秦生	当代轻工业新技术	赵秦生	轻工业出版社	1987
莫鼎成	冶金动力学	莫鼎成	中南工业大学出版社	1987
卢宜源、宾万达	贵金属冶金学	卢宜源、宾万达	中南工业大学出版社	1988
钟竹前、梅光贵	湿法冶金过程	钟竹前、梅光贵	中南工业大学出版社	1988
钟启愚、滕明珺	专利须知	钟启愚、滕明珺	中南工业大学出版社	1988
龚竹青	理论电化学导论	龚竹青	中南工业大学出版社	1988
陈谦德、唐贤柳、黄际芳、李小斌	碱法综合处理含铝原料的物理化学原理	陈谦德、唐贤柳、黄际芳、李小斌	中南工业大学出版社	1988
汪锡孝	试验研究方法	汪锡孝	湖南科技出版社	1989
舒余德、陈白珍	冶金电化学研究方法	舒余德、陈白珍	中南工业大学出版社	1990
李洪桂	稀有金属冶金学	李洪桂	冶金工业出版社	1990
张启修	钨钼工业——现状、未来和建议	张启修	中南工业大学出版社	1990
杨重愚、黄际芬、秦瑞卿、梁世芬	轻金属冶金学	杨重愚	冶金工业出版社	1991
乐颂光、鲁君乐、何静	再生有色金属生产	乐颂光、鲁君乐、何静	中南工业大学出版社	1991
赵天从、何福煦	有色金属提取冶金手册·有色金属总论	赵天从、何福煦	冶金工业出版社	1992
彭容秋	有色金属提取冶金手册·锌镉铅铋	彭容秋	冶金工业出版社	1992

续表 7-1

作者	书名	主编/副主编/主审	出版社	出版时间
林世英	有色冶金环境工程学	林世英	中南工业大学出版社	1992
徐日瑶	有色金属提取冶金手册·镁	徐日瑶	冶金工业出版社	1992
杨重愚	氧化铝生产工艺学（修订版）	杨重愚	冶金工业出版社	1993
徐日瑶	镁冶金学	徐日瑶	冶金工业出版社	1993
傅崇说	有色冶金应用基础研究	傅崇说	科学出版社	1993
彭容秋	重金属冶金学	彭容秋	中南工业大学出版社	1994
梅光贵、钟竹前	湿法冶金新工艺	梅光贵、钟竹前	中南工业大学出版社	1994
赵秦生	The Essentials of Metallurgical Thermodynamics	赵秦生	陕西科技出版社	1994
张平民	物理化学实验	张平民	中南工业大学出版社	1995
彭容秋	再生有色金属冶金	彭容秋	东北大学出版社	1995
张传福、谭鹏夫	第 VA 族元素物理化学数据手册	张传福	中南工业大学出版社	1995
刘业翔	功能电极材料及其应用	刘业翔	中南工业大学出版社	1996
杨松青	大学专业英语	杨松青	湖南科技出版社	1996
梅显芝	冶金物理化学研究方法	梅显芝	冶金工业出版社	1997
李洪桂	钨矿物原料碱分解的基础理论及新工艺	李洪桂	中南工业大学出版社	1997
赵天从、汪键	有色金属提取冶金手册·锡锑汞	赵天从、汪键	冶金工业出版社	1999

续表 7 – 1

作者	书名	主编/副主编/主审	出版社	出版时间
李洪桂	有色金属提取冶金手册·稀有高熔点金属(上)	李洪桂	冶金工业出版社	1999
任鸿九、王立川	有色金属提取冶金手册·铜镍	任鸿九、王立川	冶金工业出版社	2000
郭炳焜、李新海、杨松青	化学电源——电池原理及制造技术	郭炳焜等	中南工业大学出版社	2000
梅光贵等	湿法炼锌学	梅光贵等	中南大学出版社	2001
郭炳焜、徐徽、王先友、肖立新	锂离子电池	郭炳焜等	中南大学出版社	2002
张平民	工科大学化学	张平民	湖南教育出版社	2002
李洪桂	湿法冶金学	李洪桂	中南大学出版社	2002
刘业翔、李洪桂等	飞行的金属	刘业翔、李洪桂等	清华大学出版社暨南大学出版社	2002
唐谟堂、李运姣	冶金设备基础——传递原理及物料输送	唐谟堂、李运姣	中南大学出版社	2003
《铅锌冶金学》编委会	铅锌冶金学	彭容秋、任鸿九、张训鹏	科学出版社	2003
唐谟堂、何静、姚维义、彭志宏	火法冶金设备	唐谟堂、何静	中南大学出版社	2003
唐谟堂、曹刿、彭志宏	湿法冶金设备	唐谟堂、曹刿	中南大学出版社	2003
山本良一	战略环境经营生态设计	郭学益等 译	化学工业出版社	2003
徐日瑶	硅热法炼镁生产工艺学	徐日瑶	中南大学出版社	2003
徐日瑶	金属镁生产工艺学	徐日瑶	中南大学出版社	2003
张启修	冶金分离科学与工程	张启修	科学出版社	2004
彭容秋等	铜冶金	彭容秋、任鸿九、张训鹏	中南大学出版社	2004

续表 7 - 1

作者	书名	主编/副主编/主审	出版社	出版时间
彭容秋等	铅冶金	彭容秋、任鸿九、张训鹏	中南大学出版社	2004
谭柱中、梅光贵等	锰冶金学	梅光贵等	中南大学出版社	2004
彭容秋	重金属冶金学	彭容秋	中南大学出版社	2004
李洪桂、赵中伟、肖连生、郑清远、周雍茂	冶金原理	李洪桂	科学出版社	2005
张启修、赵秦生	钨钼冶金	张启修、赵秦生	冶金工业出版社	2005
彭容秋等	镍冶金	彭容秋、任鸿九、张训鹏	中南大学出版社	2005
彭容秋等	锌冶金	彭容秋、任鸿九、张训鹏	中南大学出版社	2005
彭容秋等	锡冶金	彭容秋、任鸿九、张训鹏	中南大学出版社	2005
何德文、吴超	防尘与防毒安全知识	何德文、吴超	中国劳动社会保障出版社	2005
杨天足	贵金属冶金及产品深加工	杨天足	中南大学出版社	2005
柴立元、何德文	环境影响评价学	柴立元、何德文	中南大学出版社	2006
王罗春、何德文、赵由才	危险化学品废物的处理	王罗春、何德文、赵由才	化学工业出版社	2006
杨重愚、黄际芬、秦瑞卿、梁世芬	轻金属冶金学	杨重愚	冶金工业出版社	2006
张永健	镁电解生产工艺学	张永健	中南大学出版社	2006
赵瑞荣	锑冶金物理化学	赵瑞荣、石西昌	中南大学出版社	2006
陈建华	二氧化钛半导体光催化材料离子掺杂	陈建华、龚竹青	科学出版社	2006
彭容秋等	重金属冶金工厂原料的综合利用	彭容秋、任鸿九、张训鹏	中南大学出版社	2006
彭容秋等	重金属冶金工厂环境保护	彭容秋、任鸿九、张训鹏	中南大学出版社	2006

续表 7 - 1

作者	书名	主编/副主编/主审	出版社	出版时间
唐谟堂、李洪桂等	无污染冶金——纪念赵天从教授诞辰100周年文集	唐谟堂、李洪桂	中南大学出版社	2007
何德文、李铌、柴立元	环境影响评价	何德文、李铌、柴立元	科学出版社	2008
李铌、何德文、李亮	环境工程概论	李铌、何德文、李亮	中国建筑工业出版社	2008
石光辉、倪才英、薛生国	土壤及固体废物监测与评价	石光辉、倪才英、薛生国	中国环境科学出版社	2008
郭学益、田庆华	有色金属资源循环理论与方法	郭学益、田庆华	中南大学出版社	2008
刘业翔、李劼	现代铝电解	刘业翔、李劼	冶金工业出版社	2008
刘业翔	最新科技信息的网络搜寻与利用	刘业翔	中国大百科全书出版社	2009
郭炳焜	化学电源——电池原理及制造技术(修订版)	郭炳焜	中南大学出版社	2010
龚竹青	现代电化学	龚竹青	中南大学出版社	2010
郭学益、田庆华	高纯金属材料	郭学益、田庆华	冶金工业出版社	2010
李洪桂、赵中伟	钨冶金学	李洪桂	中南大学出版社	2010
柴立元、彭兵	冶金环境工程学	柴立元、彭兵	科学出版社	2010
肖立新	功能材料导论	肖立新	中南大学出版社	2011
唐谟堂、杨天足、杨建广、刘维、唐朝波、杨声海、何静、陈永明	配合物冶金理论与技术	唐谟堂、杨天足	中南大学出版社	2011
梅光贵、张文山	中国锰业技术	梅光贵等	中南大学出版社	2011

7.2 参编著作目录

表 7 - 2 参编著作情况汇总表

作者	书名	参编内容(章节)	出版社	出版时间
张启修	稀有金属冶金过程及工艺	溶剂萃取部分	冶金工业出版社	1978
徐日瑶	有色金属提取冶金学	第3章 镁冶金	冶金工业出版社	1988
刘茂盛、孙培梅、郑清远	稀有金属冶金学	第2、3、4篇	冶金工业出版社	1990
李洪桂、郑清远	稀有金属手册(上)	第2章、第5章	冶金工业出版社	1992
张启修	稀土冶金学	溶剂萃取部分	中南工业大学出版社	1997
赵秦生	有色金属提取冶金手册·稀有高熔点金属(T)	钒冶金部分	冶金工业出版社	1998
张启修、莫似浩	中国冶金百科全书·有色金属冶金	钨冶炼部分	冶金工业出版社	1999
李洪桂、李运姣、孙培梅、龙远志等	中国冶金百科全书·有色金属冶金	相关条目	冶金工业出版社	1999
赵瑞荣	中国镍钴冶金	第11、12章	冶金工业出版社	2000
尹爱君	中国镍钴冶金	第6、10章	冶金工业出版社	2000
蒋汉瀛	中国镍钴冶金	第13章	冶金工业出版社	2000
唐谟堂	材料科学与工程手册(师昌绪主编)	第22章,4万字	化学工业出版社	2002
李运姣	计算机在化工中的应用	第7章	中南大学出版社	2002
柴立元、何德文	固体废物工程	第12、13章	中国环境科学出版社	2003
唐谟堂	湿法冶金手册(陈家镛主编)	第31章(锑),4万字	冶金工业出版社	2003
李洪桂	湿法冶金手册(陈家镛主编)	第32章	中南大学出版社	2003

续表 7 - 2

作者	书名	参编内容(章节)	出版社	出版时间
李运姣	化工设备的选择与工艺设计	第 13 章	中南大学出版社	2003
蒋汉瀛	湿法冶金手册	第 7 章	冶金工业出版社	2005
柴立元、彭兵、王云燕、闵小波	铅锌冶炼生产技术手册	第 8 篇	冶金工业出版社	2012

第 8 章　学科荣誉

8.1　国家级科技成果奖(25 项)

（详见第 6 章 科学研究）

8.2　省部级科技成果奖(120 项)

（详见第 6 章 科学研究）

8.3　省部级及以上教改成果奖(16 项)

（详见第 6 章 科学研究）

8.4　本学科历年来所获其他奖项及荣誉

表 8-1　本学科历年来获其他部分奖项及荣誉汇总表(按获奖时间排序)

序号	奖　项	获得者(年份)
1	中国有色金属工业总公司先进工作者	钟海云(1985 年)
2	中国科学技术协会首届青年科技奖	李　晶(1988 年)
3	"做出突出贡献的中国博士学位获得者"	唐谟堂(1991 年)
4	湖南省徐特立教育基金奖	赵天从(1993 年)
5	中国优秀专利奖	刘业翔(1993 年)
6	全国优秀教师	李洪桂(1995 年)
7	湖南省光召科技奖(省最高科技奖)	刘业翔(1996 年)
8	湖南省"科技之星"	刘业翔(1997 年)　李洪桂(1997 年)
9	国家科委"国家重大科技成果推广表彰"荣誉证书	轻金属及工业电化学研究所(1997 年)

续表 8-1

序号	奖项	获得者(年份)
10	全国光华科技二等奖	刘业翔(1997年)
11	中国光华科技奖	刘业翔(1998年)
12	湖南省普通高等学校科技工作先进集体	轻金属及工业电化学研究所(1999年)
13	中国优秀青年科技创新奖	李 劼(2002年)
14	湖南省十大杰出青年	李 劼(2002年)
15	全国高等学校优秀骨干教师	李运姣(2002年)
16	中国环境科学学会青年科技奖	柴立元(2002年)
17	中国专利金奖(强化烧结法氧化铝生产工艺)	李小斌、彭志宏、刘桂华(2003年)
18	湖南光召科技奖	李洪桂(2004年)
19	全国优秀博士后流动站	冶金工程(2005年、2010年)
20	国家级教学名师	陈启元(2006年)
21	中国有色金属工业科学技术优秀工作者	李 劼(2006年)　柴立元(2011年)
22	湖南省十大杰出青年科技创新集体	李新海等(2006年)
23	湖南省优秀教师,记二等功	赵中伟(2007年)
24	973首席科学家	陈启元(2007年)
25	中南大学"升华学者计划"特聘教授	曾德文(2008年)　王万林(2009年)
26	广西"八桂学者"特聘教授	李运姣(2011年)
27	"十二五"863计划资源环境技术主题专家	柴立元(2012年)
28	全国五一劳动奖章获得者	赵中伟(2012年)
29	湖南省科技领军人才	李新海(2012年)　柴立元(2012年)

第 9 章　岁月写真

　　在冶金工程学科 60 年的发展历程中，有几多欣喜、几多艰辛，有多少催人奋进的号角、有多少激动人心的欢歌，有多少人为之拼搏而急流勇进、有多少人为之辛勤耕耘而终身不悔。我们特从那些无数难忘的平凡留影中撷取了一些有历史意义和代表意义的照片，也许能引起人们对那些如歌岁月的深情缅怀和对美好前景的无限憧憬！

9.1　冶金春秋

图 9 – 1　1955 年 11 月，时任中南矿冶学院院长的陈新民教授(右四)在院庆大会主席台上

图 9 – 2　1987 年 5 月，赵天从教授做学术报告

图 9 – 3　1990 年 11 月，傅崇说教授(左一)在一次博士论文答辩会上担任答辩委员会主席

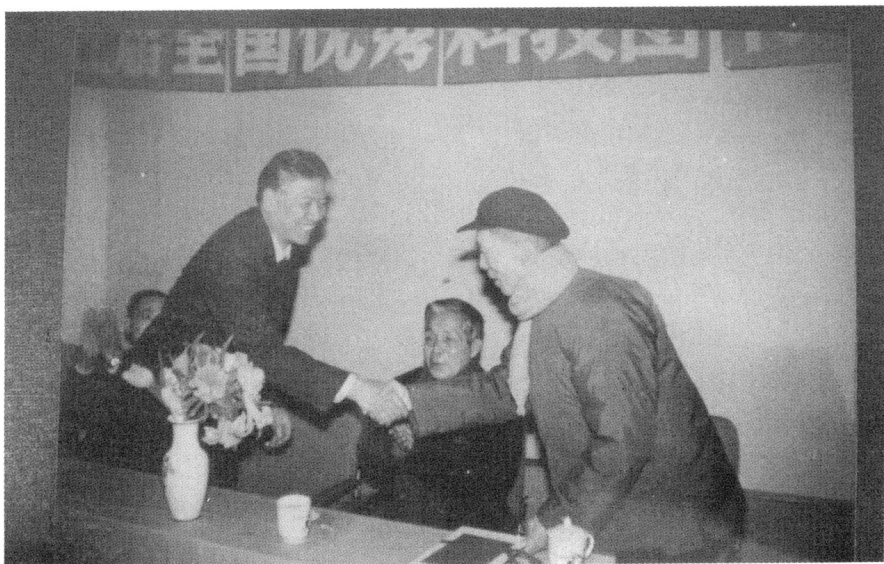

图 9 - 4　1990 年元月，校党委书记刘业翔祝贺赵天从教授（右一）
撰写的专著《锑》获全国第五届优秀科技图书奖

图 9 - 5　1986 年 10 月，刘业翔教授（右四）在欢迎学部委员视察时代表学校致辞

图9-6　1988年元月，出席学校党代会的冶金系代表团成员合影

（前排左起：李洪桂、孟柏庭、郑蒂基、梅炽、刘业翔、钟海云、
万木香、黄际芬；后排左起：康思琦、滕明珺、黄和平、张多默、学生邓志民）

图9-7　1992年12月，冶金系党政班子部分成员在研究工作

（左起：谭富华、张传福、康思琦、刘金龙）

图 9 - 8　1997 年 7 月，时任中国有色金属工业总公司副总经理的康义同志来冶金学科视察

（左起：刘志宏、张传福、黄际芬、刘业翔、康义、徐日瑶、黄永忠、刘金龙）

图 9 - 9　1995 年 3 月，校领导及校职能部门领导检查研究生培养工作时与部分研究生合影

（前排左起：赵慕岳、龚竹青、张保军、陈启元、廖才英、徐慧、向南平；后排左三：徐盛明；左五：王志兴）

图 9 - 10　2002 年 9 月，冶金学院党政班子在研究工作

（左起：柴立元、秦毅红、滕明珺、李劼、刘荣义、李新海）

图 9 - 11　2005 年 7 月，冶金学科部分博士生导师合影

（前排左起：钟海云、龚竹青、李洪桂、张传福、张启修、张多默；

后排左起：胡国荣、李劼、李小斌、周康根、李新海、陈白珍、孙培梅、赵中伟、柴立元）

图 9 – 12　2001 年 4 月，冶金物理化学学科部分教师合影

图 9 – 13　2012 年 6 月，刘业翔院士、李劼教授学术团队合影

图 9 – 14　2002 年 7 月，原冶化所教授、加拿大华裔学者李晶回访母校时与同事们合影
（前排左起：龚竹青、孙铭良、李晶、蒋汉瀛、滕明珺、舒余德、赵瑞荣、李新海；
后排左起：郭炳焜、徐徽、陈白珍、梅显芝、刘肇华、石西昌、
赖传介、秦毅红、彭春丽、傅庆元、张云河、朱汇帮）

图 9 – 15　2006 年 11 月，纪念赵天从教授诞辰 100 周年暨赵天从奖学金颁奖

9.2　人才培养

图 9 – 16　1956 年 7 月，中南矿冶学院冶金系 1956 届第八班毕业纪念

（前排左起：汪键、何名茂、傅崇说、周则岳、顾凌申、克里沃申柯、何福熙、赵天从、
陈展猷、乐颂光、夏广志〈翻译〉；第二排第八人为苏联专家克里沃申柯的夫人）

图 9 – 17　1959 年 2 月，有色冶炼 604 班分专业时集体留影

图 9 – 18　1982 年 7 月，有色冶金 781 班全体同学毕业照

（前排左六王广忠、左七傅崇说）

图 9 – 19　1984 年 7 月，有色冶金 801 班毕业照

（左四至左十二依次为：刘荣义、王广忠、卢大森、刘业翔、赵天从、谭富华、毛学海、蔡传算、陈正甫）

图 9-20　1985 年 7 月，冶化 85 届 1 班毕业照

（前排左起：骆如铁、孙铭良、刘敬乾、刘肇华、郭炳焜、赵瑞荣、耿显武、
蒋汉赢、舒余德、毛长松、彭丽芬、黄克雄、赖传介、李振中）

图 9-21　2000 年 6 月，冶金工程专业 2000 届 3 个班毕业照

（前排左起：戴曦、李运姣、刘志宏、熊德明、龚竹青、滕明珺、李新海、李景升）

图 9 - 22　2009 年 6 月，冶金工程专业 2009 届 1 班毕业照

（前排左起：胡杨、李建军、赵中伟、李劼、滕明珺、刘荣义、秦毅红）

图 9 - 23　2005 年 10 月，冶金系 1960 届毕业生入校 50 周年纪念聚会

图 9 - 24　2002 年 10 月，冶金系 82 届毕业生毕业 20 周年纪念聚会

图 9 - 25　2002 年 7 月，刘业翔院士（左五）在指导青年教师及研究生

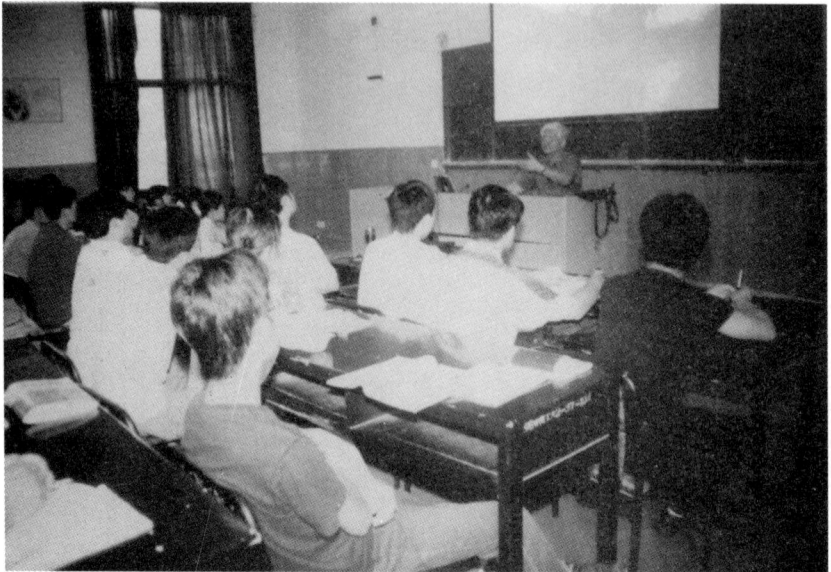

图 9 - 26 2002 年 6 月，刘业翔院士为本科生上课

图 9 - 27 1997 年 3 月，几位老教师在与年轻教师讨论教学问题

（左起：郭逵、彭容秋、赵中伟、李洪桂）

图 9 – 28　2006 年 5 月，陈启元教授（右一）指导青年教师与研究生

图 9 – 29　2002 年 4 月，张启修教授（右一）指导研究生进行膜技术扩大试验

图 9 – 30　2000 年 9 月，张多默教授(左一) 在指导博士研究生

图 9 – 31　2005 年 8 月，龚竹青教授在调阅研究生的论文稿

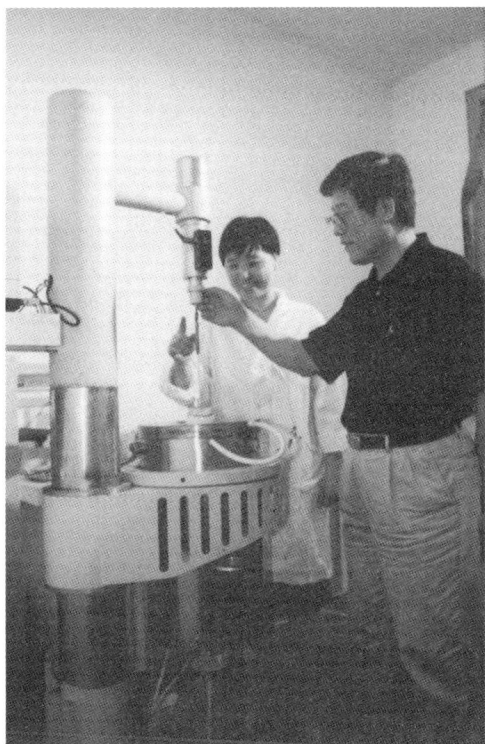

图 9 – 32　2002 年 10 月，张传福（右一）在指导博士研究生做新型炉渣试验

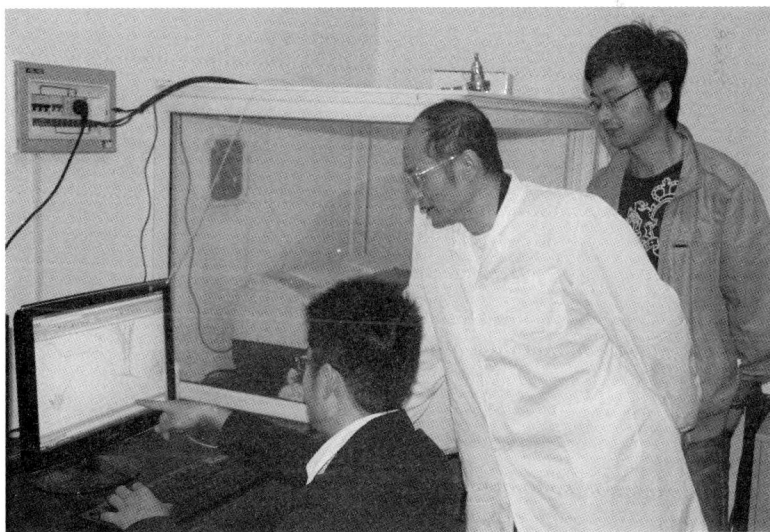

图 9 – 33　2012 年 10 月，李小斌教授（左二）在指导研究生

图 9 - 34　1999 年 6 月，本科学生在做教学实验

图 9 - 35　1997 年 6 月，下课后的本科学生

图 9 – 36 2012 年 6 月，轻金属及工业电化学研究所师生（研究生）合影

9.3 科学研究

图 9 – 37 2012 年 2 月，全国科技成果奖励大会上，
2011 年国家科技进步一等奖获得者赵中伟教授手捧证书留影

图 9 – 38　1994 年 2 月，全国科技成果奖励大会上，
1993 年国家技术发明二等奖获得者李洪桂教授(右三)接受颁奖

图 9 – 39　2007 年 2 月，2006 年国家技术发明二等奖获得者李小斌教授(右三)载誉归来

图 9 – 40　2007 年, 湖南省十大杰出青年科技创新奖获得者
郭学益教授(左二)接受时任省委书记张春贤颁奖

图 9 – 41　1983 年, 卤水白云石提取氯化镁试验评议会会议代表合影

(右三郭金荣、右六傅崇说)

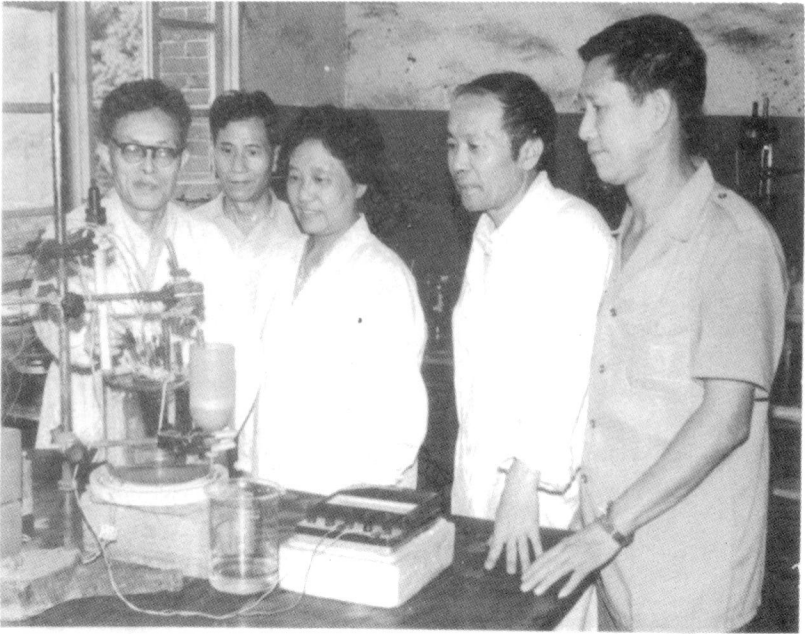

图 9 – 42　1984 年 8 月，重金属冶金教研室钟竹前、梅光贵课题组在开展科学研究

（左一钟竹前、左三梅光贵、右二蔡传算）

图 9 – 43　1988 年 5 月，钟海云教授在进行真空冶金科学研究

图 9 – 44　2001 年 9 月，李洪桂教授科研团队在开展学术讨论

（左二孙培梅、左三李洪桂、右三赵中伟、右二李运姣）

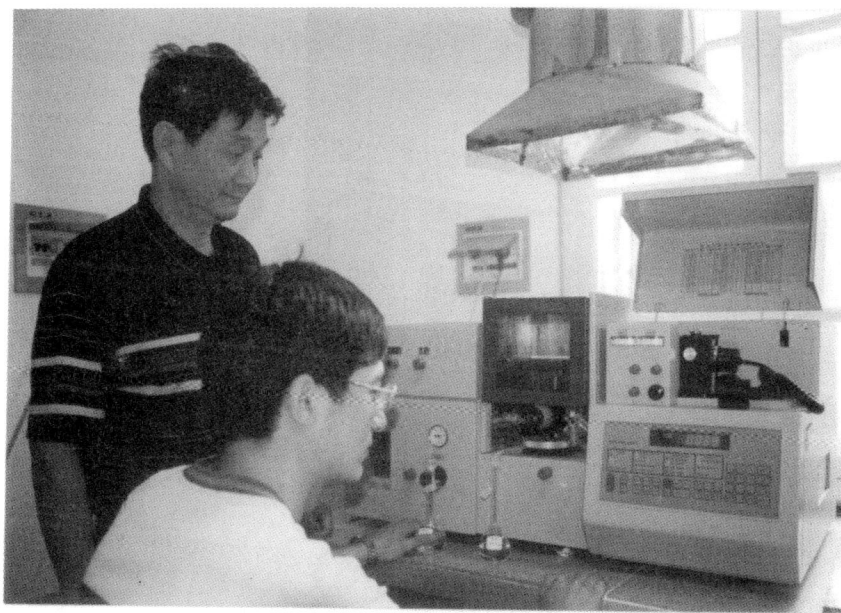

图 9 – 45　2003 年 9 月，唐谟堂教授 (左一) 在科研工作中

图 9 – 46　1997 年 6 月，冶金分离科学与工程研究团队在开展学术讨论
（右起：张启修、肖连生、张贵清、龚柏凡、罗爱平、黄芍英）

图 9 – 47　2005 年 11 月 3 日博士学位论文答辩会
（右起：石西昌、龚竹青、李洪桂、徐仲榆、马荣骏、杨喜云、尹周澜、陈白珍、陈文汨）

图 9 - 48　2006 年"首届湖南十大杰出青年科技创新集体"获得者部分成员

（左起：郭华军、张宝、李新海、王志兴、胡启阳、彭文杰）

9.4　学术交流

图 9 - 49　2006 年 11 月，第五届全国稀有金属学术交流会由冶金学科承办，在长沙召开

图 9 – 50　1999 年 8 月，全国首届膜分离技术在冶金中应用研讨会
由冶金学科承办，在中南工业大学召开

图 9 – 51　2011 年 10 月，第 29 届全国化学与物理电源学术年会由冶金学科承办，在长沙召开

图 9 - 52　1981 年 11 月，陈新民教授（中）到德国克劳斯达尔工业大学进行学术交流

图 9 - 53　1986 年 4 月，本学科教授们和日本学者进行学术交流时的合影

（左起：郑蒂基、刘业翔、日本学者、刘今、李世丰、蒋汉瀛）

图 9 - 54　1990 年 3 月，张传福、郑蒂基、张启修、
钟海云访问日本名古屋大学冲猛雄教授研究室时的合影
（前排右一冲猛雄教授）

图 9 - 55　1986 年 10 月，杨重愚教授在国际学术会议上做学术报告

图 9 - 56　1992 年 10 月，刘业翔教授（左一）
在第二届国际湿法冶金学术会议上与外国学者亲切交谈

图 9 - 57　2012 年 3 月，日本东京大学著名学者山本良一教授访问冶金学院

（左起：张传福、山本良一、郭学益）

图 9 - 58　2009 年 7 月，陈启元教授在第五届国际湿法冶金会议致开幕词

图 9 - 59　1994 年 10 月，张启修教授(左二)到匈牙利
科学院技术物理研究所与该所所长 Barthe 博士(右二)进行学术交流

图 9 - 60　1977 年，张传福（后排左二）在日本东京大学与
后藤研究室部分成员的合影，后排左三为后藤左吉教授

图 9 - 61　2000 年元月，赵秦生教授（右二）与俄罗斯冶金专家在我国某厂合影，
右五为现代瓦纽科夫冶金学派带头人贝斯特洛夫院士

图9-62　2009年5月，赵秦生教授(右一)在莫斯科钢铁与合金学院举办的
国际学术会议上与俄罗斯教育和科技部副部长米克鲁舍夫斯基教授(右二)等合影

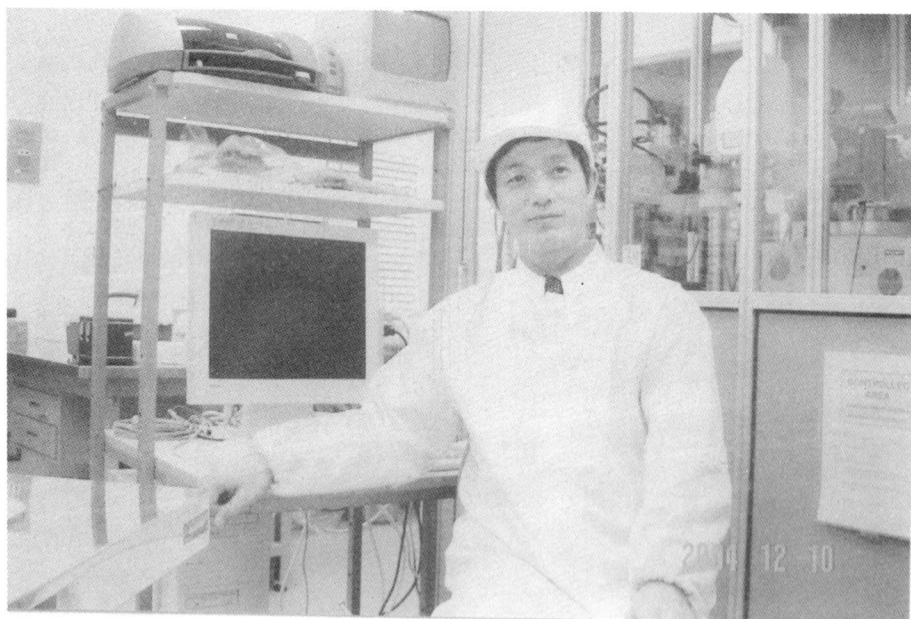

图9-63　2004年12月，李劼教授访问日本筑波科研机构时的留影

图 9 – 64　2011 年 7 月,柴立元学术团队部分成员在台湾
高雄参加"东亚资源再生国际学术交流"年会时的合影
（左起王庆伟、李青竹、王海鹰、闵小波、柴立元、彭兵、杨志辉、唐崇俭）

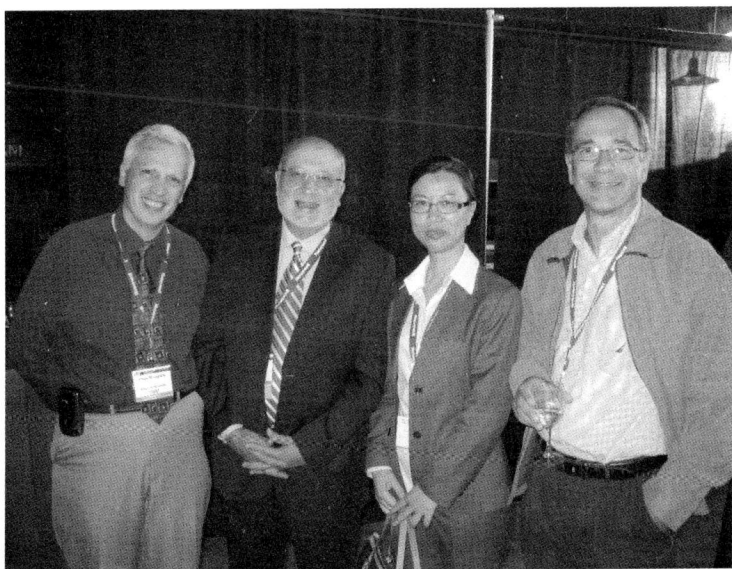

图 9 – 65　2009 年 7 月, 李运姣在 COM2009 国际学术会议与国际知名湿法冶金专家交流合影
（左起：加拿大 Vale – Inco 公司 Indje Mihaylov 博士、McGill 大学 George P. Demopolous 教授、
李运姣教授、多伦多大学 Vladimiros G. Papangelakis 教授）

图9-66 2010年11月,钢铁冶金研究所师生与日本钢铁
协会副会长北海道大学教授石井、京都大学教授柏谷合影

9.5 活动剪影

图9-67 1988年,冶金系机关工作人员欢庆元旦

(前排左起:黄永忠、蔡传算、龚美华、傅晴初、郑蒂基、郭逵、谭富华、万木香;二排左起:吴慧章、
杨敏、刘荣义、滕明珺、黄和平、谭卫宁、赵柯;三排左起:伍黎明、陈大跃、刘爱心、万月梅)

图 9 - 68　2005 年年末，原冶金系负责人梁忠同志在离退休老同志迎新春茶话会上发言

图 9 - 69　2006 年年末，原冶金系党总支书记卢大森同志在离退休老同志迎新春茶话会上发言

图 9 - 70   2004 年 9 月，冶金学院教师合唱队在全校国庆 55 周年歌咏比赛中获得三等奖

图 9 - 71   2009 年 9 月，冶金学院教师合唱队在全校国庆 60 周年歌咏比赛中荣获一等奖

图 9 – 72　2009 年元月，冶金学院教职工 2009 新年团拜会留念

图 9 – 73　2004 年 12 月，冶金学院退休教职工迎新年团拜时，与时任学院负责人合影

图 9 - 74　2002 年 12 月，冶金学院研究生参观岳阳楼

图 9 - 75　2008 年 6 月，冶金学院本科生新党员在韶山举行入党宣誓仪式

图 9 – 76　2007 年 11 月，冶金学院研究生在湘潭昭山户外活动合影

图 9 – 77　2006 年 4 月，冶金学院研究生瞻仰韶山

图书在版编目（CIP）数据

中南大学冶金工程学科发展史（1952—2012）/中南大学冶金科学
与工程学院撰稿. —长沙：中南大学出版社，2012.10
ISBN 978-7-5487-0711-0

Ⅰ. 中...　Ⅱ. 中...　Ⅲ. 中南大学－冶金学－学科建设－历史
－1952—2012　Ⅳ. G649. 286. 41

中国版本图书馆 CIP 数据核字（2012）第 246957 号

中南大学冶金工程学科发展史（**1952—2012**）

中南大学文化建设办公室　组编

中南大学冶金科学与工程学院　撰稿

□责任编辑	史海燕　邓立荣
□责任印制	文桂武
□出版发行	中南大学出版社
	社址：长沙市麓山南路　　邮编：410083
	发行科电话：0731-88876770　　传真：0731-88710482
□印　　装	长沙市华中印刷厂

□开　　本　787×1092　B5　□印张 22.75　□字数 439 千字
□版　　次　2012 年 10 月第 1 版　□2012 年 10 月第 1 次印刷
□书　　号　ISBN 978-7-5487-0711-0
□定　　价　65.00 元